やわらかアカデミズム・〈わかる〉シリーズ

よくわかる
社会政策

第3版
雇用と社会保障

石畑良太郎・牧野富夫・伍賀一道 編著

ミネルヴァ書房

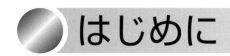

■よくわかる社会政策［第3版］

　2018年6月,「働き方改革」関連法が成立した。長時間労働の是正や同一労働同一賃金の導入などが,「改革の目玉」とされている。しかし,果たしてそれらが「改革」といえるか疑わしい。特に「残業代ゼロ制度」ともいわれる高度プロフェッショナル制度の創設に至っては,野党や労働組合などの強い反対に背を向けての制度化である。兼業やフリーランス＝「雇用外労働」の規制緩和も看過できない。

　このように「働き方改革」関連法の制定は,労働者保護政策であるはずの社会政策を,「改革」の名において著しく劣化させるもので,財界・経済界にとっての「働かせ方改革」に堕してしまった。「もっと働け」から「ちゃんと働け」への「改革」だとの評もあるが,実は「もっと働け」プラス「ちゃんと働け」の,過労死増産型の「働き方改革」といっても過言ではない。本書（第3版）は,今回の「働き方改革」で社会政策の各分野がどう変わったのか,その検証に意を用いている。

　さいわい本書は,第1版,第2版と多くの読者に迎えられ,こうして第3版を上梓するはこびとなった。第3版の最大の特徴は,上記のような政府・財界主導の「働き方改革」による「社会政策の変化」をふまえ,必要な補正をほどこしたことである。あわせて,社会政策論の欠かせない構成部分である医療・介護・年金・子育てなど,社会保障分野についても,安倍政権の社会保障「改革」と称する社会保障切り捨てを追跡・解明している。

　初版以来,本書の一貫したモットーは「わかりやすく」である。そのため,さまざまな工夫をこらした。社会政策論の必須の分野・テーマを網羅し,それぞれを「見開き2ページ」で解説している。難解な専門用語には注釈を付し,またクロスレファレンスを設けている。さらに本書は,大学等の講義やゼミナールのテキスト・自習書としてはもちろん,社会政策を体系的に学びたいという一般の読者諸賢にも役立つよう心がけた。ぜひ,ご活用いただきたい。

2019年2月

編著者

もくじ

■よくわかる社会政策[第3版]

はじめに

序 社会政策の考え方

1 社会政策とは何か……………… 2
2 「新自由主義」と社会政策……… 6
3 社会政策の歴史的展開………… 8
4 「福祉国家」体制の原理と
　社会政策……………………… 12
5 「働き方改革」と社会政策……… 14
6 最低生活保障システムと社会政策
　……………………………… 16
コラム1：格差と貧困…………… 18
7 国家・地域・家族と社会政策…… 20
8 グローバル化と社会政策……… 22
9 日本国憲法と社会政策………… 24
コラム2：大規模災害と社会政策の
　役割………………………… 26

I 賃 金

1 賃金とは何か：賃金を学ぶ意義… 28
2 日本の賃金の歩み……………… 30
3 日本の賃金決定………………… 32
4 財界の賃金政策………………… 34
5 賃金体系の変遷………………… 36
6 同一価値労働同一賃金の原則… 38
7 社会政策としての最低賃金制… 40
8 日本の最低賃金制……………… 42
9 賃金闘争：春闘の過去・現在・
　未来………………………… 44
10 「働き方改革」と賃金………… 46

II 労働時間

1 生活時間と労働時間…………… 48
2 労働時間と生産性の理論……… 50
3 労働時間制度の歴史…………… 52
4 日本の労働時間制度…………… 54
5 所定労働時間と実労働時間の変遷
　……………………………… 56
6 休日・休暇・休息制度の実際… 58
7 日本的な労働時間規制………… 60
8 時間外労働の濫用……………… 62
9 過労死・過労自殺の実態……… 64
10 労働時間制度の改善に向けた課題
　……………………………… 66

コラム3：労働時間の国際比較 ……… 68

Ⅲ 雇用・失業

1 失業の発生と現代日本の状況 ……70
2 日本型雇用と正社員 …………… 72
3 雇用形態の多様化と不安定就業‥74
4 非正規雇用と女性労働 ………… 76
5 パートタイマー ………………… 78
6 派遣労働と業務請負 …………… 80
7 個人事業主（雇用関係によらない働き方）とテレワーク ………… 82
8 若者の雇用問題 ………………… 84
9 雇用・失業と社会政策の役割 … 86
10 戦後日本の雇用・失業政策の展開 ………………………………… 88
11 ルールある雇用と働き方への改革 ………………………………… 90

コラム4：セーフティネットと労働保険 ……………………… 92

Ⅳ 労使関係

1 なぜ，ブラック企業，ブラックバイトに怯えなくてはならないのか ………………………………… 94
2 個別的労使関係と集団的労使関係 ………………………………… 96
3 産業別労働組合と企業別労働組合 ………………………………… 98

4 戦後労働組合が築いた到達(1)：年功賃金 ………………………… 100
5 戦後労働組合が築いた到達(2)：終身雇用（長期雇用慣行） ……… 102
6 春闘と溶解し始める労使関係 … 104
7 低下する労働組合組織率とその背景 …………………………… 106
8 三者構成原則と産業民主主義 … 108
9 労働委員会の役割とその機能 … 110
10 労使関係の形骸化と個人加盟ユニオン ……………………………… 112

Ⅴ 社会保障

1 社会保障とは何か ……………… 114
2 社会政策における労働と生活 … 116
3 保険・社会保険・社会保障 …… 118
4 生活保護制度 …………………… 120
5 生活保護の現実と改革 ………… 122
6 医療保障と医療保険制度 ……… 124
7 医療保険と保険者間格差 ……… 126
8 高齢者の医療保障 ……………… 128
9 公的介護保険の仕組み ………… 130
10 公的介護保険の問題点と将来 … 132
11 公的年金の目的としくみ ……… 134
12 年金財政と給付水準調整 ……… 136
13 低年金・無年金者対策 ………… 138

14　障害の概念と定義……………140

　15　障害者政策………………………142

　16　保育・子育て支援………………144

コラム5：労災と職業病………………146

VI　高齢社会

　1　日本の人口の状態………………148

　2　日本の高齢化の特徴……………150

　3　高齢社会の課題と社会政策……152

　4　日本型福祉社会論………………154

　5　高齢者福祉政策…………………156

　6　高齢者雇用政策…………………158

　7　サードセクターの重視…………160

　8　高齢社会の持続可能性…………162

　9　オランダにみる新しい社会政策(1)：均等待遇……………………164

　10　オランダにみる新しい社会政策(2)：働き方の多様化………………166

VII　男女平等

　1　男女平等をめぐる視点…………168

　2　男女平等政策の歴史的変遷(1)：国内法整備の時代………………170

　3　男女平等政策の歴史的変遷(2)：男女ともに輝く社会に向けて……172

　4　正規労働者の男女間格差問題…174

　5　女性労働者の「働きやすさ」と「働きがい」………………………176

　6　女性非正規労働者が抱える問題………………………………178

　7　ワークライフバランスの現状と課題………………………………180

　8　ハラスメントと女性……………182

　9　貧困と女性………………………184

コラム6：貧困って「連鎖」するの？………………………………186

　10　少子高齢化が女性にもたらす影響………………………………188

　11　家庭生活と女性：結婚・妊娠・子育て・介護……………………190

コラム7：シューカツ，婚活，妊活，保活：まだ走り続けないといけないの？……………………………192

VIII　外国人労働者

　1　外国人労働者問題とは何か……194

　2　国際労働力移動の動向…………196

　3　現代日本の外国人労働者………198

　4　日系人労働者……………………200

　5　外国人技能実習生………………202

　6　「不法就労」外国人労働者………204

　7　外国人看護師・介護福祉士……206

　8　専門・知識労働者受け入れの動向………………………………208

　9　「定住化」と外国人住民問題……210

10 外国人労働者と多文化共生 ……212

コラム8：国際社会における移住労働者政策 ……………………214

さくいん ……………………216

やわらかアカデミズム・〈わかる〉シリーズ

よくわかる
社 会 政 策
第 3 版
雇用と社会保障

序　社会政策の考え方

　社会政策とは何か

1　社会政策の一般的認識

　早くもその5分の1余が過ぎ，不測の新型コロナ禍にあえいでいる21世紀の現時点の世界は，前世紀に引き続いて，様々な変動要因をはらんで激動を続けている。そうした状況下において，現代の資本主義諸国では，それぞれの国が，その存立をかけて様々な社会政策を展開し機能させている。

　最近の日本について観察するならば，労働分野でも生活分野でも，急激な国際化の進展，加速的な少子・高齢化の進行，雇用戦略の行きづまり，貧困と格差の急速な拡大など，いずれも迅速かつ的確な社会政策のかかわりを必要とする多くの状況がみられる。事例を挙げるならば，違法なサービス残業の強制やパワハラを放任するなど，「人間使い捨て」で若年者をはじめ労働者を酷使する「ブラック企業」の横行や，長引く貧困で国に生活保護を求めても申請拒否や「生活扶助」の支給基準見直しによる利用世帯の生活扶助の引き下げ強行など，日本に限ってみても，社会政策に直接的・日常的にかかわる課題が山積している。こうした出来事から，社会政策というものは，我々とかけはなれた存在ではなく，きわめて身近な国家による政策体系であることがわかる。つまり，社会政策とは，ごく一般的にいうならば，資本制国家における労働分野と生活分野に生起する構造的な経済的・社会的諸課題に対応し，かつ処理するための国家による体制維持を目指す政策として認識することができそうである。

　しかしながら，このような一般的な認識が可能な反面，社会政策の概念規定＝「社会政策とは何か」ということに関しては，19世紀以降のドイツの社会政策学者による諸学説の検討等を始発点として，日本でも様々な議論がなされて現在に至っている。次項からは，社会政策の本質論にかかわる考え方の推移をたどることによって，「社会政策とは何か」ということに関して，やや立ち入って考察してみたい。

　経済外的視点に立つ社会政策の考え方：社会政策の「道義論」など

　ドイツにおける産業資本の勃興期を迎えた19世紀半ばに，当時の有力な理論集団である**新歴史学派**に集った著名な経済学者 G. v. シュモラー，A. ワグナー，L. ブレンターノらは，資本制社会における富の不公正分配や労働者の貧

▷**新歴史学派**
経済学者のリスト（F. List）らの集団であった旧歴史学派の流れを継承して，19世紀半ばのドイツにおける産業資本の勃興と労働運動の展開を背景に，経済学の理論と政策をこの時代のドイツの歴史的特殊性のなかで位置づけようと考えた学者グループ。著名な経済学者であるシュモラー（G. von Schmoller），ワグナー（A. H. G. Wagner），ブレンターノ（L. Brentano）らは，とりわけ倫理的社会政策の実施による資本制社会の諸害悪の排除・改革を唱えた。

困化などの社会問題の是正策として，主として倫理的・道義的視点に立脚する国家による社会政策の実施を提唱した。彼らは，経済的・社会的弱者である「あわれな」労働者のために，「倫理」や「道義」に基づいて所得や資産の公正な分配をめざす国家による対応策としての恩恵的な社会政策論を構想したのである。

こうした考え方は，一般的に社会政策の「道義論」と称されるが，その立論の根拠からも明らかなように，資本制社会を内在的に分析する経済的視点を少なからず欠落する社会政策論であったといえる。この社会政策の「道義論」と同様に経済外的視点から社会政策を規定しようとした学者としてM.アドラー，H.ハイマンらを挙げておきたい。

これらの新歴史学派に属する諸学者の提唱した社会政策に関する考え方は，資本制社会の経済的な営為を内在的に分析する論理に乏しく，経済学や経済的事象への倫理的・道徳的接近を信条とする社会政策論の領域にとどまるものであったと考えられる。

❸ 経済内的視点に立つ社会政策の考え方：社会政策の生産力説

前項のような経済外的視点に立つ，いわゆる伝統的社会政策論への批判論は，資本制社会の進展に伴う様々な労働問題の深刻化の過程で必然的に台頭してきた。社会政策の「道義論」などとは対置的に，資本制社会の経済的営為との直接的な結びつきで社会政策の本質を捉えようという社会政策の「経済理論」が構築されていったのである。

日本においては，1930年代以降，**大河内一男**によって提唱された社会政策の生産力説が道義論批判の中枢をなすものといえる。この理論は，資本制社会における生産手段の私有化と労働力の商品化＝賃労働化を前提に，**社会的総資本**の意思を執行する資本制国家を措定する。そして，この資本制国家は，資本制生産を円滑に維持するために労働力確保を講ずべく，資本制社会の生産力を労働力サイドで保障するのが社会政策であると主張した。

そこでは，「あわれな」労働者は論外にしりぞけられ，社会政策の「道義論」は社会政策の経済的必然性論に置き換えられた。そして，その政策課題を達成するための3点の経済的要請が提示されている。①総体としての資本が労働力の一定量を円満に確保すること，②総体としての資本が労働力を収奪・損耗しつくさないようにすること，③総体としての資本が労働側の社会的要求や社会的自覚に適切に対応していくこと。

上述した3点の経済的要請を機軸として，資本制社会における労働力の保全・培養を意図する労働政策を資本制国家による社会政策の本質とみなすのが，「大河内理論」＝社会政策の生産力説の重要な骨子であると集約できる。

▷**大河内一男**（1905-84）
戦後日本の社会政策本質論争において，社会政策の経済理論を主張し，いわゆる「大河内理論」を主唱した。東北大学の服部英太郎，京都大学の岸本英太郎らと社会政策の本質をめぐって激しい議論を交わした。東京大学教授で同大学の学長も務めた。主著は『独逸社会政策思想史』1936年，『社会政策〈総論〉』1949年など。

▷**社会的総資本**
一見したところ，個々の立場から利己的に利潤を求める個別資本は，実際には相互に連携し連動して社会全体として行動している。こうした個別資本の集合体を社会的総資本と呼ぶ。個別資本は利己的に利潤追求に没頭しがちであるが，社会的総資本はより冷静に客観的に行動するものと措定される。「社会的総資本」概念の措定は大河内理論の一特色といえる。

4 経済内的視点に立つ社会政策の考え方：社会政策の生産関係説

「大河内理論」＝社会政策の生産力説の主張に対し，労働者階級による**階級闘争**への評価をめぐって，服部英太郎，岸本英太郎らによる批判論が展開された。その批判の論理は，「大河内理論」と同様に経済内的視点に立つ考え方ではあるが，前者の生産力維持という論理に重点を置く主張に対し，資本制社会における生産をめぐる異なる立場の人間の間の社会的なかかわりである**生産関係**という階級的視点に最大の力点を置いて社会政策を規定したものであった。

服部，岸本らは，社会政策の生産力説が階級闘争の意義を正当に評価せず，階級的視点を軽視して生産力視点に偏って理論を組み立てていると考え，資本制社会における生産関係視点を最重要視する社会政策論の再構築を提唱した。社会政策は，資本制社会における労働者階級の貧困化に基づく階級闘争の展開に対する資本による抑制・緩和策であるというのが，社会政策の生産関係説の主要な骨子であると集約できる。

5 「社会政策本質論争」の展開

日本では，戦時労働政策が常態化し，労働基準や生活保障が形骸化し，労働運動をはじめとするもろもろの社会運動が弾圧下に置かれた戦前・戦中期を経て，ようやく第二次世界大戦の戦後期を迎えた。こうした状況下に，日本の社会政策学者の間では，戦前・戦中期における社会政策論の一定の蓄積をふまえて，本格的に展開しはじめた労働運動との深いつながりをもって社会政策の本質を再吟味すべきであるという気運が高まっていった。

少なからぬ有力な社会政策学者たちが，「大河内理論」＝社会政策の生産力説やその対抗学説としての社会政策の生産関係説等を機軸として，とりわけ階級闘争の位置づけ等をめぐって，社会政策のあり方を精力的に議論した。一般的に「社会政策本質論争」と称されるこの議論が，1950年代半ば以降になると，極度に概念化し抽象化したことに対し，現実の日本の労使関係や労働経済の実態分析を通じて社会政策の本質を把握すべきであるという考え方が，「社会政策から労働問題へ」という方向への問題意識の転換を提示し，おおむねその方向で収斂していった。

6 現段階における社会政策の考え方

およそ1970年代以降，世界的な経済停滞の一環として日本経済も長びく低成長期に入った。資本主義体制維持への危機感が高まり，政府・資本は声高に行財政改革という名分での負担増・給付減等を国民に迫った。労働分野での労働者の基本的権利の抑制，労働基準の緩和，生活分野での自己責任論の強調，「福祉見直し」論の台頭，公的責任を希釈化する福祉の市場化などが目立ちはじめた。

▷**階級闘争**
様々な利害が対立する異なる階級間の争いのこと。とくに，資本制社会では資本家階級と労働者階級間における分配の公正や社会的諸権利の配分などが大きな争点となり，経済的・政治的な闘争が激しく展開することになる。

▷**生産関係**
人間の生産活動の過程における人間同士の社会的関係をいう。生産関係を規定する重要な要素は生産手段の所有のあり方で，資本主義は生産手段の私的所有の典型的なタイプである。

▷1 兵藤釗「転換期における社会政策思想：“日本型福祉社会”論をめぐって」「社会政策叢書」編集委員会編『戦後社会政策の軌跡』（社会政策叢書第14集）啓文社，1990年，140頁。

▷2 西村豁通「社会政策を学ぶために」西村豁通・荒又重雄編『新社会政策を学ぶ〔第2版〕』有斐閣，1999年，16頁。

▷3 小沢修司「ベーシック・インカム構想と新しい社会政策の可能性」社会政策学会編『新しい社会政策の構想：20世紀的前提を問う』（社会政策学会誌第11

社会政策のあり方については，1970年代以降の福祉抑制的な意図をもつ「日本型福祉社会」の提起が注目される。1977年の総合社会政策基本問題研究会報告書『総合社会政策を求めて：福祉社会への論理』は，従来の社会政策における国家責任を大幅に修正し，国民に負担や責任を転嫁する考え方を明確にした。

こうした状況をふまえて示された諸見解を例示すれば，「70年代初頭以降，政府サイドから提起された"日本型福祉社会"の建設という政策シンボルは，ポスト・インダストリアル・ソサエティーへの転換のなかにおける日本独自の21世紀戦略として提起されたもの」として社会政策の考え方の転換を指摘している。また，現代社会政策の展開を「現代の社会政策は，労働者階級をはじめ勤労国民諸階層のなかに生じた新しい自助意識によりながら，しかも新たな共同体的相互自助意識の再生を目指す，自助への社会的補完策の再編成」と述べて，現代の「福祉国家」が「福祉社会」という相互自助体制の再構築と国家責任の転換をめざしていることを説示している。

さらには，とくに今世紀に入ってから，新しい社会政策の構想として，就労の有無等を問わず，現行の社会保障制度や所得保障のあり方を超えて，すべての個人に最低限所得保障を行うベーシック・インカム構想に基づく新しい社会政策の可能性の検討が提起されている。

そして，より総体的には，社会政策を労働政策に限定する考え方を否定し，社会政策分析の枠組みの再構築をめざす議論が，少なからぬ説得力をもって主張されていることに注目したい。「社会政策を労働政策に限定する理解は，一切の懐疑を受けつけないほど明晰判明なことなのだろうか。そうではない。……存在するのは，国際標準としての社会政策概念と特殊日本的な社会政策概念の2つである」として，日本における在来型の社会政策概念のあり方を根本的に批判する問題提起に対し真摯に論議すべきであろう。

さらに，21世紀の社会政策として，20世紀までの強者中心の能力主義的平等主義を引き継ぐものとして，新しい社会規範として強者と弱者を同列に置く非能力主義的平等主義に則り，個人の自由を拡大することによって生まれる「個的社会の社会政策」構想も披露されている。

また，社会政策概念を，社会政策における人口問題の吟味から検討し，社会政策本質論争の再考を促す議論も示されている。「社会政策論と人口問題研究が交錯するところに形成，発展をみた社会政策論が，社会政策＝労働問題研究の時代を経て総合社会政策論や福祉国家論へと再編をみる。その一連の流れのなかで，大河内理論を核とする社会政策本質論争の時代を相対化すべきではないであろうか」という問題提起を重視したい。

「社会政策とは何か」ということについての唯一特定の定義や見解等は見当たらず，いまだに議論が続いているといえる。我々は，本書の学習等を通じて，「社会政策とは何か」を可能なかぎり明らかにしていきたい。

号）法律文化社，2004年，18頁。
▷4 武川正吾『社会政策のなかの現代：福祉国家と福祉社会』東京大学出版会，1999年，7-8頁。同「社会政策学会の再々出発」社会政策学会編『社会政策』（社会政策学会誌第1巻第1号），ミネルヴァ書房，2008年，とくに12-17頁。
▷5 高田一夫「個的社会の社会政策——21世紀社会政策の方向」社会政策学会編『社会政策』社会政策学会誌第4巻第2号，ミネルヴァ書房，2012年，68-81頁。
▷6 杉田菜穂『〈優生〉・〈優境〉と社会政策——人口問題の日本的展開』法律文化社，2013年，204頁。
▷7 この項目の参考文献として，玉井金五・大森真紀編『社会政策を学ぶ人のために（3訂）』世界思想社，2007年，坂脇昭吉・阿部誠編著『現代日本の社会政策』ミネルヴァ書房，2007年，久本憲夫著『日本の社会政策〔改訂版〕』ナカニシヤ出版，2015年。

参考文献

安岡匡也『少子高齢社会における社会政策のあり方を考える』関西学院大学出版会，2018年。
野村正實『「優良企業」でなぜ過労死・過労自殺が？：「ブラック・アンド・ホワイト企業」としての日本企業』ミネルヴァ書房，2018年。
『経済』第277号（特集・国民のための社会政策論），新日本出版社，2018年10月。
社会政策学会編『社会政策』第9巻第3号（特集・福祉の市場化を問う），ミネルヴァ書房，2018年3月。

序　社会政策の考え方

「新自由主義」と社会政策

1　社会政策の考え方の拡散と収束

　前節で述べられているように，社会政策の考え方は歴史的に変化してきている。しかし，近代資本主義社会における労働問題の発生とそれ以後の時代におけるこの労働問題が影響する範囲の拡大に伴って，社会政策の捉え方も広がりをみせていることに間違いない。現に，日本の**社会政策学会**は，その公式サイトにおいて，その研究活動について詳しく紹介している。たしかに，この学会に集う研究者たちの研究テーマ，研究分野は広範囲にわたっている。強いていうならば，社会政策という概念の「社会」に込められた意味づけと意義づけの多義性の緩やかな許容という姿勢が，学会の学際性を担保しているようにみえる。

　しかし，社会政策の考え方が多様であり，1つのベクトルに収斂できないということが，「社会政策」の自己規定・アイデンティティの共通理解を困難にしている。社会政策が，社会を総体として認識しようとする社会諸科学の一部であると同時に，社会科学として「社会」をどのように体系的に捉えようとしているか，これが問われるのである。

2　現段階の社会政策の理論状況

　社会政策の諸種のテキストにおいて，共通に取り上げられる事項は，第一に労働条件，労働市場，労使関係にかかわる狭義の労働問題とその解決をめぐる政策である。第二に，医療，年金，介護という社会保障の貧困予防的制度としての社会保険が通説される。第三には，貧困の救済と自立支援のための公的扶助制度が取り上げられ，さらに公共サービスの一環としての社会福祉諸制度に及んでいる。さらに社会政策に関連して，少子・高齢社会，ジェンダー問題等への言及がなされている。

　社会科学としての「社会政策」が取り上げる労働問題，社会問題とそれをめぐる政策は，このように多岐にわたっている。それらが社会政策の各論として個々ばらばらに論じられている限り，それは社会政策の考え方とは無関係なようにみえる。つまり科学の内実として，労働基準，社会保険，労働市場政策，労使関係，公的扶助，社会福祉等の問題を共通に取り上げる視座がなければ，社会政策は実質を備えた独立の科学とは認めがたいことになる。社会政策にか

▷社会政策学会
1897年4月に社会政策学会は発足した。メンバーは，金井延，高野岩三郎をはじめとする7人の研究者や労働運動家であった。1907年10月に東京帝国大学にて第1回大会を開催し，「工場法」を討議題目とした。1924年開催の第18回大会を最後に解散。第二次世界大戦後，1950年7月の再建人会（慶応義塾大学・東京大学）で社会政策学会が活動を再開し，毎年原則として2度の大会を開催し，現在は会員総数1100人を超える学会となっている。現在の学会機関誌は，『社会政策』（ミネルヴァ書房）。公式サイト https://jasps.org/
▷新自由主義
新古典派経済学を基礎とし，市場において合理的判断をすべき個人が，最適な行動をとることが経済の均衡をもたらすとする考え方。それを，社会全体，特に政府の役割に展開した結果，ケインズ主義的有効需要創出，市場への政府の介入，福祉拡大等「大きな政府」に結びつくあらゆる傾向を排撃してきた。現実に新自由主義政策は，1980年代以降の英国・米国をはじめとする

かわる諸学会は、「社会政策」概念の誕生以来続いている自らの科学としての自己規定をいつも問いかけながら、しかし間違いなく社会政策研究の重要性を確認しながら理論展開をしている。

一見関連のない社会の諸事象が、社会の仕組みや制度と深く結びつきながら引き起こされていることを認識しなければならない。社会政策の研究と議論は、ある国の、あるいはある地域の一般の人々、庶民がどのように生きているか、そのためにどのように働き、どのように稼ぎ、どのように消費しているか、そして社会を支える住民・市民としてどのような態度をとり、行動しているかについての認識を基礎にもつことが前提となる。労働と生活をめぐる人々の行為とその結果、これこそ社会政策の考え方の出発点であり、また終着点でもある。

3 「新自由主義」と社会政策

1970年代後半以降、米国や英国を発進地として「**新自由主義**」の思想と政策手段が急速に普及し始めた。第二次世界大戦後、ケインズ経済学を理論的基礎として推し進められた公共投資による経済成長、完全雇用の実現という目標設定とその追求に対して、根本的な見直しが進められた。それまでの先進諸国の国家体制が、社会保障制度を体制維持の骨格として、経済と社会における大きな政府の機能を前提に整備されてきたのと違って、「**小さな政府**」、市場の活力、規制緩和を進めることが政治の課題とされるようになった。社会のあり方としての基本的人権の重視や平等の追求よりも、競争と成長への路線転換が図られた。

それは、1950年代から70年代初頭まで持続した先進諸国の比較的高い経済成長率が、1973年の石油ショック以降低い経済成長率に転換し、成長を前提にした大きな政府を維持することが困難に至ったことと関係する。英国のサッチャー政権、米国のレーガン政権の誕生とその新自由主義的政策の実行は、国民生活の最低限保障（**ナショナル・ミニマム**）を基盤とする「福祉国家」のあり方を根本から見直そうとするものであった。新自由主義陣営にとっては、社会保障による国民生活の安定こそ、政府への依存心を強くもつ失業者や生活困窮者を増大させるものとして敵視され、むしろ自己責任・個人責任を強調することにより、社会安定政策としての社会政策に対して挑戦したのである。

21世紀の最初の20年は、新自由主義政策が、社会の格差や貧困を増大させた。しかし、時計の振り子のように、貧困を予防し、国民諸階層間の格差や分断を克服しようとする社会政策への期待が再び強まっている。

多くの国の政策に影響を与えている。労働者保護を基礎とする社会政策に対して、労働条件の最低規制の緩和、労働市場ルールの撤廃、福祉国家による国民生活最低限の切り下げ等を推進し、「福祉見直し」の原動力となった。

▷**小さな政府**
一国の経済活動に占める政府の役割と比重をできるだけ小規模にすることを求める考え方と政策。経済学者アダム・スミスの古典派理論を出発点とするが、実際にはケインズ政策的「大きな政府」への対抗軸として、市場メカニズムへの予定調和的バランスへの期待から、公共部門の縮小と公企業の民営化、福祉削減と国民の自己責任を強調した。国と地方政府の借金が膨大な金額に達している日本では、一連の「構造改革」政策により、政府の歳出削減が追求されている。

▷**ナショナル・ミニマム**
ウェッブ夫妻の『産業民主制論』（1897年）で用いられた用語で、国民最低限と訳される。市場経済の自由な取引を前提としながら、賃金、労働時間、安全衛生等の最低条件を確立することが、経済活動の安定、社会的効率の確保に不可欠であるとする。実際には、憲法25条に規定される「健康で文化的な最低限度の生活」（生存権）を基礎に、その実現のために最低賃金、基礎年金、生活保護基準等が定められている。しかし、これら諸制度の水準は整合性をもって設定されていないし、実際には「最低限度の生活」を送れない貧困層が増大している。

序　社会政策の考え方

社会政策の歴史的展開

1 社会政策の歴史的展望の意義

　多くの社会科学的な出来事と同様に，社会政策も各国の資本主義の発展段階に応じて順次整備されていった。社会政策の史的展開がきわめて対照的に行われたと考えられるイギリスと日本についてその概況を整理し，歴史的展望の意義を考えてみたい。

　資本主義体制の先進国として，社会政策発展の一典型国となったイギリスでは，近世初頭からの「労働者法令」や「救貧法」の時期を経て，最も基礎的な社会政策立法として労働者保護のための工場法が制定され，その後の資本主義の発展段階に応じて各種の労使関係法，賃金規制法などが整備され，さらには生活保障のための諸制度が立法化されていった。

　これに対し，後発の資本主義国である日本では，資本蓄積重視の要請や軍事優先の国家戦略等が強行された結果，不十分な工場法や若干の社会保険制度等の制定にとどまり，第二次世界大戦終結期以前の社会政策形成はきわめて貧しいものであった。労働者・国民の無権利・無保護の状況が長く続き，社会政策の策定が本格化するのは第二次大戦終結期以降を待たねばならなかった。

　このように，社会政策の生成・展開過程を歴史的に展望することの意義は，各国・各段階における資本主義発展や権力構造のあり方，さらには労働側の対抗力や要求の態様・強弱などを通じて，各国・各段階における社会政策の本質の把握やその担わされた役割等を相応に特定できることにあると考えられる。

2 イギリスにおける各段階の社会政策の概況

○初期資本主義段階の労働政策

　この段階は，**絶対主義**を脱却して資本主義の形成をめざす時期であった。資本蓄積が進行するとともに，必然的に大衆的貧困も発生した。その結果，近世初頭から18世紀半ばにかけて数多くの「労働者法令」＝労働者規制法が制定された。刑罰を伴う浮浪貧民への定住・労働強制策であり，労働力を活用しての資本蓄積と社会の安定化を意図するものであった。しかし，この法令は貧民の反抗を招き政策効果をあげえなかったために，若干の貧民救済策も伴う大衆的貧困対策として，16世紀初頭から「救貧法」による定住・労働強制策も併用された。長期にわたる救貧法の施行にもかかわらず，絶対主義的救貧思想をぬぐ

▷**絶対主義**
16〜18世紀のヨーロッパ諸国にみられた，封建制を経済的基盤として，君主が絶対的な権力を行使する政治的支配形態。イギリスではチューダー朝期にあたる。

い去ることができず，資本制社会形成期に即応する労働力の育成・創出という政策意図はほとんど達成されなかった。

○産業資本主義段階の社会政策

この段階は，資本制生産が本格的に始動し，いわゆる「**原生的労働関係**」＝無権利で劣悪な労働状態の克服をめざす基盤となる社会政策が形成された時期であった。以下のような社会政策が漸進的に策定されていった。

①工場法…初期資本主義段階の労働政策とは異なる視点に立って，長時間労働の抑制等を中心とし労働力保全を図る労働者保護立法が，19世紀初頭の1802年工場法を端緒として制定された。その意義は，労働状態への国家関与により原生的労働関係に対する国家の「自由放任」原理が修正されはじめたことに求められる。

②労働組合政策…工場制工業の発展に伴う労働者の増大は，労働者階級の形成を促した。労働者階級の組織化の進展は，従来の労働者法令等による画一的な団結禁止政策に転換を迫った。その結果，19世紀初頭の1824年団結禁止撤廃法を出発点として，団結禁止政策の修正が進められていった。制限つきの消極的な団結権の承認にとどまるものであったが，イギリスにおける労働組合容認政策の生成の意義を指摘できる。

○独占資本主義段階の社会政策

この段階は，経済の主要な分野で自由な競争が制約され，巨大企業による独占の原理が支配するようになる時期であった。周期的な**過剰生産恐慌**による失業・低賃金の慢性化，労働運動の深刻化，階級対立の加速的な表面化など，資本主義体制にとって由々しい事態が拡大していった。こうした諸状況への対応策として，以下のような社会政策が模索され形成された。

①社会保険制度…独占段階の不況の慢性化や失業の増大は，救貧法による貧困への対応や労働者による自助・共済活動の限界性を露呈させた。その結果，国家による保険原理に基づく労働者・国民への最低生活保障策として，1911年国民保険法に始まる社会保険制度が制定されていった。20世紀初頭のイギリスでは，自由党政権によるいわゆる"**リベラル・リフォーム**"＝多様な自由主義的社会改良政策が打ち出され，その最重点施策として社会保険制度が位置づけられた。よりトータルな生活保障システムとしての役割を担う社会保障は，この社会保険制度の道程の行く先に創出されたことに留意しておきたい。

②最低賃金制…独占段階のイギリスでは，劣悪な労働環境下で極端な低賃金に甘んじざるをえない**苦汗労働**が拡大していった。賃金規制による労働者の最低生活保障のために，苦汗労働を抑止する一定額以上の法定賃金支払いを資本側に強制する最低賃金制が，1909年賃金委員会法＝最低賃金法から出発した。労働力再生産策，労使関係安定策，低賃金による国際的不当競争防止策としての最低賃金制の意義は現段階にまで及んでいることを銘記しておきたい。

▷原生的労働関係
国家によるなんらの保護や規制を受けることなく，長時間・低賃金・無権利の状態で労働を強いられ，使用者に一方的に従属させられる雇用関係をいう。とくに，資本制社会の産業化の出発期前後に顕著にみられた。

▷過剰生産恐慌
資本主義的生産様式が発展するなかで，生産が消費に対して著しく過剰となり，景気循環が不調に陥り，恐慌状態となること。資本主義そのものに根ざす基本的な矛盾のあらわれと考えられている。

▷リベラル・リフォーム（liberal reform）
首相などを歴任したイギリスの政治家ロイド・ジョージ（Lloyd George, 1863-1945）の主唱により20世紀初頭のイギリス自由党政権下で立案・実施された一連の自由主義に基づく「社会改良」政策。"リベラル・リフォーム"によって，イギリスにおける社会保険制度の出発点となった国民保険法の制定や貧困対策の一環としての学童給食の実施など，多くの施策が講じられた。

▷苦汗労働（sweating labour）
一般的には，家内労働等にみられる劣悪な労働条件下の労働をいう。19世紀末期のイギリスでは，耐えがたい労働環境や極度の低賃金に甘んじて，文字通り苦難の汗を流して働く労働者の存在が注目されるようになり，その抑止をめざす最低賃金制の制定に結びついた。

③労働組合政策…この段階のイギリスにおける最重要課題の1つは，労使関係の再編成＝労使協調体制の確立ということであった。19世紀半ば以降の労働組合運動の成熟度の高まりなどを受けて，労働組合の合法化に向けた労働組合政策の転換が図られ，1871年労働組合法の制定により世界最初の労働者団結・労働争議行為などの組合活動への**刑事免責**が付与された。さらに，1906年労働争議法により労働争議行為への**民事免責**も付与され，労働組合の基本的権利が法律的に確立した。しかし，第一次世界大戦後の不況下に労使関係が険悪化すると，刑事罰を伴う労働組合法が復活するなど，資本主義体制の維持のために労働組合政策は変遷した。社会政策の本質と限界を，こうした一連の経緯から吟味することが重要である。

3 日本における各段階の社会政策の概況

○産業資本主義段階の社会政策

この段階を迎えた日本では，都市にも農村にも過剰人口を抱えながら，産業化の始発の時期からの原生的労働関係が存続する中で，労働問題が深刻化し労働運動も拡大していった。特に，日露戦争後の社会情勢の混乱は労資間の対立を激化させ，日本においても労使関係への体制内的な対応が急がれるようになった。

一挙に労働組合容認策に踏み込めなかった日本では，その代替物としての役割をも担って，1911（明治44）年に，最初の労働者保護政策として「工場法」が制定された。工場法の制定によっても，原生的労働関係の全面的な解消には至らず，もちろん労働運動の法的権利の確立とも無縁であったが，日本における社会政策立法の実質的端緒としての意義は評価に値するといえよう。

○独占資本主義段階の社会政策

およそ20世紀初頭から独占段階に移行した日本では，軍事色の濃い強権的な国家政策のもとに資本主義が発展していった。この時期には，こうした状況を反映して，以下のような社会政策をめぐる動向をみることができる。

①労働組合政策…1919年に**国際労働機関（ILO）**が創設された影響もあって，未公認のままに活動する組織労働者の増大とあいまって，日本の労働組合政策のあり方が論議されるようになった。大正期から昭和初頭にかけて，労使協調策としてのいくつかの労働組合法案が検討されたが，結局は時局の重大化などを理由に制定には至らなかった。1931（昭和6）年，戦前期最後の労働組合法案が議会に提出されたが，同様の理由により不成立となった。独占段階の日本では，労働組合法制定に有利な条件はすべて消去されざるをえなかったのである。先述したイギリスの場合と対比して，日本では，その資本主義の絶対主義的・軍事優先的特質等に照らして，労働組合の合法性が一貫して否認され，逆に労働組合弾圧策のみが機能したことを指摘しておきたい。

▷**刑事免責**
労働組合運動において，団体交渉や労働争議行為が，通常であるならば犯罪要件に該当する場合でも，組合の諸活動が正当なものであるかぎり，刑法上の訴追・処罰を受けず，その責任を免除されること。労働基本権が保障されていることが前提となっている。

▷**民事免責**
労働組合運動におけるストライキなどの労働争議行為によって，債務不履行，不法行為等の民事上の責任が生じ，損害が発生しても，組合の諸活動が正当なものであるかぎり，当事者である労働組合または労働組合員は，損害賠償等の責任を免除されること。

▷**国際労働機関（ILO）**
⇨ 序-5 「「働き方改革」と社会政策」

②社会保険制度…日本では，資本制社会の出発期から膨大な貧困層の蓄積が続いていたにもかかわらず，国家による労働者・国民への貧困対策はほとんど打ち出されなかった。国家が貧困への対応として依存したのは，国民各層による自助や相互扶助のみであった。ようやく大正期になって，ロシア革命の影響や**大正デモクラシー**の風潮など，内外の諸情勢への配慮から，日本最初の社会保険立法として，1922（大正11）年健康保険法が制定された。疾病保険として創設されたものの，適用範囲は狭く，給付対象はきわめて限定的であった。これに引き続いて，労使関係安定策・社会秩序維持策・軍事上の要請に基づく国民体位向上策などの役割を目途として，官僚主導型の社会保険立法が散発的に制定された。疾病分野以外の労災・失業分野の社会保険は，健康保険よりもさらに部分的で不十分にしか整備されなかった。総じて論評するならば，この段階の日本の社会保険制度は，その基盤整備の進捗面を見過ごすことはできないものの，本質的には不均質で不平等な分断性＝社会的階層性を有するものであり，社会保険制度に求められる統一的・包括的な機能は果たしえなかったといわざるをえない。

▷**大正デモクラシー**
明治期の絶対主義的な風潮への反発もあって，大正期に政治・社会・文化等の多くの面で展開された一連の改良主義的な考えや運動の一般的な呼称。既存の社会体制を大きく動かすことはなかったが，一定の政治的改革や労働運動の発展などに寄与した。

4 現段階における社会政策の体系

前各項において，資本主義の発展段階ごとの社会政策の概況を整理して示した。それ以降の現段階に至る戦中・戦後期の社会政策の展開状況は，本書の各章の論稿に委ねることとする。

本項では，現段階における社会政策の政策体系をきわめて大まかに4系列に分別して提示し，本書各章の理解のための一助に供したい。

第一系列は，産業資本主義段階を始発点として，主として労働現場＝職場を中心に機能する労働条件・労働基準等にかかわる労働者保護立法等に依拠する政策体系である。端的には，労働者保護に関する社会政策といえる。

第二系列は，同様に産業資本主義段階を始発点として，主として使用者と労働組合・労働者との関係をめぐって生成された労働組合・労使関係立法等に依拠する政策体系である。端的には，労使関係に関する社会政策といえる。

第三系列は，産業資本主義段階から論議が始まり，ほぼ20世紀初頭から対応が本格化し，雇用・失業の諸課題をめぐって生成された失業対策・雇用安定立法等に依拠する政策体系である。端的には，雇用・失業・労働市場に関する社会政策といえる。

第四系列は，とりわけ独占資本主義段階以降の時期に，失業・疾病・労災・老齢などの各種の事故により，生活維持のための生産過程から一時的もしくは永続的に離脱することを余儀なくされた労働者・国民への一定の生活保障をめぐる社会保険・社会保障立法等に依拠する政策体系である。端的には，生活援助・生活保障に関する社会政策といえる。

参考文献
相澤與一『日本社会政策学の形成と展開』新日本出版社，2016年。
田村信一『ドイツ歴史学派の研究』日本経済評論社，2018年。
久原稔『「働き方改革」の嘘：誰が得をして，誰が苦しむのか』集英社，2018年。

序　社会政策の考え方

「福祉国家」体制の原理と社会政策

1　第二次世界大戦と「福祉国家」の誕生

　第二次世界大戦は，国民全体とその資源を戦争遂行のために総動員する「総力戦」を参戦国に求めた。参戦国の多くは，戦争目的のために自由な市場経済に対して「統制経済」を導入し，労働力の自由な取引の場としての労働市場に種々の経済外的規制が与えられた。また，物資の強制的調達と配給のために価格統制が行われ，企業活動や国民生活も政府の強い管理下に置かれることとなった。戦争が長期化し，その大義名分への国民の信頼が失われ厭戦気分が蔓延すると，戦争遂行への国民統合は困難になる。「戦争国家」に対抗するためには，「平和国家」あるいは「福祉国家」というビジョンが求められたのである。

　もともと，「福祉国家（Welfare State）」とは，第二次世界大戦中に英国で使われ始めた言葉で，ナチス・ドイツを「戦争国家（Warfare State）」と特徴づけ，それと対抗する連合国陣営に属する英国の国民統合の理念として打ち立てられたものであった。戦争終結後の英国の社会保障構想を示した**ベヴァリッジ報告**（1942年）は，「社会保険と関連サービス」という題名のもとに，労働年齢にあるすべての国民に，社会保険の保険料負担と引き替えに，疾病，失業，老齢による引退等の社会的事故や生活上の起伏に際して，国家が国民に最低限度の生活費の給付を行うことを約束した。同時に，社会保障構想の前提として，第一に児童手当の支給，第二に包括的な医療・保健サービス，第三に大量失業の回避を掲げ，その上で，社会保険・国民扶助・任意保険の組み合わせによる国民の所得保障を実現しようとした。

　英国の例に限らず，第二次世界大戦後の経済成長に伴い，国家の役割が単に軍事や治安維持に限定されずに，国民の福祉の拡充を成長の成果として追求する福祉国家が期待されるようになった。例えば，旧西ドイツは，憲法にあたる基本法20条で自らを「社会的連邦国家」と規定し，福祉国家をめざすことが宣言されている。日本においても憲法25条が国民の生存権を認め，社会保障，社会福祉，公衆衛生の充実を政府の努力義務としている。事実，多くの国では，次第に国内総生産（GDP）や政府支出における社会保障，社会福祉関係の費用の割合が上昇していった。

▶ベヴァリッジ報告
英国の経済学者ベヴァレッジ（William Beveridge）によって1942年にまとめられた『社会保険および関連諸サービス（Social Insurance and Allied Services）』。第二次世界大戦終結後の英国社会保障制度の構想を社会保険による所得保障を中心に描いたもの。報告を貫く指導原理は，1．局部的利益を超えて，将来の社会のためにつぎはぎでない抜本的変革を遂行すること，2．社会保険は社会進歩のための包括的な政策の一部を成すだけであり，追放されるべき5つの巨人（窮乏〔Want〕，疾病〔Disease〕，無知〔Ignorance〕，不潔〔Squalor〕，怠惰〔Idleness〕）とたたかうこと，3．社会保障政策は，国家と諸個人の協力によって，しかもナショナル・ミニマムを確立するに際して個々人の自発的努力を阻害しないこと，であった。

❷ 「福祉国家」体制の原理としての社会保障

「福祉国家」は，完全雇用と一定の経済成長を前提として成立した資本主義の国家体制である。そして，それまでの社会保険や救貧制度を，ナショナル・ミニマムの原則を軸に再編・統合した社会保障を支柱として成立した国家体制である。

デンマークの社会学者**エスピン＝アンデルセン**は，第二次世界大戦後の福祉国家の展開は，1つの型に収斂せずに，北米や英国の「自由主義的福祉国家」，大陸ヨーロッパの国々の「保守主義的福祉国家」，北欧の「社会民主主義的福祉国家」に類型化されるとした。しかし，いずれの福祉国家の類型も，社会保障を国家体制の基礎に据えようとする点では共通している。もともと第二次世界大戦時の「戦争国家」への対抗から生まれた「福祉国家」は，大戦後誕生した中欧・東欧の「社会主義体制」との競争へと対抗軸を移動させたが，それにとどまらずに国民の基本的人権，とりわけ「生存権」の結実としてのナショナル・ミニマムの展開と密接な関わりをもっていた。

社会政策の歴史的発展過程において，その構成要素である工場法などの労働基準をめぐる労働基準政策，社会保険や公的扶助の制度的展開は，順序や重みを異にしながら，労働者保護から国民生活の最低限保障へと理念と政策領域を拡大してきた。つまり，資本主義経済の発展に伴う人口に占める労働者人口の増大は，労働者を中心とする国民の生活問題への対応を必然的に社会政策の政策対象として求めることになった。

❸ 社会政策と「福祉国家」

「福祉国家」から「福祉社会」への理念の転換，社会保障の公的責任論から「自助・自立・互助・共助」論へとパラダイム転換が進んでいる。経済のグローバル化が進むのに応じて，社会政策の存続基盤自体も大きく変化した。工業企業の国外への移転や外国人労働者の増大，ジェンダー平等とダイバーシティの観点からの家族形態の多様化，高齢と若年単身世帯の増加など福祉国家の基盤を成す社会のあり方が大きく変化してきている。

そうした状況下で，社会政策と「福祉国家」を根拠づける一般的に認められた経済理論は確立していない。しかし，グローバル化時代の国民生活と福祉国家のあり方を根本から捉え直すような経済理論の確立にとって，諸派経済理論の切磋琢磨が求められていることも明らかである。つまり，再び「**市場の失敗**」に対する社会安定政策としての社会政策の優位が確認される可能性が強まっている。

社会政策は，確かに経済学だけを基礎にした科学ではないが，経済学の再構築と社会政策の結びつきは今後より一層強まると思われる。

▷**エスピン＝アンデルセン（Esping-Andersen, 1947-）**
デンマーク出身の政治学者・社会学者。著書『福祉資本主義の三つの世界：比較福祉国家の理論と動態』岡沢憲芙・宮本太郎監訳（ミネルヴァ書房，2001年）において，3つの福祉レジーム「自由主義（アングロサクソン）レジーム」「社会民主主義（スカンジナビア）レジーム」「保守主義（大陸ヨーロッパ）レジーム」を類型化したことで注目された。⇨Ⅵ-3「高齢社会の課題と福祉政策」も参照。

▷1 ⇨序-1「社会政策とは何か」

▷**市場の失敗**
ミクロ経済学によれば，一定の条件の下で市場における需要と供給は均衡し，財とサービスの最適配分が実現する。しかし，その条件が満たされないとき，市場は不均衡をもたらし，最適配分が実現しない。これが「市場の失敗」である。例えば，情報の非対称性，外部不経済，有効需要の不足など市場メカニズムに任せたのでは経済の最適状態が実現しないとき，政府による何らかの介入が必然化する。1970年代以降今日に至るまで，構造的失業の継続，環境破壊，貧困は，まさに市場に失敗の典型とみなされている。労働市場における取引ルールの成立は，労使の団体交渉と社会政策立法によって市場の失敗を緩和しようとする試みである。

序　社会政策の考え方

5 「働き方改革」と社会政策

1 「労働は商品ではない」

1944年米国のフィラデルフィアで行われた**国際労働機関（ILO）**の労働総会では、ILO憲章の付属書として、「国際労働機関の目的に関する宣言」（通称フィラデルフィア宣言）が採択された。その冒頭に、同機関の4つの根本原則の第一として「労働は商品ではない」というスローガンが記されている。現代の労働者の働き方、労働のあり方を考えるときに、このスローガンのもつ意味を解きながら社会政策の意義を検討する必要がある。まず、労働は労働能力を有する人間の行為であり、一定の目的と方法によって何らかの有用物やサービスを作り出す行為である。「労働は商品ではない」の考え方の基礎に、労働する人間自身は、商品ではなく、また商品のように取り扱われるべきではないという思想が横たわっている。今日の社会においても、人間労働は経済活動の手段としてもっぱら経済的効率性の判断基準からだけ利用されることが多い。その結果、時として労働力を支出する人間そのものを商品やもののように処分することになりかねない。人間労働の担い手である労働力は、生身の人間から切り離すことはできない。労働者が人間にふさわしい生活条件を与えられずに、生産の手段としてのみ労働にかり出されることは、生存する権利を奪い、長期的には国民経済の担い手としての労働者人口を縮減することにつながりうる。

「労働は商品ではない」は、労働はよりよい環境で人間労働が編成されることによって、経済社会の豊かさと安定が実現されることを展望している。

2 今日の労働の焦点としての働き方の多様化

日本に限らず世界の多くの国で、非正規雇用、非典型労働、不安定就業と呼ばれる労働者の働き方が拡大している。これらを働き方の「多様化」として肯定的に捉える意見が広がっている。ここで、「多様化」とは、一般に選択肢の拡大、選択の自由、個性、豊かさというプラスイメージだけで理解してよいのだろうか。フルタイム労働、期間の定めのない雇用契約、社会保険や福利厚生の対象となる正社員処遇と結びついた正規雇用を基準に考えると、それ以外の雇用契約としての「非正規雇用」は、働き方の多様化である以前に、契約・労働条件の低位性と不確実性を内実としてもつ。つまり、正規雇用に適用される賃金やその他の雇用条件を保障されない「劣等処遇」の労働者を意味する。他

▷国際労働機関（ILO）
ILO（International Labour Organization）の日本語訳。1919年ベルサイユ条約によって誕生した国際機関。1日8時間労働制（第1号条約）をはじめ母性保護、児童労働に関する規制、男女の均等待遇、公契約法、ディーセント・ワーク、貧困、社会保障等今日の労働政策、社会政策にかかわる重要な条約、勧告を多数形成してきた。労働者・使用者・政府の各代表により構成され、毎年国際労働総会を開催している。ジュネーブに本部を置き、加盟国は187カ国（2018年10月現在）。日本には、ILO駐日事務所がある。

▷ワークシェアリング
一般に、労働者1人あたりの労働時間を短縮することにより、働く労働者の人数を増加させる方策を意味する。その目的は、企業業績の急激な悪化の際に、労働者の解雇の回避策、あるいは、マクロ経済政策の手段として、大量失業状態を緩和するために、雇用・仕事の失業者との分かち合いを意味する。日本では、2002年3月29日に、「ワークシェアリングに関する政労使合意」が発表され、「多就業型ワークシェアリング」

方で，相対的に優遇されてきた正規雇用労働者のますます増大する部分が，「正規」であるが故の極限まで強化される労働のストレス，責任の大きさにあえぐ現状が広範囲化している。

働き方の多様化が，言葉の本来の意味での豊かさや自由を実現するためには，労働者を使用する立場の企業や経営者が一方的に選択肢を独占するのではなく，働く側の労働者が自分の生活環境や労働への態度によって選択の権利を確保しなくてはならない。例えば，働き方の多様化の典型であるパートタイム労働が，単なる短時間就業を意味するのであれば，正規雇用であるか否かにかかわりなく他の一般の労働者より短時間働きながら，それが賃金の計算単位の劣等化をもたらさないのであれば，労働者にとっても多様化の選択肢につながるだろう。しかし，労働時間の全般的短縮が進めば，このようなパートタイムという働き方が今日ほど拡大しなかっただろう。まさに，正規雇用の長時間労働と重い責任が，たとえ劣等処遇であっても短時間で働くパートタイム労働を拡大したともいえるのである。短時間正社員や短時間公務員の導入によって，**ワークシェアリング**や**ワークライフバランス**を促進しようという政策提起がなされているが，それらを実現するためには，現状の正規雇用と非正規雇用の間にある決定的ともいえる格差と距離を小さくする努力が必要である。労働をめぐる社会政策は，格差を縮小するための重要な手段として，法定最低賃金の大幅な引き上げや，多様な働き方をする労働者に労働基本権と社会保障の権利を平等に付与することが必要である。

❸ 「働き方改革」に求められる視点

ILOは，「ディーセントワーク（Descent Work）」をILO憲章実現の今日的な表現として提起している。まさに，「働きがいのある人間らしい仕事」と訳されるディーセントワークは，第一に，働く機会と持続可能な生計を支えるのに十分な収入，第二に，労働三権（団結権・団体交渉権・団体行動権）が保障され，職場で発言する自由が認められること，第三に，家庭生活と職業生活が両立可能で，労働環境から社会保障等のセーフティ・ネットの確保等，第四に，公正な，男女の平等という要件を包括する言葉である。しかし，現実にはこれら4条件のいずれにも該当しない労働者とその職場が拡大している。

日本では，長時間労働を解消し，過労死を防止することを重要な目標の1つとして「**働き方改革関連法**」が2019年4月に施行された。賃金と労働時間の関係性を切断する「**高度プロフェッショナル制度**」も企業労使の合意で導入可能となった。ディーセントワークを基本視点に据えた「働き方改革」は，今後とも重要な政策課題であり，企業・産業の労使関係当事者の努力を求めるだろう。

が提唱されたが，実際には企業の雇用戦略や国の労働市場政策に生かされることはなかった。

▶**ワークライフバランス**
⇨ Ⅶ-7「ワークライフバランスの現状と課題」

▶**働き方改革関連法**
2018年7月6日に公布された「働き方改革を推進するための関係法律の整備に関する法律」は，労働基準法，労働安全衛生法，労働時間等設定改善法，パートタイム労働法，労働契約法，労働者派遣法等の法律の改正がその中身である。罰則付きの時間外労働の上限規制，パートタイムや有期契約労働者と正規雇用労働者の間の均衡・均等待遇の促進，高度プロフェッショナル制度の導入，勤務間インターバル制度の普及・促進等が盛り込まれた。

▶**高度プロフェッショナル制度**
労働組合や野党から批判の強かった新設の制度。想定年間賃金1075万円以上の高専門職を対象とし，高度の専門的知識等を必要とし，従事した時間と成果との関連が高くない業務としている。具体的には，金融商品の開発業務，金融商品のディーリング業務，アナリストの業務，コンサルタントの業務，研究開発業務などが労働基準法の労働時間規制から除外された。最後まで与野党の対立が激しかったこの制度について，参議院本会議で可決・成立する前日の参議院厚生労働委員会（2018年6月28日）では，47項目も付帯決議が可決されるなど，多くの問題点を含む制度である。⇨ Ⅱ-8「時間外労働の濫用」

序 社会政策の考え方

最低生活保障システムと社会政策

1 現代の貧困

　貧困（Poverty）とは何だろうか。人々の貧しい状態をあらわすこの言葉は，長きにわたって多くの議論を招いてきた。1998年にノーベル経済学賞を受賞した**アマルティア・セン**は，「極貧状態をのぞけば，誰が貧しいかを決め，どのように貧しいかを診断することさえ容易ではない」（『貧困と飢饉』）のが貧困である，と述べ，**ポール・スピッカー**も，「貧困は，いくつもの概念の複合体」であるとしている。

　人々の生活は，収入と支出からなる家計を単位とし，何らかの生活資料（食料・住居・衣服）が，所得の喪失や不足，他者による扶養の欠如から，人間にふさわしい生活を送ることが不可能となる状態を表す言葉が貧困である。

　しかも，今日の社会において人間にふさわしい生活を送るためには，衣食住だけではなく，交通や通信手段，教育や学習の機会，社会生活の維持，人間として見苦しくない生活，健康を維持し疾病を治療するための費用が必要となる。貧困の原因も，失業や退職による日々の所得の不足，疾病等による追加的支出の増大，受けるべき社会保障給付の欠如等々多様である。

　しかし，今日の日本社会では，国民の多くは就業とそこから得られる所得によって家計を維持している。したがって，就業から得られる所得の不十分さが貧困の原因の最大のものである。

　2015年の『**国勢調査**』によれば，日本の15歳以上の就業者数は5892万人であった。このうち，他人に雇われて働く「役員を除く雇用者」は，4661万人，就業者全体の82.3％であった。さらに雇用者の内訳別の比率は，正規の職員・従業員53.6％，労働者派遣事業所の派遣社員2.7％，パート・アルバイト・その他26.0％（いずれも男女計，15歳以上就業者に占める割合）であった。正規と称される人の中にも賃金所得の少ない人が含まれているが，パートや派遣で働く人々の相当割合が，その所得だけでは世帯として家計を維持するのに不足を来している。

2 ワーキングプアの増加

　働いているにもかかわらず貧困な人々をワーキングプアと呼ぶ。憲法25条は，「すべて国民は健康で文化的な最低限度の生活を営む権利を有する」とうたっ

▷**アマルティア・セン**
（Amartya Sen, 1933-）
1933年インド生まれの経済学者。所得分配の不平等にかかわる理論や，貧困と飢餓に関する研究についての貢献により1998年にノーベル経済学賞を受賞した。1981年ILOから出版された『貧困と飢饉』（黒崎卓・山崎幸治訳，岩波書店，2017年）の中で，権限（Entitlement）をキー概念として，「絶対的剥奪」を補完する概念として「相対的剥奪」を位置づけている。

▷**ポール・スピッカー**
（Paul Spicker, 1954-）
1954年英国生まれの公共政策学者。『貧困の概念』（圷洋一監訳，生活書院，2008年）の中で，スピッカーは，「貧困とは何かを説明する，単純で唯一の一貫した方法などというものは存在しない」といっている。しかし，様々な貧困の定義を11の意味の群れに分類している。物質的必要として，特殊な必要・剥奪パターン・低水準の生活の3つの定義，経済的境遇としての資源の欠如・経済格差・経済階級の3つの類型，社会関係としての社会階級・依存・社会的排除・権限の欠如の4つの類型，そして11番目の類型として「貧困を道徳的概念として理解するもの」を掲げている。

ている。就業の有無にかかわらず，すべての日本国民の権利，生存権を定めている。しかし，新自由主義的政策によって，貧困は自己責任とされ，ちゃんと働かないから貧しいのだ，と反復してたたき込まれている。1990年を境に日本経済のバブルが崩壊した。それからの10年を「失われた10年」と呼び，場合によっては「失われた20年」と最近までの日本経済を特徴づけるものもある。景気指標をベースに判断する景況は，最近政府によって**いざなぎ超え**とまで評価されているが，雇用の非正規化が進み労働者の賃金が主要国では日本だけが低下していることに鑑みると，ワーキングプアをどのように減らしていくか，賃金労働条件の改善なしにはそれは実現しない。

❸ 新自由主義的政策と貧困・格差社会

1980年代以降，世界で本格的に進められてきた新自由主義的政策は，第二次世界大戦後の福祉国家モデルに対する本質的なアンチテーゼとして，公然と社会の格差や貧困を是認してきた。市場経済としての資本主義経済に修正を加えるという意味での労働規制の緩和ないし撤廃，社会保険制度における使用者側の負担軽減や貧困予防機能の抑止，公的扶助制度における生活最低限保障の空洞化と保護されるべき人々の排除，社会福祉サービスにおける市場原理の導入等，福祉国家の諸施策に対する空洞化政策が支配的となった。

こうした新自由主義的政策は，貧困・格差社会の是正に成功するどころか，低所得，不安定就業の人々を拡大し，「成長戦略」をいくら声高に叫んでも，「消費不況」を解決できなかった。経済発展の原動力を人々の競争，企業同士の競争にもとめる市場経済原理主義は，社会の不安定化を直視しない。競争には敗者と勝者が必ず生じ，逆転の可能性がほとんどない場合には，格差の固定と貧困の増大をもたらすことを忘れているからである。

❹ 最低生活保障システムの再構築

労働者の雇用・労働条件の最低限確保を前提に，国民の最低生活を保障しようとする社会保障システムは，労働・就業のもつ経済的意義と社会的可能性を積極的に肯定する。市場経済は，財の蓄えを十分もたない人々に対して，他人に雇われて働く，つまり被雇用者として生活する必要を拡大した。しかし，それは市場経済の主たる担い手としての私的企業の投資行動の従属変数として増減する。所得保障を通じた生活保障は，一時的な所得の喪失や減少に対しては対応できるが，大量失業の継続や働いてもなお貧困な人々，ワーキングプアの増大に対しては，十分対応できない。人々のもつ働く能力が最大限発揮されている状態としての完全雇用を経済政策の目標に設定するにしても，「労働条件は，労働者が人たるに値する生活を営むための必要を充たすべきもの」（労働基準法1条）という認識が，その基点に据えられるべきである。

▷**国勢調査**
統計法に基づき，「日本に居住している全ての人及び世帯」を対象として5年に1度実施される，重要かつ基本的な全数調査の統計調査。統計法第5条は，「総務大臣は，本邦に居住している者として政令で定める者について，人及び世帯に関する全数調査を行い，これに基づく統計を作成しなければならない。」と定めている。現在56ある基幹統計の1つ。第1回国勢調査は1920（大正9）年10月1日に実施され，以後5年ごとに実施され，1945年の分は1947年に臨時調査として実施された。1950年以後，5年ごとの実施で最近では2015年が第20回目の調査となっている。

▷**いざなぎ超え**
1965年11月から1970年7月まで続いた好景気を「いざなぎ景気」と呼ぶ。日本経済の高度成長期に含まれる。「いざなぎ超え」とは，57カ月の好景気より長い期間の景気回復が第2次安倍内閣発足の2012年12月から2018年12月まで続いた，との内閣府の景気動向指数研究会の判定を根拠に論評されている。しかし，経済成長率や賃金・家計消費の低迷から実感が伴わないものとして疑問視されている。

コラム-1

格差と貧困

　皆さんは今までの学校生活で貧困状態の子を認識したことはあるだろうか。

　皆さんと同じように，ファストファッションを着て身綺麗にしているし，スマホも持つ。貧しいということがわかれば，場合によってはいじめに遭うだろう。貧しければ，見下され，いじめられる，差別されるということを学習し，普通を装うかもしれない。親も必死に普通の生活をめざしているだろう。貧困状態にある子は，普通の家庭にあるものがうちにはないくらいの意識で，進学できなかったり，修学旅行に行けなかったり，友だちと遊びに行けなかったりしても，ちょっと貧しいだけと思い，貧困状態にあることに気づいていないかもしれない。

　私たちは，汚い服装をしている，住むところがないなど，絶対的貧困のように見た目でわかる貧困をイメージしがちであるが，先進国の貧困は「平均的な生活水準に満たない相対的貧困」であるためイメージしにくく，理解されにくい。

　現在，格差の拡大が続いている日本では，貧困の状況に置かれる人たちが増加している。2016年実施の「国民生活基礎調査」（厚生労働省）では，貧困線（122万円）を下回る相対的貧困層は15.7％，子どもがいる現役世帯では13.9％，すなわち7人に1人が貧困状態にあり，そのうちひとり親の場合50.8％となっている。見た目にはわかりにくいが7人に1人の割合で，皆さんの側(そば)にいたのである。

　相対的貧困は見えにくいため社会問題化するにはきっかけが必要である。皮肉なことにNHKの相対的貧困の特集で，取材された女子高生が友人とアーティストのライブに行っていたことがバッシングされ，社会問題化した。一部の視聴者のみならず，政治家までが出てきて「貧乏なら貧乏人らしくしていろ」と彼女を責めたのである。

　イギリスの社会学者であるタウンゼントは，「普通なら認められる生活様式や慣習，社会的活動から事実上締め出されている状態」を「社会的剥

奪」と呼んだ。「貧乏人らしくしていろ」というバッシングは，普通の高校生としての社会的活動からの締め出しに値するだろう。「貧乏人らしくしていろ」という眼差しは，その人を見下し，普通にお金を持っている同じ仲間ではないから一緒にいるなという社会的排除にほかならない。

親に迷惑をかけたくないから早く自立する人ももちろんいる。昔と違って，社会が高学歴化している現在，大学を出て就職をするのとは違い，中卒や高校中退，高卒で正社員として働ける職場は少ないため，アルバイトで就労することもあろう。アルバイトの仕事は，いつ，誰に替わってもできるようにマニュアルで決められている。アルバイト先で重宝されることはもちろんあるが，一般的にはアルバイトと正社員のスキルは異なり，アルバイトのままだと正社員としてのスキルは身につかない。1カ月フルに働いても賃金が低い，いわゆるワーキングプアの状態に置かれ続けるのである。アルバイトのままだと，体調が崩れるなど人生設計が少し狂っただけで，住居を失ってネットカフェ難民になってしまうこともあろう。ネットカフェでは簡単に一晩過ごすことができるし，パソコンやスマホで翌日のアルバイトの手配もできる。しかし，正社員として就職するには住所が必要となるため，その日暮らしからの脱出ができるような政策が必要になる*。

経済的豊かさを所与のものとしている層には相対的貧困は理解されにくい。彼らは，まだまだ努力が足りないと貧困状態にある人を責めるだろう。しかし，貧困は構造的なものであり，多くの人たちが自己責任ではない。貧困の再生産を打ち切れる社会を作るには，私たち身近な問題であることの自覚と貧困への関心を持ち続けることが必要である。

　＊　国土交通省は2017年10月から単身高齢者，低所得者，外国人といった家賃滞納リスクのある人を対象に家を借りやすくする「住宅セーフティネット制度」を始めた。この制度では若者は対象とされていない。

（藤川［堀畑］まなみ）

序　社会政策の考え方

 国家・地域・家族と社会政策

1 社会政策と国家

　21世紀の国家は，その成立根拠がグローバル化の進展とともに変化してきている。20世紀の国際法上の国家の承認要件としては，**ゲオルク・イェリネック**の国家の3要素（領域・人民・権力）が認められてきた。経済の観点からみると，自国通貨の保有や関税と輸出入規制が国民経済の範囲として認められてきた。しかし20世紀以降，貿易と対外直接投資の量的拡大による企業の多国籍展開，さらには国際金融と投資のグローバル化が飛躍的に進んだ。これによって，それまでの国民経済はグローバル経済の中に組み込まれ，その中で各国の産業や金融・通貨をはじめとする経済活動が相互に強い結びつきをもつようになった。

　国民経済を基礎とする国民国家は，経済のグローバル化によって，対外経済関係にはじまり，さらには社会政策に関わる労働問題や社会保障のグローバル化に一定の対応を求められるようになっている。ILO（国際労働機関）による種々の条約や勧告が頻繁に出され，EUによる加盟国への社会政策立法の促進は，このような背景に押されたものである。

　各国の経済活動はどんどん国境を越え，ボーダーレス化しているが，他方で，一国の枠組みの中で形成されてきた社会政策の諸制度は，単線的に「国際」社会政策へとは展開していない。むしろEU指令のように，複数国家からなる立法機関が存在する場合に，一定の拘束力をもって個別国家の社会政策立法に結実するというスタイルが現在の到達状況である。したがって，当面は緩やかなあるいは一般的な国際的労働基準の共通化や社会保障制度の2国間での相互接続の拡大が進んでいくだろう。

2 地方分権と地域における社会政策

　社会政策を国家の政策であるというとき，中央政府と地方政府の財政や事務分担の関係は避けて通れない。2000年4月に施行の**地方分権一括法**は，従来の国からの機関委任事務を廃止し，地方公共団体（地方自治体）の業務を自治事務と法定受託事務に整理した。社会政策に関わる行政関連サービスも国と地方で役割分担の変更がなされた。例えば法定受託事務の中には，国民健康保険や生活保護制度の運用に関わる事務が含まれている。そして機関委任事務とされてきた社会保険徴収事務や公共職業安定所に従事する地方事務官制度は廃止さ

▷ゲオルク・イェリネック
（Georg Jellinek, 1851-1911）
ライプチヒ生まれの法哲学者で，法実証主義に与していたが，法が社会と内発的な関係をもつという立場には批判的で，むしろ法を倫理的最低限として捉えた。彼の代表的な著作『一般国家学』（1900年）において「国家の3要素」が定式化され，さらに Die Erklärung der Menschen- und Bürgerrechte, 1895 は，1946年に美濃部達吉が，「人権宣言論」として邦訳を出版している。

▷地方分権一括法
2000年4月に一部を除いて施行された「地方分権の推進を図るための関係法律の整備等に関する法律」のこと。457の法律の一部改正または廃止を含む「改正法」である。主な内容は，①国の機関委任事務制度を廃止したこと，②地方公共団体の事務を自治事務と法定受託事務とに再構成したこと，③国から都道府県，市町村等への権限委譲を推進すること等である。

れ，国の直接執行事務と改められた。また，本来地方自治体が実施すべき自治事務の中には，児童，高齢者，障害者福祉等の社会福祉サービスに関わる事務が含まれている。もともと国家（中央政府）の政策・制度として始まった社会政策は，実際には，国と地方自治体の公的責任において遂行されている。

　国民経済を空間的にみるとまさに地域経済の集積である。地方分権の流れは，「国から地方へ」の行政権限の委譲という側面と同時に，「官から民へ」という民営化・民間委託の流れと軌を一にしている。地方分権により，社会政策諸制度に関わる公共サービスの多くの部分は，直接的には地方自治体の責任によって担われている部分がますます大きくなっているにもかかわらず，地方財政の困難を理由に民営化・民間委託として展開している。保育園，障害者福祉施設，環境リサイクルサービス等の民間委託や**指定管理者制度**の活用により，住民サービスの質への懸念，自治体による非正規雇用者の拡大など新たな問題が発生している。今日，こうした流れを受けて，地方自治体レベルでの**公契約条例**制定など公共サービスの質保障と地域経済振興をめざす取組みが活発化している。

3　社会政策と家族・個人

　社会政策は，家族・個人に対してどのような機能を提供するのか。

　第一に，労働基準法では，労働者の労働時間・賃金等の労働条件の最低基準の設定は，「労働者が人たるに値する生活を営むための必要」（労働基準法1条）を充たすべきとうたっている。資本にとっての労働力保全あるいは労働力の安定的確保は，家族や世帯からみると，労働者とその家族の消費生活を通じた労働力の再生産と同じことである。「働き過ぎ」による心身の疾患，そして過労死や過労自殺が，こうした労働力の再生産の対極にあることは明らかである。

　第二に，社会政策は，家族・個人の長期的生活サイクルに対して，生じうる社会的事故（失業・労働災害・職業病等）や起伏（出産・離婚・老齢による引退等）によって，家族・個人が貧困に陥らないように予防する機能をもっている。

　第三に，家族・個人の努力や社会政策の貧困を予防する機能をもってしても回避できない貧困状態が襲いかかったとき，国民生活の最低限保障としての社会保障による自立支援策が必要になる。

　今日，家族や世帯のあり方において，種々の社会保障諸制度の想定するモデルと合致しない場合が増大している。一面では，社会保障の個人単位化をすすめる必要性の増大と同時に，他面では，単身世帯が増加している日本社会で，家族の役割を再評価することが求められている。

▶**指定管理者制度**
2003年に改正法が施行された地方自治法244条の2第3項により導入された制度。それまで「公の施設」の管理は，地方公共団体が直接出資する法人または公共団体・公共的団体に限定されていたが，「法人その他の団体であって当該普通地方公共団体が指定するもの（以下「指定管理者」という）に，当該公の施設の管理を行わせることができる」と対象範囲が大幅に拡大された。

▶**公契約条例**
「官製ワーキングプア」とも呼ばれる労働者の賃金引き上げや公正な労働条件を確保するために，自治体関連労働者，地域建設業者の労働組合，住民団体等がその実現をめざしているのが公契約条例である。国際法上は，1952年発効のILO第94号条約を根拠にしている。建設労働者の産業別労働組合である「全建総連」（全国建設労働組合総連合）によれば，公契約条例は，賃金条項のある条例型のものが15の基礎自治体で制定されている。また賃金条項のない理念型条例は，県レベルを中心に10の自治体で制定されている。

序 社会政策の考え方

8 グローバル化と社会政策

▷**TPP**（Trans-Pacific Partnership：環太平洋経済連携協定）
TPPは，2005年以降シンガポール・ブルネイ・チリ・ニュージーランドの4カ国が経済連携協定に署名することから始まった。その目的は，加盟国間のすべての関税廃止を含む自由貿易の推進をめざすことにある。協議への参加国は次第に増加し，2010年3月には，先行する4カ国に加えてアメリカ，オーストラリア，ベトナム，ペルーが参加し，2010年10月マレーシア，2012年12月カナダとメキシコ，2013年3月には日本の安倍総理が交渉への参加を表明した。しかし，2017年1月に就任したトランプ大統領は，アメリカのTPP離脱を決定実行した。現在11カ国が加盟。

▷**ブレグジット**（Brexit）
British（Britain）と exit の合成語で，EUからの英国の離脱を意味する。2015年に「欧州連合国民投票法」が与野党議員の賛成で成立し，2016年6月にEU離脱の可否を問う国民投票が実施された。僅差で離脱が残留を上回った。メイ首相は，EUに対して協議に基づく離脱を通告した。ところが2019年1月の下院に提案した離脱協定案は大差で否決された。2019年3月の離脱期限の行方が混沌と

1 労働と生活のグローバルスタンダード

　21世紀は，グローバル化がさらに進むとともに，欧州，アジア，アフリカ，中近東，北南米等の地域統合（ローカル化）の傾向も強まっていくだろう。そして多国籍企業を中心に，最適地生産と国際水平分業は今後さらに深化していくと思われる。その結果資本は，国境を越えてより安価なコストと販売市場を求めて移動する。もちろん企業にとって投資対象国・地域の選択は，単に販売市場やコスト要素だけで決まるわけではない。しかしながら，劣悪で低賃金の雇用機会を国内だけでなく国外でも確保して利潤を確保しようとする資本の行動は，いっそう国内産業の空洞化と国内雇用の縮小をもたらすだろう。

　他方で，2017年1月に誕生したアメリカのトランプ政権は，自国第一主義を掲げ，**TPP**からの離脱，中国との経済戦争，EUとの経済摩擦を引き起こし，国際協調を否定する動きを開始した。不安定化する中東情勢から，大量の難民の受け入れをめぐって，EUからの英国の離脱（**ブレグジット**）や，ドイツの**メルケル政権**を批判する政党「**ドイツのための選択肢（AfD）**」の選挙での躍進など欧州諸国で自国第一主義の動きが強まっている。

　このようなグローバル化とそれに対抗する動きの中で，国家単位を基礎とする社会政策のあり方もその変容が迫られている。たとえ一国レベルで最低労働基準や国民生活の最低限保障が進展しても，それを回避する手段として多国籍企業は対外直接投資へのシフトで対応しようとする。したがって，世界に存在する賃金や労働コスト，労働力調達条件における格差は，多国籍企業のグローバル化を誘引するきっかけとなるだろう。つまり企業と投資が多国籍化・グローバル化しているのに比べて，労働・社会規制は依然として一国レベルにその影響範囲が限定されている現状は，労働や生活のグローバルスタンダード，とりわけ最低基準が未確立なまま国際競争が展開されていることにつながる。

2 新自由主義時代と社会政策

　政府の経済への介入が復活すると，新自由主義的改革の成果が台無しになるという考えが台頭し始めている。つまり，新自由主義的政策の不徹底が今日の世界的経済危機や成長戦略にほころびをもたらしているという立場である。しかし他方で，これ以上市場原理主義に任せきっていたら資本主義経済自体の存

続が危うくなるという危機感も世界各国で広がりをみせている。数十年単位で歴史をみるならば，1980年代から30数年続いた新自由主義的政策は，今後数十年単位でその是正や見直しの機運が強まるだろう。なぜなら，市場経済を核とする資本主義経済社会の安定とは，いつの時代も労働や生産に従事する大多数の国民の生活安定がその前提だったからである。経済危機や戦争に伴い短期的には国民に耐乏生活を強制することはあり得ても，それは長期的には無理なことである。

新自由主義時代は，金融資本主義を中心とするバブル経済の誘引と崩壊，貧困・格差の拡大しかもたらさなかった。それに続くポスト新自由主義の時代は，税制，社会保障制度の再構築を通じた持続可能な経済発展を強く指向するものとなるだろう。通貨統合・連携や資本移動のなんらかの規制，社会保障の多国間連携を通じて，グローバル化する経済関係への是正策が始まるだろう。

3 社会政策の新たな課題

社会政策とは，働く人々を中心に国民生活の最低保障と安定をめざす国家の政策である。今日，先進諸国，開発途上国に共通な現象としての貧困・格差の増大は，従来型の経済成長戦略では解決し得ない。社会の基礎構造としての国民生活の土台を強固なものとし，その上に個人・企業・政府の経済行為を再構築しなければ，経済成長の成果は一握りの少数者の手に集中していくことになる。それを防止するためには，新自由主義的政策から社会政策を国民経済の基底におく政策への転換が必要である。

これからの社会政策の機能への期待は，このように市場経済，資本主義経済に公正競争を確保するための労働と生活を軸としたルールを確立することであり，持続可能な社会システムの礎となることである。1980年代までアジア，欧米諸国の経済モデルとして注目を浴びた日本型の経済システムと政府の成長政策が，今日深刻なほころびをみせている。たしかに，日本が参考にすべきできあいのモデルは，世界に存在しないのかもしれない。貿易立国として長らく世界の国々との貿易や最近では対外直接投資によって成り立ってきた日本経済の将来を展望するためにも，今後急速に増加する見通しの**外国人労働者**の労働生活に関わる社会政策の構築が急務となる。

「構造改革」政策によってもたらされた地域経済の衰退，少子化・高齢化の否定的側面，ワーキングプアの増大が相互に関連しながらその克服が求められている。社会政策は，こうした問題への全能の処方箋とはそもそもなり得ないが，民主主義社会における国民主権の解決方法を追求する過程で，今後も重要な役割を果たすであろう。

している。

▷**メルケル政権**
ドイツのキリスト教民主同盟（CDU）の党首メルケルを首班とする政権。2005年11月（第1次メルケル政権）に社会民主党（SPD）との「大連立」政権が発足。2009年12月総選挙で勝利したCDUは，SPDとの連立を解消して，自由民主党（FDP）との連立政権（第2次政権）発足。2013年の総選挙では，FDPが議席を減らしたため，再びSPDとの「大連立」政権（第3次政権）となる。2015年100万人を超える難民の受け入れを許可した頃からメルケル首相への批判が強まった。2017年9月の総選挙では，極右政党「ドイツのための選択肢」（AfD）の台頭を許したことから，CDUやキリスト教社会同盟（CSU）内部から，難民受け入れに対する批判が強まり，メルケル首相の支持基盤が弱体化し，2018年3月にSPDとの「大連立」政権がようやく成立した（第4次政権）。しかし，2018年10月の州議会選挙でのCDUの大敗により，メルケル首相は，12月の党首選挙には出馬せず，首相の在任期（2021年）で政界を引退すると表明した。

▷**ドイツのための選択肢（AfD）**
ドイツの政党。2017年9月の総選挙で連邦議会に94議席を獲得し，一躍第一野党となった。ユーロ圏の解体，反イスラム原理主義を公約に掲げ，旧東ドイツを中心に支持を広げている。

▷**外国人労働者**
⇨第Ⅷ章「外国人労働者」参照。

序　社会政策の考え方

日本国憲法と社会政策

　私たち働く国民が人間らしく生きていくには，「安定した雇用」と「安心できる社会保障」という「2本の足」がなくてはならない。私たちは「雇用」によって賃金を確保し，「社会保障」によって失業・疾病・老後の生活などに備えることができるからである。まさしく「雇用」と「社会保障」は，私たちが人間らしく生きていく上で，なくてはならない「2本の足」なのである。

　その「雇用」を安定した良質なものにするために，労働基準法など一連の労働法制（社会政策立法）が存在する。あわせて，「社会保障」を安心できる行き届いたものにするために，健康保険法など一連の社会保障関連法（社会政策立法）が存在する。このような労働法制や社会保障関連法のいずれも日本国憲法の具体化であり，憲法を根拠法としている。したがって，なくてはならない「2本の足」を支えているのは結局，日本国憲法なのである。

1　日本国憲法と労働法制

　憲法第27条は，「すべて国民は，勤労の権利を有し，義務を負ふ」として，「賃金，就業時間，休息その他の勤労条件に関する基準は，法律でこれを定める」と規定している。ここで同条は，まず「勤労の権利」を保障している。その勤労（労働）にともなう賃金など勤労条件（労働条件）に関する基準は，法律でこれを定めるとして労働基準法その他各種の労働法制の制定を国家に義務づけている。

　「国家に義務づけている」根拠は，憲法が国民の基本的人権を守るため国家権力をしばる立憲主義に立っているからである。権力が国民をしばるためではなく，主権者たる国民が権力をしばる最高法規としての憲法なのである。その憲法を「改正」するという「自民党憲法改正草案」は，「改正」どころか「改悪」でもなく，憲法を憲法でないものへ置き換えるまさしく「壊憲」である。なぜなら，それは立憲主義を否定し，「国家が国民をしばるための支配の手段」に貶めるものだからである。

　その「草案」の焦点は，当面第9条にあるが，次の段階で第25条や第27条などの国民の権利に関する条項（社会政策条項）に手がのびることは「日本再興戦略」など昨今の政府・自民党の主張と行動から明らかである。「解雇特区」構想など「規制緩和」の徹底は，憲法の社会政策条項と相容れない。

▷1　日本国憲法は，占領下でのアメリカによる「おしつけ憲法」なので，「自主憲法をつくるべし」という「改憲」論が根強く存在する。しかしそもそも「GHQ案」は，植木枝盛ら自由民権運動の憲法草案等をふまえた鈴木安蔵らの憲法研究会の憲法設計にそって作成されている。結局，日本国憲法は"和製"であり，「おしつけ憲法」論のねらいは，平和憲法の破壊にほかならない。

▷2　これは「アベノミクス」の第3の矢で，総論で「攻めの経済政策を実行し，困難な課題に挑戦する気持ちを奮い立たせ（チャレンジ），国の内外を問わず（オープン），新たな成長分野を切り開いていく（イノベーション）ことで，澱んでいたヒト・モノ・カネを一気に動かしていく（アクション）」と述べ，「JAPAN is BACK」といわれるものである。一言でいえば規制緩和と「小さな政府」論をテコとした「大企業天国づくり」の処方箋である。

24

2 日本国憲法と社会保障立法

憲法第25条の前半は，周知のように「すべて国民は，健康で文化的な最低限度の生活を営む権利を有する」と定め，後半で「国は，すべての生活部面について，社会福祉，社会保障及び公衆衛生の向上及び増進に努めなければならない」と国家が社会政策の拡充に努力するよう明確に義務づけている。

ところが実際は，1980年代初頭からの新自由主義に立つ臨調「行革」路線以降，老人医療費の有料化や健康保険の本人窓口負担化など社会保障サービスの削減が繰り返されてきた。臨調路線を継承する1990年代半ばからの「構造改革」の展開が医療・介護・年金その他の改悪をエスカレートさせ，その総決算というべき2012年制定の「社会保障制度改革推進法」によって，今や社会保障「破壊」(空洞化) の段階に突入している。

新法は，いったい何を「改革」し，何を「推進」しようとしているのか。新法の「基本的な考え方」にその方向が示されている。そこに「自助，共助及び公助が最も適切に組み合わされるよう留意しつつ，国民が自立した生活を営むことができるよう，家族相互及び国民相互の助け合いの仕組みを通じてその実現を支援していくこと」と述べられている。みてのとおり，社会保障に対する国家責任を「家族相互及び国民相互の助け合い」に転嫁しているのだ。これが社会保障の「解体を推進」するものであること，それを推進する財界や政府にとっての「改革」でしかないことは明らかである。

3 日本国憲法をめぐる深刻な情勢

安倍晋三政権の下で憲法問題が急速にクローズアップされている。安倍政権の「日本改造戦略」は，2つの段階に大別できる。第1段階は，日本を「世界一，企業が活動しやすい国」にすることである（「日本再興戦略」）。第2段階は，「戦後レジームからの脱却」を通じて「天皇を戴く瑞穂の国」（「新しい国へ」）を作ることである。

第1段階は，経済に重点を置き，いわゆる「アベノミクス」をテコとした「日本改造」の追求である。これは第1の矢「異次元の金融緩和策」，第2の矢「大胆な財政政策」で目くらまし的に「景気づけ」をし，第3の矢「成長戦略」で「大企業天国」を作り上げよう，という算段である。第3の矢の「大企業天国づくり」の主要手段が「規制緩和」であり，大企業の利潤極大化に障害となるものすべてを取り払おうというものである。労働法制や社会保障など社会政策は，かれらにとって「障害」の最たるものに属する。

第2段階で，「戦争のできる国」と抵触しない憲法に置換え，連続的に現憲法の第25条や第27条など国民の諸権利を定めた部分も破壊し，「天皇を戴く瑞穂の国」を実現するということ，これが「安倍流日本改造論」の全体像である。

▷3　1981～83年に総理府に設置された諮問機関（土光臨調）である。「増税なき財政再建」を旗印に，「自立・自助」の名で福祉・社会保障の切捨てが答申され，また電々・国鉄・専売の3公社の民営化もここで打ち出された。臨調答申のほとんどを自民党政府が忠実に実行した。一方，軍事費やODAなどの予算は「国際社会への貢献」の名で，毎年突出しつづけた。このような財政政策・政治が以後も続き，臨調「行革」路線と呼ばれた。この政策基調は，1990年代の「構造改革」に引き継がれ，今，安倍政権のもとでその「総仕上げ」が追求されている。

▷4　この法律は2012年6月，「税と社会保障一体改革」関連法案の国会審議のさなか，民主・自民・公明の3党合意により，自民党が突然国会に持ち出し，まともな審議もないまま2012年8月に成立した。社会保障改革のための消費税増税と宣伝しながら，医療・介護・年金その他の社会保障を改悪し，国民を欺いたのである。安倍政権の第3の矢「成長戦略」とからめて，社会保障の「改革」ではなく，その「破壊」がいますすめられている。

コラム−2

大規模災害と社会政策の役割

　大規模災害はいつ起こるか分からない。いざ起きたときには住民が安全に避難し，食事や眠る場所，衣服や必要な医療などが提供できるよう，いつでも自治体は備えていなくてはならない。一般に，大規模災害への対応としては，急性期の対応と，住民の生活が一定程度，安定してからの復旧・復興期の対応とに分かれ，復旧のレベルも，災害前の状態までの機能回復まで行う「原形復旧」と，再度の災害防止を考慮した「改良復旧」とがある。

　東日本大震災では，福島第一原発事故が起こり，日本で初めて大規模な原子力災害が発生した。不思議なことに国は，原子力災害を自然災害と区別し，国のマニュアルには従わないとしている。2005年3月に内閣府が案として出していた「災害復旧・復興施策の手引き」によれば，「事業者責任・賠償などの観点もあり，通常の自然災害とは対応が大きく異なる面もあるため，本手引書で想定する災害には含めない」というのである。福島第一原発事故では復興・復旧のために，「放射性物質汚染対処特措法」や「原発事故子ども・被災者支援法」など新たに法律を制定しないと対処できないことも多く，復興・復旧が遅れている。津波で被害を受け，さらに原発事故で避難を余儀なくされた浪江町や双葉町，大熊町，富岡町には時間がそのままとまったままの場所が多く存在する。

　福島第一原発事故では，大気中に放射性物質が放出されたときの風向きや地形，天候の違いによって放射能汚染の濃淡が発生し，30km圏外の地域にも高線量地域ができた。福島では，30km圏内の住民以外にも当時，計画的避難地域に指定された飯舘村など避難を余儀なくされた人たちや，子どもを持つ母親らを中心に「原発からとにかく遠くへ」と自主避難した人たちがいる。千葉や茨城，宮城，栃木，群馬，埼玉にも高線量地域が見つかり，子どもの被曝を懸念して自主避難をした人たちもいる。

　再編前に計画的避難区域，警戒区域であった11市町村は，年間積算放射

線量に応じて①20ミリシーベルト以下の避難指示解除準備区域，②同20超〜50ミリシーベルト以下の居住制限区域，③同50ミリシーベルト超の帰還困難区域に再編された。これらの区域の人口は，帰還困難区域で約2万5280人，居住制限区域で約2万4620人，避難指示解除準備区域で約3万4000人となっている。国は「放射性物質汚染対処特措法」を制定し，除染を進めることにした。11市町村は除染特別地域に，また放射線量が1時間当たり0.23マイクロシーベルトを超える地域は汚染状況重点調査地域に指定された。しかし，除染はなかなか進んでいない。また，除染特別地域は汚染廃棄物対策地域にも指定され，はぎ取った土壌等，放射線量の高い廃棄物を保管する中間貯蔵施設を建設することになったが，期間が明言されていないため，設置場所の選定は進んでいない。

2012年6月，避難者を援助するため「原発事故子ども・被災者支援法」が制定され，2013年10月になって基本方針がようやく閣議決定された。支援対象地域は県内の33市町村となった。除染や健康診断など個別の施策ごとに対象範囲が決められることになり，支援対象地域外となった会津地方や，福島県以外の高線量地域においては，この対象範囲に入った場合，援助が受けられることになった。福島県では，18歳以下の医療費無料化の継続的措置を求めていたが，これについては認められなかった。基本方針策定まであまりにも時間がかかっていたため，国の怠慢を理由とした訴訟も起こされたほどであり，さらには，復興庁に出向していたキャリア官僚によるツィッターでの暴言などもあって，国は本気でやる気がないと，被災者たちは見ている。

被災者たちが取り残されているという思いを抱かないよう，国民全体で国の動きはきちんと見ていく必要がある。このあと何十年という長い時間にわたって。

（藤川［堀畑］まなみ）

I 賃　金

賃金とは何か：賃金を学ぶ意義

　この国の賃金が長期にわたって下がっている（図Ⅰ-1）。このような現象は日本だけである。賃金が下がれば，内需が縮小する。結局，すでに長期化している経済危機をいっそう泥沼化させる。悪循環である。これを断ち切るには賃上げが必要である。ようやくそのような世論が形成されつつある。こうしていま賃金問題が国民的な関心を呼ぶに至っている。改めて「賃金とは何か」を考えるには好機といえる。基本に立ち返って賃金決定のしくみを考えよう。

1　賃金の本質は「人間らしい生活が可能な生活費」

　通常，賃金は労働（正しくは**労働力**）の対価だといわれる。そのとおりである。では，いくらでもよいのか。1カ月の賃金が3円でもよいのか。それで少なければ3億円ならよいのか。そんなことはない。基準がある。それは「人間らしい生活が可能な**生活費**」である。現実の賃金は，これを基準に，その周辺で決定されている。

　いま日本の平均賃金を月額30万円と仮定しよう。これは実際の賃金に近い仮定だから，違和感はなかろう。考えるべきは，なぜ3円でもなく3億円でもなく30万円なのか，である。答えは，「人間らしい生活が可能な生活費」に近いからである。生活費そのものではなく，「近い」ということには，後述するような解き明かすべき重要な問題を含んでいる。

　あらかじめ，賃金決定の法則を示そう。賃金は，①労働者の生活費を基礎に，②労働市場における労働力の需給関係と，③労使の力関係の影響を受けて決定される。これが賃金決定の法則である。これは法則であるから，どの資本主義国の賃金決定でも貫徹しており，資本主義という前提条件が変わらない限り不変である。

　もし賃金が「人間らしい生活が可能な生活費」だけで決まるのであれば，日本の平均賃金は30万円ではなく，40万円ぐらいであろう。しかし，この40万円はあくまで基礎であって，実際の賃金は労働市場の「需給関係」と労使の「力関係」の影響を受けて引き下げられ，30万円に落ち着く，ということだ。

▷**労働力**
労働力とは，労働能力のことである。資本主義社会では，これが商品として売買され，買い取った資本家は労働力を使用する。この労働力が使用されている状態，つまり労働力が発揮されている状態を労働という。

▷**生活費**
生活費とは，労働力の再生産費であり，賃金の本質である。経済学で，これを労働力の価値という。その現象形態が，労働の価格＝賃金である。

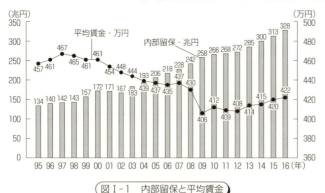

図Ⅰ-1　内部留保と平均賃金

出所：1：内部留保は，財務省「法人企業統計年報」から資本金10億円以上の金融・保険業を除く全企業約5000社。
　　　2：平均給与は，国税庁「民間給与実態統計調査」から「1年を通じて勤務した給与所得者」のみの平均。

2 労働市場では買手が有利

　労働市場はみえにくいが,確実に存在する。そこでは買手である資本家・使用者のほうが有利である。理由は,まず労働力という商品の特殊性にある。賃金が低くても,あるいは下がっても,労働力の売手である労働者は,労働力を売り続けなくては生活できない。むしろ賃金が下がれば労働者は,その不足分を補うために妻など家族の他の構成員も労働力を売り,供給を増やしさえする。これは一般の商品の売手とは逆の対応である。一般の商品市場では売手は,値段が下がれば生産を縮小し,供給量を減らすからだ。

　さらに,労働市場には,買手が労働市場に労働力を供給するという特殊性があり,この作用が大きい。すなわち,企業における技術革新・企業合理化が余剰人員を生み出し,これが過剰人口として労働市場に供給されるのである。とりわけ,長期不況・恐慌期には大量の労働力が労働市場に供給され,過剰人口(失業者)が増大し,現役労働者の賃金を大幅に引き下げる。

　日本経済の高度成長期にみられたように,かなり長期間にわたって「労働力不足」が生じる場合もある。だが,これは例外的で通常の労働市場は供給過剰状態とならざるをえない。高度成長期にしても,不足が深刻だったのは若年労働力にかぎられ,中高年労働力については過剰気味であったことを付記しておこう。

3 労働者の立場は弱い

　生産手段の所有者である資本家と徒手空拳の労働者とでは,経済力・交渉力に大きな差があることは指摘するまでもない。そのため,賃金など労働条件をめぐって労働者が個々に資本家と交渉しても要求の実現は難しい。労働者は数において資本家を大きく上回るが,このことは二様に作用する。労働者がバラバラで分断状態にあれば,数が多いことは資本家に対して不利である。逆に労働者が団結して資本家に立ち向かえば,数の多さはプラス要因であり,対等な立場に(ときには優位な立場に)立つことができる。

　ひるがえって現状をみても,資本家の力が強いのが通例である。労働者が労働組合に組織されていない場合はもちろん,組織されていても組織率が低かったり,労働組合が分断されていたりすれば,どうしても資本家の力が強くなる。また,現代資本主義の特徴として資本家団体(財界)が国家(政府)を味方につける傾向が強いことを考慮すれば,資本家と労働者の力関係において労働者の劣勢は否定しようもない。

　以上から,先の賃金決定の例で,40万円の生活費を基礎としつつも,労働市場の需給関係で5万円,労使の力関係で5万円それぞれ引き下げられ,最終的に30万円の賃金決定となる理由がわかるだろう。

▷1 技術革新で旧型熟練が解体し,1950年代末から,とくに中卒労働力に対する需要が急増し,当時中卒者が「金の卵」と呼ばれた。以後70年代初めまで中卒だけでなく全体として若年労働者が不足した。若年層が中心にせよ,初めて日本で「労働力不足」経済の到来であった(戦時期は別)。

Ⅰ 賃　金

2 日本の賃金の歩み

日本の賃金の現状をよく理解するには，その歩みを知る必要がある。戦前からの歩みの積み上げとして今日の日本の賃金があるからだ。そのため，ここでは日本の賃金の歩みの大筋をたどることとする。大きく3つの時期に区分できる。第1期は，文字どおりの低賃金の時代で，この国が後発の資本主義国として歩み始めた明治維新（1868年）前後から戦後1950年代の前半までである。第2期は，日本の賃金水準が先進国並みになり，さらにトップクラスになったとされる日本経済の高度成長の時代である（50年代の後半から70年代の初頭まで）。第3期は，日本経済の高度成長期が終わり低成長期を経て，長期経済停滞下で賃金下落が長期化している今日までである（70年代半ばから2010年代まで）。

① 第1期の特徴

第1期は，無権利・低賃金・長時間労働を主内容とする「チープレーバーの時代」と特徴づけることができる。これは，日本の「労働者の誕生」の特殊性によるところが大きい。どの国でも賃金労働者の祖先のほとんどが農民である。農地の「囲い込み」などで農村を追われた農民が一家をあげて都市に流出し，労働力を売って生計を立てる賃金労働者となる，これが一般的な「労働者の誕生」である。したがって，そこでは労働力の代価である賃金は「家族が生活できるレベル」と考えられた。実際はそれより低くても，賃金とは「一家の生活に見合うもの」と考えられた。

ところが，この国での労働者の誕生は，農民が一家をあげて労働者になっていくのではなく，農家（貧農）の二，三男や娘が単身で労働者になっていくのが一般的であった。そのため，かれらの賃金は一家の生計費としてではなく，1人の生計費，それも貧しい生活に慣らされた単身の生活費に見合う賃金，つまり「単身者型賃金」として相場化されたのである。くわえて，農村に存在する膨大な潜在的な過剰人口，労働者の自主的な運動を許さない半封建的な政治体制が賃金にとって"おもし"であった。戦後，労働運動は活発になったが，日本的な低賃金状況が1950年代の前半までつづいた。

② 第2期の特徴

1950年代の後半から70年代の初頭にかけて，日本経済の高度成長のもとで日本の賃金は大きく変わった。55年前後の日本の賃金水準は，先進国中もっとも

▷1　ふつう賃金といえば，労働力の代価として支払われる日給・週給・月給などを意味する。しかし，第二次世界大戦後の現代資本主義においては，富の再分配のため社会保障制度が発達し，いまや労働者は賃金と社会保障の「合わせて一本」で生活を維持している。この社会保障サービスを「間接賃金」ともいう。健康で文化的な生活を営むには，労働者は直接賃金だけでなく間接賃金もなくてはならない。注意を喚起しておく。

▷2　近世初期のヨーロッパ，特にイギリスで領主・大地主が牧羊業を営むため農地を囲い込み，そこを追われた中小農民一家は農業労働者や工業労働者となっていった。

低かったが，60年代末には西ドイツを追い抜きアメリカについで第2位まで上昇した（名目賃金の国際比較）。60年代の半ばには，いわゆる「年功序列型賃金体系」も日本的経営の一環として確立した。

　この間，日本の賃金を急速に上昇させた主な要因として，3点を指摘できる。第一に，生計費（社会的に必要な生活費）が急速に増大した。理由は，生活習慣の急変とインフレの高進に求められる。電気洗濯機，テレビ，マイカーなどの普及で生活様式が変貌し，物価上昇が常態化したのである。第二に，若年層を中心に「労働力不足」が進行し，労働市場が労働者に有利に展開したのである。第三に，賃金闘争が日本独自の「春闘」として発展したことが大きい。

　Ⅰ-1「賃金とは何か」で述べた賃金決定の3大要因（生計費・労働力の需給関係・労使の力関係）のすべてが，労働者に有利に働いた，ということだ。1960年代以降75年までは春闘での賃上げ率が連続して2桁であった。74年の春闘では32.9％の大幅賃上げとなった。もっともこの間，インフレ・物価上昇がつづき，実質賃金の伸びはわずかにとどまった。

3　第3期の特徴

　日本経済の高度成長が終焉したあと，いわゆる低成長下で春闘での賃上げは小幅にとどまり，賃金体系面でも年功序列型賃金の職能賃金化が急速に進んだ。春闘は「**管理春闘**」と呼ばれるようになり，財界・企業が「労使協調主義」に立つ労働組合の協力をえて，賃金が「生産性基準原理」・「経済整合性」論のもとに閉じこめられることとなった。

　1990年代の半ばまで，このような状態がつづいたが，90年代の後半以降，賃金が長期にわたって下がるという戦後初めての異常事態となった。「異常事態」というのは，先進国の中で日本の賃金だけが例外的に長期にわたって下落するようになったからである。このような賃下げが内需を冷え込ませ，バブル崩壊後の経済危機を慢性化させ，これが「失われた10年」さらには「失われた20年」となり，「平成」を貫く特徴となった。

　この間，賃金体系面でも「**職能給の職務給化**」が進んだ。1970年代の後半以降，特に80年代をつうじて，職能給化が急速に進んだが，90年代に入って財界から「職能給の見直し」が叫ばれるようになった。80年代に表向き「職能給化」が進んだが，内実は年功賃金のままであり，これではグローバル化した新たな情勢に対応できないというのが反省点であり，これを克服するには個々人の成果を測定して賃金を決める「**成果主義賃金**」でなくてはならない，という主張であった。しかし，「成果主義」も定着せず，いま財界は「仕事・役割・貢献度を基軸とした賃金制度」を追求している。このような紆余曲折はあっても，賃金の「集団管理」から「個別管理」への流れは一貫している。

▷日本的経営
年功型賃金体系・終身雇用慣行・企業別労働組合を三種の神器として「日本的経営」と呼ばれている。前二者がしだいに崩れ，「日本的経営」の再編である「新日本的経営」論もかまびすしい。

▷管理春闘
⇨Ⅰ-4「財界の賃金政策」

▷職務給
⇨Ⅰ-5「賃金体系の変遷」

▷成果主義賃金
⇨Ⅰ-5「賃金体系の変遷」
▷3　経団連が2010年に「成果主義人事賃金制度の再設計」として発表した。「今後の賃金制度のあり方として，年齢や勤続年数を基軸とした賃金制度から仕事・役割・貢献度を基軸とした賃金制度へ見直すこと」を提言している。

Ⅰ 賃　金

3 日本の賃金決定

▷1　春闘揺籃期の1950年代後半期の賃上げ率は5〜8％台であったが，61年には13.8％，と2桁賃上げになり，73年20.1％，74年32.9％とピークに達し，75年以降は「管理春闘」で75年の13.1％を2桁春闘の最後に76年から1桁春闘が続いている。⇨Ⅰ-4「財界の賃金政策」も参照。

▷**人事院勧告**
1948年，公務員労働者は政令201号で労働基本権をうばわれ，その「代償」として人事院勧告制度が導入された。これは賃金統制の役割も果たしている。いまなお公務員の労働基本権は大幅に制限されたままである。

▷**法定最低賃金**
春闘・人事院勧告制度・最低賃金制が日本の賃金決定機構を構成している。春闘による春闘相場が人事院勧告と最低賃金改定に反映され，日本の賃金全体が決まっていく，という関連である。春闘がその起点であるから，春闘の再興が日本の賃金を改善するポイントである。

　日本の賃金決定は，欧米の標準的な賃金決定とは趣を異にし，たいへんユニークである。日本経済の高度成長期以降，いっぷう変わった日本型賃金決定が確立し，今日に至っている。要するにまず，春闘で民間の組織労働者の賃上げの相場が形成される。これに準じて，公務員の賃金決定につながる**人事院勧告**が作成・提示される。さらに，最低賃金の改定目安もやはり春闘相場に準じて作成・提示される（**法定最低賃金**）。以上はマクロの賃金決定であるが，ミクロの各企業における労働者個々の賃金決定は賃金体系に基づいてなされる。その賃金体系が日本では圧倒的に「年功賃金」（年功序列型賃金体系）なのである。その存在感がきわめて大きいので，その確認から始めよう。

1　年功賃金の圧倒的な存在感

　「年功賃金」そのものは，数々の賃金体系の一種であるが，この国ではその存在感が絶大である。正確には，ある時期まで絶大であった。労使双方に大きなメリットがあったからだ。客観的には，年功賃金が終身雇用を誘発し，この2つが企業別労働組合と相性がよいため，1960年代の半ばには「三種の神器」といわれる年功賃金・終身雇用・企業別組合という3点セットが「日本的経営」を支えるという見方・言説が支配的となった。

　しかし同じころから，資本・企業サイドは終身雇用と一体の年功賃金を白眼視するようになる。背景には，急速な技術革新で旧型熟練が解体し始めたこと，中高年労働者の賃金を抑制したいこと，雇用の流動化を促進したいことなどがあった。賃金体系にしぼれば，「年功賃金の職能給化」を「能力主義管理」の実践として日経連がプロモートしたのである。この動きの詳細は後述のとおりだが，いまだ財界・企業は「脱年功」を果たしていないという認識である。その証拠に2017年にも経団連は『本気の「脱年功」人事賃金制度』（経団連出版）を世に問い，「仕事・役割・貢献度を基軸とした人事制度，そしてそれをもとにした賃金制度を構築することは，会社にとってまさに大事業になる」と述べ強調している。

　いま政府は「働き方改革」の目玉だとして「同一労働同一賃金」を追求しているが，真のねらいは「脱年功」にある。いまなお企業・財界にとっては年功賃金の存在感が大きく，邪魔で仕方ないのである。

2 日本の賃金決定のしくみ

どの国の賃金も，その国・その産業の「賃金相場」に制約されて決定される。では，「賃金相場」を決定するのは何か。まずは産業レベルの労使交渉である。この労使交渉は，他産業の動向も考慮に入れて行われるため，産業別の労使交渉の総体が一国の「賃金相場」を決めることとなる。企業レベルの賃金は，これを参考に若干の上乗せ（賃金ドリフト）をして決まるケースが多く，それゆえ産業別の労使交渉で決まるのは，企業での賃金決定の最低ラインとされている国が多い。いずれにせよ，一国の「賃金相場」を決める基本は産業別の労使交渉である。

日本ではどうか。この国の労働組合のほとんどは，企業別に組織された「企業内労働組合」である。そのため，産業別の労使で賃金交渉を行うには「ひと工夫」しなくてはならない。実は，それが1955年からスタートした「春闘」にほかならない。これは企業内労働組合が「春という賃金改定の時期」に向けて一時的に産業ごとに連帯・団結し，賃上げ要求額（または率）などを調整・統一して，その実現に向けてデモ・集会・ストライキなどを背景に展開される団体交渉を軸とした「春闘」である。

3 個々人の賃金を決める「賃金体系」（企業内の賃金制度）

仮に春闘で5％の**ベースアップ**が決まり，A企業でも5％の賃上げが行われると仮定しよう。この場合でも，A企業のすべての労働者の賃金が5％上がるとはかぎらない。各企業には，それぞれ独自の賃金体系があり，これに基づいて労働者個人の賃金が決まるからである。もしA企業の賃金体系が「**成果主義**」なら，各人の前年の成果に基づき新年度の賃金が決められるため，成果の評価次第では「下がる」ケースも生じる。

日本の賃金体系は，勤続年数・年齢・学歴・性別など属人的な要素を重視する傾向が強く，「年功序列型賃金体系」と呼ばれる。しかし，1970年代半ば以降，職務遂行能力を重視する「**職能給**」が大勢となり，90年代に入って成果重視の「成果主義賃金」へと変遷している。この変遷は，賃金の「集団管理」から「個別管理」へと要約できるが，個別管理にはチームワークを阻害するなど様々な矛盾・問題点があり，近年，経団連は「役割・貢献度賃金」を推奨するに至っている。各企業も，コストダウン，競争刺激，労働力流動化を加速できる賃金体系を模索・追求している。

すなわち，企業が賃金体系に託すものは，①いかに賃金コストを小さくするか，②いかに労働者を刺激しかれらを相互の競争に駆り立てるか，③いかに労働力の流動化を賃金面から促進するか，である。企業経営の立場から，年功型賃金体系は，この3点にてらして「最悪」とされている。

▷ベースアップ
個々の企業の賃金総額をその企業の労働者数で除した平均賃金が上がること。賃金原資の増大を伴わない賃金体系上の「昇給」とは異なる。通常，春闘賃上げという場合，ベースアップと定期昇給の合計を含意している。だが真の賃上げはベースアップなのだ。

▷成果主義
⇨ Ⅰ-5「賃金体系の変遷」

▷職能給
⇨ Ⅰ-5「賃金体系の変遷」

Ⅰ 賃 金

 財界の賃金政策

財界の賃金政策には，大別してマクロとミクロの2つがある。マクロの賃金政策は，財界が政府に働きかけるもので，人事院勧告に基づく公務員賃金と，主として未組織労働者の賃金の下限を法定する最低賃金制が代表的である。人事院勧告も最低賃金の改定も春闘相場に左右されるので，財界は春闘を「管理」すべく労働組合への働きかけにも熱心である。

▷ 1 これを「管理春闘」と呼ぶ。近年の「官製春闘」も本質的には財界の「管理春闘」の一環である。ただ，19春闘で「官製春闘」は姿を消した。

ミクロ版は，産業レベルや企業レベルで財界・企業が直接行っている賃金政策である。「総額人件費管理」・「支払能力」などの徹底が，産業レベルの調整を通じて行われている。以上ような財界の賃金政策のすべてがまとめて示されるのが経団連の『経営労働政策特別委員会報告』（日経連時代は『労働問題研究委員会報告』）にほかならない。そこで以下，これらを中心に「財界の賃金政策」をみていく。

1 「総額人件費管理」論

現在の経団連の前身「日経連」（日本経営者団体連盟）は，総額人件費管理に関連して，つぎのように述べている。「マクロの賃金決定においては，生産性基準原理の考え方に沿って対応すべきであるが，個別企業においては厳しい経営環境を反映して，総額人件費管理のあり方が問われている」として，「企業は従来以上に企業経営の状況を的確に把握し，雇用，賃金はもちろん，賞与，退職金，法定内外の福利費等を常にパッケージにした上で，経営計画を踏まえて人件費管理の徹底をしていくことが必要である」（日経連「**新時代の『日本的経営』**」1995年）。

▷ **「新時代の『日本的経営』」**
経団連の前身「日経連」が雇用の流動化・多様化を財界の雇用戦略の軸に位置づけた「歴史的報告」である。以後，そこで描かれた青写真にそって政府が労働分野の規制緩和をエスカレートさせ，いまや労働法制の大半がスポイルされている。

▷ **「経営労働政策委員会報告」**
2002年5月，再編・経団連（日本経済団体連合会）が発足し，これにともない日経連の「労働問題研究委員会報告」も「経営労働政策委員会報告」と標題を変え，より経営の論理が強調されるものとなった。

ここで財界は，マクロの賃金決定は「生産性基準原理」（賃金上昇率は生産性上昇の伸び率の枠内にとどめること）によるとして，ミクロ（企業レベル）では雇用や福利厚生まで含めた「総額人件費管理」を徹底すべし，と主張している。そのうえで2013年版「**経営労働政策委員会報告**」は，「所定内給与の引上げは，他の賃金項目などにも波及し，総額人件費の増加額は自動的に約1.7倍に拡大することから，慎重な判断が求められる」と強調している。

以上から，財界の賃金政策の対象領域はきわめて広く，正規雇用を非正規雇用に切り替えて人件費を減らすことなども含んでいる。つまり，財界の賃金政策とは，すべての人件費を対象とし，その上昇を生産性の上昇の枠内に抑え込む政策なのである。

❷「支払能力」論

　上記のマクロの「生産性基準原理」とミクロの「総額人件費管理」にくわえ，賃金抑制のための使い勝手のよい「理屈」として多用されるのが「支払能力」論である。それの経団連による定義は，「労働の代償として妥当であり，また企業の経営状況ならびに今後の経営計画の観点から検討し，実際に支払うことが可能な賃金原資のことである」(傍点筆者)という。つまり，そこには傍点部分のとおり現実の経営状況だけでなく，将来の経営計画も「支払能力」にカウントされ，「支払能力」の有無がいかようにも解釈できる企業に都合のよい「理屈」になっている。このような「支払能力」論だと，仮にいま経営状態がよく実際には支払能力が十分あっても，将来このような経営計画があるのでいまベースアップは行えないと「逃げを打つ」ことができるのである。

　このような特異な「支払能力」論を前提に，経団連は「賃金をはじめとする労働条件については，あくまで『個別企業労使』が自社の経営実態を踏まえて協議し，すべての従業員に関わる総額人件費を適切に管理する視点に立って，自社の支払能力に即して決定していくという原則をあらためて徹底していくことが求められる」(2013年版「報告」)と主張している。結局，マクロで「生産性基準原理」により賃金を生産性（国民経済生産性）の枠内にとどめ，ミクロでは「総額人件費管理」と「支払能力」論で賃金を企業の賃上げ許容範囲より低く抑えるというもので，財界・企業の賃金政策は重層的である。

❸「労使パートナーシップ」論

　このような賃金政策を財界・企業が首尾よく貫くには，「労使一体」の労使協調主義が求められるということで，上記の経団連「報告」はつぎのように述べている。「生き残りをかけたグローバル競争に果敢に挑み，勝ち抜いていかなければならない。そのためには，労使が日頃から情報や意見の交換に努めて危機感を正しく共有し，経営の厳しい現状や苦しさを分かち合ったうえで，山積する課題解決に懸命に取り組んでいく必要がある」というわけだ。

　この国の良好な労使関係に対する経団連の評価は高く，「さまざまな労使コミュニケーションの機会を通じて相互理解や意思疎通を図り，課題解決に向けて協調して取り組んでいく日本の労使関係は，世界に誇るべき，かけがえのない財産である」(同上「報告」)とまで持ち上げている。

　賃金は生計費を基礎に，労働力の需給関係と労使の力関係に左右されて決まる。しかし，直接的には労使の力関係の影響が大きい。それゆえ財界は労使協調主義の育成にも意を用い，企業のコントロールが賃金決定においても徹底するよう手を打っている。なお，日本の労働組合の多くが企業別に組織されているため，労使協調主義に流れやすい面もある。

▷ベースアップ
⇒ Ⅰ-3「日本の賃金決定」

Ⅰ　賃　金

　賃金体系の変遷

　1960年代の半ばに確立した年功型賃金体系は，70年代の後半から職能給化し，90年代になって成果主義が指向され，21世紀のいま，成果主義の「再設計」が課題になっている。企業が新たな賃金体系を追求する主たる動機は，①人件費の削減，②労働者間の競争刺激，③労働力の流動化の追求にある。以下，こうした企業の意向による賃金体系の変遷を，順次みていこう。

1　年功型賃金体系

　長期勤続の労働者の昇給曲線が右肩上がりになっている，というだけでただちに年功型賃金体系とはいえない。どの国の賃金もそうなっているからである。この国の伝統的な賃金体系とされる年功型賃金体系とは，勤続・年齢を評価の基本として，①生活できないような低い初任給でスタートし，②年齢・性別・学歴などによる賃金格差が大きく，③労働者の企業への帰属意識の培養をねらった賃金体系である。なお，年功型賃金体系は，「終身雇用」と呼ばれる長期雇用慣行や企業内労働組合とあいまって「日本的経営」の構成要因(「三種の神器」の1つ)ともされている。

▷1　⇨ Ⅰ-3「日本の賃金決定」

　年功型賃金が成り立つ条件・背景として，①過剰人口が広範に存在し，②製造業が中心の産業構造であり，③熟練の習得に長期を要するなどを指摘できる。ところが，日本経済の高度成長の展開は，若年層を中心に「労働力不足」をもたらし，製造業を後退・減少させ，あいつぐ技術革新が熟練習得のテンポを速めた。くわえて，経済の国際化・グローバル化や少子高齢化も加速し，企業のコストダウン追求が強まり，年功型賃金体系の存続条件が狭められていった。
　年功型賃金体系をライフサイクル対応の生計費カバー型の賃金体系だと評価し，その積極面の存続を訴えてきた労働組合の影響力の低下も，年功型賃金体系の衰退要因として指摘できる。

▷職能給
それぞれの職務を遂行するために必要な能力（職務遂行能力）によって決める賃金で，日本で発達した。能力で決める賃金だから，配転で職務が変わっても同じ賃金でよく，柔軟性に富む。客観的な測定ができない「能力」で決める賃金であるため，様々な問題を生む。結局，運用は年功型賃金へ回帰し，職務給指向を生んだ。

2　年功型賃金から職能給・成果主義賃金へ

　1970年代初頭の高度経済成長の破綻後，年功型賃金から**職能給**へと賃金体系の転換が進んだ。これは「集団的な賃金管理」から「個別的な賃金管理」への転換ということができる。つまり年功型賃金では，採用年次ごとに労働者がグルーピングされ，グループ内の賃金のバラツキは小さく，その意味で「賃金の集団的管理」といえる。これに対して職能給では，労働者個々人の職務遂行能

力が評価され，労働者個々人の賃金のバラツキが大きくなるからである。

　制度上はそうであるが，「能力」（職務遂行能力）という「見えない力」を評価するのは実際には不可能で，せいぜい過去の実績を参考に評価するほかなく，結局，「勤続の長い労働者の能力は大きく」，「勤続の短い労働者の能力は小さい」という「みなし評価」（翻訳）が行われ，実質は年功賃金と変わらないという状況があり，財界・企業自身によって1990年代に入り「反省」されることとなった。

　結果，1990年代をつうじて，「成果主義賃金」の導入が広がった。「能力」と違って「成果」の評価なら可能であろう，ということであった。しかし，一定期間について労働者個々人の成果が明確にあらわれる職種は少なく，「あらわれない成果」を評価することはできない。それだけではなく，成果主義賃金が醸成する過度の労働者間競争がチームワークを壊すなど新たな矛盾をもたらすこととなった。結局，21世紀に入り財界・企業は，成果主義賃金の「再設計」をよぎなくされるに至った。

③ 成果主義賃金の「再設計」

　経団連は2010年に「成果主義人事賃金制度の再設計」という提言を発表し，問題の経緯を以下のように整理し，再設計の必要性を訴えている。「多くの企業で成果主義賃金制度が導入されたものの，成果の捉え方や評価の問題により，さまざまな弊害や課題を残すことになった。企業はゴーイングコンサーン（長期存続を前提とした企業）である以上，中長期的な成果が最大化していく必要がある。人事・賃金制度は，成果を評価・処遇することが目的ではなく，あくまでも企業の中長期の成果・業績の最大化に向け，いかに従業員にとって納得性やインセンティブのあるものに再設計していくかが求められる」。

　その「再設計」にあたって，3つの視点が重要だとされる。第一に「公正・納得性」，第二に「仕事・役割・貢献度」，第三に「中長期的な人材育成・活用」である。この3点の中でも直接的に評価にかかわるのは2点目である。まず「どのような仕事・役割を担っているのか」を評価し，ついで「その仕事・役割がどの程度達成できたのか」，この2つの視点で評価・処遇していくことが求められる，というわけだ。

　だが，これも運用次第でどうにでもなろう。非正規労働者が従事する仕事・役割を不当に低く評価し，貢献度も不当に小さく評価し，その結果，小さな賃金がはじき出され，それが「公正のベール」で覆い隠されよう。働く仲間どうしの評価と矛盾しない評価を企業が行えるかどうか，ここがポイントであろう。結局，賃金体系は，その時々の経済情勢や労使の力関係などを反映して，変化し続けることとなる。

I 賃 金

6 同一価値労働同一賃金の原則

　ILO条約（第100号）は、「各加盟国は、報酬率を決定するため行われている方法に適した手段によって、同一価値の労働についての男女労働者に対する同一報酬の原則のすべての労働者への適用を促進し、及び前記の方法と両立する限り確保しなければならない」と定めている。これが一般に「同一価値労働同一賃金の原則」といわれるものである。日本も同条約を1967年に批准している。この原則の意味を考えよう。

 「同一価値労働同一賃金の原則」とは何か

　「同一価値労働同一賃金の原則」は、職種・職務が同じ場合はもちろん、異なる職種・職務であっても、労働（仕事）の「価値が同等」であれば、同一の賃金を支払うべきだとする原則である。それは性・年齢・人種・雇用形態などの違いで差別せず、同一の賃金を支払うべきとする原則であるが、特に性差別に重点をおいている。

　男女がまったく同じ仕事（職種・職務）に従事している場合には、賃金差別の有無の判定は比較的容易である。難しいのは、「仕事の価値」は同等だが、異なる種類の仕事をしている場合である。同一ないし同等な仕事でありながら、男性が従事する仕事を「総合職」と呼び、女性が従事する仕事を「一般職」と呼び、「総合職」・「一般職」という呼称の違いを口実に賃金に差をつける女性差別はよく知られている。これが**男女雇用機会均等法**の導入に伴い横行し、いまもこれに類する様々な性による賃金差別が跡を絶たない。

　では、「同等の価値をもつ仕事（労働）」の基準は何か。しばしば、その仕事（労働）に必要な「知識」・「熟練」・「責任」にくわえて「代替の難易度」・「社会的評価」などが指摘される。しかし、判断はそれらの基準の総合でなされるため、判定者の恣意が混入する余地が大きい。労働市場が職種ごとに横断的に形成され、労働組合も横断的に組織されていれば、職種や職務対応の賃金決定が比較的容易であり、「職種・職務対応違反」（不当賃金・賃金差別）の摘出も比較的容易であるが、この国の労働市場や労働組合の組織形態はそうはなっていない。差別の排除には、さしあたりの取り組みとして、上司・管理職による評価を労働者の目線で検証し是正させるシステムの構築が求められる。

▷1　同一労働同一賃金が、安倍政権の「働き方改革」の"目玉"とされている。特に、正規と非正規雇用の労働者間の賃金格差の是正が強調されている。雇用形態間の賃金格差が大きい日本で、その是正は永年の課題であった。問題は、非正規雇用賃金の底上げなのか、正規雇用賃金の抑制による「賃金の低位平準化」なのか、である。財界は、正社員の多様化などによる後者を追求している。

▷2　「同一価値労働」の解釈が多様になりがちだが、「同等の労働力」の意である。「同等」とは、熟練・経験などが「ほぼ同じ」ということで、それ以上詮索すると古代ギリシャの哲学者らの不毛の論争「何本毛が抜けたらハゲ頭か」に近づく。

▷**男女雇用機会均等法**
雇用の機会均等を図るとして、1985年に成立した法律であり、労働者の募集、採用と配置、昇進の機会均等、教育訓練や福利厚生、定年・解雇・退職の差別的取扱いの禁止などを事業主に義務づけている。

❷ 「同一労働同一賃金の原則」との異同

「同一価値労働同一賃金の原則」に先んじて，「同一労働同一賃金の原則」の長い歴史が存在した。産業革命により機械化が進展し，単純な作業分野が広がり，女性労働者が急速に増大した。こうした新たな時代状況を背景に社会的にも女性の低賃金・性差別が問題視され，「同一労働同一賃金の原則」が労働運動の要求・主張として国際的に広がった。

注目すべきは，その原則は「同一労働」だけでなく，職種・職務の異なる「同等労働」に対しても「同一賃金」を含意し主張していた点である。つまり，「同一労働同一賃金の原則」は，こうして事実上「同一価値労働同一賃金の原則」と同じ内容である。経営者による労務管理・賃金管理が整備されるにつれ，労働者の対応・要求も整備され，その反映として「同一労働」部分が「同一"価値"労働」と整備された，という経緯がみとめられる。

したがって，上記2様の「表現の違い」をあれこれ詮索するのは生産的ではない。いずれも，資本・企業による各種の賃金差別に対する「抵抗の原則」を表明したものである。大事なことは，「同一価値労働同一賃金の原則」を活かし実現するにも，やはり労働者の自主的な運動が必要である。

▷3 能力や熟練度が高くても女性であるがゆえに単純な仕事にしか配置せず，不当な賃金差別をするという手法は今日も続いている。
⇨ Ⅶ-4「正規労働者の男女間格差問題」

❸ 「同一価値労働同一賃金の原則」をめぐる現状

この原則がいま，どの程度実現しているか，2つの視点で検証すべきだろう。まずは，同一の労働（同じ仕事）に従事している労働者間の賃金が同一であるかどうか，である。結論は否である。まず男女間で大きな格差があるし，また雇用形態の違いで（**正規雇用と非正規雇用**），やはり大きな格差がある。このどちらの格差も，正当な理由なく劣ったものとして**女性労働者**と非正規労働者を不当に扱っており，あきらかな差別である。この差別は，性別や雇用形態別だけでなく，学歴・労組活動・思想などによる場合も少なくなく，無視できない。これらは，「すべて国民は，法の下に平等であつて，人種，信条，性別，社会的身分又は門地により，政治的，経済的又は社会的関係において，差別されない」という憲法第14条に抵触する。

いま1つの検証の視点は，仕事の種類（職種）は異なるが，その価値が同等である仕事間の賃金が正当に決められているかどうか，である。第1の点で原則がクリアできなかったのに，より難易度の高い第2点でクリアできるなど論理的にもありえないことであろう。さらに検証自体が第2点については難しい。「職種は違うが，同等の価値をもつ仕事」の認定はきわめて困難である。労働市場が職種ごとに形成され，労働組合も職種ごとに組織されているような国であれば，検証の条件が基本的にそなわっているため，比較的評価しやすいだろうが，この国の労働市場も労働組合もそうはなっていない。

▷雇用と非正規雇用
⇨ Ⅲ-3「雇用形態の多様化と不安定就業」
▷女性労働者
⇨ Ⅶ-1「男女平等をめぐる視点」

I　賃　金

社会政策としての最低賃金制

社会政策は，さしあたり国家による「労働者保護政策」といえる[41]。最低賃金制は，賃金の最低額を法律に基づいて定め，労働者を賃金面で保護する社会政策である。最低賃金制は，ナショナル・ミニマムの基軸でもあり，したがって最低賃金制は，社会政策の主柱と位置づけることができる。ここでは，その最低賃金制について，基本的なこと，基礎的なこと，を述べる。

1　最低賃金制登場の歴史的条件

賃金は労働力という特殊な商品の価格である。その価格は，①労働者の社会的・平均的に必要な生活費を基礎に，②労働市場での需給関係や，③労使の力関係をつうじて決まる。そのため，労働市場での需給関係や労使の力関係が不利な状態におかれた労働者の賃金は，切り詰めても生活できないような極度の低賃金となりうる。

そのような低賃金労働者の生活をいかにして支えるか，古くから様々な共助による取組みがなされた。しかし，国家がそれを規制し底上げを図るという手法（つまり最低賃金制）は20世紀初頭まで日の目をみなかった[42]。国家が市場に介入することに対する抵抗感が強かったのも，その理由の1つである。当時，自由競争が市場を支配し，「市場に委ねるのがベスト」という自由主義思想が強かった。

だが，20世紀に入ると事情が大きく変わる。自由競争が独占を生み，一国の経済だけでなく政治をも独占資本が支配すようになる。一方，労働者の側も，労働組合運動をつうじて資本家・企業に対するだけでなく，みずから労働者政党を結成し国会活動などをつうじても自己の要求を実現するようになった。こうして20世紀になると先進国で，極度の低賃金を国家が規制する最低賃金制を求める機運が澎湃として高まったのである。

2　最低賃金制の登場

20世紀になり先進国であいついで最低賃金制が登場する。

最低賃金制を登場させた主な条件・理由として3点を指摘できる。第一に，労働者階級の最低賃金制を求める運動が，労働組合運動だけでなく，そこから生まれた労働党など労働者政党の運動としても広まったことである。これにおされて資本主義国家も，労働者階級の最低賃金制の制定要求を拒否しつづける

▷1　社会政策の現象形態は衆目一致の「労働者保護」である。なぜ資本主義国家が労働者保護政策を実施するのか，その本質・必然性は何か，をめぐっては学説が分かれる。「労働力の保全培養」説や，資本主義の「体制維持のための譲歩」説など様々である。⇨社会政策の本質論争の詳細は序「社会政策の考え方」参照。

▷2　1894年にニュージーランドで制定された「産業調停仲裁法」が最古の最低賃金制とされる。1896年にはオーストラリアのビクトリア州でも最低賃金制が制定され，しだいに他の州にも広がった。先進国では1909年のイギリスを嚆矢とし，以後急速に広がった。

よりも，この運動と要求に譲歩してそれを制定したほうが資本主義体制を維持するうえで得策であると考えるようになった，ということである。1917年にはロシアで社会主義革命（10月革命）が勃発したこともあり，ヨーロッパを中心に資本主義世界は社会主義革命の恐怖を現実のものとして感じるようになっていたのである。

第二に，独占資本の支配のもとで，独占価格による物価上昇が常態化し，関連して独占企業とその支配下の企業との間の賃金格差も拡大し，高物価と低賃金に苦しむ労働者が増大し，そのもとで極度の低賃金を規制する最低賃金制を求める世論が醸成されたのである。

第三に，この時期には先進資本主義諸国の企業が国内外での競争力強化のため「企業合理化」に取り組んでいたので，それを推進するためにも最低賃金制が有効であると考えるようになっていた。つまり，ひどい低賃金を放置すれば，企業が低賃金利用にあまんじて，機械化など「企業合理化」に真剣に取り組まないので，最低賃金制で極度の低賃金を規制すれば，「企業合理化」が進むという読みが国家・政府の胸中で醸成されていった，ということである。

③ 最低賃金制の諸方式

以上みた最低賃金制には，いくつかの方式・タイプがある。代表的なものとして3方式を挙げることができる。①労働協約の拡張方式，②最低賃金額を法定する方式，③委員会（審議会）方式の3つが，それだ。

第一の労働協約の拡張方式は，労使間の労働協約をアウトサイダーにまで拡張適用するものである。それにとどまらず国家がこれを法認し，強制力をもたせたものが法定最低賃金だが，労使自治を尊重する伝統をもつドイツなどでは，法定されない労働協約の拡張方式を選択してきた。しかし，その限界があきらかになり，ドイツでも2013年の総選挙後，社会民主党などの強い要求を受け，全国一律の法定最低賃金制の制定に向け動いている（2015年に実現）。

第二の「法定方式」の代表的なものとして，アメリカの連邦最低賃金がある。これは全国一律の最低賃金額を直接法定する方式である。最低賃金額を上下院で可決し，これに大統領がサインして発効する，というものである。アメリカでは毎年改定されてはおらず，小回りがきかないことが，この方式の問題点である。なお，アメリカには州ごとの法定最低賃金もあり，ほとんどの州で設定されている。州の最低賃金は連邦の最低賃金を上回るものでなくてはならない。

第三の「委員会方式」は，公労使三者の代表で構成される最低賃金委員会で最低賃金を決める方式である。審議会方式の場合は，審議結果を労働大臣等に答申し，労働大臣等が最低賃金を決めるというもので，日本の審議会方式がこれに該当する。なお，この国で「企業内最低賃金」を労使交渉で取り決めていることもあるが，これは以上みてきた法定最低賃金とはまったく異質のものである。

▷3　例えば，同一産業の3分の2以上の労働者をカバーする労働協約が存在する場合，残余の3分の1の労働者（アウトサイダー）にもその労働協約を拡大適用する，ということ。

I 賃　金

日本の最低賃金制

日本の最低賃金制は，特異な経緯をへて今日に至っている。だから，その経緯のトレースぬきに今日の姿を語ることはできない。そこで第一に，その経緯をみる。第二に，その現在の制度・しくみを述べる。第三に，その現状には多くの問題点があるので，主たる問題点を指摘する。

1　日本の最低賃金制の経緯

日本の最低賃金制の誕生は，他の先進諸国より半世紀以上も遅れて1959年まで遷延された。しかも最初の最低賃金制は，「業者間協定方式」といわれ，最低賃金を労働力の買い手である業者が事実上一方的に決めるしくみであった。そのため，国内外で「ニセ最賃」と批判され，これでは **ILO 条約** も批准できず，68年に改正をよぎなくされ，現在の「審議会方式」となった。したがって実質的には，日本の最低賃金制の起源は68年とみなしてよい。

なぜ最低賃金制がこのように遅れたのか。多くの先進諸国で最低賃金制が制定された1910年頃，後発の日本資本主義はチープレーバー（低賃金・長時間労働）を武器に先進資本主義諸国に追いつくことを国策としていた。そのため政府は，低賃金を規制する最低賃金法制や長時間労働を規制する労働時間法制を国策に反するものとして忌避し，それを求める労働者の運動なども厳しく弾圧した。こうして戦前の日本で最低賃金制は日の目をみることができなかった。

敗戦後，占領政策の一環として労働分野でも「民主化」が推進され，労働基準法や労働組合法が制定されたが，最低賃金制は実現しなかった。労働基準法に最低賃金設置に関する簡単な条項はあったが，その具体化を GHQ も勧めなかった。当時の激しいインフレのもとでは最低賃金制の効果が望めず，時期尚早との判断があったとも考えられる。ようやく GHQ が最低賃金制の制定を日本政府に勧告したのは占領末期のことであった。日本商品の世界市場への復帰を考慮しての勧告であった。**GATT** 加盟に最低賃金制の制定が必要だとの思惑から，日本政府は委員会を設置するなどして制定の準備に入ったが，日本の GATT 仮加盟が認められたため，制定に向けた動きは消滅した。

▷ **ILO 条約**
⇨ 序-5「「働き方改革」と社会政策」
▷ 1　戦前にも工場法が制定されていたが（第 1 次は1916年施行），賃金規制はなく，女子と年少者のみを保護対象とした法律で，全くのザル法であった。15歳未満の者と女子について，1 日12時間を超える就労を規制するという長時間労働容認の法律であり，これさえも守られないのが実状であった。

▷ **GATT**
General Agreement on Tariffs and Trade の略。関税及び貿易に関する一般協定。

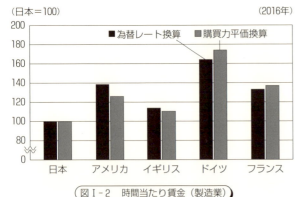

図 I-2　時間当たり賃金（製造業）

出所：JILPT『2018国際労働比較』24頁。

その動きが再興したのは1950年代半ばのアメリカでの「1ドルブラウス問題」の発生であった。このダンピング批判の嵐がヨーロッパにも飛び火し、もはや最低賃金制の制定をこれ以上遷延できなくなり、急ぎ作成したのが上記の「業者間協定方式」と呼ばれた「ニセ最賃」に他ならない。

2 最低賃金制（審議会方式）のしくみ

現在、この国のすべての最低賃金は「審議会方式」による。これは、公・労・使それぞれ同数の代表から構成される「最低賃金審議会」で、最低賃金等を調査審議し、それを厚生労働大臣または都道府県労働局長に答申し、最低賃金等が決められる、という方式である。これには「地域別最低賃金」と「特定最低賃金」の2種類がある。

まず、地域別最低賃金は47都道府県のすべてで決定され、原則としてすべての労働者の賃金を対象としている。この最低賃金は、①労働者の生計費、②労働者の賃金、③通常の事業の賃金支払能力の3要素を総合勘案して決める、とされている。なお、2008年の法改正で、生活保護との整合性に配慮することとなった。直近の2018年度のこの最低賃金の時間額の全国加重平均は874円である。最高が東京の985円で、最低が鹿児島の761円である。最低は最高の77％と地域差が大きい。なお、表示は時間額にかぎられている。

ついで、特定最低賃金（旧称は産業別最低賃金）には、都道府県内の特定の産業について決定されているものと、全国を適用範囲として特定の産業について決定されているものとがある。複数の最低賃金が適用される場合、高いほうが有効なので、結果、特定最低賃金は地域別最低賃金を上回って決定されている。

3 日本の最低賃金の問題点

問題点の第一は、最低賃金の水準が低く、とても憲法の保障する「健康で文化的な最低限度の生活を営む」ことなどできない。生活保護との「逆転現象」は北海道だけになったとされるが、実際はそうではない。第二は、このような低水準の最低賃金となっているのは決定にあたって「生計費」が軽視され、「支払能力」が重視されるからで、「支払能力」を決定3要素から除外すべきである（中小企業には別途支援策を講じればよい）。第三は、公益代表と労働者代表選定の公正化である。使用者寄りの公益委員と労働者委員が多く、審議に公正を欠く現状を改めることだ。

最低賃金にはナショナルミニマムの基軸としての役割が期待されている。その役割を果たすには全国一律最低賃金制の確立が求められる。フランス、イギリス、アメリカほか、いまや全国一律最低賃金制が世界の主流である。日本のような狭い国で47地域にも切り刻んだ最低賃金制をもつ国は皆無である。

▷2 同じようなブラウスが、アメリカ製は2ドル以上で、日本製は1ドルと激安であったため、アメリカで日本製ブラウスの不買運動が広がり、これが他の日本商品にも波及した。

▷3 最低賃金制は、憲法が保障する生存権の具体化なので、その決定の基準は「生計費」でなくてはならない。いま重視されている「支払能力」なる基準は、どうにでも解釈でき、基準の役目を果たせない「ゴムのモノサシ」に等しい。その証拠に、現在の最低賃金（全国加重平均874円）で1カ月働いても15万4000円にしかならず「立派なワーキングプア」である。

▷4 これは全国一律の最低賃金に、生計費の高い大都市などでは都道府県単位で上積みできる方式のことで、これによって地域間の生計費の違いにも対応できる。

I 賃 金

賃金闘争：春闘の過去・現在・未来

賃金の大きさは，①社会的に必要な生活費を基礎として，②労働市場での需給関係と，③労使の力関係をつうじて決まる。直接的には，労使の力関係の影響が大きい。1990年代末以降の賃金の長期的な下落傾向という事態についても，そういえる。

なぜそうなったのか。日本の賃金闘争の本丸である"春闘"の歩みをふりかえって，その理由を確かめる。春闘がスタートした1955年から史上最高の賃上げを実現した74年までを第1期，その後，労働戦線の「右よりの再編」（当時「右翼的再編」と呼ばれた）が財界や政府を黒幕として推進された89年までを第2期，90年代から今日までを第3期とし，日本の賃金闘争をみていく。

① 春闘のスタートと発展

1955年に春闘という日本独自の賃金闘争形態があみ出され，スタートした。理由は，企業別労働組合がバラバラで賃金闘争をたたかっても賃上げができないばかりか，賃下げの危機にさえ瀕したからである。日本経済に「特需」で活力を与えた朝鮮戦争が53年に休戦し，その反動で54年にかけて深刻な「戦後不況」にみまわれ，そのもとで財界・企業の「人べらし合理化」攻撃や「賃下げ攻撃」の嵐が吹き荒れた。直接にはこうした事態への対抗として，春闘が立ち上げられたのである。

春闘のねらいは，こうである。春という賃金改定の時期に，企業別組合が産業別に要求や闘争スケジュールなどを統一し，いっせいに賃上げをせまり企業間の競争条件（労務コスト）を変えないことで，企業に賃上げを受容しやすい条件をつくりだすことである。これが功を奏して1960年代には2桁の賃上げ率が常態となり，春闘要求も時短・反公害・社会保障改善などと多面化し，70年代には「国民春闘」と呼ばれるようになった。こうした前進の頂点が74年国民春闘での32.9％（2万8900円）の大幅賃上げであった。マスコミはこれを「賃金爆発」と報じた。その背景には，高度成長政策によるインフレの昂進，石油ショックにともなう狂乱物価があったことも付言しておこう。

② 労働組合の賃金自粛と労働戦線の右よりの再編

こうした労働運動の賃上げ攻勢に脅威を感じた財界（日経連）は，1975年の春闘に向け「大幅賃上げの行方研究委員会報告」を発表し，「日本型所得政策」

▷1 春闘とは，日本の労働組合（その多くが企業別組合）が，毎年春という特定の時期にあわせ，賃金闘争を中心として，産業別に要求・交渉時期・闘争戦術などを可能なかぎり統一し，これを軸に全国的に統一してたたかう，日本独特の労働組合の闘争方式である。その結果が「春闘相場」として未組織労働者の賃金にも波及し，日本の賃金を左右してきた。

▷2 現在，財界の春闘方針書として発行されている「経営労働政策委員会報告」の第1号が当時の日経連から1975年春闘に向けて「大幅賃上げの行方研究委員会報告」の標題で発行され，第2号から「賃金問題研究委員会報告」と標題が変わり，さらに80年春闘に向けた第6号から「労働問題研究委員会報告」と改題され，2002年に経団連と日経連が合併しこれをうけて2003年春闘に向けて「経営労働政策委員会報告」と今日のタイトルに至ったのである。タイトルの変遷からも推測できるように，その「報告」の対象領域がしだいに拡大しているのである。

を採用するに至った。これは賃金上昇率を国民経済生産性の上昇率の枠内に（企業に協力的な労働組合の協力をえて）抑え込む，というものだ。事実，75年春闘では日経連が「賃上げ率15％以内」というガイドラインを発表し，協調主義労働組合との合作で，ガイドライン内の13.1％の賃上げに抑制された。76年以降は「賃上げ率1桁」という日経連のガイドラインどおり，「1桁春闘」がつづいている。

　労働戦線の右よりの再編は，政府・財界の21世紀戦略（臨調行革路線と構造調整）を首尾よく推進するために「たたかう労働組合」の排除をねらったものであった。手順として民間の協調主義的な労働組合を結集し「全民労協」を立ち上げ（1982年），これを「民間連合」に育て上げた（1987年）。同時に，国鉄の分割民営化などをつうじて官公労の切り崩しを行い，その協調的な部分と民間連合を結集して1989年に「連合」（日本労働組合総連合）という協調主義・右よりのナショナルセンター（労働組合の全国組織）を発足させた。これは政治戦線における共産党排除と軌を一にするものであった。

③ 90年代以降の春闘と今後の課題

　こうした労働戦線の右よりの再編は，連合結成と同時に自らたたかう労働組合を任じる全労連（全国労働組合総連合）の結成を呼ぶ結果となった。だが，多数派労働組合のナショナルセンターである連合の結成は，政府・財界の1980年代の臨調行革路線と構造調整路線（21世紀戦略）を継承する90年代の「構造改革」を推進する上で大きな役割を果たすこととなった。こうして70年代後半からの管理春闘は，財界の手のひらで演じられる春闘＝「手のひら春闘」と揶揄されるところまで変質した。

　連合を構成する民間大企業の労働組合はいま，大企業が栄えれば，それが滴り落ちて民も潤うという「トリクルダウン」論に立っている。過去20年間に積み上げられた大企業の内部留保の急増と，その間の平均賃金の下落が対照的である。このように事実にてらして「トリクルダウン」論の破綻は明白なのだ。

　仮に利潤の一部が「したたり落ちて」，労働者が大企業の「おこぼれ」に多少与ることができても，そのような人間の尊厳を冒涜するような対応を労働組合がとるべきではない。労働組合の自殺行為である。当然ながら労働者は生存権を保障され，人間らしい生活を営む権利を有する。2013年に官邸主導の「官製春闘」が提起され，翌年からそうなっている。これは財界主導の「管理春闘」が徹底し過ぎ，賃金が上がらず消費が冷え込んで「成長戦略」のブレーキとなっている現状を打開しようとするものである。そこには春闘から労働組合を実質的に排除するねらいも隠されている。その「官製春闘」は2019春闘で姿を消した。

▷3 ⇨ Ⅳ-7「低下する労働組合組織率とその背景」

I 賃　金

「働き方改革」と賃金

▷同一労働同一賃金
⇨ I-6「同一価値労働同一賃金の原則」

第196通常国会（2018年6月）で、「働き方改革関連法案」が可決・成立した。これは「ニッポン一億総活躍社会」追求の一環であり、ひいては「世界で一番企業が活動しやすい国をつくる」という安倍晋三首相の悲願でもある。「長時間労働の是正」や「**同一労働同一賃金**の実現」（以下「同一賃金」）が「改革の目玉」とされている。ここでは、その「改革」が賃金に与える影響を考える。労働時間の規制を緩和・撤廃する「みなし労働時間制」や「高度プロフェッショナル制度」（以下「高プロ制」＝「改革」のポイント）が実際の労働時間を引き延ばし、賃金（時間あたりの賃金率）を下げることは指摘するまでもない。

1　「高プロ制」と賃金

▷ホワイトカラー・エグゼンプション
⇨ II-8「時間外労働の濫用」

高プロ制は、安倍政権の第1次と、第2次でも「**ホワイトカラー・エグゼンプション**」の名において導入がはかられた。だが、「残業代ゼロ制度」だとの労働組合・野党の猛反対に遇い、日の目をみなかった。今回は、高プロ制という別の名を冠し、対象を年収1075万円以上の高度な専門職にしぼり、数の力で強引に成立させた。

高プロ制の導入は、この国の労働法制史上の重大な汚点である。これは労基法の労働時間規制をないがしろにするもので、また労働時間概念の破壊を意味する。労働時間概念が破壊されれば、賃金概念も成り立たない。

▷1　例えば「1時間2000円の賃金」というように、時間を前提にしなければ2000円が何を意味するのかわからない。結局、時間概念の破壊は、賃金概念破壊につながる。これは賃労働概念の破壊でもある。

そもそも「年収1075万円」という数値が何を基準に算出されたのか、まったく根拠を示せない。たんなる経営戦略上の金額であり、徐々に下げていくことが想定されている。第1次安倍政権のころのホワイトカラー・エグゼンプションの対象年収は、400万円以上と考えられていた。その経緯からも、いったん導入されれば、その適用対象の範囲が拡大し、ふつうのホワイトカラー層まで広がることは必至である。過半のホワイトカラーがその対象になれば、労働時間の法的規制の解除が労働者の大半に及ぶこととなる。

そうなればまた、成果主義賃金が年功賃金に代わり日本の賃金の支配的な形態となり、経団連のめざす「脱年功」が進み、ホワイトカラー以外の賃金の「脱年功」化も加速する。実は、財界が高プロ制に固執するねらいは、上記の時間規制の解除だけでなく、「脱年功」の徹底＝成果主義賃金の普及にもあるのだ。

❷ 「同一労働同一賃金」と賃金水準

　労働者の同一労働同一賃金の制度化への期待は大きい。男女別・雇用形態別・企業規模別・産業別・地域別など様々な賃金差別が存在し，労働者を分断し，苦しめているからである。ところが，「働き方改革」の一環としての「同一賃金制」は，雇用形態別つまり正規雇用と非正規雇用労働者間の賃金格差の是正を対象とするもので，大企業と中小企業の賃金格差の是正など他の格差は蚊帳の外である。

　安倍晋三首相が繰り返す「この国から非正規という言葉を一掃する」という勇ましい発言からも，そのことがわかるだろう。これが強調される背景には，いまや非正規雇用の労働者が4割に達し，非正規雇用労働者の資本による利用が安倍政権の成長戦略に位置づけられているという事情がある。問題は，非正規雇用労働者の「若干の賃金改善」のコストをどこから捻出しようとしているのか，という点だ。

　答えは，正社員＝正規雇用労働者の再編である。つまり，正規雇用の「多様化」という名のもとに，正規雇用労働者を「職務限定」・「地域限定」・「時間限定」などに再編し，旧来の終身雇用・年功賃金を特徴とする正社員を無くしていく，という戦略なのだ。

❸ 財界のための「働き方改革」

　過労死をも発生させる日本の長時間労働は，国際的にも知れ渡っている。日本の労働者は労働に生き，労働に死ぬ，と報じた海外メディアもある。安倍政権の「働き方改革」を「もっと働け」から「ちゃんと働け」への転換だとする評もあるが，本当は「もっと働け」プラス「ちゃんと働け」ということだ。

　内実は，財界・企業のための「働かせ方改革」であるにもかかわらず，あたかも労働者のための「働き方改革」であるかのような"印象づけ"（「ポスト真実」）を行っているのである。

　このような政治の手法は「新自由主義」によるもので，「小さな政府」論・「自己責任」論などがその柱である。「小さな政府」や「自己責任」を標榜する政府は，労働法制・労働者保護法や社会保障といった社会政策の拡充を忌避する。そこでは労働市場における競争原理の徹底が追求され，社会保障・福祉の削減が「改革」の名のもとに政治の中心に座る。そこではなんと労働組合も労働市場の攪乱要因として敵視される。

　最後に，このように財界の意を体した政府の「働き方改革」は賃金だけでなく，雇用・労働時間などの全般にわたって負の影響を及ぼし，ひいては社会政策の全体に看過できない劣化をもたらすことも強調しておきたい。

▷2　これは結局，正社員の賃金水準の低下をもたらす。「働き方改革」に組み込まれた「同一賃金」論とは，こうして賃金の低位平準化を引き起こし，その結果，正規雇用と非正規雇用労働者の賃金格差を狭めるという欺瞞的なものである。

▷3　このような政治が「構造改革」というベールに隠れ強められている。結果，安倍政権の6年間で社会保障費が3兆9000億円も削減され，労働分野の「規制緩和」（労働者保護の剝奪）が上述のように強められている。これではますます不安感が増幅され，「少子高齢化」を加速させる一方である。

Ⅱ 労働時間

生活時間と労働時間

1 生産者の視点から生活者の視点へ

近年，労働時間問題が大きな社会問題となってきている。残業が多い，休暇が取りにくい，あるいは夜勤や休日出勤といった日常的な問題を通じてだけでなく，不払い残業の問題や過労死・過労自殺，**メンタルヘルス**といった問題が他人事ではなくなってきた。労働時間の問題は，賃金・雇用問題と並んで資本主義における最も重要な社会労働問題である。とはいえ，かつては低賃金で生計費を確保するために長時間労働を強いられる状況が問題とされる傾向があった。もちろん，今日でも基本的には違いはないが，近年の特徴としては，生活時間の中で，労働時間の問題を捉え直そうとする傾向がある。

2 生活時間の中の労働時間

それでは，人間生活の中で労働時間のあり方を考えてみよう。そのためには，まず時間単位ではなく生活単位としての1日に眼を向けてみる必要がある。私たち人類は，地球上に棲息する他の生物と同様，約1日を周期とする生理的リズムを刻んで生活している。これを**サーカディアン・リズム**という。このリズムの乱れは，肉体的精神的な健康障害の原因となる。人間らしく生きる上で最低限必要な生理的時間を圧迫しないことが生活時間の第一条件となる。

次に重要な生活時間の要素は何か？　この点は議論の余地がある。年齢や性，その人が置かれている社会的環境の違い等により，仕事や勉学，お祈りの時間が重要だという人もいれば，家庭内での育児や介護，無償の社会的貢献の時間が重要だという人もいる。このように，労働時間は生活時間の中で，相対化されるのである。経済学でいう「労働時間と余暇時間の選択」が第一ではなく，生活を豊かにするための労働時間のあり方が重要なのである。

3 日本人の生活時間

では，私たちの生活時間はどうなっているのだろうか？　日本人の生活行動は，総務省の「社会生活基本調査」とNHKの「国民生活時間調査」の二大調査によってみることができる。

表Ⅱ-1は，「社会生活基本調査（平成28年版）」に基づき，共働き夫婦（子どもあり）の生活時間の推移を1986～2016年までの時系列で示したものである。

▷**メンタルヘルス（mental health：心の健康）**
職場におけるメンタルヘルスの問題が近年注目を浴びている。仕事や職場における長時間労働，ストレスが原因で，うつ病などの精神的疾患や自殺に至る事例が増えている。⇨Ⅱ-9「過労死・過労自殺の実態」参照

▷**サーカディアン・リズム（Circadian Rhythms：〔生理的な〕概日リズム）**
睡眠と起床など生物学的に約1日を周期とするリズムである。このリズムを刻んでいるのが，一般に「体内時計」といわれる遺伝子レベルで組み込まれた動作メカニズムである。朝日のような強い光を浴びることによって，体内時計がリセットされ，季節ごと毎日の生活リズムが保たれている。夜遅くまで起きていたり，夜中に強い光を浴びたりすると，昼＝活動と夜＝睡眠のズレが生じ，生理的リズムが狂い体調を崩す結果になる。

Ⅱ-1 生活時間と労働時間

表Ⅱ-1 共働き夫婦の生活時間の推移（週全体1日あたり平均時間）

活動の種類		夫の生活時間			妻の生活時間		
		1986年	2001年	2016年	1986年	2001年	2016年
1次活動	睡眠	7:46	7:32	7:21	7:13	7:03	7:04
	身の回り	0:47	0:58	1:08	1:03	1:14	1:23
	食事	1:35	1:36	1:31	1:39	1:37	1:33
2次活動	通勤・通学	0:48	0:49	0:58	0:24	0:25	0:32
	仕事	7:44	7:13	7:31	5:08	4:12	4:06
	学業	0:00	0:00	0:02	0:00	0:01	0:06
	家事	0:06	0:06	0:15	3:36	3:31	3:16
	介護・看護	–	0:01	0:01	–	0:04	0:05
	育児	0:03	0:05	0:16	0:19	0:25	0:56
	買物	0:06	0:11	0:14	0:35	0:37	0:37
3次活動	計	5:05	5:26	4:43	4:03	4:54	4:22

出所：総務省「社会生活基本調査」（平成28年版）。

▷生活行動
社会生活基本調査では，生活行動を第1次活動（睡眠，身の回りの用事，食事），第2次活動（通勤・通学，仕事，学業，家事，介護・看護，育児，買物），第3次活動（移動，テレビ等，休養，学習，趣味，スポーツ，ボランティア，その他）に分類している。

▷性別役割分業
性別役割分業とは，「男は仕事，女は家庭」というような家庭内や社会においてみられる男女のあるべき姿の古い固定観念である。

▷無償労働
無償労働とは，収入を伴わない労働を指し，具体的には家事，洗濯，掃除，家庭内の介護・看護，育児，買い物などを含む。これらの活動を家庭外で行えば，家政婦や料理人の労働，クリーニング，介護・看護の仕事，保育の仕事などの有償労働となる。

共働き世帯と専業主婦世帯の割合は，2016年には1129万世帯（63％）対664万世帯（37％）となり，今日では共働き夫婦の世帯が一般的になっている。表Ⅱ-1では，夫婦の第1次活動〜第3次活動，および具体的な**生活行動**が示されている。この表で注目すべき点は，夫の生活時間における「仕事」時間の長さである。2016年の時点で，1日平均7時間31分（週52時間37分）と驚くほどの長時間労働となっている。夫が働き盛りの年齢ということもあるが，雇用されている人の週全体平均よりも4時間以上長い。一方，妻の仕事時間は，1日平均で4時間6分（週28時間42分）であり，パートタイムで働く人が多いため，短時間労働となっている。しかし，同じ第2次活動の家事，育児などの家事関連時間をみると，夫が1日平均46分（週5時間22分）に過ぎないのに対し，妻は1日平均4時間54分（週34時間18分）と家事負担の多くを背負っているのである。仕事の負担は主に夫が背負い家事の負担は主に妻が背負うという，男女の**性別役割分業**が多くの世帯に強く残っている。

この点を考慮して，勤務先での仕事を有償労働，家事・育児などの家事関連時間を**無償労働**として国際比較すると，日本人男性の仕事と家庭の時間配分（WLB）がいかにアンバランスかが，あらためて浮かび上がる。表Ⅱ-2は，OECDの1日あたりの有償・無償労働時間の国際比較から，一部の国の男性の時間を抽出したものである。これをみると，イタリアが有償無償労働のバランスが最もよく，メキシコ男性の有償労働が最も長いのだが，日本は最下位のメキシコ以上に有償・無償のバランスが悪くWorkaholicであることが示されている。

表Ⅱ-2 男性の有償無償労働の国際比較

国 名	調査（年）	有償無償計（時間：分）	有償（時間：分）	無償（時間：分）
イタリア	2013	5:52	3:41	2:11
フランス	2009	6:10	3:55	2:15
スペイン	2009	6:22	3:56	2:26
南アフリカ	2010	6:37	4:54	1:43
ドイツ	2012	7:20	4:50	2:30
英 国	2014	7:29	5:09	2:20
韓 国	2009	7:47	7:02	0:45
スウェーデン	2010	7:56	5:22	2:34
中 国	2008	8:01	6:30	1:31
米 国	2016	8:05	5:35	2:30
カナダ	2015	8:09	5:41	2:28
日 本	2016	8:13	7:32	0:41
メキシコ	2014	10:23	8:06	2:17

（注）各国とも15〜64歳の生活時間調査による。中国とスウェーデンは，調査方法が異なる。
出所：OECD "Balancing paid work, unpaid work and leisure" 2018.

Ⅱ　労働時間

労働時間と生産性の理論

1　賃労働と労働時間

資本主義経済では、賃労働は労働力商品の売買を通じて実現される。すなわち、賃金労働者は自己の生活時間の一部を労働力商品として売り、その見返りとして賃金を得るのに対し、資本家（雇用主）はその労働力商品を購入して、労働・生産させる。換言すれば、資本主義的生産は、生産手段を所有する資本家が労働者と雇用契約を結び、労働者を指揮命令することにより行われる。

雇用主は資本主義的生産を通じて利潤を最大化するため、労働力商品の使用価値（労働力がもつ新たな価値を生み出す能力）を最大限発揮させようとする。この能力は労働を通じて発揮されるため、労働者をいかに活用して産出量を高め新たな価値を生み出させるか（利潤追求）が雇用主の最大関心事となる。

2　剰余価値の生産と労働時間

雇用主が利潤を増大させる方法には2通りある。1つ目の方法は、労働時間を外延的に拡大して産出量を増やす絶対的剰余価値の生産である。これは資本主義の初期段階からみられるプリミティブな方法であるが、労働組合などの標準労働日を求める運動により、労働時間が規制され絶対的剰余価値の生産が制限されるようになった。このため一定の時間内で内包的に産出量を増大させる相対的剰余価値の生産が、2つ目の方法として出来高賃金の普及とともに拡大した。これは、必要労働時間と剰余労働時間からなる合計の労働時間を一定とした場合、時間あたりの産出量（生産性）を増大させ、相対的に剰余労働時間を増大させる方法である。その結果、必要労働時間が相対的に縮小するため、労働組合などが推進する時短運動の理論的根拠ともなる。

3　労働時間と労働生産性の原理

労働生産性の向上とは、「労働投入量（労働者数または総労働時間）」をインプットとして、アウトプットの「産出量」を増大させることである（「1人あたり労働生産性」または「時間あたり労働生産性」）。それゆえ、時間あたり労働生産性の場合、長時間労働は労働生産性の低下要因となる。企業の生産性を考える場合、アウトプットを付加価値とすると、「売上高」－「外部調達費」（原材料費・外注加工費・燃料光熱費など）＝「付加価値」（人件費、税、利息、減価償却費、

▷**労働生産性**
生産性は、労働生産性、資本生産性、全要素生産性に分けられる。このうち労働生産性とは、労働者がいかに効率的に生産物を産み出したかを測る指標である。やり方によっては、過酷な労働強化に繋がることもあるが、純粋に労働の快適さと効率性の両方を追求することもできる。しかし、労働生産性の計測規模を企業、産業、国、国際レベルへと引き上げれば引き上げるほど、他の要因が影響しやすくなり、正確な計測・比較が困難となる。

▷**日本生産性本部**
公益財団法人日本生産性本部は、日本の財界が主導して作った政労使の代表からなる情報収集、調査研究、広報宣伝活動を主とするシンクタンクである。その会長・副会長には、財界の大物、労働組合「連合」の会長などが名を連ねている。その基本的な目的は、国および労使が協調して生産性の向上に取り組むこと、そのための国民的な合意形成づくりである。また、日本の労使協調政策の推進本部でもある。

▷**GDP**
国内総生産（GDP）は、1国の付加価値額の合計に

賃料，経常利益）となる。しかし，この付加価値のうち経常利益を増やすことが企業の目的であるから，付加価値生産性を極大化させるとともに，経費削減等により経常利益の伸び率が付加価値全体の伸び率よりも高ければよい。この場合の「労働生産性の向上」は企業の利潤追求と等しくなる。

❹ 日本生産性本部の「労働生産性」

労働生産性は，理論的には時間あたり労働生産性を向上させることにより，国民経済の成長に寄与するものである。この点を強調する**日本生産性本部**は，毎年「労働生産性の国際比較」を公表している。それをみると，日本は時間あたりの労働生産性でOECD諸国35カ国中20位前後となっており，先進国では最下位である。だがここから，日本は長時間労働を是正し業務の効率化を図るべきだとか，低労働生産性を改善すべきだとするのは危険である。

まず，この国際比較で用いられている「労働生産性」は，就業者1人あたり（1時間あたり）の**GDP**で表される。しかし，GDP（付加価値額の合計）を国際比較で用いる場合，必ずしもその国の経済・労働実態を反映しないといわれている。例えば，上記の「国際比較」で1, 2位を争うルクセンブルクは，きわめて小さな国でありGDPの多くを人口の約半数ともいわれる国外からの通勤者（コミューター）が生み出している。また，アイルランドは近年GDPの高い伸び率を示しているが，その主な要因は同国の安い法人税率にあり，国際的な高収益企業が同国に事業の一部を移転させ節税している（労働生産性とは関係しない）のである。一方，日本のGDPでは，少子高齢化の影響を受け投資が国外へ流れ，労働分配率の低迷が消費支出を抑制している。また別の角度でみると，**日本の労働生産性水準**はデフレ経済下でさえ上昇し続けており，時間あたりの名目労働生産性では，近年過去最高を更新し続けている。

❺ 長時間労働と労働生産性の向上

「働き方改革」の実現を後押ししようと，近年「長時間労働の是正のためには，労働生産性を向上させればよい」という意見が声高に主張されている。しかし，経営者にとって現実の労働生産性（収益性）の向上は，総労働時間を「総人件費」（**労務費**）に置き換えてもよく，長時間労働でも労務費が低ければ何ら問題はない。正社員に代えてパートを雇うとか，正社員に「**割安な時間外労働**」をたくさんさせてもよいのである。これとは逆に，労働時間規制の強化が，経営者をして真剣に時間あたり労働生産性向上に向かわせるだろう。

また，日本における**時間外労働の上限規制**の問題は，労働生産性の問題以前の，労働者の健康と生命を守るための議論である。長時間労働による過労死・過労自殺が日常的に発生している現状に目をつむり，労働生産性向上と時短をセットで議論して，時間外労働の上限規制を渋るべきではない。

等しい。これを噛み砕いていえば，GDP（付加価値額）は1国の生産力＝購買力の両面を表すものといえる。GDPを国際比較する場合，生産力だけでなく購買力（国内総支出）が高いかどうかが，その国のGDPの伸びを大きく左右する。日本における90年代以降の長期的なGDPの低迷は，生産力や労働生産性の面よりも，リストラ・非正社員化などを含めたデフレ下の賃金・所得の低下（労働分配率の低さ）とその結果としてのGDPの約6割を占める民間最終消費支出の低迷が大きく影響している。

▷**日本の労働生産性水準**
日本の労働生産性水準の伸び（GDPの伸び）は，1970～80年代には先進国中でトップクラスであった。その時代も国際比較をすれば，現在と同様に低順位であった。そしてバブル崩壊後も経済危機による低下や大震災による低下などがあったものの，近年の時間あたり労働生産性水準は過去最高を記録している。

▷**労務費**
製造業1人当たりの労務費を国際比較すると，主要先進国で日本が最も低い伸び率となっている。(U. S. Department of Labor, Bureau of Labor Statistics)

▷**割安な時間外労働**
ボーナスを含めた年収を年間の所定労働時間で除して得られる時間あたり賃金よりも，時間外手当が割安なことをいう⇨Ⅱ-7「日本的な労働時間規制」④を参照。

▷**時間外労働の上限規制**
⇨Ⅱ-7「日本的な労働時間規制」③を参照。

Ⅱ　労働時間

3　労働時間制度の歴史

1　標準労働日を求める運動と8時間労働日制

労働時間の歴史は，標準労働日を求める運動の歴史，または労働時間の短縮（時短）を求める闘いの歴史である。産業革命期の労働時間は，1日16時間にも17時間にも及んでいた。一方で，産業革命は，機械の発達による女性労働者や児童労働の普及をもたらした。彼らも劣悪な労働環境のもとでの長時間労働を強いられたため，社会問題にまで発展した。

女性や児童の劣悪な労働条件に対する社会的な批判，労働運動の盛り上がりの中で，1833年イギリスではじめて本格的な**工場法**が制定された。この工場法は，当時の「近代産業」である繊維産業に適用され，18歳未満の時間制限，9歳未満の児童労働の禁止などの規制を行った。1874年には，全労働者の平日の労働時間を1日10時間とする工場法の改正が行われた。

こうした法的な足掛かりを築きながら，標準労働日を求める運動（時短運動）は，10時間労働運動から8時間労働運動へと発展を見せ，第一次世界大戦後の1919年ILO第1号条約（8時間労働日制）に結実していった。

2　戦前日本の工場法

日本で初めて工場法が制定されたのは，明治も終わろうとする1911年のことであった。当時の日本は，繊維産業を中心に輸出を伸ばし，殖産興業と富国強兵に邁進していた。しかし，農商務省の**『職工事情』**（1903年）にみられるように，当時全職工の3分の2を占めた紡績・製糸等繊維産業では昼夜2交代制勤務や最低でも12～13時間，ひどい場合は連続24時間以上も働かされる若い女工たちの悲惨な状態があった。それゆえ，労働力保全の観点から工場法の必要性が検討されてきていたものの，財界の根強い反対のために工場法案はなかなか成立しなかった。しかし，労働争議の頻発，労働組合期成会の発足など労働運動の盛り上がりもあり，1911年日本で初めての工場法が誕生した。

この工場法は労働者保護の観点からは不十分なものであったが，①法の適用範囲が常時15人以上の職工を使用する工場で，②12歳未満の就業禁止（10歳以上の就業を認める例外規定あり），③15歳未満と女子の「保護職工」についてのみ1日12時間を上限とし，深夜業と危険・有害業務の就業の禁止などを定めた。ただし，昼夜交代制勤務に欠かせない深夜業の禁止規定は，繊維業界からの猛

▷1　『資本論』第8章「労働日」の第6節と第7節に「標準労働日獲得のための闘争」があり，18世紀から19世紀にかけてのイギリスの労働時間の実態と時短運動の発生・展開が描かれている。

▷**工場法**
1833年の工場法は，9歳未満の児童労働を禁止し，年少者については9～13歳未満は9時間，13～18歳未満は12時間（週69時間）とするなど労働時間を制限した法律である。

▷**『職工事情』**
農商務省『職工事情』（岩波文庫）は，当時の農商務省が行った工場事情の調査報告書である。これは，横山源之助『日本之下層社会』（1899年）や細井和喜蔵『女工哀史』（1925年）などとともに，明治から大正期にかけての日本資本主義における労働者の労働実態を示す貴重な資料・文献である。

▷**ILO第1号条約**
「工業に於ける労働時間を1日8時間かつ1週48時間に制限する条約」（1919年）では，例外（時間外）も認められており，不可抗力による場合などは，3週間の労働時間の平均が1日8時間，週48時間を超えない限

反発を受け15年間の猶予期間が設けられた。また，本法の施行は5年後の1916年9月とされた。

❸ 戦後の労働基準法の制定と ILO 基準

日本では，一般労働者を対象とした労働者保護立法は，1947年の労働基準法が最初である。ここに，成人男性も含めたすべての労働者を対象として，1日8時間，1週48時間を法定労働時間とする労働時間法（労働基準法第4章部分）が成立した。しかし，この労働時間法は **ILO の第1号条約** などを参考として作成されたとはいえ，**時間外労働の制限** については重大な欠陥があった。このため，日本は今日に至るまで ILO 第1号条約をはじめとする様々な労働時間関係の ILO 条約・勧告を1つも受け入れていない。

❹ 週40時間制とその後の労働時間の規制緩和

1980年代，日本はバブルの絶頂期で，米国との貿易摩擦は深刻化していた。そうした中で米国の要求を受ける形で1986年「国際協調のための経済構造調整研究会」の報告書（前川リポート）が発表された。そしてその方針に沿って行った労働時間面での改革が，1987年の労働基準法の大改正であった。

この改正により，それまで1日8時間（週48時間）であった法定労働時間の原則が，週40時間（1日8時間）を原則とする労働時間法制へと変化した。その注目すべき点は，法定労働時間の週40時間への段階的な短縮に伴い所定労働時間が短縮されたこと，および労働時間の原則が1日単位から週単位へと変化し，弾力化しやすい労働時間法制へと変化したことにある。このため実労働時間の短縮が一定程度進んだ一方，変形労働時間制や「みなし裁量労働時間制」などの弾力的な労働時間制度が導入された。変形制では，週40時間の制限内であれば1日10時間まで，週の労働時間も最大52時間まで法定内で働かせられるようになった（1993年改正以降）。

2006年の安倍内閣当時，ホワイトカラー・エグゼンプション（WE）制度の導入が試みられた。これは，「ある条件の下でホワイトカラー労働者の労働時間規制（保護）を撤廃」するという考え方を特徴としている。しかしこの時は，「残業代ゼロ法案」と呼ばれ，野党や世論，労働組合等の猛反発を受けて頓挫した。2010年には「長時間労働を抑制するため」として，月60時間を超える時間外労働に **50％の割増賃金** 支払いが義務づけられた。

第2次安倍内閣のもと2018年には「**働き方改革関連法案**」という様々な労働分野での規制緩和の目玉として，再び「**高度プロフェッショナル制度**」と名称を変えた WE 制度の導入が図られ，ついに法案が成立した。**時間外労働の限度を月100時間未満と法定する** などの「譲歩」を使って，組合の連合や野党の一部勢力を取り込んだのが，功を奏したともいわれている。

Ⅱ-3 労働時間制度の歴史

り，特定の日に8時間，週48時間を超えることを認めている。その場合の時間外割増率は25％以上である。

▷時間外労働の制限
⇨ Ⅱ-7「日本的な労働時間規制」

▷50％の割増賃金
月60時間を超える時間外労働分が50％割増しになるとはいえ，これは逆に月60時間を超える過労死ラインの長時間労働を公認したことになり，改善とはいえず問題である。中小企業は2021年から適用される。

▷働き方改革関連法案
「働き方改革を推進するための関係法律の整理に関する法律案」が2018年6月成立した。同法案は，雇用対策法，労働基準法，労働時間等設定改善法などの労働法の改正を行う法律で，「働き方改革の総合的かつ継続的な推進」「長時間労働の是正と多様で柔軟な働き方の実現等」「雇用形態にかかわらない公正な待遇の確保」の3本柱からなる。このうち，労働時間に関しては，①「高度プロフェッショナル制度」が導入される，②従来青天井だった時間外労働の上限を法的に月80時間（単月100時間未満），年720時間までとする，③勤務間インターバル制度導入が努力義務となった，④年次有給休暇の5日分を時期指定して付与する，などがある。

▷高度プロフェッショナル制度
⇨ Ⅱ-8「時間外労働の濫用」の④参照。

▷時間外労働の限度（限度基準）
⇨ Ⅱ-7「日本的な労働時間規制」の③参照。

Ⅱ 労働時間

日本の労働時間制度

 労働時間制度の基本的仕組み

　日本の労働時間制度は，労働基準法などの法制度と各企業の就業規則，および労働協約などによって規定され，運用・変更されている。労働基準法は，その「第4章　労働時間，休憩，休日及び年次有給休暇」において労働時間関連の条項を罰則付きの強制法として定めている。現在の法定労働時間は，同法第32条において週40時間と定められている。各企業は，この法律の範囲内で就業規則などによりそれぞれの労働時間関係の規則を定めている。

2 労働時間の構成

　労働時間制度を理解するには，いくつかの基本的な用語の理解が必要なので，制度の分析に入る前に労働時間関係の用語を図解しておこう（**図Ⅱ-1**）。

　就業規則では，通常，始業時間から終業時間までの時間から休憩時間を除いた所定労働時間を定めている。所定労働時間のうちで実際に働いた時間を所定内労働時間という。そして，所定労働時間を超えて働いた時間を**所定外労働時間**（時間外，残業時間）という。所定内労働時間と所定外労働時間の合計が実労働時間となる。また，実労働時間は法律で賃金支払いが義務づけられているが，その他の休暇・休業制度などは，年次有給休暇を別として，企業によって給与・手当の支払の有無が分かれる（矢印の点線）。それゆえ，支払労働時間は実労働時間より長くなり，国際比較の際は注意が必要である。なお，**休日**は契約上労働義務のない日で拘束時間でもないので，この図から除外している。

3 労働時間制度の弾力化

　日本の労働時間制度は，1987年の大改正により法定労働時間が週40時間にな

▷所定外労働時間
所定外労働をさせる場合，使用者は36協定を締結した上で割増賃金を支払わなければならない。通常の時間外の場合は最低25％（月60時間を超えた場合の超過分は50％），22時以降の深夜労働には25％，休日勤務には35％以上の割増賃金率が義務づけられている。
▷休日
⇨Ⅱ-6「休日・休暇・休息制度の実際」

図Ⅱ-1　労働時間の基本概念図

ったが，同時に様々な弾力化措置がとられた。

弾力化の具体的な形態としては，フレックスタイム制，1カ月単位の変形制，1年単位の変形制などがある。また，みなし労働時間制や裁量労働制も規制緩和措置として導入され，その後も適用対象の拡大が進められている。

○フレックスタイム制

フレックスタイム制は，従来の標準労働時間帯による全員一律の所定労働時間ではなく，週40時間の範囲内で，1日の始業と終業の時刻を弾力化して，コアタイムの前後の時間を労働者の都合に合わせてフレキシブルに運用できる制度である。それゆえ，子どもの送り迎えなどの生活時間に合わせて始業と終業の時刻を調整するなど，労働者にとって働きやすい労働時間設定が可能である。清算期間は1カ月以内で，平均週40時間以内なら1日と週の労働時間を弾力化できる。しかし，その導入にあたっては，仕事の分担や仕事の引継ぎなどの態勢づくりが必要である。また，その主旨を十分理解せずに，顧客や仕事の都合に合わせて始業終業時刻を調整してしまうとか，残業代削減に悪用されてしまう場合もあるので，注意が必要である。フレックスタイム制を導入している企業の割合は，日本の場合平均で5％前後でしかないが，欧米では10～30％の高い導入率となっている。

○変形労働時間制

変形労働時間制とは，一定期間を通じて平均週40時間とすることを条件に，1日や週の所定労働時間を弾力的に運用できる制度である。各種変形制のうち，最も普及（約3分の1の企業が採用）している1年単位の変形制（3カ月平均週40時間）を例に変形労働時間制について述べよう。1年単位の変形制は，労使協定を締結すれば，年間280労働日まで認め，回数などの制限はあるが最大1日10時間，1週52時間までを所定労働時間とすることができる。

○みなし労働時間制

みなし労働時間制には，①「事業場外労働のみなし労働時間制」，②「**専門業務型裁量労働制**」，③「**企画業務型裁量労働制**」がある。①は事業場外で業務に従事し，労働時間を算定することが困難な業務において，一定の所定労働時間労働したものとみなす制度である。②は研究開発など19業務に限って，労使協定により定めた時間労働したものとみなす制度。③は企業の中枢部門で「企画・立案，調査及び分析」を行う労働者を対象に，労使委員会で決議し，本人の同意を得て導入できる制度である。

このうち，②と③の裁量労働制は，「裁量労働」の建前と実態の乖離が問題となっている。すなわち，労働者自身の「裁量」により出退勤をはじめ労働時間の長さを決められる制度として，「働き方改革」でもその拡大策が議論されたが，実態は，本人の「裁量」がないのに長時間労働を強いられ，「裁量労働制」の名のもとに残業手当がカットされているケースがあるという問題がある。

▷1 ⇒Ⅱ-3「労働時間制度の歴史」

▷専門業務型裁量労働制
対象19業務：(1)研究開発，(2)情報処理システムの分析・設計，(3)新聞記者・出版編集，(4)新デザインの考案，(5)プロデューサー又はディレクター，(6)コピーライター，(7)システムコンサルタント，(8)インテリアコーディネーター，(9)ゲーム用ソフトウェアの創作，(10)証券アナリスト，(11)金融商品の開発，(12)大学の教授研究，(13)公認会計士，(14)弁護士，(15)建築士，(16)不動産鑑定士，(17)弁理士，(18)税理士，(19)中小企業診断士。

▷企画業務型裁量労働制
事業の運営上必要な企画，立案，調査及び分析の業務で，その遂行方法を労働者に大幅に委ねる必要がある場合，遂行方法や時間配分を使用者が指示しない裁量労働時間制度である。この制度を導入するには，労使委員会を設置し，5分の4以上の多数決で，対象業務，対象労働者の範囲，みなし労働時間など8項目に関する決議をし，労基署に届け出る必要がある。

Ⅱ　労働時間

所定労働時間と実労働時間の変遷

▷1 ⇨Ⅱ-3「労働時間制度の歴史」の④参照。
▶産業別（労働時間）格差
一般労働者の年間実労働時間を産業別でみると，2017年現在，運輸業・郵便業が2232時間で最も長く，次いで医療・福祉が2188時間，建設業2112時間であるのに対し，金融保険業が1847時間と最も短く，次が教育・学習支援業の1885時間であった。ただし，学校教育の現場にみるように，教員の部活動などの時間が労働時間にカウントされない問題があるなど，単純な産業別平均時間ではサービス残業や長時間労働の実態が隠蔽され，平均化されてしまう点に留意する必要がある。
▷2　ドイツ（旧西ドイツ）の時短運動：ドイツは，1950年代中葉からIGメタル（金属産業労働組合）を中心に，賃上げのみならず労働時間の短縮をも着実に獲得してきた。このため，1956年までは週48時間で日本と大差なかった協約時間が，1967年には40時間に短縮された。このあとしばらくの足踏み状態を経て，1985年以降再び協約時間の短縮を獲得し，1995年までに週35時間制を獲得したのである。その結果，ドイツ（西ドイツ）は，1950年には年間総実労働時間が2300時間を超えていたが，1980年までに1719時間，1995年

1　所定労働時間とその短縮

　所定労働時間は，法定労働時間の範囲内において個別企業ごとに決められ，雇用契約のとき労働者に提示される労働時間である。所定労働時間の短縮には，法定労働時間の改正または労働協約による方法などがある。1988年以降1993年まで，段階的に法定労働時間の短縮が行われたが，これに伴い所定労働時間には顕著な短縮がみられた。この結果，法改正以前には，企業規模間，産業間などにみられた所定労働時間の格差が，法定労働時間の短縮に伴い徐々に縮小した。

　厚生労働省の「就労条件総合調査」によると，かつては大企業において労働者1人平均の所定労働時間が週40時間弱と短く，中小企業が多い建設業や運輸業などでは，それよりも5時間ほど長かった。しかし，法改正後この差が徐々に縮まり，1998年までに1000人以上の大企業で週38時間22分と微減したのに対し，30〜99人の小企業で週39時間27分と大幅減になり，週所定労働時間の規模間格差が1時間以内にまで短縮された。その後は，今日まで目立った変化はみられない。また規模別ほどではないが，大産業別でみた**産業別格差**もこの間最大週6時間強から3時間弱にまで短縮された。

2　実労働時間

　所定労働時間のうち，実際に働いた時間が所定内労働時間であり，所定内と所定外の労働時間を合計したものが実労働時間である。日本の労働時間統計では，この実労働時間が使われるが，季節的変動，休日休暇日数などの変動要因を考慮して，比較上，年間の総実労働時間で示されることが多い。

　図Ⅱ-2は，厚生労働省の「毎月勤労統計調査」による労働者1人あたり年間総実労働時間と内数の所定内労働時間の推移である。これをみると，戦後日本の労働時間は，大きく4つの時期に区分できる。すなわち，第1期は，戦後から1960年頃までの戦後復興期で，時短よりも物的生活の向上と賃上げが優先された時期である。第2期は，60年頃から70年代前半までの高度成長期で，春闘を通じて，生産性向上と引換えに賃上げと時短を実現した時期である。しかし，この時期でさえドイツなど先進国との時間格差が拡大した。第3期は，75年頃から87年頃までの**減量経営期**で，賃上げと時短が政策的に管理・抑制された時期

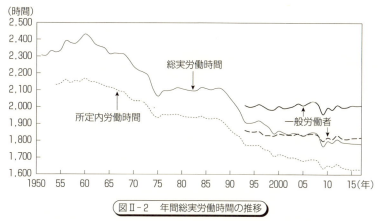

図Ⅱ-2　年間総実労働時間の推移

（注）　企業規模30人以上，太い実線・波線はパート除く一般労働者の数値。
出所：厚生労働省「毎月勤労統計調査」。

には1550時間へと大幅な減少をみたのである。⇨コラム3「労働時間の国際比較」

▷減量経営期

この時期における労働政策の特徴は，「管理春闘」に象徴される。すなわち，1974年の32％以上の大幅賃上げを受けて政府と財界が協調して行った，インフレ抑制を錦の御旗とする賃上げ抑制政策（日本型所得政策）であった。この時期は，賃上げだけでなく時短までも抑制され，労使協調の下で生産性向上だけが追求された。

である。そして第4期が88年改正労働時間法施行以降の時期である。しかし，第4期については，90年代以降のバブル崩壊・デフレ時代が重なるため，さらにいくつかに区分すべき面がある。

また，1990年代後半以降の1人あたり総実労働時間の推移に注意が必要である。この時期は，法改正の影響などによる所定内労働時間の減少がいったん落ち着いた後，再び90年代後半以降，総実労働時間・所定内労働時間とも減少している。しかし，その主たる理由は，1990年代後半からリストラなどにより正社員が減少し，パート労働者など非正規労働者が増大することにより，合計としての所定内労働時間が減少したためである。それゆえ，パート労働者を除いた一般労働者のみの総実・所定内労働時間（図の93年以降の太い線）を重ねてみると，近年は一般労働者の実労働時間の短縮が進行してないことがわかる。

▷3　⇨コラム3「労働時間の国際比較」

3　交代制勤務，宿直，夜勤

溶鉱炉作業や病院勤務などのように，業務時間が24時間体制となるような場合，労働者を交代で勤務させ，シフト勤務表を組む必要がある。これを交代制勤務という。とりわけ夜勤や宿直といった勤務形態は，人間本来の生活時間から逸脱した勤務として扱われるべきである。それゆえ，社会的必要性が高い分野に限定されるべきであるが，近年は利便性や利益目的で，製造業やコンビニなど商業および様々なサービス分野に深夜労働が拡大している。

深夜勤務などの特殊な勤務については，人間の生理的・社会的条件に反するため，肉体的・精神的な苦痛および社会的負のコストがかかる。これを弁済するには，金銭的な弁償だけでなく，その勤務の長さや回数の制限，夜勤明けに24時間の休息時間を確保する，休日・休暇を増やすなどの措置が必要である。これらの措置は，人員が十分に確保されなければ，実現は困難である。

Ⅱ 労働時間

 休日・休暇・休息制度の実際

1 休日・休憩と休暇の違い

　所定労働時間の長さは，休日・休憩制度や休暇制度によっても大きく影響される。休日は，週休日（法定休日を含む）と祝日，記念日などにより構成され，原則として労働義務のない日であり，賃金の支払い対象外である。昼休みの休憩時間も同様であり，会社は休憩中に電話番等の待機を含め，社員に仕事をさせてはならない。これに対して，休暇制度は，年次有給休暇を典型として，特定の労働日において労働を免除され，賃金や手当も支払われることがある制度である。このため，休暇制度は労働者の権利として位置づけられる傾向があり，労働者が自ら申請することにより実現されるのが一般的である。

2 休日・休憩制度の実際

　日本の週休制は，法定労働時間が週40時間，1日8時間と規定されているので，「週休2日制」になっていると勘違いする人が多い。しかし，法的には4週を通じて4日以上であればよく，週休1日でさえ最低保障されていない。このため「週休2日制」となっていても4週で5日以上の「何らかの週休2日制」がほとんどで，そのうち「完全週休2日制」（4週で8日）以上の休日を適用されている労働者は4分の3ほどである。

　日本の法定祝日（国民の祝日）は16日（2018年現在）だが，実際にはそのすべてが休日になるわけではない。週休日や祝日，その他の休日は，企業ごとに定めることができるのである。しかも休日勤務もあるため，休日は保障されていない。また，休日の割増賃金（35％）も法定休日に対してのみ義務づけられている。

　労働基準法では，1日の労働時間が6時間を超え8時間以下の場合最低45分，8時間を超える場合は最低1時間，休憩を与えなければならないとされている。この休憩時間は，必ずしも長ければよいとは限らない。なぜなら，休憩時間は，労働時間の途中に与えられるものであり，長ければ拘束時間も長くなる。

3 勤務間インターバル制度の導入

　勤務間インターバル制度（勤務間の休息制度）は，退社してから次に出社するまでの間，労働者の休息（生活）を確保するための制度である。現状は，残業で退社時刻が夜11時なった場合でも，翌日の始業時間を変えることができない。

▷年休の比例配分
パート等の短時間労働者に対する年次有給休暇の付与日数は，6ヵ月以上継続勤務（8割以上の出勤）を条件として，週の労働時間が30時間未満の場合，勤続年数により次のように比例配分される。週の所定労働日数が4日の場合，7～15日，同じく3日の場合5～11日，2日の場合3～7日，1日の場合1～3日となる。なお，週の所定労働日数が5日以上，または週30時間以上のパートは，正社員と同様の年次有給休暇を付与される。

▷先進国の有給休暇
他の先進国の有給休暇は，年25日～30日の付与日数で，その9割前後が消化されている。

▷1　年休を取りにくい理由は，多い順に「病気や急な用事のために残しておく必要があるから」「休むと

しかし，例えば11時間の勤務間インターバル制度を導入すれば，翌日の定時の始業時間が8時であっても10時始業とすることができる。これは長時間労働が常態化している日本において，生活時間の観点から過重労働を抑制する効果的手段となり得る。日本でも若干の企業で導入例があるが，EUなどでは24時間に付き最低11時間の休息時間が法的に義務づけられている。日本では，2019年4月から制度の導入が「努力義務」となった。

④ 年次有給休暇制度の実際

休暇制度の中で最も一般的にみられるのが年次有給休暇制度（年休）である。年次有給休暇については，最低付与日数が10日，最大20日の付与が法定されている。ただし，資格制限があり，入社6カ月以上で，前年の出勤率が8割以上の者に限定されている。パート・アルバイトは労働日数により**比例配分**して付与される。実際の付与日数は労働者1人平均約18日である。この付与日数が**他の先進国の有給休暇**数に比べて少ないことも問題であるが，それ以上に問題なのが，取得率の低さである。前述のように，休暇は労働者本人の申請によるため，権利を行使しなければ実現しない。日本の場合，仕事が忙しいなどの理由で，年休を積極的に申請する人が少ない。このため，年休の取得率は付与日数の半分程度となっている。これに対し，2018年「有給休暇取得の義務化」法案が成立し，10日以上の年休付与者に対し5日間の最低取得が義務化された。

年休については，このほか，企業側の時期変更権の問題や休暇手当の有無，年休の繰越や買い上げの問題などもある。

⑤ その他の休暇・休業制度

産前・産後休業，育児休業，介護・看護休業制度，その他の特別休暇制度（夏期休暇，病気休暇等）など，休暇・休業制度の種類は多様であるが，ここでは産前・産後休業と育児休業について概略取り上げる。

産前・産後休業は「労働基準法」により，パートなども含め原則として産前6週，産後8週（産後6週間は強制）の休業が権利保障されている。

育児休業制度は2017年に改正された「育児介護休業法」により，子が1歳に達するまで（保育所に入れない場合は最長2歳まで）男女の養育者が休業申請できる制度となった。その他パパ休暇やパパ・ママ育休プラスなど，父親の育児休業を促進するための施策もなされているが，女性の取得率が8割以上であるのに対し，**男性の取得率**は近年上昇したとはいえ5％程度でしかない（2017年度）。復職までの育児休業の取得期間も，女性では8カ月以上18カ月未満が約7割を占めるのに対し，男性では2週間未満が約7割強と短期間に集中している。（「雇用均等基本調査」）。

職場の他の人に迷惑になるから」「仕事量が多すぎて休んでいる余裕がないから」「休みの間仕事を引き継いでくれる人がいないから」などとなっている（労働政策研究・研修機構「年次有給休暇の取得に関する調査」平成23年6月）。

▷育児休業制度
産前・産後休業には「出産育児一時金」42万円と「出産手当金」（給与の67％）が支給され，育児休業についても「育児休業給付金」（67〜50％）が支給され，いずれも社会保険料が免除される。「育児介護休業法」では，時間外労働や深夜業の制限，時短措置など，1歳を超えても育児のため養育者を保護する配慮がなされている。一方，1年以上同一事業主の雇用者で，子が1歳6カ月まで雇用が継続する労働者という限定を設け，有期雇用労働者の制度利用を制限している。また，子1人につき原則1回しか利用できない。

▷男性の取得率
男性の場合，休みたくても休めない職場の実態がある（⇒Ⅱ-8「時間外労働の濫用」②参照）。また，育児休業手当は，男女とも給与の67〜50％を補償されている。しかし，男女の賃金格差が大きいため，夫と妻の育児休業時の家計所得の減少は，夫が育児休業を取得すると家計にきわめて大きな負担となる。この点も男性の育児休業取得率の低さの原因の1つとなっている。しかし，ヨーロッパでは，北欧などでは男性も約8〜9割が育児休業を取得し，低い方のドイツでも約3割が取得している。

II 労働時間

日本的な労働時間規制

1 労働時間規制の方法

　一般に労働時間を規制するには，主に法制的な整備と労使による自主的規制の方法がある。イギリスやドイツにおける伝統的な規制方法は，労働組合の発達を前提とした団体交渉や経営協議会・従業員代表制などによる効果的な労使の自主的規制であって，法的規制は最小限度のものであった。逆にフランスなどでは，1982年のオールー労働法などのように，法的な規制が重要な役割を果たす中で，組合組織率が低くとも労使協定を効果的に拡大する仕組みが作られている。日本の場合，労使自治規制の根幹である労働組合の組織率が，戦後の一時期を除いて大きく低下してきたこともあり，労働者保護立法の実効性を担保する制度的基盤が脆弱になっている。それは，戦後日本労使関係の歴史的結果でもある。とりわけ90年代以降の労働運動にとっての厳しい環境下で，「労働ビッグバン」という言葉に象徴されるような生産の効率性のみを追求した労働・雇用関係法の「規制緩和」が進められてきた。

2 サブロク協定の不思議

　労働基準法第36条は，週40時間の法定労働時間を超えて働かせる場合，「労働者の過半数で組織する労働組合がある場合においてはその労働組合，労働者の過半数で組織する労働組合がない場合においては労働者の過半数を代表する者との書面による協定」を事業所ごとに義務付けており，この**労使協定**を俗に36（サブロク）協定という。しかし，この36協定の「労働者代表」に問題がある。日本では，労働組合員が従業員の過半数を占める**事業所**はきわめて少ない。このため労使協定の当事者の一方である労働者代表は，そのほとんどが中・下級職制の従業員代表で占められ，労使協定による規制効果を発揮できない状況にある。通常，経営組織・ライン管理者の末端にあり，組合員でもない従業員（代表）が，上司の生産目標や経営目標に異議を唱えて時間外労働を規制できる立場にないことは明らかである。そのため，使用者は，自らを拘束している法定限度規制を部下でもある従業員との36協定という免罪符によって無力化できるのである。一方の労働者は，この36協定によって，逆に使用者による時間外労働命令に拘束・強制されることになる。免罪符が鉄鎖に化ける。

▷**労使協定**
労使協定は，労働基準法で禁じている事項について，使用者の縛りを免除する免罪符の役割を果たしている。日本の労働基準法は，強制法であるにもかかわらず，この免罪符が多用され，ザル法といわれる所以となっている。

▷**事業所の実態**
「労使関係総合調査（平成29年労働組合基礎調査）」によると，民営企業だけをみた場合，2017年の労働組合の推定組織率は，全体で16.0%であり，うち全雇用者の2割しか占めていない1000人以上規模企業の組織率が44.3%，100〜999人が11.8%，100人未満が0.9%となっている。しかも労使協定は事業所ごとなので，事業所で労働組合員が過半数を占めるのは，きわめて少数の事業所でしかない。

▷**時間外労働の限度基準**
「労働基準法第36条第1項の協定で定める労働時間の延長の限度等に関する基準」（労働省告示，第154号）による。隣国の韓国では，2018年2月に「勤労基準法」が改正され，時間外労働の上限を休日労働も含め週12時間とするなど，日

③ 時間外の「限度基準」の不思議

　36協定による**時間外労働の限度基準**は，1週15時間，1カ月45時間，1年360時間となっている。ヨーロッパでは，時間外労働を含めて週48時間の上限規制（EU指令）がある。これと比べれば，日本の限度基準が極めて緩いことがわかる。ゆるいだけではない。この限度基準には運輸・建設業，医師などに対する適用除外・例外規定もあり，十分な規制的役割を果たしていない。

　さらに，この限度基準も**特別条項付き36協定**を結ぶことにより，その限度を超えて合法的に労働させることができる。これを「ある不思議なN国の道路交通法」を例に説明しよう。N国では，一般道の制限時速は最高40 kmの法定限度となっているとしよう。ところがN国では，事前申請すればその一般道を60 kmで走っても違反とはならず，さらに「特別の事情」があれば運転手に時速80 km以上で走れと命令できるというのだ。危険極まりない無法地帯の話のようだが，残業天国の日本の労働時間制度では，これが現実となる。この特別条項付き協定を締結しておけば（従来は無制限であったが，2019年から上限が設けられ），1年の半分（6回）以内なら週40時間の法定限度に加えて月80時間（単月なら100時間未満）まで，年720時間まで時間外労働を労働者に強制できる。**月80時間の残業**は「過労死ライン」なのだが，2019年の上限設定後も依然として過労死ラインまで，あるいはそれを超えて残業させることができる。

④ 割増賃金の算定基礎の不思議

　もう1つ不思議な国の不思議な話がある。それは，時間外労働に対して25％（月60時間を超えた時間外には50％）の「割増」賃金が義務づけられているのに，実際にはそれが「割引」となってしまうという割増賃金の不思議である。時間外手当の計算は，月給の場合，所定内賃金（算定基礎賃金額）÷1カ月平均所定労働時間＝時間単価（賃金率）が求められ，これに当月の残業時間数と1.25を掛けて1カ月の**時間外手当を算出**する。しかし，この国の場合，算定基礎となる所定内賃金から家族手当や住宅手当などの諸手当が除外され，さらには夏や冬の賞与等（特別給与）も除外される。日本では，一般に年収に占める特別給与の割合が高く，「毎月勤労統計調査」によると，事業所規模30人以上の一般労働者平均で年間の現金給与総額に占める所定内給与が約71％，特別給与が約22％（500人以上規模では65％と26％）である。このため，他の人件費項目を別としても，時間外割増率が25％では，月収の7掛けに25％割増しをすることになる。つまり，日本の時間外割増賃金は，1カ月あたり人件費どころか月収と比べてさえ，「割増」ではなく「割引」賃金となってしまうのだ。日本の大企業の経営者にとって，残業を多くさせるほど時間あたり人件費コストが大幅に軽減される残業天国になっている。

本と並び称される長時間労働大国からの脱皮が計られている。

▷**特別条項付き36協定**

「長時間労働を抑制するため」（厚生労働省）「時間外労働の限度に関する基準」が設けられており，臨時的に「特別の事情」が生じた場合，「限度時間を超えて時間外労働を行うことができる」こととなっている。この「特別の事情」とはたとえば「特に納期がひっ迫したとき」とか「予算決算業務」や「ボーナス商戦に伴う繁忙」などやや具体的に忙しい事由を述べればよい。（⇒ II-3「労働時間制度の歴史」の側注参照）

▷**月80時間の残業**

週の法定労働時間40時間プラス残業20時間（＝週60時間）で，4週分の残業時間の合計が80時間となる。⇒コラム3「労働時間の国際比較」

▷**時間外手当の算出**

時間外手当の計算は，算定基礎賃金額＝月額賃金－（家族手当，住宅手当など法律で定められた手当）－（臨時給与，1カ月を超える期間ごとに支払われる賞与・職務手当・勤続手当など）。1カ月の所定労働時間＝（365日－週休日などの年間総休日数）÷12×1日の所定労働時間数。以上からわかるように，日本の割増賃金の算出方法は，所定労働時間の計算は年間平均（年単位）なのに，賃金の計算は月単位とし，月例賃金から労働報酬以外の手当を除外する一方，労働報酬部分であっても1カ月を超えて支払われる賞与等は除外するという矛盾を抱えている。

Ⅱ 労働時間

8 時間外労働の濫用

1 恒常的残業の問題

時間外労働は，鉱工業生産統計などの景気指標の推移ときわめて比例的な変化をしている。つまり，時間外労働は主に景気の良し悪しによって変化する。しかし，日本では景気変動とは関わりなく，常に時間外労働が行われていることも事実である。このように短期的な景気変動要因や中期的な雇用態度要因の変化にかかわらず，恒常的に時間外労働が行われていることを**恒常的残業**という。日本では恒常的残業が年間の時間外労働時間の大部分（7〜8割）を占めており，多くの企業経営において莫大な時間外労働が業務計画段階ですでに織り込まれていることを示している。

2 時間外労働の要因

日本で恒常的残業が行われている要因は，法制的な問題点以外に，労働需要側の要因と労働供給側の要因がある。まず労働需要側の要因として，①人件費に占める固定的費用と残業手当などの変動的費用の関係において，固定費用が大きい場合，追加人員を雇うよりも残業させた方が合理的である，②仕事の範囲が不明確で不定量であるため，多くの仕事を抱えることになる，③日本的な取引慣行において中小企業だけでなく，競争が激しい会社ほど，納期など取引相手の無理な要求を飲んで社員に残業させようとする，④上司の「勤労意識」が古いため，残業や休日出勤を高く評価する，などが考えられる。次に労働供給側の要因として，①仕事重視の姿勢から，残業を厭わない，②転職・配転のリスクが高い場合，重要な仕事を多く抱えて存在価値を高めようとする，③本人がWorkaholicになっている，④周囲の同僚が残業しているのに自分だけ早く帰れない，などの要因が考えられる。

3 法律の適用除外

労働基準法の労働時間規制から**適用除外**され時間外手当が支払われない「管理監督者」の問題がある。本来，適用除外できる管理監督者は，部長や工場長のように労働条件の決定などの労務管理について「経営と一体的な立場にある者」である。また，近年の判例によれば，管理者としての名称にかかわらず，その勤務実態が，「出退勤について厳格な管理を受けず，自己裁量権があるこ

▷**恒常的残業**
実際に，「毎月勤労統計調査」の30人以上の月間所定外労働時間数と「鉱工業生産指数」とを1995年以降今日まで，2010年を100として指数化すると，所定外労働時間は，リーマンショックなどの過去の大不況期でも80％前後を保ち，80〜115％の範囲内で推移している。

▷**適用除外**
労働基準法の労働時間規制から適用除外されうるのは，①農業などの特定の産業事業，②事業に関わらず監督・管理の地位にある者および機密の事務を扱う者，③監視断続的労働で行政の許可を受けた者，という41条の規定による。このうち②の「監督若しくは管理の地位にある者」が曖昧な表現であるため，本文のような議論を呼んでいる。

▷**名ばかり管理職・店長**
かつて，コナカ，日本マクドナルドなどに対し元店長が訴訟を起こしたり，残業

と」,「その地位,役職にふさわしい処遇を受けていること」という事実要件が加わっている。しかし,実際には管理職＝管理監督者と誤解または拡大解釈され,管理監督者としての実態が伴わない課長などの**管理職や店長**なども適用除外され,時間外手当の不支給裁判が増えた。一方,管理監督者の適用除外は労働時間,休憩および休日のみであって,深夜労働については,管理監督者にも25％以上の割増賃金を支払わなければならない。注意すべきなのは,こうしたグレーゾーンを承知で,中間管理職を「管理監督者」として時間外手当等を支払わず,サービス残業をさせている悪質企業がある点である。

❹ 裁量労働の拡大

技術系の研究職に典型的にみられる裁量労働制は,労使協定で認定された「みなし労働時間」を超えて働いても賃金支払い義務がないため,合法的なサービス残業になる恐れがある。厚生労働省の「平成25年度労働時間等総合実態調査結果」によると,裁量労働制における1日のみなし労働時間の平均時間は専門業務型が8時間32分,企画業務型が8時間19分であるのに対し,専門業務型の実働時間は平均9時間20分,企画業務型は9時間16分であった。つまり,平均して1日あたり1時間前後の残業代が消えている。大企業であれば,億単位の人件費節約となる。なお,1日の平均実働時間で最長の者は,前者が12時間38分,後者が11時間42分であった。

2018年2月,政府は「働き方改革関連法」でこの裁量労働制の対象を営業職などに拡大する方針であったが,安倍首相が拡大の根拠として答弁に使用した上記実態調査データ(裁量労働を採用すると時短に繋がるケースがあるとしたデータ)に重大な欠陥があることが判明し,裁量労働制の対象拡大法案の提出が見送られた。しかし,財界からの要望が強いため,近い将来再び裁量労働制の拡大法案が提出される可能性がある。

❺ 高度プロフェッショナル制度

2018年6月に成立した「働き方改革関連法案」の中に,「高度プロフェッショナル制度」という労働時間規制の適用免除制度がある。これは,別名「ホワイトカラー・エグゼンプション(WE)」制度とも呼ばれ,**米国のWE制度**に倣ったものである。賃金を労働時間ではなく仕事の成果で支払うという趣旨であるが,対象とされた労働者(当面は証券アナリスト,研究開発職など年収1075万円以上が想定されている)は,成果を上げるためにどんなに長時間働いても,時間外・休日・深夜労働に対する割増賃金が一切支払われない。2006年当時の第1次安倍内閣は,日本経団連などの要請を受けてこのWE法案の提出を試みたが,「残業代ゼロ法案」・過労死を招く制度だなどとして世論,労働組合,野党の猛反発を招き,2007年1月に法案提出を断念した経緯がある。

Ⅱ-8 時間外労働の濫用

代支払いを命じる判決がだされるなど,名ばかり管理職・店長の残業代不払が問題となった。日本マクドナルド事件は,2009年3月の東京高裁で会社側が訴えを起こした店長に対し約1000万円の残業代を支払うことで和解が成立した。紳士服販売大手のコナカ事件も,2010年2月横浜地裁で和解成立。こうした中,労働基準局長名で小売り・チェーン店などにおける店長の「管理監督者」に関する通達(基発第0909001号 平成20年9月9日)が出された。

▷1 働き方改革虚偽データ疑惑：働き方改革関連法案(⇨Ⅱ-3「労働時間制度の歴史」参照)の審議において,裁量労働制で働く人の労働時間について安倍首相が「一般の労働者より短いデータもある」と国会答弁(2018年1月)したが,のちに根拠としたデータの虚偽が判明した。

▷2 ⇨Ⅱ-4「日本の労働時間制度」

▷米国のWE制度
米国の連邦公正労働基準法は,週40時間を超える時間外労働につき50％の割増賃金を保障している。米国のホワイトカラー・エグゼンプション(WE)は,一定の要件を満たした労働者に,この割増規定の適用免除(exempt)を認めるものである。すなわち,①俸給が一定レベル以上であり,②時間数や欠勤で変動しない固定給(俸給)であること,③労働者の職務が管理職的(exective)か,運営職的(administrative)か,専門職的(professional)であることが求められる。

II 労働時間

 過労死・過労自殺の実態

1 サービス残業＝不払い残業の実態

　日本では，「サービス残業」と呼ばれる賃金不払い残業が大手企業・中小企業を問わず公然の秘密として行われている。もちろん，残業させてその一部でも賃金を支払わなければ，「wage theft」なので，その経営者は罰せられる。では，なぜサービス残業＝不払い残業が横行しているのか。

　まず，不払い残業の実態に迫ってみよう。これは一種のアングラ経済なので，通常の労働時間統計などには現れない。しかし，便宜的ながら，国の公式統計である「労働力調査」（労調）と「毎月勤労統計調査」（毎勤）とを比較することにより，推測することは可能である。労調は，毎月末の1週間を対象に労働者に直接質問し，実際に働いた時間を調査している。毎勤は，毎月の実労働時間を事業所の賃金台帳を元に調査している。この2つの統計調査を単純に比較すると，1人あたりの年間実労働時間が，数百時間も違うのである。しかし，この差がそのまま不払い残業を示すものとはいえない。そもそも異なる調査方法の調査結果を単純比較すること自体問題があること，労調が個人調査で月末1週間の忙しい時期を調査しているのに対し毎勤は事業所調査で月平均であるため労調の実労働時間の方が長くなる傾向があること，などのためである。

　こうした基本統計の他，労働組合などが行うピンポイントの調査もあるが，これらの調査もその規模が小さいことなどから，参考程度のものとして使われている。また，2001年以降，厚生労働省がサービス残業の取締りを強化するようになり，労働基準監督署が全国で摘発した事業所の調査結果を公表するようになった。これは告発による摘発企業だけで氷山の一角という限界があるものの，業種別の企業数・対象労働者数や是正支払額など詳細な数字がみられるので，不払い残業の個別実態を最も正確に示す資料となっている。

　以上のような概略的あるいは部分的な実態把握に基づき，なぜ賃金不払い残業が行われ，なくならないのかを考えてみたい。まず，賃金不払い残業は，長時間労働の人あるいは職場ほど頻発する傾向があり，労働者が時間外労働を過少申告するケースが多いことが特徴である。では，なぜ過少申告する労働者が多いのかというと，「残業時間の限度が定められているから」「残業手当の支払いに限度があるから」「上司の対応等の雰囲気から残業手当を申請しにくい」などのアンケート結果となっている。では，不払い残業をなくすにはどうすれ

▷1　厚生労働省「監督指導による賃金不払残業の是正結果」：この調査結果によると，2017年度の是正支払状況は，100万円以上の割増賃金是正が1870件で，1企業あたり2387万円，対象労働者数が20万5235人で，1人あたり約22万円であった。賃金不払は2年で時効になるため，最大でも2年分しか遡及できないので，実際の被害額はもっと大きいはずである。

▷2　連合総研「勤労者の仕事と暮らしについてのアンケート調査」（『勤労者短観』）より。

▷労働基準監督官
2017年8月厚生労働省は，長時間労働対策として100人の労働基準監督官を増員すると発表した。これは，長年にわたり労働基準監督官の人数が少なく（2017年4月現在3291人で，年間対象企業の4％しか監督できていない）十分な取締りができないことが，サービス残業等の蔓延を許しているという批判にようやく少しだけ応える形となった。

▷長時間労働
2017年「労働力調査」によると，男性雇用者の約11％強が週60時間以上働いていた。⇒コラム3「労働時間の国際比較」

▷ストレス
この場合の「ストレス」に

ばよいか。同アンケートによると「適正な人員配置を行う」（業務量に対する人員不足の解消）が断トツに多いが、その他「上司が部下の労働時間を適切にマネジメントする」「職場のWLBに対する意識を変える」などとなっている。これら現場の声から浮かび上がる解決策としては、使用者による労働時間の適正管理義務の履行であり、残業の自己申告制をやめ、時間管理をタイムカード・ICカード等の入退室記録で行うことである。しかしより根本的な解決策は、極端な長時間労働を許している特別条項付き協定を廃止することであろう。

❷ 過労死・過労自殺

　2017年10月、ある過労死裁判の判決が世間の注目を浴びた。電通で新卒の社員だった女性が2015年12月に自殺し、それが労基法違反に問われていた裁判で、求刑通り罰金50万円の判決が言い渡されたのである。この事件は、有名な大企業で、東大を卒業して間もない若い女性が、長時間労働の末過労自殺となった点で、日本の企業社会のあり方が問われたのである。この電通の事件を発端に、長時間労働、サービス残業、過労死などの日本企業の違法な職場実態があらためて社会問題となった。**労働基準監督官**が少ないため、違法な長時間労働への監視が不十分となっている点も問題となった。

　このように長時間過密労働がもたらす問題として最も深刻なのが過労死・過労自殺である。過労死とは、**長時間労働**あるいは仕事や職場における過労・ストレスが原因で脳・心臓疾患により突然死することである。また、職場における強い**ストレス**が精神障害、うつ病や過労自殺の原因となる場合もある。

　しかし、過労死・過労自殺が労災認定されるかどうかは、その**認定基準**により大きく変化し、遺族などが請求しても十分な証拠がないなど認定されないケースの方が多い。また、当該会社はもちろん、そこに労働組合があっても十分な協力が得られず、遺族は弁護士を立てて証拠を集め直接労基署や裁判所に訴えるなどといった孤独な闘いを強いられる場合も少なくない。

　厚生労働省労働基準局「脳・心臓疾患と精神障害の労災補償状況」によると、2017年度の脳・心臓疾患の労災補償請求件数は840件、うち認定件数が253件（約30％）だった。このうち死亡の請求件数は241件、認定件数92件（約38％）だった。これらの数字は近年やや減少傾向にあるものの、過労死として認定されているだけでも毎年100人前後もいる異常さに変わりはない。また、精神障害等の労災については、2017年度の請求件数が1732件と過去最高を記録したように、近年毎年のように過去最高を記録している。その認定件数は506件で、うち自殺の請求件数は221件、認定件数は98件であった。いずれも過去最高かそれに近い数字である。精神障害の原因としては、上司や同僚とのトラブル・いじめといった人間関係、仕事内容・仕事量の突然の変化など、労働時間以外の要因も少なくないのが特徴である。

は、特別の含みがある。すなわち、日本的雇用慣行の1つの特徴として、日本の正社員労働者には、会社を選択する自由はあっても、仕事や職務を選択する自由がない。このため配転などにより、慣れない仕事を押し付けられストレスとなることがしばしばある。こうした状況下で、長時間労働や人間関係の悪化などが加わると、強ストレス状態となり、うつ病や過労自殺に繋がることがある。

▶過労死認定基準

「業務に起因することの明らかな疾病」に係る「脳血管疾患及び虚血性心疾患等の認定基準」（過労死認定基準）は、①発症直前から前日までの間に発症の原因となる「異常な出来事」（著しい作業環境の変化など）に遭遇、②発症前の短期間において過重業務に就労、③発症前の長期間にわたり過重業務に就労、というういずれかの認定要件による。2001年12月に改正され、上記の③「長期間の過重業務」が加わり、②の短期1カ月に加え長期2～6カ月も考慮することとし、さらに労働時間の評価の目安を示すなど基準の見直しがなされた。この目安となる時間が短期1カ月では月100時間、長期では月平均80時間の時間外労働であり、これが「過労死ライン」と呼ばれるようになった。もちろん、1カ月に45時間を超える時間外労働であれば、証明しうるストレス等の度合いにより、この過労死ライン以下の時間外労働でも認定されることがある。この改正以降、過労死の認定件数が3倍近く増えた。

Ⅱ 労働時間

10 労働時間制度の改善に向けた課題

1 時間記録は使用者の責務

　将来「時間にとらわれない自由な働き方が主流になる」として，不払い残業などの取り締まりを強化する政策的な側面と，ホワイトカラーにおける裁量労働制の拡大や適用除外の拡大など労働時間規制をなくして「規制緩和」を図ろうとする政策的な流れが同時にみられる。こうした状況の中で最も危険なのは，「裁量労働」の名のもとに企業や組織が個々の労働者の労働時間記録をますます正確に取らなくなる点である。当の企業ですら，社員の正確な労働時間あるいは拘束時間を把握していないという驚くべき現象が拡大していた。これでは政策立案にも支障をきたすことになる。また，勤務間インターバル制度の導入という観点からも拘束時間の管理は必要である。それゆえ賃金支払いの観点ではなく労働者の健康上の観点から，原則としてすべての企業・事業所に全従業員階層の入退社記録（タイムカードやICカードなど）が義務づけられた，より効果的な労働時間の実態把握を罰則付きで義務づけるべきである。

2 短時間正社員制度とワークシェアリング

　一般に正社員で働く女性が結婚・出産する場合，退職して専業主婦になるか，産休・育休取得後にフルタイムで職場に復帰するか，パートタイム労働をするかのいずれかの選択を迫られる。しかし，**短時間正社員**のような制度を充実させることで，より多くの女性が育児をしながら同一の職場で正社員として就業を続けられるだろう。例えば週20時間程度の短時間勤務から通常の週40時間勤務まで数段階の時間帯別勤務制度を整備し，一定の条件を満たした労働者がフルタイム正社員か短時間正社員かを選択できる制度があれば，出産・育児と仕事を両立させたい女性や男性が家庭と仕事の二者択一を迫られることはない。また，時間帯別勤務制度が普及すれば，今日の正社員のように無限定に時間外労働を強いられることもなくなるであろう。こうした取組みは，少子化対策と人材確保対策にもつながるだろう。

　多くの家庭では介護や子育てといった家事労働は依然として女性が担っているが，そのような女性にとって，職住接近が重要な就労条件になる。遠距離通勤していた女性が育児や介護をするために，会社を辞めて近くのパート労働に就くケースも多い。これらの女性の中には，時間的制約があるものの，過去の

▷**短時間正社員**
オランダ・モデルともいわれるパートタイム雇用の枠組みは，日本に置き換えていえば「短時間正社員」に近い雇用形態といえる。その前提として，オランダのように雇用形態間の差別的処遇格差を撤廃する必要がある。この前提を欠いたままなし崩しに，オランダ・モデルを導入しようとすると，「限定正社員」制度という新たな身分的な格差社員制度を産み出す恐れがある。

▷**ワークシェアリング（Work-sharing）**
労働時間短縮および雇用対策の観点から，企業や産業レベルで一定の仕事量をより多くの労働者に配分する制度がワークシェアリングである。時間短縮した分の賃金は，通常減額されるが，その一定額を給付金などで補塡する国もある。これは，

職業経験を活かして正社員で働きたいとする者も少なくない。そこで，地域ごとに非営利機関による人材ネットワークや職業訓練・紹介事業を整備するとともに，事業所の誘致や創業支援などを通じて地域就業機会を増やすことにより，短時間就業による**ワークシェアリング**と人材確保，および近距離通勤を同時に提供できるであろう。

3 真のワークライフバランス（WLB）を

労働時間は生活時間の一部として捉える必要がある。近年，家庭や地域生活の時間と仕事時間とを調和させることが重視され，これが**ワークライフバランス（WLB）**として重要な政策課題になっている。ヨーロッパなどでは，20世紀の中葉以降，女性の社会進出の拡大に伴い，家庭生活と仕事環境の整備が労働運動を先頭に先進的に進められてきた。それは，保育・育児施設の整備から賃金制度や労働時間制度の整備，さらには地域に根差した男女の生活者としての意識改革まで，多方面に及ぶ。その主要な成果は，いわゆる**女性のM字型就業構造**の解消にみることができる。労働時間については，EU指令で残業を含めて週48時間以内とするなど明確な上限規制を設けるとともに，近年ではとりわけ男性の育児への関与を高める積極的な育児休業政策の実施など，ファミリー・フレンドリーな支援策が注目されている。

4 36協定の矛盾

日本では，1991年の**時間外労働に関する最高裁判決**により，従来曖昧であった会社の時間外労働命令に対する従業員の服従義務が確定した。使用者は，法定労働時間を超えて時間外労働させる場合，労働基準法上の労使協定（36協定）を締結しなければならない。しかし，ひとたび特別条項付きで36協定を締結すれば，法的には極限に近い時間外労働を原則として事業所のすべての労働者に強制できるのである。

このため労基法という労働保護立法にもかかわらず，労働者が法的な限度時間を超えて時間外労働を強制されることになっている。すなわち日本の正社員は，会社を選べても職務選択・勤務地選択の自由がない上，無限定な労働を強いられる関係に置かれているともいえる。この奴隷労働にも匹敵するような法的な欠陥を解決することなしに，日本における長時間労働の悪習を根絶することは不可能であろう。さらに**36協定における「労働者代表」**には，重大な問題が隠されている。以上の点から，日本の長時間労働を解決するためには，特別条項付き36協定の廃止を目標とした時間外労働の上限の段階的引き下げを行い，36協定についても，週48時間を超える時間外労働部分については事業所単位ではなく，個々の労働者の同意を必要とするなどの改正が必要である。

1人分のフルタイムの仕事を2人の労働者が受けもつジョブシェアリングとは異なる。

▷1 ⇒ Ⅱ-1「生活時間と労働時間」

▷**ワークライフバランス（work-life balance）**
仕事と家庭生活の両立を念頭に，労働時間や育児・介護負担のあり方などの改善を計るための政策課題がWLBである。労働生活の質の向上（QWL）とも深く関わるが，日本では，北欧などのヨーロッパの実践例を参考に90年代以降一般に提唱されるようになった。

▷**女性のM字型就業構造**
年齢階層別の労働力率をグラフにした場合，男性がドーム型なのに対し，女性は，20代半ばから30代前半にかけて労働力率が落ち込み，30代後半から再び増大するため，Mの字型になることをM字型就業という。欧米では第二次大戦後これを克服したが，日本ではM字型がいまだ残っているばかりか，「仕事復帰後のパート化・非正社員化」現象が改善されていない。

▷2 時間外労働に関する最高裁判決：日立製作所武蔵工場事件（最高裁平成3年11月28日第一小法廷判決）。最高裁は，36協定で認められた時間外労働を上司が命じたが，当該従業員が再三にわたり従わなかったため，会社が懲戒解雇したことが争われた裁判で，時間外労働の命令に従わなかった従業員の懲戒解雇を正当な処分として認めた。

▷**36協定における「労働者代表」**
⇒ Ⅱ-7「日本的な労働時間規制」

コラム-3

労働時間の国際比較

○労働時間の国際比較

労働時間の国際比較を厳密に行うことは，容易ではない。各国の統計調査の方法に違いがあるため，比較するための調整を必要とするが，日本国内でさえ不払い残業を含む「労働力調査」（労調）と含まない「毎月勤労統計調査」（毎勤）があるように，各国の原資料自体の違いを克服できないからである。そうした限界はあるものの，概略の比較は可能である。

ここでは，年間総実労働時間の国際比較を見てみよう。**図1**は，OECDが推計した加盟国の1人あたり年間総実労働時間を主要5カ国について，1995年から5年ごと2015年までの時系列で棒グラフに表したものである。このグラフを見ると，日本の労働時間が年々減少しているように見える。しかし，Ⅱ-5の図Ⅱ-1で説明したように，日本では1990年代の後半から急速に正規雇用労働者が減少し，パート等非正規雇用がその分増大するという非正規労働者化が進んだ。それゆえ，日本を含めた各国のパートタイム労働者（短時間労働者）の割合の変化を考慮する必要がある。このグラフでは，各国の各年の総実労働時間の棒の中にパートタイム労働者の割合を内側の黒棒で示した。これを見ると日本とドイツがパート割合をいずれも1995年の14.2％から2015年の22％台へと増大させていることがわかる。このことから，他の3カ国に比べ日本とドイツの平均総労働時間の減少は，短時間労働者の比率が増大したためであり，この2カ国のパートを除く一般労働者の労働時間は，1995年の労働時間とそれほど変わっていないと考えられる。

○長時間労働の国際比較

労働時間の国際比較を考える場合，平均労働時間では，長時間労働の問題が薄められてしまう点に注意する必要がある。A国とB国の実労働時間の平均値が同じでも，A国の労働時間の標準偏差が大きく，B国の労働時間の標準偏差が小さい場合，A国については，労働時間の平均値だけでなく，長時間労働者の存在に注意する必要がある。

そこで，**表1**を見てみよう。これは，週49時間以上の就業者割合を国際比較したものである。これを見ると，日本の長時間労働者の割合は，他の先進国に比べひと際多いことがわかる。

この点を考慮しつつ「労働力調査」を使って日本の長時間労働実態をより詳しく見たのが，**表2**である。この表は国際比較に合わせて週49時間以上働いている者を抽出し，週49〜59時間，週60時間以上（過労死ライン）および週80時間以上（超過労死ライン）働いている男性「雇用者」の実人数と割合を示したものである。これを見ると，2000年以降やや減少しているとはいえ，2017年平均でも週60時間以上働いている男性雇用者が1割以上もおり，うち40万人以上が週80時間以上働いている実態が示されている。

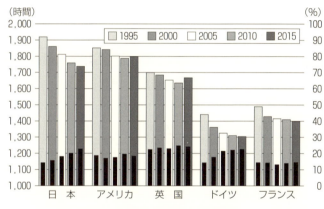

図1　年間総実労働時間の国際比較
（パートタイマー割合：右目盛り）

出所：OECD, Dataset（2018.11）.

表1　週49時間以上の就業者の国際比較
（単位：％）

国	男女	2005	2010	2015
日本	男	38.1	32.0	29.5
	女	13.8	11.1	9.5
米国	男	—	20.7	—
	女	—	9.4	—
英国	男	18.6	16.9	17.8
	女	5.4	5.4	6.0
ドイツ	男	20.2	17.2	14.1
	女	6.3	5.2	4.4
フランス	男	16.4	16.4	14.1
	女	6.1	6.5	5.8

資料出所：労働政策研究・研修機構「データブック国際労働比較2018」。

表2　週49時間以上の男性雇用者の人数と割合の推移
（万人，％）

週労働時間帯	2000	2005	2010	2015	2017
49〜59時間	664	664	565	547	581
	20.65%	20.99%	18.03%	17.28%	17.99%
60時間以上	551	539	433	389	370
	17.13%	17.04%	13.82%	12.29%	11.46%
うち80時間以上	—	—	—	48	41
	—	—	—	1.52%	1.27%
雇用者計	3,216	3,164	3,133	3,166	3,229

資料出所：総務省「労働力調査」。

（木暮雅夫）

III 雇用・失業

1 失業の発生と現代日本の状況

1 失業問題と社会政策

資本主義社会において労働者は企業（資本家）に対し労働力を時間ぎめで販売して得た賃金をもとに衣食住に必要な商品を購入して生活している。このため労働力を販売できない状態（失業）が長期間続くと、公的救済措置がない限り労働者は生存の危機にさらされる。こうした状況は今日の日本でも例外ではない。失業問題の改善、克服は現代の社会政策の最重要課題の1つである。

2 資本主義と失業

失業は利潤追求を基本原理とする資本主義経済の仕組みが生み出す病である。資本主義の歴史をふりかえっても失業問題を解決した社会は実現していない。好景気が持続する時期に一時的に失業が減少し、労働力不足が生じることもあるが、失業自体をなくすことは困難である。その要因を現代に即して考えよう。

自動化ロボット、AI（人工知能）や情報ネットワークなど、高度に発達した現代の技術は、私たちの生活に欠かせない商品やサービスを生みだすのに必要な労働の量を大幅に節約し、労働時間の画期的な短縮を実現する条件をつくり出している。だが現実にはこれらの技術や情報ネットワークは、無人化工場の出現に象徴されるように、労働者を減らす手段となっている。これを相殺する程度にまで商品やサービスの需要が増加し、新規産業が次々に生まれるならば失業は発生しないが、こうした条件がいつも実現するとは限らない。

また、資本主義経済は市場の制約を伴っているため、企業が市場に提供する商品がすべて販売されるとは限らない。需要が縮小すれば商品は売れ残り、生産規模は減少する。工場の操業も落ち込み、やがて不況期を迎える。不況が長期化するもとで、企業は収益回復のために労働コストの削減をめざして人員削減（リストラ）を強めようとする。資本主義は「好況→景気後退（恐慌）→不況→景気回復→好況…」という景気循環を伴っており、景気後退（恐慌）期や不況期には失業が増加する。

さらに今日では経済のグローバル化も失業の発生と深く関わっている。

3 過去30年間の日本の失業状況

日本では総務省統計局が毎月実施している「労働力調査」（以下、第Ⅲ章では

▷1　失業問題に関する社会政策については、本章第9節・10節・11節・コラム4「セーフティネットと労働保険」で詳しく取り上げる。
▷2　資本主義経済と失業の発生の基本的仕組みについては、基礎経済科学研究所編『時代はまるで資本論』（昭和堂、2008年）、後藤道夫・木下武男『なぜ富と貧困は広がるのか』（旬報社、2008年）を参照されたい。
▷3　グローバル化と雇用・失業問題：今日の経済の中枢に位置しているグローバル企業は、最も有利な国や地域での事業展開を求めて自由に国境を越えるようになった。貿易摩擦の回避を目的とした欧米先進国への工場建設から始まった日本企業の海外展開は、中国などアジア諸国へ、さらにはアフリカ諸国にまで拡大している。低賃金労働者の利用や厖大な市場が目当てである。現地生産した低価格商品の日本への輸出も増加した。かつては繊維や家電など労働集約度の高い産業の進出だったが、その後ハイテク商品の製造ラインの移転やサービス業の海外展開も行われるようになり、産業空洞化と国内雇用縮小の要因となっている。

「労調」と略す）によって失業者の動向を把握できる（図Ⅲ-1）。1980年代末から90年代初頭にかけてのバブル経済期に**完全失業者**は130万～140万人台，**完全失業率**は2％にまで低下した。新規学卒者の就職は空前の売り手市場となった。さかんに人手不足が叫ばれ，外国人労働者の導入を求める議論が高まり，入国管理法の改正（1989年）により日系人の在留資格が緩和された。

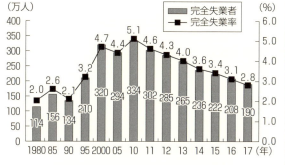

図Ⅲ-1　完全失業者・完全失業率の推移

（注）　2011年は東日本大震災のため，岩手県・宮城県・福島県は調査が一時実施できなかったため，推計値である。
出所：「労働力調査（基本集計）」長期時系列表2を基に作成。

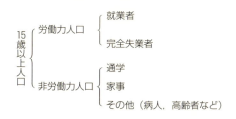

図Ⅲ-2　労働力人口・非労働力人口・完全失業者

出所：「労働力調査」を基に筆者作成。

▷**完全失業者・完全失業率**（労働力人口，非労働力人口）

総務省「労働力調査」では毎月の調査期間（月末1週間）の間に少しも働かず，かつ就業が可能で働く意志があり求職活動をした者，または過去に行った求職活動の結果を待っている者を「完全失業者」と定義している。実際に失業状態にある人でも調査期間中に数時間でもアルバイトをすれば就業者にカウントされ，完全失業者には数えられない。また，就職難などのため求職活動をあきらめた人たちは完全失業者ではなく，非労働力人口に区分される。労働力人口（15歳以上の人口のうち就業者と完全失業者の合計）の中で完全失業者の占める比率を「完全失業率」という（図Ⅲ-2）。完全失業者を「顕在的失業者」と考えれば，非労働力人口のうち仕事があればすぐにつける状態の人々は「潜在的失業者（隠れた失業者）」である。

▷4　⇨第Ⅷ章「外国人労働者」を参照。

▷5　AI化と雇用・失業：今日の人手不足を打開するため，多くの企業はAIを搭載した人型ロボットなどで労働力を置き換える動きを強めている。『日本経済新聞』（2017年8月26日付）は，「企業が一斉に人工知能（AI）導入などの省力化投資に動き始めたことで次第に余剰人員が膨らみ，2020年代には完全失業率が再び上昇に転じるとの観測も出ている」と報じた。なお，Ⅲ-11 側注2「AI化と雇用・働き方」も参照されたい。

ところが，バブル経済が破綻し日本経済が不況局面に転ずるや，一転して失業が表面化した。1991年以降，完全失業者，完全失業率ともに上昇をつづけ，95年にはそれぞれ200万人，3％を突破した。97年秋以降，失業状況はさらに悪化し，98年平均の失業率は4％を超えた。完全失業者は99年に300万人を突破，2002年には359万人に，完全失業率も5.4％に達した。

2002年春以降，日本経済は景気回復局面（「いざなみ景気」）に入った。失業状況は好転し，新規学卒者を中心に労働市場は売り手市場に転じた。完全失業者数は，2002年から07年にかけて359万人から257万人へ，およそ100万人減少，完全失業率も同期間に5.4％から3.9％に低下した。しかし2008年秋のリーマンショックを契機に世界同時不況に陥り，失業情勢は一気に悪化した。

12年以降は景気回復に転じ，完全失業者，完全失業率ともに改善に向かった。現在，若年人口減少のもとで新規労働力の確保を図ろうとする企業の積極的採用方針に加え，医療・福祉部門や情報通信産業の労働力需要の増加もあって人手不足状態を迎えている。あたかもバブル期が再来したかのようである。

その一方でAI化の急速な進展によって，ごく近い将来，「労働力過剰」に転換するとの予測もある。大手都銀ではデジタル技術を活用して大量の人員削減を計画しており，一般職の採用を縮小する動きが出始めている。現在の人手不足状態がいつまで続くか不透明である。

Ⅲ 雇用・失業

 日本型雇用と正社員

 新卒一括採用，長期雇用慣行

　欧米企業では，あるポストに欠員が生じた場合，その都度，職務に適した労働者の採用が行われる。職務経験のまったくない新卒者が採用されることはまれである。これに対し日本の中規模以上の企業では，毎年春に新規学卒者を一括採用する慣行が一般的である。新入社員はどのような部署に配属され，どのような職務を担うのか，勤務地がどこになるかは事前に知らされていない。彼らに対して仕事をとおして能力を養成する仕組み（OJT: On-the-Job Training）が取られている。仕事のやり方は企業ごとに異なるため，その能力や技能は他企業でも通用する汎用性に乏しい。長期間にわたって養成した社員に対して，企業は特別の事情がなければ，定年まで雇用する慣行（終身雇用制）が広がっていた。企業は労働者が他社に移動しないように，査定を伴いながらも勤続年数に応じて賃金が上昇する定期昇給制度や年功賃金体系を採用した。「新卒一括採用，終身雇用，年功賃金」のセットを日本型雇用システムと呼んでいる。

　こうした雇用システムのもとにあったのは大企業・中企業の男性正社員に限られた。女性には男性と異なる賃金体系が適用され，結婚や出産を機に退職する慣行も広がっていた。また期間工や契約社員などの有期雇用や，社外工，請負労働者などが不況時に容易に解雇できる雇用調整弁として活用された。

 リストラとゆらぐ正社員

　1980年代になると，70年代の石油危機による世界不況から急速に回復した日本経済に対する国際的評価が高まり（「ジャパン・アズ・ナンバーワン」），その秘訣として日本型雇用システムが賞賛された。80年代は男性労働者の9割以上が正規雇用であった（表Ⅲ-1）。

　ところが，90年代初頭のバブル経済崩壊後，日本経済は長期不況の時代を迎えた。そこから脱出するために，従来の経済システムの転換を図り，構造改革を求める主張が強まった。特に長期雇用慣行が柔軟な雇用管理の障害になっているとして批判の対象となった。正社員を絞り込み，代わりに非正規雇用を活用する雇用の弾力化を進める施策が前面にでるようになった。90年代末には不良債権を抱えた大手金融機関などで倒産が相次ぎ，大量のリストラが行われた。1997年から2007年までの10年間に正規雇用は約420万人減少し，代わりに非正

▷1　⇨Ⅲ-3「雇用形態の多様化と不安定就業」
▷**日立製作所武蔵工場事件**
1967年，日立製作所武蔵工場（東京都小平市）に勤務していたTさんは，終業直前に上司から指示された残業命令を拒否したため14日の出勤停止処分を受けた。この処分後もTさんは，労働者は事情によっては残業命令を拒否することができると主張したため，懲戒解雇された。Tさんは解雇撤回を求めて提訴，1審（東京地裁）は敗訴したが，2審（東京高裁）では勝訴した。最高裁は1991年の判決で，時間外労働に関する36協定があり，かつ就業規則に時間外労働をさせることができると定めてあり，その規定が合理的なものである限り，労働者は時間外

表Ⅲ-1　雇用形態別労働者の推移

(単位：千人，％)

		1982年	1987年	1992年	1997年	2002年	2007年	2012年	2017年
男女計	役員を除く雇用者	39,704	43,064	48,605	51,147	50,838	53,263	53,538	55,839
	正規雇用	33,009	34,565	38,062	38,542	34,557	34,324	33,110	34,514
	非正規雇用	6,695	8,498	10,532	12,590	16,206	18,899	20,427	21,326
	非正規比率	16.9	19.7	21.7	24.6	31.9	35.5	38.2	38.2
男	役員を除く雇用者	25,186	26,683	28,971	30,157	29,245	29,735	29,292	29,980
	正規雇用	23,101	24,256	26,100	26,787	24,412	23,799	22,809	23,302
	非正規雇用	2,085	2,427	2,862	3,358	4,780	5,911	6,483	6,678
	非正規比率	8.3	9.1	9.9	11.1	16.3	19.9	22.1	22.3
女	役員を除く雇用者	14,518	16,379	19,634	20,990	21,593	23,528	24,246	25,859
	正規雇用	9,908	10,309	11,962	11,755	10,145	10,526	10,301	11,211
	非正規雇用	4,610	6,070	7,670	9,231	11,426	12,988	13,945	14,648
	非正規比率	31.8	37.1	39.1	44.0	52.9	55.2	57.5	56.6

(注)　1：「正規雇用」と「非正規雇用」を合計しても「役員を除く雇用者」に一致しない場合がある。雇用形態を回答していないケースが含まれているためと考えられる。
　　　2：在学者を含む。
　　　3：非正規比率とは「役員を除く雇用者」に占める非正規雇用の比率である。
出所：「就業構造基本調査」（2017年）長期時系列統計表（第4表）を基に筆者作成。

規雇用は630万人増加している。特に長期雇用の対象であった男性正規雇用の減少がすさまじく，この間に300万人減っている（表Ⅲ-1）。

３　「無限定正社員」，「限定正社員」

　日本型雇用システムのもとでは，正社員の職務や配属先，勤務地は使用者の裁量にゆだねられている。就業規則に時間外労働の規程があり，残業指示に合理性がある場合，労働者はそれに対して従う義務があるとの司法判断もある（**日立製作所武蔵工場事件**最高裁判決，1991年）。職場における労働組合の交渉権が確立していた時期には，労働者の職場や勤務地の変更に対して組合が一定の発言権を有していたが，組合の力が低下するに伴い使用者の裁量権は増した。定年までの雇用がさしあたり保障される一方，勤務地や残業などに関する使用者の指示には従わざるをえない状態におかれた（「無限定正社員」）。これは，長時間労働や休日労働の蔓延など，過労死予備軍的働き方と一体である。これに異を唱える労働者に対して企業は賃金や昇進などで差別し，時には追い出しを図ることもあった。

　これに対し，労働契約はさしあたり無期であるが，勤務地や職務が限定され，賃金も相対的に低い社員を「限定正社員」（地域限定正社員，職種限定正社員）と名づけている。職務がなくなったり，配属先の部署が閉鎖される場合，解雇もありうる点で不安定である。正社員を無限定正社員，限定正社員に二分する施策は，主に2012年末以降の第２次安倍政権下の「雇用制度改革」（「労働改革」）の中で提起された。

　なお，企業が**改正労働契約法第18条**の規定に従って，契約社員などの有期契約労働者を無期契約に転換する場合，地域限定正社員とすることがある。

労働（残業）をする義務があるとしてTさんの訴えを退けた。この判決に対して労働法学者の多くは，使用者が労働者に時間外労働をさせるには個々の労働者の事前同意を必要とするとして，最高裁判決を批判している。

▷**改正労働契約法第18条(2012年)**
同一事業主のもとでの有期契約労働者の雇用期間が通算して５年を超える場合，本人から事業主に対して申し出があったならば無期雇用に転換しなければならない。2018年４月に同法の施行５年を迎えたが，この規定にそって有期契約を無期契約に転換する事例が増えている一方で，この規定の適用を免れようとするケースが大手企業や大学などでも少なからずみられる。雇用期間が通算５年に達する前に雇止めしたり，あるいは契約と契約の間に半年間の空白期間を設けて以前の契約をリセットするなどの手法が横行している。

Ⅲ　雇用・失業

3 雇用形態の多様化と不安定就業

1 正規雇用と非正規雇用

　今日ではパートタイマーや派遣社員など正社員以外の様々な非正規労働者が増加している。総務省**「就業構造基本調査」**（以下，本章では「就調」と略す）によれば，1997年から2017年までの20年間に，男女計で400万人の正規雇用が減少する一方，その倍以上の規模で非正規雇用が増加した。**役員を除く雇用者**に占める非正規雇用の比率（以下，非正規比率）は24.6％から38.2％へ，13.6ポイント上昇した。女性では非正規雇用が正規雇用を上回っており（2017年の女性の非正規比率56.6％，男性22.3％），非正規雇用全体に占める女性の割合は約7割である（前掲表Ⅲ-1）。

2 雇用形態の基準

　通常，雇用形態は3つの基準（①直接雇用か間接雇用か，②無期雇用か有期雇用か，③フルタイムかパートタイムか）にそって区分される。正規雇用（正社員）とは，使用者による直接雇用，期限のない労働契約（無期労働契約）および通常の労働時間による就労（フルタイム）の3条件をすべて満たす雇用形態をいい，他方，これ以外の様々な雇用形態が非正規雇用である。ただし「就調」や「労調」の「正規雇用」の中には，有期契約労働者など**名ばかり正規雇用**（名ばかり正社員）が含まれている（表Ⅲ-2）。

　従来は雇用関係のある企業で働くのが一般的であったが（直接雇用），近年は雇用関係のない別会社に派遣されて働く労働者（派遣労働者）が増えている。

　有期雇用（雇用期間の定めのある労働契約）の場合，使用者は労働契約の満了時点で契約を更新しないという手法（雇い止め）で雇用調整が容易にできる。労働者にとっては次の就労機会が保障されていないため，常に雇用不安がつきまとっている。

3 非正規雇用と雇用の弾力化

　非正規雇用の増加が顕著になったのは1990年代の半ば以降である。経済界の中枢に位置した日経連（現在の日本経団連の前身）は『新時代の「日本的経営」』（1995年）の中で従来の長期雇用システムを転換し，非正規労働者の積極的活用によって雇用の弾力化を推進する方針を提起した。

▷就業構造基本調査（「就調」）
「就調」は総務省統計局が5年ごとに実施している雇用・就業に関する総合調査（抽出調査）である。同省が毎月実施している「労働力調査」（「労調」）に比べ，対象者数や設問も多く，精度が高く詳細なデータが得られる。「労調」は月末1週間の就業状態を調査しているのに対し，「就調」は10月1日時点でふだんの就業状態を調査している。

▷役員を除く雇用者
一般に「雇用者」は雇用する者，すなわち雇用主あるいは使用者のことである。しかし，「労調」や「就調」などでは「雇用者」は「雇われている者」の意味で用いられる。「雇用主」と「雇われている者」は正反対であり，「雇用者」という用語は紛らわしいので注意する必要がある。「役員を除く雇用者」とは労働者を意味すると考えてよい。

▷名ばかり正規雇用（名ばかり正社員）
「就調」や「労調」では正規雇用や非正規雇用などの雇用形態について，「職場における呼称」によって調査している。職場で「正社員」と呼ばれていれば，有期契約労働者の場合でも正規雇用にカウントされることがある。

雇用の弾力化とは、「必要な時に、必要な技能をもっている労働者を、必要な人数だけ動員できる体制」（雇用のジャストインタイム・システム）を作ることである。核（コア）になる正規労働者は最小限に抑えて、その周辺に、パートタイマーやアルバイト、契約社員、派遣労働者、請負労働者など、多様な非正規雇用を配置して、労働需要の変動に即応するとともに人件費の削減を図った。政府は労働者派遣事業の自由化など雇用法制の規制緩和をあいついで実施し、雇用の弾力化を積極的に支援してきた。

❹ 雇用と失業の中間形態（半失業）、ワーキングプア

小泉政権（2001～06年）が強行した不良債権処理によって経営がゆきづまり、人員削減に踏み切る企業が相次いだ。これによって急増した離職者が失業者として滞留しないように、政府は雇用保険の失業給付の支給期間を短縮する一方、派遣労働者やタクシードライバーなどに誘導する規制緩和政策を進めた。道路運送法改正（2002年）によるタクシー業界への参入規制の緩和や、工場での派遣労働の利用を可能とする派遣法改正（2003年）などである。これらの政策によって2000年代初頭以降、男性非正規雇用が著しく増加した（前掲表Ⅲ-1）。

参入規制の緩和によってタクシー台数が急増したため、ドライバーは客待ちする時間が長く、その間は実質的に無収入である。また短期雇用や**日雇いの派遣労働者**はたえず次の仕事を探さなければならない状態で働いている。雇用されてはいるが、失業者の性格をも有する「部分就労者」（半失業者）である。

非正規雇用の8割近くは年間所得が200万円に満たない。それゆえ非正規雇用が増えることは**ワーキングプア**（働く貧困層）の増加でもある。労働分野の規制緩和政策によって非正規雇用を拡大すれば失業者の一部は非正規雇用に移動するため完全失業率は低下し、失業問題は改善されたようにみえる。失業者に対する生活保障に必要な政府の財政負担も軽減できる。だが、これは失業問題の潜在化ではあっても失業問題の真の解決を意味するものではない。

▷**日雇い派遣労働者**
2000年代初頭から2010年頃まで日雇い派遣が増加したが、その不安定な働き方がテレビや新聞で報道されるようになり、こうした働かせ方に対する社会的批判が高まった。これを受けて民主党政権のもとで2012年に労働者派遣法が改正され、一定の条件つきで日雇い派遣は禁止された。だが1日単位の職業紹介という形態で事実上の日雇い派遣が行われている事例がある。

▷**ワーキングプア**
普通に働いているにもかかわらず生活保護制度が認めている最低生活費の水準以下の所得しか得られない人々をいう。年間所得200万円を目安とすることが多い。

表Ⅲ-2 正規雇用、非正規雇用、名ばかり正規雇用

（単位：千人、％、ポイント）

		2012年	2017年	2012年→17年(差, 伸び率)	
男女計	役員を除く雇用者	53,538	55,839	2,302	1.04
	正規雇用	33,110	34,514	1,404	1.04
	うち名ばかり正規雇用	2,567	3,173	606	1.24
	実質的正規雇用	30,544	31,341	797	1.03
	非正規雇用	20,427	21,326	899	1.04
	実質的非正規雇用	22,994	24,499	1,505	1.07
	非正規比率	38.2	38.2	0	
	実質的非正規比率	42.9	43.9	0.9	
男性	役員を除く雇用者	29,292	29,980	688	1.02
	実質的正規雇用	21,102	21,165	63	1.00
	実質的非正規雇用	8,190	8,815	625	1.08
	実質的非正規比率	28.0	29.4	1.4	
女性	役員を除く雇用者	24,246	25,859	1,614	1.07
	実質的正規雇用	9,442	10,176	734	1.08
	実質的非正規雇用	14,804	15,684	880	1.06
	実質的非正規比率	61.1	60.6	−0.4	

（注）1：名ばかり正規雇用＝正規雇用のうち、雇用契約期間に定めがある者＋定めの有無がわからない者。なお「就調」で「名ばかり正規雇用」が把握できるのは2012年調査以降である。
2：実質的正規雇用＝正規雇用−名ばかり正規雇用
3：実質的非正規雇用＝非正規雇用＋名ばかり正規雇用
4：実質的非正規比率＝実質的非正規雇用÷役員を除く雇用者×100
出所：総務省「就業構造基本調査」2012年および17年、第11表を基に筆者作成。

Ⅲ　雇用・失業

4　非正規雇用と女性労働

1　非正規雇用と女性の位置

　2017年時点で日本の労働者のおよそ4割が非正規雇用で，その人数は2100万人を上回っている。非正規雇用の約7割が女性である。この比率は日本型長期雇用慣行が広くゆきわたっていた1980年代から変わっていない。当時，非正規雇用は労働者の2割に満たなかったが（前掲表Ⅲ-1），その大半を主婦パートが占めていた。夫が妻子を扶養する「男性稼ぎ主型モデル」が広がり，社会システムもこれを前提としていた。会社中心の夫を支えるべく，家事・育児・介護のほとんどは妻の役割とされ，家庭外の仕事につく場合は妻の役割と整合するように短時間労働（パートタイマー）が歓迎された。その所得は膨らむ世帯支出を補塡する程度（家計補助型賃金水準）であった。

　女性労働者は着実に増加したが（前掲表Ⅲ-1）このような性別役割分業はいまなお克服されていない。税制および社会保険制度も有配偶女性の低賃金パート化を促進する役割を果たしてきた。妻の年間賃金が103万円以内であれば所得税が課税されず（基礎控除38万円＋給与所得控除65万円），夫も配偶者控除を受けることができた。また130万円未満であれば，夫の被扶養者として健康保険や国民年金の保険料の本人負担がなかった（第三号被保険者制度）。

▷1　⇨Ⅴ-11「公的年金の目的としくみ」

　これらの制度が女性の就労を抑制し，性別役割分業を固定化しているとの批判を受けて，2018年より控除対象となる妻の所得額が変更された。配偶者控除は150万円未満，同特別控除は150万円超〜201.6万円未満であれば受けられる。また2016年10月より年間所得106万円以上，週の所定労働時間が20時間以上ならば，自分で社会保険（健康保険，厚生年金）に加入することが義務づけられた。

2　非正規雇用の基幹化と処遇

　1990年代後半以降，雇用の弾力化・流動化が雇用管理の基調となるに伴って，それまで正社員が担っていた基幹的部署にまで女性非正規労働者を活用する企業が増えた。スーパーではパートの店長が誕生し，銀行では契約社員が金融商品の販売を担うようになった。しかし彼女たちに対する処遇は家計補助の働き方をしていた時代の水準を脱していない。同一価値労働同一賃金原則が社会的規範となっていない日本では仕事の内容と労働条件の乖離が著しい。正社員でも男女間の賃金格差が大きいが，非正規雇用の女性の賃金水準は一段と低い。

▷2　⇨Ⅶ-6「女性非正規労働者が抱える問題」

女性非正規労働者の時間あたり賃金を女性正規雇用と比較すると，**短時間労働者**の場合で0.53倍，フルタイム労働者で0.63倍である。女性非正規・短時間労働者の賃金をフルタイム労働者の男性正規雇用と比べれば0.40倍まで開く（「賃金構造基本統計調査」2017年）。

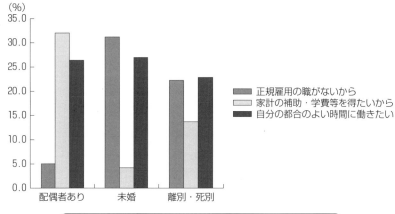

図Ⅲ-3　女性非正規労働者（35～59歳）の現職についている理由

（注）原資料には，現職についている理由として図示したもの以外に，「家事・育児・介護等と両立しやすいから」，「通勤時間が短いから」，「専門的な技能等を生かせるから」，「その他」があるが，簡略化した。
出所：総務省「就業構造基本調査」（2017年）第62表を基に筆者作成。

③ 配偶関係から見た女性非正規雇用

女性の非正規雇用の多数派は今も30代後半から50代の中年層だが，この中にはシングルマザーや単身女性も含まれており，非正規雇用女性に占める割合は3割を超えている。さらに65歳以上の高齢者の単身女性も40万人近くが非正規で働いている。

非正規で働く理由は，配偶者のいる女性と，未婚および夫と離別・死別した女性では大きな違いがある（**図Ⅲ-3**）。非正規女性の8割以上は年収200万円未満であり，自身の収入だけで生活しなければならない単身者やシングルマザーにとって日々のやりくりは並大抵のことではない。このため，ダブルワーク（副業）をする非正規の女性は2017年時点で84万人を超えている。このうち71万人は本業の年収が200万円未満である（「就調」2017年）。

④ 高止まりする女性の非正規化

2012年から17年までの直近5年間をみると，女性の非正規化に歯止めがかかったようである（前掲表Ⅲ-1）。名ばかり正規雇用を加えた実質的非正規比率は男性では上昇しているが，女性ではわずかに低下した（前掲表Ⅲ-2）。今日の労働市場には雇用の弾力化を求めて非正規化を推進する従来からの力と，正規化をうながす新たな力が拮抗している。

後者には，①若年人口減少のもとで新規労働力の確保を図ろうとする企業の雇用方針，②高齢化の急速な進行を反映した医療・福祉分野の専門職の需要増（女性が多数を占める），③女性に集中していた非正規化を是正し，ジェンダー平等を求める世論の高まり，さらに④**改正労働契約法第18条**（2012年）を受けて，金融や流通業の大手企業を中心に契約社員やパートを無期雇用の地域限定正社員に転換する動きなどがある。

▷**短時間労働者**
短時間労働者とは，1日の所定労働時間が一般の労働者よりも短いか，または1日の所定労働時間が一般の労働者と同じでも1週の所定労働日数が一般の労働者よりも少ない労働者をいう（「賃金構造基本統計調査」）。

▷**改正労働契約法第18条**
⇨Ⅲ-2「日本型雇用と正社員」
▷3　有期契約労働者の無期契約への転換：有期労働契約のパートや契約社員を無期契約の地域限定正社員や職種限定正社員に転換する動きがみられるが（Ⅲ-2 ③を参照），この転換は従来の正社員化ではなく，賃金やボーナスなどで正社員に比べ大きな差がついている。

Ⅲ 雇用・失業

5 パートタイマー

1 日本のパートの特徴

非正規雇用の中で最も多いのは**パートタイマー**（アルバイト）である。**表Ⅲ-3**のとおり、2002年から17年までの15年間に782万人（うち女性720万人）から1032万人（同917万人）へ、およそ250万人（同197万人）増加した。パートのおよそ9割は女性である。近年では65歳以上の高齢パートが増加傾向にある（2002年46万人→17年171万人）。

産業別（2017年）にみると、卸売・小売業で働くパートが最も多く（246万人）、これに医療・福祉（211万人）、製造業（120万人）、宿泊・飲食サービス業（112万人）が続く。特に、医療・福祉部門のパートの伸びが顕著である。職務内容は多様化し、管理職のパートも生まれている。

日本のパートタイマーの特徴は正社員と同じくらいの時間働くパート（フルタイムパート）がパート全体の2割近く存在していることである。同一価値労働同一賃金原則のない日本では、雇用形態が異なるというだけで正社員よりも低い労働条件におかれてきた。他方で、使用者がパート本人の意志に反して就労時間を短縮し、社会保険の適用や、ボーナス・退職金の支給をまぬがれる事例も少なくない。短時間パートの中には生活に必要な収入を得るために2つの仕事を掛け持ちして働く人もいる。

2 パートタイマー増加の背景、要因

厚生労働省「パートタイム労働者総合実態調査」（2016年）によれば、企業がパートを利用する理由（複数回答）では、「1日の忙しい時間帯に対処するため」（41.6%）および「人件費が割安なため」（41.3%）が多く、これに「仕事内容が簡単なため」（36.0%）が続いている。パート労働者の時間あたり賃金は正社員の5割、またはそれ以下である。

女性パートの多くは家計補助を目的に就労している。例えば子どもの教育費や住宅ローン返済などに充てるためであり、いわゆる余暇活用型就労は少数である。女性パートの中で正社員への転換を希望する人は16.2%、他方「パートで仕事を続けたい」と答える女性は76.1%である。ただし、配偶者がいるパートと、未婚や夫と離死別したパートでは就労理由や今後の働き方の希望に大きな差異がある（前掲図Ⅲ-3を参照）。

▶**パートタイマーとアルバイト**
パートタイマーとアルバイトの違いは明確ではない。「労調」や「就調」では、職場における呼称によって調査しているため、同じような働き方であってもパートとして数えられることもあれば、アルバイトとされることもある。厚生労働省「パートタイム労働者総合実態調査」は、パートタイマー、アルバイト、準社員、嘱託、臨時社員などのうち、週の所定労働時間が正社員より短い者を「パート」と定義している。
▶1 ⇨Ⅲ-4「非正規雇用と女性労働」の③参照。
▶2 ⇨Ⅲ-4「非正規雇用と女性労働」の②参照。
▶**パート労働法**
パート労働法は「短時間労働者」を直接の対象としているため、長時間就労のフルタイムパートには適用されないという問題がある。厚生労働省は、フルタイムパートにたいしてパート労働法の趣旨を踏まえた雇用管理をすることが望まれるとしている。
▶**丸子警報器事件判決**
長野県丸子町の自動車部品メーカー・丸子警報器の女性パートタイマー（臨時社員）が正社員と同一の製造ラインでほぼ同じ時間、同

いま従事しているパートの仕事を続けたいという人でも54.3％の女性が会社や仕事に対して不満や不安をもっている。その内容は，「業務量が多い」「通勤手当・退職手当がない（または安い）」「業務内容や責任は正社員と同じなのに賃金が安い」などである。

3 パート労働法と均等待遇原則

1993年に**パート労働法**（短時間労働者の雇用管理の改善等に関する法律）が制定されたが，パートの労働条件の改善にとって実効性が乏しく，当初より労働組合は改正を求めてきた。**丸子警報器事件判決**（1996年）はパートと正社員間の労働条件の著しい格差に対する警鐘となった。2007年に成立した**改正パート労働法**は「短時間労働者」を3区分して労働条件の引き上げを図った。

2015年のパート労働法改正を経て，2018年の働き方改革関連法（8つの法改正を含む一括法）によって，パート労働法に代わって，有期契約労働者を対象に加えた「短時間労働者及び有期雇用労働者の雇用管理の改善等に関する法律」が制定された。①正社員と短時間・有期雇用労働者の待遇の差が，職務の内容および配置の変更の範囲などに照らして不合理と認められるものであってはならないとし，②職務の内容および配置の変更の範囲が，正社員と同一の短時間・有期雇用労働者については差別的取扱いを禁止した。

ここでの問題は「職務の内容および配置の変更の範囲」とすることで従来の処遇差が正当化される余地があることである。例えば総合職（職務の内容や勤務地の定期的異動あり）の新入社員Xが，採用後の数年間，パートY（職務の内容や勤務地の変更なし）の指導を受けながらYと同様の職務に従事している場合，Xの基本給がYよりも高くとも不合理ではないとされる。これでは同一労働同一賃金や均等待遇原則にほど遠い。

ILO（国際労働機関）の「パートタイム労働に関する条約」（175号条約，1994年採択，日本は未批准）は，パートと正規労働者との均等待遇の原則を明記し，母性保護・雇用の終了・年次有給休暇・病気休暇などについて正規労働者と同等の取扱い（金銭的給付については就労時間に比例）をするように求めている。

表Ⅲ-3 非正規雇用の内訳
（単位：千人，％）

	2002年	2007年	2012年	2017年
役員を除く雇用者	50,838	53,263	53,538	55,839
正規雇用	34,557	34,324	33,110	34,514
非正規雇用	16,205	18,900	20,427	21,326
パートタイマー	7,824	8,855	9,561	10,324
女性	7,196	7,940	8,547	9,167
男性	628	915	1,014	1,157
アルバイト	4,237	4,080	4,392	4,393
労働者派遣事業所の派遣社員	721	1,608	1,187	1,419
契約社員	2,477	2,255	2,909	3,032
嘱託		1,059	1,193	1,193
その他	946	1,043	1,185	964

（注）在学者を含む。
出所：総務省「就業構造基本調査」（各年版）を基に筆者作成。

一の作業をしているにもかかわらず，既婚女性であることを理由に臨時社員にさせられ，賃金が正社員の6割しかないのは不当として裁判に訴えた（1993年）。長野地裁上田支部の判決（1996年）はパート労働者の賃金が正社員の8割以下に抑えられているのは公序良俗に反し違法とした。

▶改正パート労働法（2007年）

①業務内容と責任，配転などが正社員と同じで，雇用期間の定めがない短時間パートについては差別的取扱いを禁止，②業務内容と責任が正社員と同じ短時間パートについては，正社員と同一の教育訓練を実施すること，および正社員と同一の方法で賃金を決定するように努力すること，③上記①②以外の一般の短時間パートについては正社員との均衡を考慮して賃金を決定すること，教育訓練を実施するよう努力すること，などである。

Ⅲ 雇用・失業

6 派遣労働と業務請負

1 派遣労働とは何か

労働者は通常，労働契約を取り交わしている企業で働いているが（直接雇用の原則），近年では雇い主である会社から別の企業に派遣されて就労する労働者が増加している。このような働かせ方を「間接雇用」といい，その代表が派遣労働である。第二次世界大戦後，こうした「労働者のレンタル」は**労働者供給事業**に該当するとして職業安定法（1947年）で禁止されていたが，1985年に成立した労働者派遣法によって派遣労働は労働者供給事業から区別され合法化された。労働者派遣事業には**登録型派遣と常用雇用型派遣**の2つの形態がある。

図Ⅲ-4のように，派遣労働者は派遣会社（派遣元企業）と労働契約を結ぶが，実際に働く場は派遣先企業である。派遣先は派遣元に派遣料金を支払い，派遣元はその中からマージンを差し引いて派遣労働者に賃金を支払う。派遣先企業は雇い主（使用者）としての責任を負うことなく派遣労働者を利用でき，その人数の調整も容易である。派遣法制定当時は通常の雇用関係（直接雇用）を脅かすリスクを防ぐために，派遣労働を活用できる業務を限定し（当初13，直後に16業務），また同一派遣先への派遣期間は1年以内に制限していた。

2 労働者派遣法の規制緩和と派遣労働者の動向

1990年代後半以降，規制緩和政策の一環として派遣労働に対する規制があいついで緩和または撤廃された。96年の派遣対象業務の拡大（16から26業務へ）に続いて，99年の改正派遣法では対象業務を原則自由化した（港湾運送，建設，警備，医療，製造の業務などを除く）。2003年には派遣法をさらに改正し，工場の製造業務への派遣も合法化した。

2000年代初めまで派遣労働者の多くは女性であったが，製造業務への派遣解禁に伴い男性の派遣労働者が急増した。2000年当時139万人であった派遣労働者は2008年には約400万人（登録者を含む）に達した（表Ⅲ-4）。しかし，08年秋のリーマンショックによる不況の影響で，大企業を中心に派遣切りが強行され派遣労働者や請負労働者は急減した。会社の寮から追われた派遣労働者らは職と住居を失い，一部はホームレス化した。1日〜数日単位で派遣され，雇用の不安定性が特に大きい「日雇い派遣」とともに大きな社会問題となった。

2009年に誕生した民主党政権のもとで，労働契約が31日未満の日雇い労働者

▷**労働者供給事業**
労働者供給とは，ある企業または個人が労働者を別の企業に貸し出して使用させること（労働者のレンタル）をいう。第二次世界大戦前の日本では労働者供給を行う業者が工場や港湾運送，建設，炭鉱などの現場に労働者を送り込み利益をあげていたが，しばしば暴力的な強制労働や中間搾取（いわゆるピンハネ）を伴っていた。敗戦後，職業安定法第44条によって労働者供給事業は禁止された。

▷**登録型派遣と常用雇用型派遣**
登録型派遣は派遣元企業が派遣先からの注文に応じて登録者の中から労働者を選抜して派遣する形態で，派遣就労期間のみ派遣元と派遣労働者の間に雇用関係が成立する。常用雇用型派遣は派遣中であるかどうかに関係なく，派遣元企業と派遣労働者との間には常に雇用関係がある形態である。
登録型派遣は，派遣元と派遣先との間の労働者派遣契約の満了や中途解約により，派遣元と派遣労働者との労働契約も終了することが多いため，雇用の不安定さが問題となる。

▷**労働者派遣法（2015年）**
2015年9月に成立した新派遣法（改正派遣法）は，「26

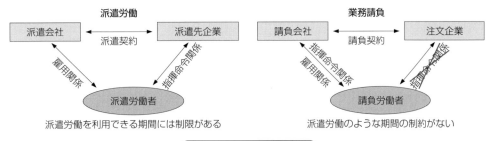

図Ⅲ-4 派遣労働と業務請負

出所：筆者作成。

表Ⅲ-4　労働者派遣事業の推移

(年度)

	2000	2004	2008	2010	2012	2014
派遣労働者①（万人）	139	227	399	271	245	263
派遣労働者②（万人）	54	89	198	148	129	127
年間売上高（億円）	16,717	28,615	77,892	53,468	52,445	54,394
派遣料金（円）	16,755	15,958	16,348	17,096	17,106	17,282
賃金（円）		11,405	11,254	11,792	11,684	11,840

(注) 1：派遣料金および賃金は一般労働者派遣業についての集計で、8時間換算の数値である。
　　 2：派遣労働者①は登録者を含む派遣労働者数である。派遣労働者②は、一般労働者派遣事業での「常時雇用労働者」と「常時雇用以外の労働者（常用換算）」に、特定労働者派遣事業での「常時雇用労働者」を合計した人数である。
　　 3：特定労働者派遣事業は常用雇用型派遣のみを営む事業をいう。一般労働者派遣事業は特定労働者派遣事業以外をいう。
　　 4：2000年度については派遣労働者の賃金が集計されていない。
　　 5：2015年の派遣法改正により、労働者派遣事業の集計が変更されたため、2015年度以降は省略した。

出所：厚生労働省「労働者派遣事業報告の集計結果」（各年度）より筆者作成。

の派遣を禁止するなど、派遣労働者保護を目的に派遣法が改正された（2012年）。12年末に再登板した安倍政権は労働側の反対を押し切って、従来の派遣労働の原則を大転換する**労働者派遣法（2015年）**を成立させた。

3　業務請負

　間接雇用の中には派遣労働とよく似た業務請負がある。派遣労働と業務請負はまぎらわしいが、両者の区別を理解することは重要である。**図Ⅲ-4**のように、請負業者は別の企業（注文主）から請け負った業務を自社の労働者を指揮して注文主である企業の中で行う。派遣労働と業務請負の相違点は、後者にあっては注文主が請負業者の労働者に対して直接指揮命令できないことである。しかし、現実には注文主の企業の製造ラインで同社の社員と混じって、彼らの指揮を受けながら作業に従事しているケースがみられる。

　派遣労働では派遣労働者を利用できる期間の制限をはじめ様々な規制があるが、業務請負ではこうした規制がない。そこで派遣労働者の自由な利用を望む派遣先企業は業務請負を装うことがある。これは職業安定法や労働者派遣法に違反する「偽装請負」にあたる。

業務」および「それ以外の業務」という従来の業務区分を撤廃し、派遣労働者と派遣元との雇用契約が有期契約か無期契約かの相違によって派遣の規制内容を区別している。無期契約の派遣労働者については同一派遣先企業の同一組織（課や係など）に期間制限なしに派遣可能であるが、登録型派遣のような有期契約の派遣労働者の場合、同一派遣先の同一組織での就労は最長3年に限られる。ただし部署が変われば新規派遣の扱いとなるため、職場を変更することで3年を超えて就労させることも可能である。派遣先は少なくとも派遣労働者を入れ替えれば、同一組織でも期間の制限なく派遣労働のシステムを使い続けることができるため、「臨時的・一時的な利用」という従来の派遣法の原則は事実上骨抜きにされた。新派遣法は派遣元に対し、派遣労働者の教育訓練などキャリアアップ措置を課しているが、派遣労働者の労働条件の引上げや雇用の安定につながる見通しは不透明である。有期労働契約の派遣労働者の中では最長3年で職を失うことへの不安が高まっている。

III 雇用・失業

7 個人事業主（雇用関係によらない働き方）とテレワーク

1 個人事業主（個人請負）

企業に雇用されている労働者と、**自営業主**は明確に異なるが、近年、両者の違いを意図的にあいまいにする働かせ方が登場するようになった。事実上、労働者と異ならないにもかかわらず、形式的には「雇用関係によらない働き方」（非雇用型）として扱われている個人事業主（個人請負）である（図III-5の個人事業主α）。

塾や予備校・学校の講師、情報産業のSE（システムエンジニア）、大型家電店のテレビやエアコンなどを設置する技術者、バイク便のライダー、タクシーや宅配便のドライバーなどに加えて、工場労働者の中にも社内で独立する形態をとらせて個人事業主化するケースも登場した。使用者が勤務時間帯の指定や仕事の指示をしているにもかかわらず、形式的に非雇用型を装うことで、使用者責任や、最低賃金制など労働保護法制の適用を回避することを目的としたもので、本質は非正規雇用である。労働者を個人事業主に転換することで、使用者と労働者との間の労働契約は事業主間の請負契約に変わる。

2 在宅ワーク（テレワーク）

高度成長期から1980年代にかけて在宅ワーク（在宅労働）の主役は**内職**で、繊維や雑貨、電機などの製造工程の一部を担っていた。その後、インターネットの普及に伴って、在宅労働は大きく変貌した。仕事の受発注はもっぱらネット経由、仕事はデータ入力や録音の文字化のような事務作業から、イラスト制作、アプリ開発やWebデザイン、CADによる製品の設計、市場分析、ライターなどの専門的業務に広がっており、特定または不特定多数の業者と請負契約を締結して納期に合わせて就労している（図III-5の個人事業主β）。

インターネットを介して受発注が行われるため、注文者と受注者（非雇用型テレワーカー）の地理的制約がなくなり、受注競争は全国に広がる。きわだった能力を有し専門性の高い仕事をするワーカーは別として、テレワークの多くは仕事量の変動が大きく、収入も安定していないが、従来の内職と異なり**家内労働法**は適用されない。労働者扱いされない非正規雇用の一種であるが、外部からみえない分、個人事業主αと比べ問題が生じても表面化しにくい。**クラウドソーシング**と呼ばれているが、その詳細な実態は明らかではない。

▷**自営業主**
自営業主（または自営業者）は、商店や農家の世帯主、個人経営の工場主のように、企業に雇用されることなく、自身が所有する生産手段（店舗、農地や農機具、工場の機械設備など）を用いて商品を生産したり、サービスを提供して所得を得ている。しばしば家族世帯員も一緒に働いており、家族従業者と呼ばれている。

▷1 個人事業主の労働者性：2007年、厚生労働省はバイク便ライダーについて、業者の指揮監督があること、勤務日および勤務時間が指定され拘束性があること、報酬が労働の対価となっていることなどを根拠に労働基準法上の労働者に該当するとの判断を示した。また、最高裁は2011年4月、住宅設備メーカーのカスタマーエンジニア（製品修理担当の技術者）およびオペラ歌手について労働組合法上の労働者と確認、会社側に団体交渉に応ずるように命令した（INAXメンテナンス事件、新国立劇場事件）。

▷**内職**
家内労働の詳細については、神尾京子『家内労働の世界』（学習の友社、2007年）を参照。

▷**家内労働法**
1970年、内職など家内労働

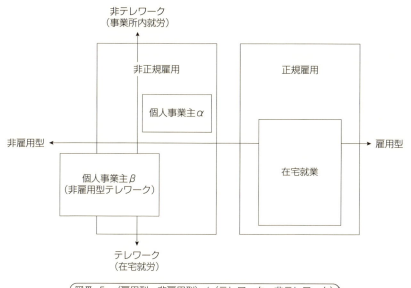

図Ⅲ-5 〈雇用型－非雇用型〉/〈テレワーク－非テレワーク〉

出所：筆者作成。

者の保護を目的に家内労働法が制定された。委託者による委託内容や工賃を明記した家内労働手帳の交付，最低工賃制度，安全衛生の措置などを定めている。ただし同法は物の製造や加工に適用対象を限定しているため，最近の在宅ワークの大半には適用されない。

▷**クラウドソーシング**
全国に広がる受注者群＝テレワーカー（クラウド）に，発注者が業務を外注する（アウトソーシング）ので，クラウドソーシングと呼ばれる。

　大企業で増えつつある在宅就業もテレワークである。企業との雇用関係を維持したまま（雇用型テレワーク），全面的に在宅就労するタイプと，週のうち数日のみ在宅勤務するタイプに分かれる。多くは正規雇用だが，在宅就業の中には短時間パート（非正規雇用）もある。

　2018年に成立した**働き方改革関連法**は「多様な就業形態の普及」を国が講じるべき施策としている。この中に「テレワークや副業・兼業」および「雇用関係によらない働き方」の推進などが含まれている。

❸ プラットフォーマー，シェアリングエコノミー

　テレワークでは，発注者とワーカーがネットを介して直接取引する場合もあるが，最近は両者を仲介する業者（プラットフォーマー）の存在が大きくなっている。求人・求職を仲介する民営職業紹介業に類似の機能を果たしているものの，職業安定法は適用されず，仲介手数料や仲介サイトの利用料などを規制する法制度はない。このため，家内労働法の拡張適用，または新たな在宅ワーク法の制定を求める見解がある。

　在宅ワークに限らず，インターネットで個人事業主に仕事を仲介するビジネスを「シェアリングエコノミー」と呼ぶことがある。欧米では，ウーバー社のような仲介業者がスマホのアプリを使って，車を所有する個人ドライバーと顧客を結びつけるサービス（**ライドシェア**）を展開している。これはシェアリングエコノミーというよりも，AI化時代における個人事業主の新たな活用形態である。

▷**働き方改革関連法**
労働基準法をはじめ，パートタイム労働法，労働者派遣法，労働契約法，雇用対策法など合計8本の改正を1つにまとめた法律で，2018年6月に成立した。「多様な就業形態の普及」は雇用対策法の改正法に含まれている。

▷**ライドシェア**
日本では顧客の安全性に問題があるため，自家用車を有償で運送に使うことは道路運送法で禁止されている。なおライドシェアの本来の意味は，環境負荷の低減などを目的に車の相乗りをすることである。

Ⅲ　雇用・失業

若者の雇用問題

1　若年層の雇用の変化

バブル経済末期の1990年当時，若年層（15～24歳層）の9割が正規雇用の職についていた（図Ⅲ-6）。非正規雇用の若者はフリーターと呼ばれ，正社員として働けるにもかかわらず，あえて定職につかずアルバイトをしながら自由な生活を楽しむ若者の増加が注目された。

ところが，1990年代後半から今世紀初めにかけて，労働市場の構造改革政策と大規模なリストラによって正社員は大幅に削減され，新規学卒者の求人も減少した。このため就職難に見舞われ，やむなく非正規職につく若者が相次いだ（「就職氷河期世代」）。15～24歳層の非正規比率は全年齢層のそれを上回るまでになった。その後，学卒市場は一時好転したが，リーマンショック後の世界不況の影響で，新規学卒者の就職状況は再び悪化，「就活うつ」や「就活自殺」も問題となった。

2010年代に入り，団塊世代の定年退職に伴い新規学卒者の採用が増えたため，若者の非正規比率は低下に向かった。近年は若年人口の減少に拍車がかかり，新規学卒者の就職は売り手市場になっている。ただし正規雇用の中には労働条件のよくない「名ばかり正規雇用」も含まれている。正規雇用に占めるその比率は，2012年から17年にかけて男女計で7.8％から9.2％に上昇している（前掲

▷フリーター
フリーターは1980年代後半にアルバイトの求人情報誌が作った和製英語で，正社員を忌避し，「自由な働き方」を求める非正規雇用の若者を象徴する言葉として用いられた。ところが90年代後半以降，若者の就職難が深刻化するにつれ，正社員を希望してもかなわず非正規雇用に従事する若者を指すようになった。他方，働くことも，教育や職業訓練を受けることもしない若者をニート（NEET, Not in Employment, Education and Training）と呼ぶことがある。若者が仕事を忌避するに至った背景にある働き方・働かせ方の問題を見ずに，当事者の責任のみを追及することは適切ではない。

▷ブラック企業
⇨Ⅳ-1「なぜ，ブラック企業，ブラックバイトに怯えなくてはならないのか」詳細は，今野晴貴『ブラック企業：日本を食いつぶす妖怪』（文春新書，2012年）。森岡孝二編『就活とブラック企業』（岩波ブックレット，2011年）を参照。

▷電通過労自殺事件
2015年4月に電通に入社した女性新入社員が本採用となった同年10月以降，労使協定で定めた上限の月間70時間を大幅に超える時間外労働に従事，上司のパワハラも加わってうつ病を発症

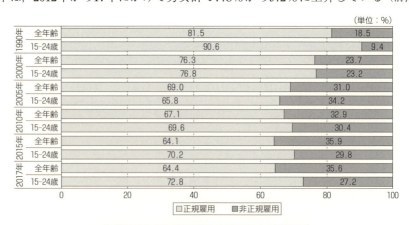

図Ⅲ-6　若年者の正規比率・非正規比率の変化

（注）1：15～24歳の在学者を除いて算出した。
　　　2：1990年および2000年は非農林業についての数値である。
出所：1990年および2000年は「労働力調査特別調査」（1990年2月，2000年2月），2005年以降は「労働力調査（詳細集計）」（2017年長期時系列表10）を基に筆者作成。

表Ⅲ-2より算出)。特に同比率は若年層で高く,17年時点で20〜24歳12.6%,25〜29歳9.7%である。

❷ 就活とブラック企業

新卒時に正社員を一括採用する日本型雇用のもとでは,初めて就く職が正規雇用か否かが,その後の職業生活を左右し,生涯所得にも影響する。学生は正社員や公務員をめざし早期に就職活動(就活)を始めるため,しばしば学業に支障が生じている。他方,苦労して獲得した正社員の職を3年以内に辞める若者が増えている。その背景には企業の雇用管理の問題がある。

ブラック企業は,「正社員」を謳い文句に若者を大量に採用し,短期間で使いつぶす雇用手法を象徴する言葉として流布されるようになった。採用人員の確保を優先し,過剰に採用した若者の中から「精鋭的人材」を選別するため,入社後も厳しい競争に追い込む手法をとる企業がある。学生に人気のある大手企業の中でも労働法規に反する長時間労働,深夜労働が常態化し,若手社員が過労死・過労自殺にいたるケースが相次いでいる。2016年に労災認定された**電通過労自殺事件**はその象徴である。政府は**若者雇用促進法**を制定し(2015年),若者の労働環境の改善に乗り出している。

❸ 近年の学生アルバイト

学生アルバイトはコンビニや外食産業などの基幹的労働力となっており,大学生だけでなく高校生にまで広がっている。2012年から17年にかけて高校在学者は442万人から430万人へ,12万人減少したにもかかわらず,働いている生徒は3万人増加し(19万人→22万人),就業率は5.1%に上昇した。この5年間に大学生・大学院生は5万人増えたが,就業者はそれをはるかに上回る24万人増加した(「労調」2012年,2017年)。

アルバイトする高校生は勉強に専念できる生徒に比べ,大学進学の点でも不利である。この現状は親の経済状況と深く関わっている。彼らの親は上記の「就職氷河期世代」や,90年代末から今世紀初頭に大量リストラにあった世代に該当する。特に母子世帯の子は生活費に加え,進学費用を蓄えるために長時間働くケースが多い。貧困世帯の生徒の中には大学や専門学校への進学をあきらめたり,高校中退する事例も少なくない。いま新卒労働市場の好調さがさかんに報じられているが,そうした売り手市場に初めから参入できない若者が存在していることにも目を向けるべきである。

大学生は高額の授業料や生活費,卒業後の奨学金返済にあてるために長時間のアルバイトをしている。バイト先ではシフトの強制,正社員なみの責任やノルマまで課せられ,学業や就職活動などに様々な支障が生じている(**ブラックバイト**)。

し,同年12月自死した。三田労働基準監督署は16年10月,過労死と認定した。電通では90年代にも過労自殺事件を引き起こし,最高裁判決(2000年)で企業の安全配慮義務違反を指摘されたにもかかわらず,再び同様の事件を引きおこしたため社会的批判を呼び,社長は引責辞任した。法人としての電通と管理職が労働基準法違反で起訴され,法人は罰金刑を受けた。

▷**若者雇用促進法**
「固定残業代」という名目で,時間外労働や深夜労働,休日労働に対する手当を実際よりも少なく支給する手法の規制や,企業に対して求人条件の詳細な情報開示を求めている。また既卒者が卒業後3年間は新卒者の枠で応募できるようにすることを事業主の努力義務とした。さらに長時間労働や不払い残業などの法違反をした企業に対してハローワークは求人不受理とする措置を設けている。

▷1 2016年の秋から冬にかけて,千葉県の公立高校で実施されたアンケート結果によれば,回答した2515人の生徒のうち4割近くがアルバイトをしていた。この中で週4日以上働いている生徒は44.7%,平日に4時間以上アルバイトをしている者は46.7%に上った(NHKスペシャル取材班『高校生ワーキングプア』新潮社,2018年)。

▷**ブラックバイト**
⇨ Ⅳ-1 「なぜ,ブラック企業,ブラックバイトに怯えなくてはならないのか」今野晴貴『ブラックバイト』(岩波新書,2016年)参照。

Ⅲ　雇用・失業

雇用・失業と社会政策の役割

1　雇用・失業に関する社会政策

　失業の発生は資本主義経済と不可分の関係にある。18世紀末のイギリス産業革命の時代には失業は工場への機械の導入に原因があるとして機械打ち壊し運動（ラダイツ運動）が起こった。19世紀になると**熟練工で組織した職業別労働組合**は熟練労働力の供給制限をして失業や労働条件低下の防止を図ったが、多数の不熟練労働者はそうした手段がなかった。やがて労働運動は政府に対して失業問題の改善を図る社会政策の実施を要求するようになった。

　雇用・失業に関する社会政策には、職業紹介、職業訓練、失業期間中の生活保障、公的就労事業、解雇規制、労働時間短縮による雇用創出（ワークシェアリング）などがある。その具体的内容は国により時代により異なっている。

2　職業紹介に関する政策

　労働者が働きたいと希望しても、自分に適した職をどのようにしてみつけてよいかわからない。資本主義の初期には、労働者の募集は資本家と契約した私的**募集人**によって行われていた。このため実際の労働条件を明示しないで甘い言葉で誘ったり、労働者をなかば強制的に集めて資本家に供給して手数料を稼ぐ業者も現れた。このような弊害を除去するため職業紹介事業は国など公的機関が担い、営利目的の有料職業紹介事業を禁止するようになった。ILOでは第1回総会（1919年）において「失業に関する条約」（2号条約）を採択し、**公の無料職業紹介所制度**を設立する方針を示した。また34号条約（1933年）は有料職業紹介事業を原則的に禁止した。これは第二次世界大戦後の96号条約（有料職業紹介所条約、1949年）に引き継がれて行く。

　ところが、各国で法規制をかいくぐる形で派遣労働や有料職業紹介が広がるようになると、ILOの姿勢も変化するにいたった。1997年には181号条約を採択し、96号条約を全面的に改めて労働者派遣事業や有料職業紹介事業を容認するとともに、派遣労働者や求職者の保護措置を加盟国に求めた。日本は99年に同条約を批准している。

3　失業保険・失業手当制度

　雇用・失業にかかわる社会政策として失業期間中の生活保障制度（失業手当

▷**熟練工で組織した職業別労働組合**
イギリスの熟練工の職業別労働組合を代表したのが「合同機械工組合」（1851年結成）である。徒弟制度を組合が掌握し、労働力の供給（徒弟数、標準労働時間）を制限するとともに、相対的高賃金により可能となった高い組合費をもとに、疾病や失業時の生活を保障する共済制度を設けた。

▷**募集人**
日本の産業資本主義確立期の主力産業は繊維産業（製糸業、紡績・織物業）で、その工場の主要な担い手である女工の供給源は地方の貧農の子女であった。工場主と契約した募集人は手数料を目当てに農村を回って、架空の甘い労働条件を示したり、賃金の前借り金を親に渡すなどして女工を募集した。募集人の活動の詳細は農商務省『職工事情』（岩波文庫、犬丸義一校訂、1998年）および西成田豊『近代日本の労務供給請負業』（ミネルヴァ書房、2015年）を参照されたい。

▷**公の無料職業紹介所制度**
ILOは2号条約に続いて88号条約（職業安定組織条約、1948年）で、批准国に

の支給）も重要である。これらの仕組みがない場合，あるいは不十分な場合には，失業者に職業選択の余裕を与えずに就労を強制することになる。労働力は一般の商品とは異なり，売り控えができないからである。

世界初の失業保険制度はイギリスの国民保険法（1911年）である。第一次世界大戦後のドイツでは保険料を支払う必要のない無拠出の失業手当制度を設けた。ILOは1934年に失業給付条約（44号条約）を採択したが日本はこれを批准せず，失業保険法の成立（1947年）は第二次世界大戦後まで持ち越された。

4 積極的労働市場政策

失業者に対する教育訓練や就労支援によって失業から就業への転換を図る政策を積極的労働市場政策と呼んでいる。西欧諸国では長期失業者の増加傾向が顕著になったため，失業給付期間を短縮し，教育訓練を重視するように変化している。労働者が職業能力を高めても就業機会が増えなければ雇用に結びつかないため，雇用創出策との結合が課題となる。

5 公的就労事業

大量失業の発生時には，政府が失業対策事業を行って雇用機会を創出することが不可欠となる。1930年代のアメリカでニューディール政策のもとで実施された公共土木事業はその代表例である。これは有効需要の創出を図る財政政策によって，経営不振に陥った企業の救済と失業者に対する就労機会の創出とを結合したものであった。この経験は第二次世界大戦後の日本の失業対策事業にも引き継がれた。

6 解雇規制

使用者による解雇権の濫用を国家が規制し，雇用を維持させることも社会政策の重要な役割である。ILOは1982年に「使用者の発意による雇用の終了に関する条約」（158号条約，日本は未批准）を採択した。ドイツやフランスでは，様々な手続きを設けて使用者が解雇権を濫用しないように規制している。他方，アメリカは性別や年齢を理由とする解雇に対しては厳しく規制しているものの，それ以外の解雇はたやすくできる。

日本では労働基準法，労働組合法で**解雇に関する規定**を設けているが，解雇一般を規制したものではなかった。1970年代後半から80年代にかけて裁判の判例をとおして，**整理解雇が有効と認められるための4要件**が確立された。2003年に改正された労働基準法で「客観的に合理的な理由を欠き，社会通念上相当であると認められない場合」，解雇は無効とする条文を設けた。その後，この条文は2006年制定の労働契約法（16条）に移行した。なお，この規定は整理解雇に限るものではない。

対して誰もが無料で職業紹介サービスを利用できるよう公共職業安定組織を設置するよう求めている。

▷**解雇に関する規定（労基法，労組法）**
労働基準法は使用者が解雇する場合，労働者保護の観点から少なくとも30日前に予告するか，または30日分以上の平均賃金（解雇予告手当）を支払うことを定めている。また産休中および労働災害治療中の解雇を禁じている。労働組合法は正当な組合活動を理由とする解雇を禁止している。

▷**整理解雇の4要件**
整理解雇（リストラ）をめぐる裁判の判決の積み重ねにより，一定の要件を満たさない解雇は解雇権の濫用にあたり無効とされている。その要件とは，①人員削減をしなければならない必要性があること，②使用者が整理解雇を回避するための努力義務を果たしていること，③解雇の対象となる労働者の選定が妥当であること，④整理解雇の実施手続きに合理性があること（使用者は労働組合または労働者に説明し，協議していること）である。

Ⅲ 雇用・失業

戦後日本の雇用・失業政策の展開

1 戦後民主化期の失業問題

　1945年8月の敗戦から約5年間の「戦後改革」の時期には，占領軍総司令部（GHQ）に支援された政府主導の民主化と大衆的運動を背景とした民主化要求があいまって，生存権と労働権の保障を基本にした雇用と働き方の仕組みを実現する措置が取られた（労働の民主化）。1947年には労働基準法，職業安定法，失業保険法が相次いで制定された。

　職業安定法は，労働者に職業選択の自由と労働権を保障するとともに，公共職業安定所が各人に適した就労機会を与え，産業に必要な労働力を供給することを目的としたものである。また同法第44条において労働者供給事業を禁止した。労働基準法も強制労働の禁止および中間搾取の排除を定めている。

　1949年には**経済安定9原則**の実施に伴う緊縮経済および行政機関や民間企業での人員整理（リストラ）によって大量の失業者が発生した。その対策として政府は緊急失業対策法を制定し（1949年），失業対策事業を行った。

2 高度成長期の労働力流動化政策

　1950年代半ばから70年代初頭まで，日本経済は実質成長率約10％という高度成長を達成した。政府は労働力不足が生じた重化学工業部門に労働者の移動を促す政策（労働力流動化政策）をとった。例えば，エネルギー政策の転換によって斜陽産業とされた石炭産業では大量の失業者が生じたため，炭鉱離職者臨時措置法を制定し（1959年），重化学工業部門に労働者を再配置する政策を進めた。60年の職業安定法の改正によって**広域職業紹介**が可能となり，労働力流動化政策は労働者全体に拡大された。66年には労働力不足に対応するため雇用対策法が制定された。政府は同法に基づいて第1次雇用対策基本計画を定め，技能労働力の養成，中高齢者や身体障害者の雇用促進，女性労働力の活用，不安定雇用の改善などを盛りこんだ。

3 低成長経済への転換と雇用保険制度

　1973年の石油危機を直接の契機として日本経済は高度成長から低成長経済へ移行した。成長を牽引してきた鉄鋼業，造船業は深刻な不況に見舞われた。完全失業者は100万人を突破し，失業問題が顕在化した。74〜75年の世界同時不

▷**経済安定9原則**
第二次世界大戦後，日本政府は経済復興を目的に基幹産業に対して厖大な公的資金の融資や補給金の投入を行ったため，インフレーションが進み物価が急騰した。こうした事態を収束するためアメリカ政府（占領軍）は1948年12月，財政赤字の一掃，民間企業への補助金交付の廃止，1ドル＝360円の固定為替レートの設定などを柱とする「経済安定9原則」の実施を日本政府に指示した。

▷**広域職業紹介**
職業安定法17条は，公共職業安定所（ハローワーク）が職業紹介を行う地域について「できる限り，就職の際に住所又は居所の変更を必要としない職業を紹介するよう努めなければならない」と定めている。しかし，それが困難な場合は「広範囲の地域にわたる職業紹介をする」としている。今日では地元のハローワークに設置している求人情報提供端末をとおして全国の求人情報を入手することができる。

況直後にはパート，臨時工，社外工などの非正規雇用から先に人員整理が行なわれたが，77～78年頃より一転して，正規労働者を削減するかわりに，非正規労働者の積極的活用を図るようになった。

1974年には失業保険法にかわって雇用保険法が制定された。失業者に対する失業給付だけでなく，企業を支援する多様な助成金制度を新設した（コラム4の図Ⅲ-7）。これは企業の活力に依拠して雇用を維持しようとする政策である。例えば雇用調整給付金（現在は雇用調整助成金）は，経営不振で休業を余儀なくされた事業主に対して休業手当（平均賃金の6割）の一部を助成することで労働者の雇用維持を促す仕組みである。

4　80年代の日本経済と雇用政策

1970年代末の第2次石油危機による不況からの脱出をめざして，巨大企業は産業ロボットやコンピュータの導入を積極的に進めるとともに，長時間・過密労働を結合することで，世界一の競争力を確保した。日本経済および日本型雇用システムに対する国際的評価が高まる中，日本と欧米諸国との経済摩擦は激化し，日本はこれらの国々との協調体制を維持するために，輸出主導型の経済構造の修正を迫られた。**プラザ合意**による急速な円高は内需主導型構造への転換の圧力となった。しかし，巨大企業中心の輸出主導型経済体質は改められなかったばかりか，かえって強化された。

80年代は日本型雇用システムを補強する政策（例えば公的年金の**第三号被保険者制度**新設）とともに，雇用の弾力化の強力なテコとなる労働者派遣法（1985年）が制定されるなど2つの流れが拮抗する時期であった。国鉄分割民営化に象徴される**行政改革**も本格化した。1980年代末から90年代初頭のバブル期には労働力不足が顕在化し，政府は入管法（出入国管理及び難民認定法）を改正し外国人労働者の受入れを一部緩和した（1989年）。

5　90年代以降の規制緩和，構造改革政策

1990年代後半以降，長期不況の打開を目標に政府は規制緩和と構造改革を強力に推進した。雇用の弾力化と流動化を図るため，労働者派遣法の相次ぐ改正とともに，2003年には労働基準法の改正も行われ，有期契約期間の上限が1年から3年に，専門職は5年に延長された。構造改革政策がもたらした格差と貧困の拡大に対する批判を背景に誕生した民主党政権（2009～12年）のもとで規制緩和策は一時修正された（2010年派遣法改正，12年労働契約法改正など）。しかし12年末に再登板した第2次安倍政権は，「世界で一番，企業が活躍しやすい国」への転換をうたって，「雇用制度改革」に続いて**「働き方改革」**を看板に掲げて労働分野の規制緩和と雇用の弾力化・流動化を強力に進めている。

▷1　⇨コラム4「セーフティネットと労働保険」

▷**プラザ合意**
1980年代前半のアメリカ経済はドル高の為替レートのもとで貿易赤字と財政赤字の「双子の赤字」に苦しんでいた。特に，産業ロボットをいち早く導入し競争力を強めた日本とアメリカとの貿易摩擦は激化した。この状況を打開するため85年9月，ニューヨークのプラザホテルで，アメリカ・イギリス・フランス・西ドイツ・日本（G5）の財務大臣・中央銀行総裁の緊急会議が開かれ，為替レートをドル安に誘導するよう各国が協調することで合意した。これを「プラザ合意」と呼ぶ。それまで1ドル＝240円前後であった為替レートは急速にドル安・円高基調に移行し，1年後には1ドル＝150円台になった。この結果，対米輸出を中心に輸出は急速に減少し，1985年秋～87年初めにかけて日本は円高不況に陥った。

▷**第三号被保険者制度**
⇨Ⅲ-4「非正規雇用と女性労働」の①参照

▷**行政改革**
⇨序-9「日本国憲法と社会政策」側注2。

▷**「働き方改革」**
⇨Ⅲ-11「ルールある雇用と働き方への改革」

Ⅲ　雇用・失業

ルールある雇用と働き方への改革

1　持続不可能な雇用と働き方・働かせ方

　これまでの節で述べたように，1990年代後半以降，日本の雇用と働き方・働かせ方は大きく変容した。長期勤続の正社員が多数を占めていた日本型雇用は縮小する一方，自身の賃金では自立した生活が困難な非正規労働者が増加している。他方，成果主義のもとで正社員は長時間労働が慢性化し，過労死のリスクをかかえた働き方を余儀なくされている。「ワーキングプアと過労死予備軍の併存」という現状は仕事と子育ての両立を困難にし，少子化を加速する要因にもなっており，社会全体にとって大きな損失をもたらしている。

2　グローバル競争下の国際労働基準，ディーセントワーク

　このような背景には，地球規模での企業間競争の激化と，これに対応した企業の雇用戦略や労働法制の規制緩和がある。こうした状況は日本に固有のものではなく，他の先進諸国にも共通している。放置しておけば国家間の労働基準の切り下げ競争を引き起こし，ILOがこれまで築いてきた国際労働基準（雇用と働き方の最低基準の国際ルール）を危うくする。ILOはこうした事態を懸念して1999年の第87回総会で「ディーセントワーク」（「権利が保護され，十分な収入を生み出し，適切な社会的保護が与えられる生産的な仕事」）の実現を加盟国に提起した。ディーセントワークの具体的内容は，①労働における基本的原則および権利（結社の自由及び団体交渉の効果的な承認，強制労働の禁止，児童労働の廃止，雇用および職業における差別の排除），②生産的な雇用（失業や不安定な雇用の除去），③社会的保護や社会保障の確立，④社会的対話などが確保されている状態の実現を意味している。

　グローバル経済下の競争の激化はしばしば違法な不公正取引や生産活動（インフォーマル経済）を生み出している。それは発展途上国のみならず先進国にもみられる。アメリカでは移民を利用し長時間・低賃金・無権利状態で働かせる事例が指摘されているが，日本でも中国やベトナムなどから外国人技能実習生を受け入れ，縫製工場や自動車工場などで低賃金のまま長時間働かせたり，福島第一原発周辺地域の除染活動に就労させるなどの不法行為が摘発されている。雇用と働かせ方のルールを確立し，**企業の社会的責任**（CSR）を明確にすることは各国共通の課題である。

▷**インフォーマル経済**
一般にインフォーマル経済は発展途上国に多くみられる経済活動である。例えば，街頭での物売り・靴磨き・スクラップやくず拾いや，裏通りの小規模店舗などの隠れた就業形態，さらに衣料・刺繍・食料などを製造する家内労働などである。これにとどまらず先進国においてもインフォーマル経済が復活する傾向にある。具体的には「フォーマル企業」のパート，派遣労働者，日雇労働者，個人事業主，請負労働者，家内労働者などのうち，最低賃金や労働時間規制をはじめ労働保護のルールを適用されない働き方を強いられた人々が目立つようになっている。
▷1　堤未果『ルポ・貧困大国アメリカ』（岩波新書，2008年）を参照。
▷**企業の社会的責任（CSR）**
企業は一定の地域に事業所を設け，水・電気・道路・交通・通信などのインフラを利用し，労働者を雇用することで経営が可能となる。このように企業が社会的存在である以上，一定の社会

③ 「働き方改革」をめぐる対抗

　2012年末に政権に復帰した安倍政権は，当初は「雇用制度改革」を，次に「働き方改革」を看板に掲げて労働法制の改変を強力に進めてきた。その具体的内容は本章第2・5・6・7節で取り上げたが，それらは総じて日本型長期雇用を縮小し，雇用の弾力化・流動化を推進する規制緩和・構造改革政策の延長に位置づけられるものが大半である。それに加えて，①人口減少による当面の人手不足を乗り切るため，女性や高齢者の労働市場への動員を促していること（「一億総活躍社会」），②AI化の急展開を前提に，「雇用関係によらない働き方」を打ち出していること，さらに③労働者の働き方の自由度が拡大し，雇用形態による格差が解消するとうたっていること，などが安倍政権の「働き方改革」の特徴である。その実態を多面的に吟味する必要がある。

　ディーセントワークの実現につながる働き方改革は，「ワーキングプアと過労死予備軍の併存」という日本の現状を改め，持続可能な働き方への転換に資するものでなければならない。そのための課題を掲げておこう。

　第一は，仕事と労働時間の分かち合い（ワークシェアリング）をとおして，持続不可能な働き方の解消をめざすことである。それには何よりも過労死を生み出している長時間・不規則労働，サービス残業の解消が急がれる。とりわけ今日の人手不足状態は，ごく近い将来，AI化によって労働力過剰状態に転ずることが予測される折，労働時間の抜本的短縮は不可欠である。

　第二の課題は，有期雇用や派遣労働などの非正規雇用に恒常的に依存している企業の雇用管理を改めることである。常時必要な業務にも，短期契約労働者を反復更新しながら使用する雇用のありようを改善するため，労働契約法を改正し，有期雇用は合理的な事由がある場合に限るという「入り口規制」を設けるべきである。同様に，派遣労働者の多くが3年ごとに職場を追われる仕組みを導入した2015年労働者派遣法の抜本的改正が必要である。

　第三に，正社員でなくても自身の賃金で自立した生活ができるような条件を整備することが必要である。それには最低賃金制の抜本的改正とともに，正規雇用と非正規雇用との均等待遇の実現が欠かせない。非正規雇用を安上がりの労働力として利用することを防止するために均等待遇は重要な意味をもっている。雇用形態による労働条件の格差を規制するEU諸国の法制度を日本も見習うべきであろう。

　第四に，使用者の解雇の自由度を増す**解雇の金銭解決制度**は，労働者の雇用不安を高め，不当解雇を誘発するおそれがある。ディーセントワークの理念とは相容れず，導入すべきではない。

的責任（CSR: Corporate Social Responsibility）を果たす義務を負っている。CSRは環境や企業倫理だけでなく，労働分野についても問われるようになった。人として尊ばれるべき労働者の使用をとおしてで利益を生み出す企業は，相応の責任を果たすべきという考えがその基礎にある。

▷2　AI化と雇用・働き方：産業構造審議会「新産業構造ビジョン（中間整理）」（2016年）によれば，「第4次産業革命」（IoT，ビッグデータ，AI，ロボットなど）によって産業・就業構造が大きく変動するという。定型業務だけでなく，非定型業務でも省人化が進み，製造ライン，レジ係，販売員，銀行窓口業務，経理・人事部門などで人員が減少すると予測する。情報サービスや経営戦略策定，高度の顧客サービス，きめ細かな介護などの業務の需要が高まるため，人材教育と労働移動を促進すべきという。現状維持の場合，2030年時点で735万人の従業者が減少すると予測し波紋を呼んだ。また，厚生労働省「働き方の未来2035」（2016年）は，AI化によって企業組織は変容し，「個人事業主と従業員との境がますます曖昧になっていく」という。従業員は1つの会社に所属することはなくなり，兼業や副業は当たり前になると予測している。

▷解雇の金銭解決制度
安倍政権は経済界の要求を受け，雇用流動化の促進をめざして，一定額の金銭を支払うことで解雇を容易にする制度の導入を検討している。

コラム-4

セーフティネットと労働保険

　私たちは学校卒業後，就職してから定年退職するまでの数十年間に様々なリスクやライフイベントに直面し，仕事を中断せざるを得ないことがある。例えば病気や介護，出産，失業や労働災害・職業病などである。賃金だけではそうした事故やイベントに対応することができない。そこで社会保障制度の整備が必要となる。公的保険制度の中で，失業や労働災害・職業病に対応した雇用保険および労働者災害補償保険（労災保険）を労働保険と呼んでいる。

　労働者（パートタイマー，アルバイト含む）を1人でも雇っていれば，業種・規模にかかわらず労働保険の適用事業となり，使用者は加入手続を行い，労働保険料を納付しなければならない。労災保険の保険料は全額使用者が負担するが，雇用保険の保険料は下記のとおりやや複雑である。

　労働災害（通勤途上の災害を含む）や職業病およびその補償については，第Ⅴ章のコラム5「労災と職業病」で詳しく述べているので，ここでは雇用保険について取り上げよう。

　雇用保険制度は，①労働者（失業者）本人に支給する「失業等給付」と，②使用者（事業主）への各種助成金の支給など，事業主支援を中心とする「雇用保険二事業」に大別される（図Ⅲ-7）。

　2018年時点の雇用保険の保険料率は失業等給付分として労使がそれぞれ賃金の1000分の3相当額を負担する。使用者はこの他に雇用保険二事業のため1000分の3を負担するため，使用者の支出分は合計1000分の6となる。この保険料率は失業情勢によって変動する。

　「失業等給付」は，失業した場合や，育児や介護などで休業する場合，職業に関する教育訓練を受講した場合に支給される。よく知られている失業給付は図Ⅲ-7の基本手当のことである。これらの給付は雇用保険の被保険者が対象となる。厚生労働省の方針で週の労働時間が20時間未満の短時間労働者を適用除外しているため，短時間の仕事を複数かけもちしてい

る労働者は，長時間働いているにもかかわらず雇用保険に加入できないなどの問題がある。

　基本手当の日額および支給日数は，年齢・保険加入期間・離職理由などによって異なる。2000年の法改正で「自己都合」の離職者は支給日数が大幅に短縮された。離職時に企業が発行する離職票の離職事由が，実際と異なり自己都合とされていないか注意する必要がある。

　「雇用保険二事業」のうち雇用安定事業は，雇用調整助成金（Ⅲ-10③参照）や，若者のトライアル雇用奨励金，ジョブカフェの職業紹介・情報提供などの就労支援などからなる。能力開発事業には在職者や離職者に対する各種職業訓練（公共職業能力開発施設の設置・運営）や，使用者が行う教育訓練支援，職業能力評価制度の整備などがある。

　近年の雇用政策の基調は企業による雇用維持を支える政策から，雇用流動化を促進する政策にシフトしており，雇用保険制度の重点もそれにそって変化している。雇用調整助成金は縮小し，代わって流動化をうながす労働移動支援助成金の予算額が大きくなっている。図Ⅲ-7の手当や助成金の内容はしばしば変更されるため，厚生労働省のホームページやハローワーク窓口で最新の情報を把握しておくことが大切である。　　　（伍賀一道）

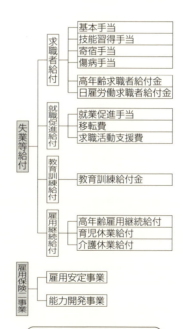

図Ⅲ-7　雇用保険制度の概要

（注）求職者給付には上記のほかに短期雇用特例被保険者に対する求職者給付がある。

出所：厚生労働省HP（https://www.hellowork.go.jp/insurance/insurance_summary.html）を基に筆者作成。

Ⅳ　労使関係

1 なぜ，ブラック企業，ブラックバイトに怯えなくてはならないのか

1 社会問題としてのブラック企業問題

　2000年代初頭より，ブラック企業問題が大きな社会問題となった。ブラック企業とは，労働者，特に若年労働者に劣悪な労働条件を押しつける企業のことである。話題となった企業は，衣料小売店，居酒屋などの飲食店，エステなど数多くある。これらのブラック企業では，長時間労働，不払い残業（いわゆる「サビ残」），パワハラなどが当たり前のように行われ，多くの労働者達が健康を害し，退職していった。最悪の場合には，**過労死・過労自死**にまで労働者は追い込まれていった。社会的な注目を集めるブラック企業問題に着目しながら，労使関係とは何か，その現代的課題とは何か，について説明してゆく。

▷1　⇨Ⅲ-8「若者の雇用問題」

▷過労死・過労自死
⇨Ⅱ-9「過労死・過労自殺の実態」

2 ブラック企業問題に対して，個人的対応は可能か

　多くの人々にとってブラック企業問題は，関心のある問題であると同時に，何とか対処するべき問題として受け止められている。しかし，現状ではこの問題への対処方法が個人的対応に特化している。
　個人的対応とは，ブラック企業に関する情報を集め，特徴を見出し，ブラック企業を見分け，何とかブラック企業への就職を避けようとする対応である。しかし，すべての企業の労働条件を事前に調べることなど不可能である。仮に，就職した企業が労働条件の劣悪な企業であった場合，個人的対応は，「耐えるか，それとも退職するか」の二者択一になりやすい。

3 ブラック企業問題に対して，労働法による規制は有効か

　ブラック企業問題に対抗する有力な方法は，労働関連法規違反で企業の責任を問うことである。近年最も注目された事件に電通過労自殺事件がある。2015年12月に24歳の労働者が長時間労働の末に自殺してしまった事件である。2017年10月，電通は，労働基準法違反によって罰金50万円を課された。
　しかし，電通は1991年にも同じような過労死事件を起こしていた。つまり，法律は起きた事件を個別的・事後的に判断するので，過重労働の防止には十分な機能を発しえない。さらに，現実の労働のあり方は非常に多彩であり，そもそも法律によって一律に規制することは困難である。ブラック企業など，劣悪な労働条件に対抗するには，法的規制だけでは，その実現は困難である。ブラ

▷2　それに先立つ2017年1月に民事訴訟で遺族と電通との間で和解が成立した。その内容は，遺族に対する謝罪，再発防止策を策定すること，慰謝料を遺族に支払うこと等であった。

ック企業規制のためには，恒常的に企業活動のあり方をチェックすることが必要である。

4 ブラック企業規制の成功事例

　この企業活動のあり方，企業による労働者の働かせ方を恒常的にチェックする社会関係が労使関係である。詳しくは次項で述べるが，ここでは簡単に労働者と使用者の間に成立する，働き方・働かせ方に関わる諸関係を労使関係とし，この問題を扱う学問領域を労使関係論とする。

　現在，多くの人々にとり，労使関係および労使関係論への関心が低い背景には，労働組合組織率の低下，それによる労働組合そのものへの関心低下がある。しかし，資本主義社会において，職場規制を恒常的に行い，ブラック企業を規制するのは労働組合であり，労使関係である。

　労働組合が効果的に機能している企業では，労働組合の職場規制，働き方規制が機能し，労働者にとって働きやすい職場，つまり「ホワイトな職場」が実現することになる。近年，労働組合の力により，労使関係を通して，ブラック企業を「ホワイトな」職場に変えた事例を例示する。

　2006年，ブラック企業として有名であった大手牛丼チェーン企業の労働者数名は，自らの解雇事案をきっかけに労働組合に加盟し，労働運動を始める。この労働組合は，企業との団体交渉の中で，解雇を撤回させることに成功するばかりでなく，これまで払われてこなかった未払い残業の支払いも獲得する。このことが話題となり，多くの労働者がこの労働組合に加盟し，自らの残業代を当該企業に請求するようになる。その額は2年間で数億円にのぼるといわれた。

　しかし，この企業は，2007年には一転して団体交渉を拒否し，未払いの残業代支払いを拒否した。そのため労使関係は対立的な関係になる。この事態に対して，労働組合は団体交渉拒否の不当労働行為として**労働委員会**に提訴した。労働組合は，2012年12月に労働委員会の和解勧告もあり，この企業と和解し，2013年3月に7年ぶりの団体交渉を開催した。再開された団体交渉を通して，「ワンオペ」の解消など労働条件の改善が進展し，現在も労働組合によって恒常的な働き方のチェックが行われている。

　このように，ブラック企業規制にとって重要なことは，次の2点を「車の両輪」として機能させることである。「車の両輪」とは，「労働法による法的規制」と，「労働組合，労使関係による職場規制」である。この両輪を欠いて，十分なブラック企業規制，働き方・働かせ方規制はできない。しかし多くの人々は，法的規制のみを念頭に置き，労使関係による規制を十分認識していない。

▷3　推定労働組合組織率の推移をみると，1950年では，50％を超えていたものが，その後低下を続け，2017年には17.1％になった。つまり，1950年では，働くものの過半数以上が労働組合に加盟していたが，2017年には5人に1人を割り込むことになった。より詳しくは，Ⅳ-7「低下する労働組合組織率とその背景」において説明している。

▷4　この牛丼チェーン企業は，いわゆる「ワンオペ」，深夜帯を中心とする時間帯に1人の労働者によって店舗運営を行い，休憩時間さえとれない働かせ方によって有名であった。

▷労働委員会
⇨Ⅳ-9「労働委員会の役割とその機能」

Ⅳ 労使関係

 個別的労使関係と集団的労使関係

1 労使関係における2つの主体

労働基準法第1条第2項は「この法律で定める労働条件の基準は最低のものであるから，労働関係の当事者は，この基準を理由として労働条件を低下させてはならないことはもとより，その向上を図るように努めなければならない」と定めている。このように，労働基準法は，労働基準の最低限を定めているだけで，それを上回る労働条件については，法律でなく「労働関係の当事者」によって決定される事を想定している。

▷労働時間
⇨Ⅱ-4「日本の労働時間制度」

わかりやすく述べると，労働基準法は**労働時間**の上限に関して，1日8時間週40時間労働を定めている（第32条）。それを超えて使用者が労働者に労働させた場合には，使用者は25％割り増しの賃金を支払わなくてはならない，と定めている（第37条）。例えば，時給1000円ならば，時給1250円を支払わなくてはならない。

これはあくまでも最低限の基準であり，「労働関係の当事者」によって合意されるならば，35％割り増しでも，50％割り増しでも問題ない，ということを意味している。つまり，8時間を超えて労働した場合には，時給1000円ならば，時給1350円でも時給1500円でも問題ない。むしろ，労働基準法は労働条件の「向上を図るように努めなければならない」と推奨さえしている。この「労働関係の当事者」とは，誰のことであろうか。この当事者とは，労働力という商品の販売者たる労働者とその購入者たる使用者の両者である。

▷1 ⇨Ⅳ-8「三者構成原則と産業民主主義」の項も合わせて参照のこと。

このように，労働条件の決定は，まず第一義的に「労働関係の当事者」によって決定されるべきであり，国家は最低限の水準を規定するべきであるとする立場を「労使自治（ボランタリズム）」という。この労使自治の立場では，国家は労使関係の後景に引いて，労使関係の主体は労働者と使用者であるべきとされる。

2 労使関係と労働三権

この労働力の販売と購買をめぐる関係，労働者と使用者の間において，販売・購入された労働力の使用のあり方，つまり労働者の働き方をめぐる関係が労使関係である。この具体的内容は，使用者による労働者の「雇入（雇用）」や「解雇」「賃金」「労働時間管理」「要員管理」「作業スピード管理」「出退勤

管理」「作業量管理（ノルマ）」などの労務管理である。この労働条件をめぐる労使間の「合意・妥協」と「緊張・対立」を扱う学問領域が労使関係論である。

　この労使関係を取り巻く法的関係が，労働法体系であり，その中心には労働三権を定めた日本国憲法第28条がある。この労働三権は，使用者でなく労働者にのみ，団結権，団体交渉権，団体行動権（スト権）を認めている。労働者が団結し，団体交渉で使用者と自らの労働条件を交渉し，場合によっては**ストライキ**を実施する，労働三権を具体化した組織が労働組合である。

3　労使関係と資本主義社会

　労働力の販売と購買が全面化する社会が資本主義社会である。この資本主義社会において，一方の側に労働力の販売でしか生活できない労働者と，他方の側にその労働力を購買し日々労働者を働かせ企業活動を行う使用者とが，再生産される。労働者はなるべく日々の作業を楽なものにしようと，つまり労働負担を軽くしようとし，他方使用者はなるべく重い労働負担を労働者に課そうとする。労働者は使用者に労働力を買ってもらわないと生活できないが，他方，使用者は労働者に自らの指揮下で労働してもらわないと日々の生産活動を実行できない。このように労使関係は，労働者と使用者という2つの主体の間における，相互対立関係と相互前提関係の二面的な関係である。

4　個別的労使関係と集団的労使関係

　労使関係は，労働者個々人と使用者との関係である個別的労使関係と労働者集団と使用者との関係である集団的労使関係に分けられる。個別的労使関係は，労使関係の最も原初的な関係であり，労働者個々人と使用者の取り結ぶ労使関係である。個別的労使関係では，労働者の交渉力は使用者に比べてあまりにも弱い。つまり，賃金，労働時間，作業量（ノルマ）の多寡などは，使用者の意図が優先され，労働者はしばしば低賃金，長時間労働を強制されやすい。ブラック企業がその典型例であろう。

　個別的労使関係には，このような弱さがあるために，労働者にだけ労働三権を中心とする労働法の保護が与えられている。この法的保護のもとで労働者は労働組合を結成し，労働組合のもとに団結することを通して，使用者と対峙する。このような，個別労働者でなく集団的に組織された労働組合と使用者との関係が集団的労使関係である。

　近年，この労使関係および労使関係論への関心が非常に低い背景には，労働組合組織率の低下がある。そのため，使用者側の影響力が強くなり，労働者側の影響力が低下した結果，労使関係がバランスを欠き，現実の労働問題，ブラック企業問題への規制力が低下しているといえる。

▷**ストライキ**
労働争議や同盟罷業とも呼ばれており，労働条件の維持・向上その他の目的を実現するために，労働者が集団で業務を停止することである。正当な手続きを経て実施されたストライキによって発生した使用者の損害について，労働組合は刑事責任だけでなく民事上の責任も問われない。

▷2　労働力の販売と購買が全面化していない社会も存在していた。例えば，江戸時代は封建制であった。江戸時代において，農民は土地に縛られ職業選択の自由はなく，労働力の自由な販売はできなかった。農民の作った米（生産物）は，年貢（封建地代）として，徳川将軍や大名（封建領主）に納められていた。⇨序-3「社会政策の歴史的展開」，Ⅰ-1「賃金とは何か」も参照。

Ⅳ 労使関係

3 産業別労働組合と企業別労働組合

1 集団的労使関係における主体としての労働組合

　集団的労使関係のもとにおいて，主体としての労働者は，労働者個人でなく，組織された労働者，労働組合として現れる。労働組合は，資本主義社会のもとで自らの労働力を売ることでしか生計を立てられない労働者たちによって結成された組織である。その目的は，第一に自らを含めた共に働く仲間たちの労働条件維持・向上である。

　そのための手段として，労働者は団結し（集団としてまとまり），お互いに賃金の安売りをしないように，労働者間における競争を規制しようとする。さらに，社会保障制度の充実，労働法の充実，民主主義の擁護や平和の希求など政府に対する政治要求をかかげ，広く労働者階級の政治的地位向上のために労働組合は運動するようになる。

2 職業別労働組合と産業別労働組合

　労働組合の発展に伴って，労働組合組織にもその特徴を認めることができるようになる。歴史的にみて，労働組合の成立した最も初期に構築された労働組合組織形態が，職業別労働組合（クラフト・ユニオン）である。職業別労働組合は，旋盤工や仕上工など非常に高い熟練技術をもった熟練工によって組織された労働組合である。この熟練工達は自らの技能を根拠に，賃金・労働時間・作業量などを使用者（発注主）に認めさせて，自らの労働条件を守った。

　しかし，19世紀末の資本主義の技術革新によって，熟練は解体させられ，最小限の訓練を受けた半熟練工や未熟練工，一般労働者にとって代わられたことから，職業別労働組合から産業別労働組合への転換が進むことになった。

　産業別労働組合は，特別な熟練・技術を持たない一般労働者によって組織された労働組合組織形態である。典型例として自動車産業を例にとって説明すると，**図Ⅳ-1**にみられるように，使用者はＡ自動車，Ｂ自動車，Ｃ自動車と別れても，その下で働く労働者は横断的に全国自動車産業労働組合に組織されている。この企業横断的な労働組合組織形態が，産業別労働組合である。

　この産業別労働組合は，たとえ職場（使用者）が変わったとしても，同じ仕事をしている労働者には同じ賃金を求める**「同一労働同一賃金」**を要求する。また，Ａ自動車会社，Ｂ自動車会社，Ｃ自動車会社の間は，熾烈な資本間競争

▷1　その職場規制の内容は，日々の労働の強度，労働時間，ノルマ（仕事量）の量，ベルトコンベアのスピード等，要員配置など多岐に及ぶ。このことを労働組合による職場規制と呼ぶ。

▷2　19世紀なかばに，イギリスにおいて成立した合同機会工組合（Amalgamated Society of Engineers）がその典型である。
⇨ Ⅲ-9「雇用・失業と社会政策の役割」
▷3　この職業別組合は，労働組合の原初的形態であり，「自らの労働力を売ることでしか生計を立てられない労働者達によって結成された組織」というよりも，特別な技術をもった熟練労働者たちによって作られた組合であるといえる。
▷同一労働同一賃金
⇨ Ⅰ-6「同一価値労働同一賃金の原則」，Ⅰ-10「「働き方改革」と賃金」

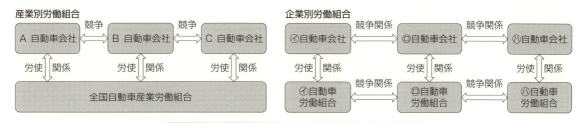

図Ⅳ-1　産業別労働組合と企業別労働組合との組織形態相違

が横たわっているが，その競争関係は産業別労働組合の中には，反映されにくく，労働者間競争の防止，「同一労働同一賃金」要求を貫徹しやすい組織形態であるといえる。現在でも，アメリカやヨーロッパではこの産業別労働組合が主要な労働組合組織形態となっている。

3　日本社会を特徴付ける企業別労働組合

戦後日本の労働組合組織形態は，図Ⅳ-1にみられるような，企業別労働組合であるといえる。この企業別労働組合は，産業別労働組合のように企業横断的に労働組合を組織するのでなく，企業ごとに労働組合を組織する点に特徴を持つ。この企業別労働組合において，イ自動車会社，ロ自動車会社，ハ自動車会社の間にある資本間競争が，イ自動車労働組合，ロ自動車労働組合，ハ自動車労働組合の間に反映しやすく，その代わり，使用者と労働者の間に成立する労使関係が「協調的労使関係」として成立しやすいという特徴を有する。さらに産業別労働組合が求めたような「同一労働同一賃金」要求でなく，企業別組合において，各企業の企業業績・支払い能力に応じた賃金要求になりやすい。

前項において述べたように，労使関係は労働者と使用者という2つの主体の間における，相互対立関係と相互前提関係の二面的な関係である。高度経済成長期では，企業別労働組合という組織形態において，「労働組合は，企業の業績拡大に協力し，その成長の分け前を分配してもらうための組織」という企業主義的な意識に親和的な組織形態であった。

しかし，現在のような低成長，デフレ経済下において，この企業別労働組合組織は，「解雇」，「自主退職」，「賃金カット」などの労働者に対する不利な企業行動に対して，「働く仲間を守る」のではなく，「企業を守るために不利益を一部の労働者に押しつける」という行動をとりやすく，労働組合としての弱点も露呈することになっている。そのため，企業の外部に組織されている個人加盟の労働組合に対する注目が集まっている。

▷4　⇨Ⅳ-10「労使関係の形骸化と個人加盟ユニオン」

IV 労使関係

4 戦後労働組合が築いた到達(1)：年功賃金

1 年功賃金とは何か

　戦後，集団的労使関係の1つの主体である労働組合によって築かれた到達に年功賃金がある。図IV-2は，男性正社員（男性標準労働者）の年功賃金の「上がり方」を示している。この年功賃金の特徴は，20歳前後の出発点では，家族を持たない単身者賃金として出発し，結婚，出産など，ライフ・ステージに応じて昇給し，子女の学費を支払う50～54歳をピークに，その後低下する点にある。このように年功賃金は，男性労働者及びその家族の生活を維持する事を特徴としており，そのことを生計費原則と呼んでいる。

2 年功賃金の前身

　明治期の日本労働市場は「渡り職工」と呼ばれるほど流動性の高い市場であった。そのため長期雇用を前提とする年功賃金の成立条件は存在しなかった。日露戦争後，大工場において養成工制度がはじまり，彼らの移動を防止するための施策が開始された。そして第二次世界大戦中に賃金統制の形で，年功賃金の前身が形成された。その背景には，「皇国の産業戦士」のため生活給を保障するという思想があった。

3 年功賃金の出発点としての電産型賃金

　電産型賃金とは，1946年に日本電気産業労働組合（略称：電産）によってかかげられ，獲得された「生活給賃金（最低生活保証賃金）」のことであり，現在まで続く年功賃金の直接的な出発点となっている。電産型賃金の内容は，支給される賃金の80％を「生活保障給」とし，年齢と家族数によって決定され，使用者からの査定，男女差さえも排除した客観的な基準である。残りの20％部分の中に，労働者個人の能力，熟練，勤続年数などを基準とする「能力給」が含まれている。

　この電産型賃金は，餓死者さえも出した戦後の混乱期に，安定的な生活保障の機能を賃金に求める電力労働者達の要求を出発点に，その基準を詳細な生計費調査に基づき作られた賃金制度であった。この電産型賃金実現の要求をかかげ，電産は使用者との団体交渉に臨むも，使用者は，当初この要求を拒否し，労使交渉は決裂した。

▷1　年功賃金は年齢と勤続年数によって自動昇給する賃金制度でなく，個人査定による能力主義的な賃金でもある。さらに，女性労働者や非正規労働者はこのような昇給カーブをとらず，低額であり，差別を内包した賃金制度であるといえる。

▷2　この考え方を最初に指摘したのは，呉海軍工廠の伍堂卓雄であった。彼は生活給を考慮しない従来の賃金制度を「労働者の思想悪化（共産主義化）」の原因として批判し，年齢とともに賃金上昇のある賃金制度を望ましいとした。

▷3　より正確に記すならば，電産の成立は産業別労働組合への改組と同じ，1947年5月である。1946年当時は，日本電気産業労働組合協議会（略称：電産協）であった。

▷4　⇒IV-9「労働委員会の役割とその機能」

▷5　電産はその後産業別労働組合への変更を遂げ，「輝ける電産」と呼ばれるように，日本の集団的労使

電産は自らの要求を実現するべくストライキに打って出て，5分間という短時間ながら全国の電気を停止させるという戦闘的なストライキを行った。このような事態にGHQも驚き，使用者側は折れ，中央労働委員会の仲介もあり，電産型賃金を受け入れた。その後，この電産型賃金制度は，日本企業の多くの賃金制度として，広く受け入れられ，現在の年功賃金制度の直接的な出発点となった。

この年功賃金制度は，経済学者，企業経営者や政府によってのみ作られた賃金制度でない。確かに戦前に形成された年功賃金の前身は，総力戦体制遂行のために政府によって作られた一制度であった。しかし，戦後における直接の出発点は，集団的労使関係の主体の1つである労働組合，その組合員である労働者からの要求であった。戦後の混乱期，生活費の保障を賃金に求めた労働者は，自らの要求を，労働組合を作り（団結権），団体交渉によって（団体交渉権），ストライキに打って出て（行動権），まさに労働三権を活用して実現したのである。

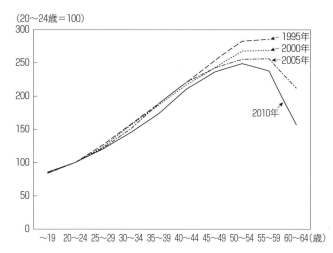

図Ⅳ-2 男性標準労働者の年功賃金カーブ

（注）1．標準労働者とは，学校卒業後直ちに企業に就職し，同一企業に継続勤務していると見なされる労働者のこと。
2．数値は，産業計の男性労働者による所定内給与を中学卒，高校卒，高専・短大卒，大学卒をそれぞれのウェイトで合算し，学歴計としたもの。

資料出所：厚生労働省「賃金構造基本統計調査」を基に厚生労働省労働政策担当参事官室にて推計
出所：厚生労働省編『平成23年労働経済白書』2011年，231頁。

4 掘り崩される生計費原則

その後，年功賃金は，使用者によって，**より成果主義的賃金**制度に変化させられ，個人別査定を通して「総額人件費管理」のもと，企業の支払い能力に従属させられることになった。図Ⅳ-2をみると，95年から不況の深刻化・長期化にともない，50歳以上の賃金額が大きく減少していることが分かる。これは，年齢の高い労働者ほど比較的「高賃金」であり，賃金カットの主要なターゲットとなったことの反映である。

本来であれば，労働組合はこのような賃金カットに反対しなければならないが，「企業経営への協力」が過度に進んだ企業別労働組合は，反対行動をとらなかった。そのため，生計費原則は掘り崩され，1990年代後半以降，労使関係の形骸化が進展し，労働運動の主体の低下が指摘されるようになった。その象徴的な問題が，労働者に劣悪な労働条件を押しつけるブラック企業の拡大であろう。

関係，労働組合運動の中心として活躍し，労働条件向上を実現した。しかし，GHQとの対立さえ辞さなかった電産は，日本国政府，経営者団体から主要なターゲットとされた。政府・財界は，強力な産業別労働組合である電産と対決するために，1951年に現在の東京電力，関西電力などからなる電力事業の9分割を実施した（現在は沖縄電力を含む10社体制）。そして，翌52年に，それまでの統一交渉を拒否し，各電力会社との交渉をするように産別に要求した。電産は，ストライキもふくむ激しい抵抗をしたものの，電産内部の対立もあり，最終的に敗北し，1956年に電産は実質上解体した。

▷**成果主義賃金**
⇨ Ⅰ-5 「賃金体系の変遷」

Ⅳ 労使関係

5 戦後労働組合が築いた到達(2)：終身雇用（長期雇用慣行）

1 終身雇用（長期雇用慣行）とは何か

初学者，特に大学生に「終身雇用（長期雇用慣行）とは何か」と問うと，「一度就職したら，能力がなくても，犯罪でも犯さないかぎり解雇（クビ）にならないことです」と答える。このような理解に対して，これまでの研究において，1980年代に，大企業で終身雇用（長期雇用慣行）の適用される労働者の割合は，大卒者で半数程度，高卒者で40代以上は3割に満たないと明らかにされている。さらに，中小企業ではより頻繁な離転職がみられ，女性労働者では結婚・出産を機に退職することはよくあった。つまり，終身雇用（長期雇用慣行）とは，大企業の一部，男性正社員においてのみ確認された雇用慣行であったといえる。問題は，なぜ一部の人々にしか適用されてこなかった雇用慣行を，日本において一般的な慣行であるとみなしてきたかである。この背後に，①判例法理を中心とした法的関係，②労使関係の与えた影響がある。

2 終身雇用（長期雇用慣行）をめぐる法的関係

2003年に労働基準法の改正が行われ（2004年施行），第18条第2項に不合理な解雇を禁止する「解雇権濫用法理」がはじめて明文化された。裏返すと，2004年まで，不合理な解雇を禁止する明文化された法的根拠はなく，判例法理によって不合理な解雇は実質上禁止されていたのである。

この解雇権濫用法理に影響を与えた判決として，東京地裁において1955年の横須賀米軍基地事件，1969年シンガー・ソーイング・メシーン事件などがあった。そしてこの解雇権濫用法理が最高裁において，1975年に日本食塩事件，77年に高知放送事件において確立した。判例法理とは，裁判所の各判決の積み重ねによってつくられた判断の枠組みのことである。

このように，終身雇用（長期雇用慣行）は，2004年まで明文化された法律でなく，判例によって法的根拠を有していた。なぜこのような判例が積み重なることになったか，それが重要である。この背景には，解雇された労働者があきらめることなく，不当解雇であると裁判に訴え，さらに労働組合がその裁判を支援し，社会的な問題に拡大したことが指摘できる。つまり，労使関係において労使紛争を起こし，その解雇の正当性を司法で争ったのである。仮に，労働者が泣き寝入りしたならば，これらの判例は生まれなかったであろう。その意

▷1　終身雇用概念とは，2003年の労働基準法までそのルールは明文化されてこなかった。それゆえ，終身雇用は「制度」でなく，「慣行」であったといえる。そのため正確には「長期雇用慣行」として議論されている。本項では，わかりやすさを優先するために「終身雇用（長期雇用慣行）」と表記した。なお，この解雇権濫用法理は現在，労働契約法第16条に移されている。

▷2　1979年東京高裁において東洋酸素事件の判決がだされた。この判決は後に整理解雇の4要件として確立する重要判例の1つとなった。整理解雇の4要件とは，①人員整理の必要性，②解雇回避努力義務，③被解雇者選定の妥当性，④協議・説明義務のことであり，この4要件を満たさない整理解雇は無効とされる。

味において，労使関係は新たな「慣行」，社会規範，新たな法的関係を生み出した原動力であったといえる。

3 労使紛争から生み出された終身雇用（長期雇用慣行）

新たな社会規範，法的関係を生み出した代表的な労使紛争として，戦後直後の自動車産業を事例としてみてみる。1946年の戦後の混乱期に，トヨタ・日産において労働組合が結成された。そして，48年にトヨタ・日産・いすゞの労働組合を中心にして，産業別労働組合の「全日本自動車産業労働組合（略称：全自）」が結成された。

この労働組合の組織的強化に対応するために，労使関係の一方の主体である使用者も「経営者よ，正しく強かれ」のスローガンのもと，「日本経営者団体連盟（略称：日経連）」を同年48年に結成した。さらに，1949年にはデフレ政策，いわゆる「ドッジ・ライン」が実施され，経営者は労働組合に対して，労働者の解雇や職場秩序の変更などを要求するようになった。

このような状況の中で，49年には日産において，50年にはトヨタにおいて，賃金カットと大規模な解雇が使用者から発表された。全自日産分会，トヨタ分会，いすゞ分会とも「共同闘争委員会」を組織し，産別労働組合としてストライキを含めて激しく闘った。しかし，労働組合内の内部対立もあり，争議には敗北し，解雇を受け入れざるを得なかった。最終的に，54年に産業別労働組合としての全自は解体し，トヨタ・日産・いすゞともに労使協調路線を掲げる企業別労働組合に再編され，現在に至っている。

1950年代はこのような解雇をめぐる労使紛争が頻発した。これらの大規模な労使紛争を通して，経営側は「解雇は高くつく」ということを学んだ。さらに産業別労働組合側を切り崩すために，労働者に対して「企業経営に積極的に協力するならば，解雇はなるべく避けるようにし，企業業績成長の成果を賃金上昇として報いる」と提案することになった。労働組合側はこの提案を受け入れ，労使協調路線を掲げる企業別労働組合がこれ以降主流の労働組合組織形態となり現在にまで至っている。

戦後直後の大きな労使紛争を経験した日本社会において，労使関係レベルにおいて解雇をなるべく回避する協調的労使関係が1960年代に主流の労使関係となった。そしてこの協調的労使関係の成立を前提として，これを追認する法的判断，解雇を制限する判例が相次いでだされ，解雇権濫用法理が成立した。ここに，終身雇用（長期雇用慣行）は成立したのである。この終身雇用（長期雇用慣行）成立の背後には，労働者の権利を守ろうとする労働組合の運動があった。さらに別の側面からみると，高度経済成長の開始があり，経済成長の成果を賃金上昇として受け取る協調的労使関係がより説得力をもったといった点も見逃してはならない。

▷ドッジ・ライン
GHQの経済顧問であったJ. M. ドッジが行った財政・経済政策。インフレ対応のための緊縮財政，税制改革を内容とする。日本経済の自立と安定をめざすとされたが，激しい合理化と不況の中で国民生活は困難に陥った。

▷3 他にも代表的な労使紛争として，九州の炭鉱を舞台にした三井・三池争議がある。

▷4 このことを象徴する宣言が1955年に設立された日本生産性本部の「生産性3原則」である。この第1原則は「生産性の向上は，究極において雇用を増大するものであるが，過渡的な過剰人員に対しては，国民経済的観点に立って能う限り配置転換その他により，失業を防止するよう官民協力して適切な措置を講ずるものとする」と宣言している。

▷5 この場合の「解雇をなるべく避ける」とは，あくまでの企業の求める能力主義的管理についてこられる労働者だけを対象にしており，ノルマの水準，ベルトコンベアのスピードについてこられない労働者は，「自主退職」という形で，企業から「排出」されていった。

Ⅳ　労使関係

春闘と溶解し始める労使関係

1　春闘とは何か

春闘とは，1955年に始まる企業別労働組合またはその連合体である「**単産**」によって，時期を同じくして一斉に行われた賃上げ交渉のことである。1955年には，炭労・私鉄・電産など5つの「単産」によって開始された。翌56年には**公務員労働組合**も参加して規模が拡大し，60年には410万人以上が参加する大きな運動へと発展した。

この春闘の目的は，多くの企業・産業において賃金交渉を同時期・一斉に行うことで，景気のいい企業・産業での「大幅賃上げ」を他の企業・産業に波及させ，全産業での賃金上昇実現をめざすことであった。

2　春闘の果たした役割

1960年以降，高度経済成長の本格化とともに，若者を中心とする人手不足，労働市場の逼迫状況を背景とし，10％を超える賃上げが春闘を通して獲得されるようになってきた。この春闘を通して，景気のよい大企業の賃上げが他の大企業に波及し，さらに大企業の賃上げが労働組合に組織されていない労働者の多くいる中小企業や公務労働者ばかりか，**生産者米価**の決定への影響を通して，農民層の所得向上にまで波及した。このように，労働組合は，春闘を通して労働者側の交渉力を高め，労使交渉によって大幅な賃上げという形で高度成長の「果実」を獲得した。

戦闘的で対立的な労使関係でなく，「企業経営に積極的に協力し，企業業績向上の成果を賃金上昇として獲得」することを掲げる協調的労使関係，企業別労働組合も，この当時において，大幅な賃金上昇を実現し，多くの労働者の信頼を勝ち得ていたといえよう。もちろんその背後には，高度経済成長のもとでの物価上昇があるが，それだけでなく，賃上げを求める多くの労働者の要求を労使関係の中で，労働組合が代表し，要求したことから始まっている点を見逃してはならない。

3　溶解し始める労使関係

労使関係は労働者と使用者という2つの主体によって構成されている。主体としての労働者・労働組合は使用者からの要求，例えば労働時間，作業スピー

▷**春闘**
⇨ Ⅰ-9「賃金闘争：春闘の過去・現在・未来」

▷**単産**
「単産（単一産業別組合）」とは，企業別労働組合の緩やかな連合体であり，ストライキ実行の決定など実質的な決定権を「単産」を構成する企業別労働組合が有している。本来的な意味での単産（単一産業別組合）において，ストライキ等に関する重要な意志決定を上部組織である単産が行い，下部の企業ごとの組織は「分会」と呼ばれる。

▷**公務員労働組合**
日本官公庁労働組合（略称：官公労）は，1946年に設立された公務員労働組合の協議機関であり58年に解散した。官公労という呼び名は，その後も民間労働組合に対する官公庁の労働組合の総称として現在も使用されている。

▷**生産者米価**
1942年に制定された食糧管理法のもとで，農家の作った米を政府が一定額で買い入れる価格のことを生産者米価と呼んだ。米作農家の所得保障・農家保護のための政策であり，必然的に消費者米価を引き上げるように作用した。2004年に廃止された。

ド，作業量（ノルマ）などの労働強化要請に対して，場合によっては労働者の生活と労働条件を守るために「抵抗」，「拒否」する。この自主的な判断ができるかどうかが，労使関係において労働者・労働組合の主体として自立する条件となる。

しかし，現在労使関係への社会的関心が薄れている背景に，労働者・労働組合側の主体の希薄化による，労使関係の溶解があるといわれている。なぜ，このような労使関係の形骸化が生じているのであろうか。それまで機能していた「企業経営に積極的に協力し，企業業績向上の成果を賃金上昇として獲得」するという企業別労働組合の行動原理にその原因があるといえよう。

1970年代に入り，**オイルショック**を契機として世界的に高度経済成長は終焉し不況に突入した。そのため，企業別労働組合の行動原理を支えた前提条件であった経済成長が崩れ，企業別労働組合にとって，「企業業績向上の成果を賃金上昇として獲得」することが困難になった。さらに企業別労働組合は不況を乗り切るために，「企業経営への積極的な協力」を続けざるを得なかった。しかし，このことは企業経営協力への過度の傾注を招き，労使関係の一体化，労働組合の主体の希薄化を招くことになった。この問題が最も象徴的に表れたのが，1980～90年代における**自動車産業の労使関係**であった。

❹ トヨタ生産方式と労使関係

1980年以降，日本自動車産業が世界的なリーディング産業に成長するに伴い，注目されるようになったのがトヨタ生産方式とそれを取り巻く労使関係であった。トヨタ生産方式は，「**ジャスト・イン・タイム**（JIT）」を中核概念とするフレキシブルな生産体制を特徴としている。

このトヨタ生産方式を実現するためには，労働者は高い労働負担を負わなくてはならない。具体的には，夜勤を含めた交代勤務，多くの作業をこなす「多工程持ち」への対応，そして非常に早いラインスピードに労働者は対応しなくてはならない。労働者はこのような高い労働負担に対して，当然不満を抱く。通常ならば，組合は労働負担の軽減を，労使交渉を通して使用者に求める。

しかし，「企業経営への積極的な協力」が行き過ぎた結果，労働組合は，むしろ労働者に現在の経営状況を伝え，この労働負担を「受容」するように説得さえするようになったのである。その結果，トヨタ生産方式がもたらす労働負担に耐えられない労働者は，企業を退職し，職場を去ることになった。本来的に，労働組合は労働者の利害を守るための組織であったはずが，「企業への積極的な協力」が行き過ぎた結果，職場での規制力を失い，労働組合としての自主性それ自体が揺らぐようになってきた。ここに労使関係の溶解が議論されるようになったのである。

▷オイルショック
⇨Ⅵ-4「日本型福祉社会論」

▷自動車産業の労使関係
この問題は，日本ばかりでなく世界的にも注目された。80年代日本自動車産業は，日本のリーディング産業であり，高い国際競争力を維持していた。その競争力の源泉として日本的労使関係への注目が集まった。マサチューセッツ工科大学の研究グループは，日本の生産システムを無駄のない効率的な「リーン生産システム」として，肯定的に評価する一方で，日本の生産システムを労働者に強い負担をかける生産システムとして批判的にみるアメリカ研究者たちもいた。

▷ジャスト・イン・タイム
JITとは別名カンバン方式とも呼ばれる。「必要なものを，必要なときに必要な量だけ造る」をスローガンに在庫を極力減らし，過剰在庫を防ぐことで，効率的な生産を目的としている。

IV 労使関係

低下する労働組合組織率とその背景

1 低下する労働組合組織率

図Ⅳ-3に示したように，日本の労働組合組織率（労働者に占める労働組合員の比率）は，戦後直後55％を超えたが，高度経済成長期には，約35％水準で推移した。しかし1975年の34.4％から，その後傾向的に低下し，2003年に20％を割り込み，17年には17.1％にまで低下した。この結果，労働者の5人にひとり，ないしは6人にひとりしか労働組合に加盟していないことになった。労働組合は，賃上げ要求や仕事量（ノルマ）や作業スピードに対する職場規制において，多くの労働者の団結によって実現しようとする。よって，労働組合組織率の低下は，賃金上昇や職場規制をかける力の低下を示している。

2 産業構造の変化

労働組合組織率低下の基礎的条件として，産業構造の変化がある。労働組合は，まず製造業などを中心とした第2次産業において発達した。しかしサービス業を中心とする第3次産業の拡大は，そこでの労働組合の組織化という新たな課題を提起していた。しかし，日本の企業別労働組合はその課題に十分対応できず，労働組合員の減少に苦しんでいる。

図Ⅳ-4に示したように，製造業をふくむ第2次産業は，戦後拡大し1992年に2200万人とピークに達し，その後，低下している。一方第3次産業は一貫して拡大している。これが労働組合組織率低下の基礎条件を作り出している。

さらに，第2次産業の縮小と第3次産業の拡大は，直接的生産部門に従事するブルーカラー労働者の減少とホワイトカラー労働者の増大にも関わっている。ホワイトカラー労働者は，直接的生産部門を管理する間接部門で主に労働に従事している。彼らの間接部門の管理に関する労働は，使用者，経営側の管理業務を部分的に担うことから，使用者，経営者としての意識に親和的になりやすく，労働組合と距離ができやすい。

3 女性・非正規労働者に対して「差別」を内包した労働組合

さらに日本の企業別労働組合の抱える弱点が，労働組合組織率を引き下げる要因となった。「定年男子55歳・女子30歳」「女性が結婚したら退職」「女性が出産したら退職」，このような女性差別を不法行為と断罪した判決が1966年以

▷ブルーカラー労働者
生産現場で働く肉体・筋肉労働者たちのこと。典型的には，大工，建設業従事者，工場の機械工などである。仕事でシャツが汚れるので，汚れが目立たないように青（ブルー）などの色の濃い襟の付いたシャツを着ることからブルーカラーと呼ばれる。オフィスで働く事務労働者や教師などは，汚れることが少ないので白い襟のシャツを着ることから，ホワイトカラーと呼ばれる。

▷1 女性労働については第Ⅶ章「男女平等」を参照のこと。なお，結婚退職を不法行為とした代表的な判例として，住友セメント事件（東京地判昭和41年12月20日）があり，女性定年差別については，東急機関工業事件（東京地判昭和44年7月1日）や日産自動車事件（最三小判昭和56年3月24日）がある。

▷年功賃金
⇨Ⅳ-4「戦後労働組合が築いた到達(1)：年功賃金」

▷2 「早期退職」や「自主退職」によって職場を去った中高年正社員の代わりに，生産現場を担ったのは，

降次々にだされ，1985年の男女雇用機会均等法制定へとつながった。裏を返せば，1966年まで，女性差別は職場において広く存在していた。さらに，本来的にこのような差別を職場から追放しなくてはならない労働組合は，残念ながら，女性差別を職場や組合内で半ば当然視していた。

女性差別を労働組合が当然視した背景には，先の**年功賃金**で述べた生計費原則という考え方がある。つまり，家族の生計費（生活費）を稼ぐのは男性労働者であり，その男性と結婚し男性に扶養される女性労働者の賃金・労働条件は男性よりも低位であっても問題ないとする考え方である。このように労働組合は，自らの中に差別を根深く有しているといえる。

④ 労働者からの信頼を失う企業別労働組合

このことをより深刻な形で明白にしたのが，2000年代初頭の電機産業を中心とした大規模な「リストラ」と労働組合の対応である。不況に直面し赤字に転落した大手電機メーカーは，1万人を超える「リストラ」を実施し，年

図Ⅳ-3 労働組合推定組織率の推移（1947-2017年）各年6月30日時点

(注) 1：1951年以前は単位労働組合員数を用いて計算されている。
2：パートタイム労働者の推計組織率は2012年までは旧定義，2013年分から新定義によるもの。2011年は作成されていない。
資料出所：厚生労働省「労働組合基礎調査」。
出所：日本労働研究・研修機構ホームページより（2018年11月22日アクセス）。

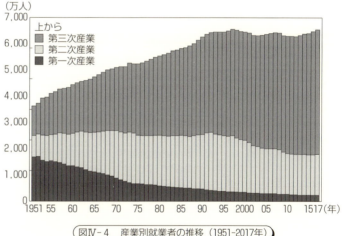

図Ⅳ-4 産業別就業者の推移（1951-2017年）

出所：日本労働研究・研修機構ホームページより（2018年11月22日アクセス）。

功賃金のもと，賃金の高い中高年労働者に「早期退職」「自主退職」をせまった。

本来であれば，労働組合は「共に働く仲間を守る」ために「リストラ」に抵抗しなくてはならない。ところが，日本の企業別労働組合は，「企業経営への積極的な協力」を優先し，抵抗するのでなく，「リストラ」に協力さえした。女性労働者への差別を克服できず，ついに男性中高年労働者の雇用の確保にも力を示すことのできなかった企業別労働組合は，労働者からの信頼を失い，労働組合組織率の傾向的低下に苦しむことになった。

低賃金の若年非正規労働者たちであった。これが2000年初頭から問題となった，フリーター問題である。企業別労働組合は，彼ら若年非正規労働者の労働条件には，関心をもたなかった。2008年リーマン・ショックを契機とした恐慌時に，非正規労働者は真っ先に解雇され，「年越し派遣村」に象徴されるように，ホームレス問題として現れた。

Ⅳ 労使関係

8 三者構成原則と産業民主主義

1 三者構成原則とは何か

ブラック企業への対応など労働問題に対する対応の仕方を大学生などに問うと，ブラック企業を見分け就職しないようにする「個人的対応」ないしは，「労働法や社会政策による法的・政策的対応」の返答が返ってくる。労使関係・労働組合での対応という発想はほとんどみられない。この背景には先に指摘したような労使関係の形骸化がある。

よってこれまでの叙述は，労使関係を強調し，わかりやすくするために，労働者と使用者の労働条件取引である労使関係，労使自治（ボランタリズム）を強調し，労働法や労働政策は後景として議論してきた。しかし，労働法，労働政策は重要な政策課題であり，同時にその第一義的な利害関係者は使用者と労働者である。よって，労働立法・労働政策立案過程の中に，労使関係，労使自治が組み入れることになった。

労働法，労働政策以外の立法過程では，立法府である国会が法律を制定する。しかし，労働立法過程は，法案を国会に提出する前に，労働政策審議会（労政審）での審議を経てから，国会に提出されなければならない。そして，この労政審の委員が，弁護士・大学教員など学識経験者からなる公益委員，使用者代表，労働者代表の三者から構成されなければならないと法的に規定されている。このことを三者構成原則と呼び，このように労使関係が労働立法過程の中に，国家の中に，制度的に組み込まれることを労使関係の制度化と呼ぶ。

2 三者構成原則の歴史的起源

この三者構成原則の歴史的起源は，1919年にベルサイユ条約第13編によって設立された国際機関，すなわち設立時にある。その設立時の組織原則が，政（公益）・労・使の三者構成原則であった。

ILOは1919年の設立時に採択されたILO憲章，および1944年5月に採択されたフィラデルフィア宣言において，労働条件の改善を通して，社会正義を基礎とした世界平和の確立に寄与することを謳っている。最も象徴的な文言はフィラデルフィア宣言1(a)「労働は，商品でない」や1(c)「一部の貧困は，全体の繁栄にとって危険である」であろう。このように，ILO憲章には，労働条件向上や貧困の撲滅を通して安定した社会を実現するという考えが明確に存

▷1 三者構成原則の法的根拠として，厚生労働省設置法9条は「厚生労働大臣の諮問に応じて労働政策に関する重要事項を調査審議すること」を労政審の所管事項と定めている。さらに労働政策審議会令3条は「委員は，労働者を代表する者，使用者を代表する者及び公益を代表する者のうちから，厚生労働大臣が各同数を任命する」と三者構成原則を定めている。
▷ ILO
⇒ 序-5 「「働き方改革」と社会政策」，Ⅴ-2 「社会政策における労働と生活」
▷2 日本は，公益委員，労働者代表，使用者代表で三者構成原則を形成するが，ILOもふくむ日本以外の諸国は，政府代表，労働者代表，使用者代表で三者構成原則を形成する。よって，「政（公益）・労・使」と表記した。

している。

　ILO憲章やフィラデルフィア宣言にこのような考えが反映されている背景には，1914年第一次世界大戦勃発，1917年ロシア2月革命，1929年世界恐慌，そして1939年第二次世界大戦の勃発がある。つまり，共産主義ソビエト，ナチス・ドイツや軍国主義大日本帝国に民衆・労働者の支持が集まった背景として，拡大する貧困やそれを放置する政治体制に対する民衆の不満があったと考えられたためである。そのために，ILOは労働条件向上による貧困の撲滅，資本主義社会の安定化を目的に，労働者の意見を取り入れるために，組織原則として政（公益）・労・使の三者構成原則を採用した。

　立法過程で三者構成原則がとられたのは次のような背景を有している。労使二者は本質的利害の相対立する集団であり，労使の利害対立を調整する存在を必要としている。さらに労使団体がすべての労働者と使用者を代表していない場合，労使の合意に反する行動をとるアウトサイダーが生まれる可能性を否定できない。そのために，労使間の利害対立を調整し，さらに労使間での合意事項を法的関係として強制力を持たせる存在，政府を加えて，三者構成原則となった。

　ここにおいて労使関係は，「個別的労使関係レベル」，「集団的労使関係レベル」と「国家をいれた政（公益）・労・使からなる制度化された労使関係レベル」に重層的に捉えられるようになる。

③ 三者構成原則と産業民主主義

　この三者構成原則に対して批判もある。その代表的なものは「労働組合の組織率は20％を割り込み，労働者全体を代表するどころか，女性労働者，非正規労働者を排除した男性正社員の利益しか代表していないではないか」という批判である。この批判は大事な批判であり，労働組合はこの批判に応え，女性・非正規・外国人労働者等を積極的に組織化し，働く者すべての利益を守るような組織にならなくてはならない。そしてブラック企業のような企業を追放し，豊かな労働社会を作るために運動しなくてはならない。

　豊かな労働社会を作るとは，言い換えるならば，産業民主主義の発達である。労働基準法は「労働条件の最低限」を規制する法律であるが，多様な労働のあり方，作業スピードや要員配置，生産目標（ノルマ）の設定水準などは，法律で規定できない。このような事柄に，労働者の発言権が保障され，その決定に労働者が参加できる。これが**産業民主主義**である。

　特に，現在ではグローバル化の進展に伴い，所得格差や社会の分断が進んでいる。この分断を背景に，排外主義的な政権が拡大しつつある。このような状況の中で労働組合は，豊かな労働社会，産業民主主義の復権を掲げ，平和で，安定した社会実現のために運動してゆかなくてはならない。

▷3　他の有力な批判に，「三者構成原則は議会制民主主義の決定をないがしろにしている」というものもある。これは「選挙で多数を占めた政党が，民意を代表しているので，その決定に従うべきであり，その決定を実行する上で，労使の意見を聞く必要はない」という批判である。この批判の背景には，民主主義を議会制民主主義のみで捉えようとする考え方がある。政権与党は，労働法の規制緩和による労働者保護機能の弱体化をもたらす法律改正も行ってきた。この点について，労働組合が政権与党を批判し，このような改革に反対するのは当然である。

▷**産業民主主義**
産業民主主義という用語は，1897年にウェッブ夫妻が『産業民主制論』を著して以降広がった。高級官僚，政治家，弁護士，大学教員等になることのない一般の労働者は，議会制民主主義の中では大きな発言権をもたない。しかし，自らの職場の中では，団体交渉を通して，彼らの発言権は保障されるべきであるとする考え方である。

Ⅳ 労使関係

9 労働委員会の役割とその機能

1 労働委員会とは何か

　国家による労使関係への介入は，制度的に労働委員会を中心になされている。労働委員会の目的は，「労働者が団結することを擁護し，及び労働関係の公正な調整を図ることを任務とする」と規定されている。労働委員会は，中央労働委員会と各都道府県ごとの地方労働委員会から構成されている。

　労働委員会制度は，1946年に施行された旧労働組合法を根拠に同年設立され，1949年の労働組合法の改正によって現在の制度となった。労働委員会の主な役割として，①不当労働行為救済に関する審査，②労働関係調整法に定められた労働争議調整事件に関する調整（斡旋〔あっせん〕・調停・仲裁），③2000年代初頭より始まる個別的労使紛争の斡旋がある。

　この労働委員会制度は，委員会構成に政（公益）・労・使の三者構成原則をとっており，労使自治を尊重し，労使の自主的な交渉促進の役割を果たしてきた。具体的には，団体交渉を無効化するような使用者の行為を不当労働行為として禁止し，行政命令で団体交渉を通して正当な労使交渉が行われるように強制し，基本的立場の異なる労使の利害を調整し，労使交渉の「仲立ち」をしてきた。団体交渉を前提にしているように，2000年代初めに個別的労使紛争の対応を始めるまで，労働委員会は集団的労使関係の紛争のみを扱い，個別的労使関係での紛争には対応してこなかった。

2 不当労働行為とは何か

　労働委員会は，労働組合からの申請を受け，使用者の行為に対して，労働組合法第7条にある不当労働委行為に該当するかどうかを調査する。不当労働行為とは，①不利益取扱と黄犬契約，②不誠実団交を含む団交拒否，③支配介入と経費援助，④報復的不利益取扱の4号からなる。

　これらの4号に該当する使用者の言動は，正常な団体交渉を妨げる不当労働行為として禁止されている。裏を返せば，歴史的に，使用者が労働組合活動を低下させるために，伝統的にとられてきた手法である。

3 労働委員会による調整とは何か

　労使関係は，労働者と使用者という2つの主体の間における，相互対立関係

▷1　①の不利益取扱とは，労働組合員であることや労働組合を結成しようとした事を理由として解雇や不利益な取扱をすることであり，黄犬契約とは，労働組合に入らないことを，雇用の条件にすることである。②の不誠実団交を含む団交拒否とは，正当な理由なく団体交渉を拒否することや，説明を拒否するなど団体交渉で誠実に交渉しないことである。③支配介入とは，労働組合の自主性を損なうような行動をとることであり，具体的には，使用者が労働者に労働組合から脱退するように促す言動などである。また経費援助とは，労働組合の活動に対して使用者から資金を援助することである。④報復的取扱とは，労働委員会に提訴したことを理由に，解雇等の不利益な取扱をすることである。

▷2　歴史的に注目を集めた調停案として，1946年10月11月に行われた電産争議と1959年から60年にかけて行われた三井争議での調停案が指摘できる。1946年電産争議では，中央労働委員会は労働組合に有利な調停案を作成した。しかし，当時の総理大臣吉田茂はこの調停案を批判し，結果としてこの調停は失敗に終わった。1959年の三池争議では，

と相互前提関係の二面的な関係である。よって，労使関係においては，常に「緊張・対立」と「合意・妥協」が繰り返されている。この労使関係において労働委員会は，労働関係調整法に基づき「斡旋」「調停」「仲裁」という3段階の調整を行う。

「斡旋」は，労働委員会が労使の間に入り，双方の話し合い，交渉をとりもつ調整方法である。「調停」は労働委員会が労使双方から主張を聞き取り，調停案を作り，労使合意を促す調整方式である。「仲裁」は，公益委員3名で構成される仲裁委員会をつくり，この仲裁委員会が労使双方を調査し，仲裁裁定を作成する。この仲裁裁定に対して，労使双方はこの仲裁に従い，不服や異議の申し立てもできないという強制力を有した調整方法である。

このように労働委員会は，労使双方の自主性を尊重する「斡旋」から強制力を伴う「仲裁」までの手段を用いて，労使関係の調整を行う。このような調整によって，不当労働行為を含めた申請の約70%が和解または和解を基礎とした申請取り下げとなり，救済命令が発動されるのは残りの30%程度である。

4 個別的労使紛争処理制度

2001年10月「個別労働関係紛争の解決の促進に関する法律」施行に合わせて，東京都・福岡県・兵庫県を除く道府県において，労働委員会による個別労使紛争に対する斡旋が開始された。集団的労使関係の形骸化によって，労働組合が労働委員会に申請する件数の低下と，不況の深刻化・長期化を背景に，「早期退職」「リストラ」などによって，個別的労使関係レベルでの労使紛争が拡大したためである。

個別的労使紛争の斡旋手続きは，三者構成の労働委員会で斡旋員を指名し，この斡旋員の元で労使双方から話を聞き，調整する。労使で合意ができるならば，斡旋成功となるが，労使合意が形成されない場合は，斡旋終了となる。

個別的労使紛争で問題となる労働問題は多岐にわたるが，「イジメ・いやがらせ」「パワハラ」「セクハラ」などに起因する解雇問題などである。労働組合の組織されている大企業において，大企業の企業別労働組合は，個別労使紛争を扱わない組合も多くあり，労働者個人の権利は十分に保護されていない。また，労働組合の組織されていない中小企業では，このような個別労使紛争は，近年特に多発しており，中小企業労働者は無権利状態におかれている。

労使合意が成立し，斡旋成功となった事例でも，その多くは10万円程度を受け取って，労働者は退職している。そもそも合意が成立せずに，斡旋終了となった事案も多い。やはり，労働三権の成立しない個別労使関係では，労働者の権利は著しく低下しており，労働者保護機能は制限されている。労働者の権利擁護のためにも，集団的労使関係の再構築が求められる。

中央労働委員会が会社側の示した指名解雇を追認するような調停案を示し，労働組合はこの調停案を拒否した。

▷3 労働関係調整法35条2項には「緊急調整」の定めがある。緊急調整とは，国民生活に重大な影響を与えるおそれのある争議に対して，争議の発動を50日間禁止するものである。この緊急調整は憲法規定である争議権を制限する事態であるので，1952年12月の炭労ストライキに一度発動されただけである。

▷4 地方労働委員会が発した救済命令などに不服のある場合には，15日以内に，中央労働委員会に再審査の申請ができる。中央労働委員会は，調査の後，地方労働委員会の処分の取り消し，これに代わる新たな命令を発令することもあり，また再審査請求を棄却することもある。この中央労働委員会の決定に不服のある場合は，裁判所に対して命令取り消しの行政訴訟を提起することができる。

▷5 東京都・福岡県・兵庫県は，労働委員会とは別の組織によって，個別的労使紛争解決制度を有している。そのため，労働委員会は個別的労使紛争を扱わない。同時期に，労働委員会ではない別の組織も，個別労使紛争解決のための制度ができた。その代表的なものに，各都道府県にある労働局が主管する個別労使紛争処理制度と，裁判所が主管する労働審判制度がある。取り扱う斡旋件数では，労働局の主管する個別労使紛争解決制度が最も利用されている。

Ⅳ　労使関係

労使関係の形骸化と個人加盟ユニオン

労働条件の悪化とブラック企業の登場

　労使交渉の対象は，これまでみてきたように，賃金，要員管理，労働密度，労働時間など多岐にわたる。大企業の企業別労働組合は，1970年代より，過度の「企業経営への積極的な協力」の結果として，労使交渉において労働者の権利主張を弱めるようになった。そのため，労働組合としての主体の弱体化，労使関係の形骸化が始まった。

　労使関係の形骸化は，賃金交渉の停滞，査定を通した賃金決定の個別化を招くことになり，賃金決定の基準を個別企業の支払い能力に従属させることになった。1990年代後半からの不況深刻化への対応として，大企業は「リストラ・希望退職・早期退職」を行い，多くの正社員が企業外へと排出され，実質上，終身雇用（長期雇用慣行）は大きく動揺することになった。

　2000年に入り，職場を去った正社員の代わりに，日本企業の労働現場には，大量の**非正規雇用**の労働者が雇用されるようになり，いわゆる**フリーター**問題が日本社会での主要な社会問題となった。職場に残った正社員たちは，恒常的な人手不足に直面し，1人あたりの労働時間の延長，つまり長時間労働が職場に蔓延することになった。この長時間労働の蔓延は，残業代の不払い，「**サービス残業**」問題を引き起こし，劣悪な労働環境の蔓延，ブラック企業問題の基礎的条件を作り出した。このように，1990年代後半以降，日本企業の職場は，労働条件の悪化に苦しむ正社員と低賃金や不安定雇用に苦しむ非正規労働者の拡大に直面することになった。

② 労使関係の形骸化の進展と「無権利状態の労働者」拡大

　このような現状に対して，本来であれば，労働組合は「リストラ」「人減らし」や「賃金カット」に反対したり，残業代の法律に基づいた支給を求めたり，要員増員を通して長時間労働の蔓延を防止したり，職場の中に賃金の低い非正規労働者の増大を防いだりしなければならなかった。しかし，大企業の企業別労働組合は，「企業経営への積極的な協力」のために，これらの反対運動を展開しなかった。それどころか企業別労働組合は，労働者個々人に降りかかる退職勧奨や長時間労働とサービス残業問題などに対して，「個人の問題であり企業別労働組合は対処しない」という態度さえとった。労使関係の形骸化が進展した。

▷非正規雇用
⇨Ⅲ-3「雇用形態の多様化と不安定就業」
▷フリーター
⇨Ⅲ-8「若者の雇用問題」
▷サービス残業
⇨Ⅱ-9「過労死・過労自殺の実態」

そのため，困難な事態に直面している大企業の正社員，中小企業・非正規・女性・外国人労働者など「無権利状態の労働者」が拡大することになった。これらの労働者の要求を基礎として，彼らの権利を擁護する個人加盟ユニオン運動が必要とされるようになった。

3 個人加盟ユニオンの役割と課題

このような労働者の拡大を背景に，80年代より注目を集めはじめた「新たな労働運動」が個人加盟ユニオンである。通常，職場で労働組合を結成しようとする場合，その職場で働く2名以上の労働者が必要である。1人しかいない場合，すでにその地域や職業を基盤に結成されているユニオンに個人加盟することで，労働組合としての活動が可能となる。これが個人加盟ユニオンの特徴である。

たとえ，その労使紛争の内容が個別労使紛争であっても，労働者は個人加盟ユニオンに加盟することで，集団的労使関係の枠組みで，労働三権の保護を受けながら使用者と交渉できる。この個人加盟ユニオンの活動は，非常に多くの労働争議を解決に導くとともに，場合によっては裁判を通して重要な判例を獲得してきた。

個人加盟ユニオンの課題は，活動基盤の不安定性である。個人加盟ユニオンに加盟している労働者は，自らの労使紛争の解決を契機に，ユニオンを脱退する。このようなことが頻繁に生じている。そのため，所属する組合員の数は一定せずに，不安定になる。組合員数の不安定化は，ユニオンの財政状況を不安定にし，組織としての活動自体を不安定にする。

4 労働運動再活性化のために

これまで議論してきたように，労使関係は年功賃金などをはじめとする，重要な雇用慣行や法律を新たに作り出す原動力そのものであった。その出発点は，よりよい労働条件を求める労働者たちの要求であり，一人では非力なので，集団でまとまり，労働組合を作り，使用者と交渉することであった。

しかし，現在，労働組合の組織率は低下し，労使関係の形骸化が進んでいる。そのため，労働条件の悪化，ワーキング・プアや貯蓄ゼロ世帯の増加などが問題となっている。このような問題を克服するために労働組合運動の再活性化が必要とされている。そのためのヒントになるのが，アメリカなどで注目されている，労働運動再活性化の試み，社会運動的労働運動である。社会運動的労働運動は，これまでかえりみられてこなかった女性やマイノリティを組織化の対象にし，「**ウォール街を占拠せよ運動**」などに影響を受け，直接行動主義を主要な戦術にしている点に特徴をもつ。その代表的な運動として，アメリカの「**最低賃金時給15ドル運動**」などがある。

▷1 2001年9月，京都地裁は，男女の賃金差別を訴える裁判において，実質的な「同一価値労働同一賃金」原則を認める判決を下した。この裁判を起こした原告は，個人加盟ユニオンに加盟し，労使交渉と同時に裁判を通して，男女の賃金差別是正のための運動を行った。

▷**ウォール街を占拠せよ運動**
2008年のリーマン・ショックによって，多くの労働者は仕事を失うなど困難な状況に直面した一方で，アメリカの金融業界は税金投入によって救済された。このことに抗議する若者たちが2011年9月に始めた運動が「ウォール街を占拠せよ」である。ウォール街占拠という直接行動主義戦術をとり，全米の注目を集めることに成功した。

▷**最低賃金時給15ドル運動**
アメリカで最低賃金時給15ドルを求める運動は，FF$15（Fight for $15）と呼ばれている。この運動によって，ニューヨーク州やカリフォルニア州では数年かけて段階的に最低賃金を15ドルに引き上げることが決定した。

V 社会保障

1 社会保障とは何か

1 「自立・自助」から社会保障へ

資本主義社会では原則として「自立・自助」（生活の自己責任）が貫徹している。「自立・自助」は，元々は封建的諸規制の撤廃を求めるブルジョアジー（産業資本家層）の自由権思想の一環として，「自由競争」概念とともに登場した歴史的概念である。しかし，封建制を打倒した後に政権を獲得したブルジョアジーは，労働者階級にも自分たちの理念を遵守するように求めた。こうして「自由競争」は資本主義の行動原理となり，「自助」は資本主義の生活原理となった。

しかし「自立・自助」原則の貫徹は，ヴィクトリア朝期のイギリスでフリードリヒ・エンゲルスが『イギリス労働者階級の状態』（1845年）の中で活写したように，悲惨な結果を招いた。労働者階級の側に強いられた労働苦と低賃金，失業と貧困，不衛生と病苦，希望の喪失と道徳的退廃といった諸矛盾が充満する社会になった。資本家に雇用されて賃金を得ること以外に生きる道を奪われた労働者は，資本家の言いなりになるしかなかった。資本主義社会の「自由」とは，「貧困への自由」でもあった。本来，人間を幸福にするために生産されたはずの社会的な富は，その大半が資本家階級によって独占されることとなった。要するに「自助」とは，資本家に独占・集中された富を用いていっそうの資本の蓄積を図るために，労働者に生活の自己責任を強いることであった。資本主義の歴史をふり返ると，資本家（今日では大企業）の力が強まった時代に，必ず「自立・自助」の礼賛が復活している。

社会保障は，こうした資本主義の原生的なあり方（「自立・自助」の貫徹）に対して，各方面から巻き起こった修正運動のベクトルとして，誕生したものである。各方面というのは，孤立分散していた労働者が団結して**労働組合**を結成し，人間らしい生活を送るために社会保障（生活の公的保障）を要求し始めたというだけでなく，ブルジョアジー自身の中に胚胎し始めた社会主義国家誕生への危機感や労働力それ自体の水準向上の必要性，宗教活動を起点とする慈善団体の活動の活発化等も，社会保障の成立に寄与した。資本家に独占されていた社会的な富（剰余価値）の一部が，社会保障という形態において労働者・国民に再分配されるようになった。

▷1　封建制の下では，富をもたらす源泉は土地であった。土地を所有する領主が農民に土地の利用権（占有権）を与え，農産物を生産させ，税（年貢）を徴収した。農民が土地から離れると，封建制それ自体が崩壊するので，農民の移動は禁じられた。また物資の移動も厳しく監視された。資本主義は，このような封建的諸規制を打破し，身分的自由・移動の自由・営業の自由を求めるブルジョアジーの運動から誕生した。資本主義は，機械等の生産手段を持つ資本家が生産手段を持たない労働者を賃金労働者として雇用し（労働力の商品化），商品生産を遂行し，利潤を獲得するシステムである。労働者は本質的にプロレタリアート（無産階級）であり，それが企業に雇われて働くしか労働者には生きる道がないことの理由である。

▷2　明治期の日本では，貧困救済に使われる税を「冗費」と呼び，無駄な出費と認識されていた。

▷労働組合
⇨第Ⅳ章「労使関係」

2 現代社会における社会保障の意義

前頁では，社会保障成立の歴史的根拠を示したが，基本的に資本主義が高度に発展した今も変わらない。しかし，現代社会は少し複雑な事情を抱えている。

一口に労働者といっても，所得水準において様々なレベルの労働者が存在している。所得の違いは貯蓄水準の違いにつながる。貯蓄の差は，様々な社会的事故から自らとその家族を守る耐性の違いや，老後生活の境遇の差に行きつく。うまくいけば「自立・自助」を完結できるかもしれない労働者と，それが最初から絶望的な労働者とが同時に存在している。このような階級内格差の拡大は，公的な生活保障を求める切実度に関して，温度差をもたらす。近年では，「**非正規労働者**」と「**正規労働者**」の関係として，また「一般労働者」と「中間層」の関係として，さらには「現役労働者」と「高齢者（退職した労働者）」の関係として把握されている。

ことに1980年代半ば以降，社会保障制度のあり方が垂直的な「剰余価値の再分配」から水平的な「賃金の再分配」へと顕著に変質させられてきたアメリカや日本では，誰がどの程度社会保障の負担をし，誰がどの程度社会保障の給付を受けるのかを巡って，対立的構造が浮かび上がっている。2012年に巻き起こった「生活保護バッシング」も，その背景には社会保障の負担と給付をめぐる国民内部の対立感情がある。しかし，そうした現象を表面的に理解しているだけでは，何も解決されない。正規労働者や中間層，現役労働者等の相対的安定層の視点から，非正規労働者や生活保護受給者，低年金高齢者等の社会的弱者に対して，さらなる自助努力を求めるという「就労自立」や「アクティベーション（活性化）」の諸施策が導かれることになる。

バブル経済の崩壊以降，日本では世帯の貯蓄率が徐々に低下してきたが，それでも日本は今も貯蓄大国である。2017年現在，1世帯あたりの純平均貯蓄額（貯蓄現在高から負債現在高を差し引いた金額）は1295万円であり，高齢者世帯に限定すると平均2200万円程度に達する。しかし，これだけの貯蓄があれば「自助」を完遂できるだろうか。

何らかの理由で仕事を失って無収入状態に陥った場合，1295万円の貯蓄で何年生活できるか，考えてみるとよい。夫婦と子ども2人の世帯では，せいぜい3～4年であろう。1295万円の貯蓄が貯蓄としての意味をもつのは，安定した雇用によって所得の中断や喪失が発生しないことが前提条件になっている。安定した雇用が急激に失われてきた日本で，社会保障制度の存在意義は大きくなりこそすれ，小さくなることはない。

正規労働者か非正規労働者かという相対的な区分を超えて，生存権を保障する社会保障の意義は普遍的である。富裕層以外の国民はすべて，この「共通の運命」（Common Lot）に支配されているのである。

▷非正規労働者と正規労働者
⇨Ⅲ-3「雇用形態の多様化と不安定就業」
▷3 資本主義の発展につれて登場した相対的に高賃金のホワイトカラー上層部を，一般のホワイトカラー層やブルーカラー層と区別して「中間層」と呼ぶ（ことがある）。アメリカでは国民共通加入の公的医療保障制度が存在せず，「中間層」は会社が加入する民間医療保険によって医療サービスを享受している。このために，貧困者に対する公的医療保障制度の確立に反対する政党（共和党）を支持する人が多い。

▷4 国家の租税制度等を通じて，富者から貧者に富が移転することを「所得の垂直的再分配」と呼び，同じような所得水準の階層内で富が移転することを「所得の水平的再分配」と呼ぶ。累進制を採用する所得税制に基づく社会保障制度は前者の典型であり，日本の公的年金制度や健康保険制度のように，階層ごとに制度が分立している社会保険制度は，後者の典型といえる。

▷5 自民党の衆議院議員である片山さつき氏が，関西出身のお笑い芸人の母親が生活保護を受けていたことを国会で取り上げ，「不正受給」と訴えた。それがネット上で多くの支持を得るに至った。この一連の経緯を「生活保護バッシング」という。その結果，国民の間に生活保護制度を見直すべきだという機運が醸成され，2013年8月の保護基準引下げにつながった。

Ⅴ 社会保障

2 社会政策における労働と生活

1 労働と生活の連鎖

労働によって，人々は生活の糧を得るとともに，ライフ（生命・生存・生活・人生）を支える。そして自分自身の人間性（ヒューマンネーチャー，人間の自然）を発達させ，他者と交流し，人間の本質である共同性を確かなものにする。労働と生活は相互に規定し合っている。したがって，資本主義が生み出す社会問題への政策科学である社会政策にとって，社会問題としての労働問題と生活問題の相互関係を重視し，労働と生活をつないで考察することが不可欠である。

近年，日本では，餓死や経済的困窮による自殺者，失業者，働いてもなお最低生活を維持できないワーキングプアが増大し，貧困と格差が広がっている。失業や不安定で劣悪な労働の貧困が生活の貧困をもたらし，子どもの教育を困難にし，無年金や無保険，無教育は，老後の貧困と世代間の貧困をもたらす。貧困の連鎖を断つための労働と生活への総合的で積極的な社会政策を欠くならば，貧困は世代間で社会的に再生産されていく（**表Ⅴ-1参照**）。

2 労働と生活の断絶，生活論の欠落

労働＝生活とつなげ，社会関係として全体を捉えることによって，労働からの排除，生活からの排除，そして社会的排除のメカニズムとそれを克服する課題も明らかとなる。

ところが，社会政策が依拠する経済学でも，労働（生産）と生活（その場合，主として狭く消費），労働の視点と生活の視点は切り離され，生活の視点は欠落したり，労働の視点の後景に位置してきた。この経済学の限定された視野が，社会政策にも影響を与えている[41]。

労働，雇用，技術，職業訓練，教育，職業教育，家族支援，生活能力形成，地域社会政策は相互の関連性をもたず，教育は社会政策としての位置づけをされてこなかった。各種政策は，長期安定雇用を自明とし，働く場さえあれば企業内部で労働を通じた職業能力が習得できるものとされ，生活は企業活動と労働の前提（与件）として関心の外に置かれてきた。

その結果，非正規で不安定な雇用と失業の現実に直面し，生活苦，家族崩壊，子どもの就学の困難，前近代的な高利の消費者金融，不十分な公共住宅政策によって，失業からホームレスへの一直線の転落をも産み出すことになった[42]。

▷1 「労働」調査と「生活」調査：戦後，東京大学社会科学研究所をみると，労働研究・調査とともに1950年代半ばまでは生活貧困調査を行っていた。しかし，「社会政策から労働問題へ」の学界の潮流の中で，労使関係・ブルーカラー調査に「生活」が出てこなくなり，未組織労働者や失業者などの生活問題が対象から外れていった。他方，江口英一に代表される生活研究・調査では，貧困，生活保護，福祉問題に中心が置かれ，組織労働者や職場の労使関係，総じて職場調査は対象から外れていった。

▷2 労働と生活の総合的把握：①雇用労働者や自営業者などの働いていながら最低生活を維持できない人々が，②一層の収入の減少や事業経営の困難に直面し，③生活費や事業運転資金の補填のために借金をするが，④高利の借入金の返済ができず元利が雪だるま式に増え，⑤自殺，蒸発，ホームレス，家庭崩壊，自宅手離し，子どもの進学断念に追い込まれる（国民生活センター「多重債務問題の現状と対策に関する調査研究」2006年3月，参照）。

③ 最低賃金と生活保障

　社会保障は，景気の落ち込みをくいとめる防壁，経済の自動安定装置（ビルト・イン・スタビライザー）としても重要である。これによって，社会的に自立できる条件（労働＝生活）が人々のものになり，人間としての発達が可能となる。労働と生活のつながりが切れ，労働と生活の底が抜け落ちていることは，当事者の自立を不可能にするばかりか，不景気への歯止めを失うことにもなる。

　現在，日本の**最低賃金**は，最低生活費である生活保護基準をすら下回っている。最低賃金は，雇用労働者ばかりか，パート，アルバイト，フリーター，請負，業務請負などの賃金，自営業や農家の自家労賃，中小零細企業の賃金，下請単価，家内工業の工賃など，広く勤労諸階層の所得の基準のもととなっている。また，雇用保険，年金，健康保険の休業補償，生活保護，最低生活費への非課税原則など，社会保障の給付水準の目安でもある。さらに，児童手当，就学援助などの基準とも連動している。

　最低賃金制は，広く労働＝生活のミニマムの支えとなる。

④ 人間らしい労働＝生活とILO

　1919年に創立されたILO（国際労働機関）の目的は，国際的な労働＝生活水準を制定し実行することにある。「いずれかの国が人道的な労働基準を採用しないことは，自国における労働条件の改善を希望する他の国の障害となるから」であり，「世界の永続する平和は，社会正義を基礎としてのみ確立することができるから」（ILO憲章，前文）だ。労働時間の規制やまともな生活賃金などの労働条件を確立すること，人間らしい労働＝生活（**ディーセントワーク**）を実現するために，ILOは設立された。

　ILOによって，1942年「社会保障への途」，1944年「国際労働機関の目的に関する宣言（フィラデルフィア宣言）」が出されるが，同宣言は，次のように人間発達（人間開発）の権利を宣言している。「労働は商品ではない」「一部の貧困は，全体の繁栄にとって危険である」「社会保障措置を拡張」「物質的福祉及び精神的発展を追求する権利」。

　今日，ILOや国連は，人間発達（ヒューマン・デベロップメント，人間開発），人間の安全保障（ヒューマン・セキュリティ）を具体化し，世界におけるディーセントワークの実現を図ろうとしている。

▷**最低賃金**
⇨ Ⅰ-8 「日本の最低賃金制」
▷3　生活保護を下回る最低賃金：1979年以降，最低賃金は生活保護基準を下回っている（黒川俊雄・小越洋之助『ナショナル・ミニマムの軸となる最賃制』大月書店，2002年，27頁）。
⇨ Ⅴ-5 「生活保護の現実と改革」
▷**ディーセントワーク**
⇨ Ⅲ-11 「ルールある雇用と働き方への改革」
▷4　労働調査研究会編『戦後日本の労働調査』（東大出版会，1970年）および山本潔『日本の労働調査』（同，2004年）は，詳細な調査史を跡づけている。しかし，労働調査と生活調査の分離・棲み分けの現実，そして両者の統一的把握の必要性について言及していない。江口英一編『日本社会調査の水脈』（法律文化社，1990年）で江口は，社会階級・階層の構造を明らかにするために，労働と生活の全体的把握の重要性を指摘している。

参考文献
本間照光他『階層化する労働と生活』日本経済評論社，2006年。

表Ⅴ-1　遺児母子家庭の勤労年収の推移

年	遺児母子勤労所得（税込・千円）	民間給与実態統計（千円）	遺児／民間（％）
1998	2007 (100%)	4648 (100%)	43.1
⋮	⋮	⋮	⋮
2012	1129 (56)	4080 (87)	27.6
2013	1410 (70)	4136 (88)	34.0
2014	1275 (63)	4150 (89)	30.7
2015	1538 (76)	4204 (90)	36.5
2016	1550 (77)	4216 (90)	36.7

出所：あしなが育英会調査（「民間給与」は国税庁統計より）。

V 社会保障

3 保険・社会保険・社会保障

1 自助の強制と保険

　自助が強制される資本主義社会は，自分と自分の家族を守るために保険に頼らざるをえない社会，保険を必要とし保険を生み出す社会にほかならない。

　ところが，生産力の担い手であり保険を最も必要とする勤労者ほど，その保険から締め出されてしまう。保険料の負担能力が不十分であるし，病気や怪我の危険も高いからである。

　こうした生活問題を自己責任として放置できない歴史的社会的背景のもとで，社会保険が生まれた。

2 二重の性格をもつ社会保険

　社会保険は，人々の労働と生活の安定をはかるという社会政策上の目的でつくられている制度である。そのために，①勤労国民の相互扶助を目的，②勤労者の福祉をはかる，③国が責任をもって運営，④法律で加入義務づけ，⑤所得に応じた保険料負担，必要に応じた給付という特徴をもっている（社会保険庁監修『社会保険のてびき』）。

　この社会保険は，①保険原理（保険性），②社会原理（社会性，扶養性）の2つの属性から成り立っている。1890年代のドイツで労働者保険として始まり，20世紀初頭には他の先進諸国に広がり，国民各層へと対象が拡大されていった。

　保険（私的保険）においては，保険の技術的原理すなわち保険原理（**収支相等の原則**」「**給付反対給付均等の原則**」など）に厳格に立脚している。しかし，これが社会保険では，加入者全体を勘案した，負担（保険料）や保険給付となる。リスク評価とその管理，そして国家責任（国庫負担）や企業責任（企業負担）などによって緩和・修正され，無拠出者に対する給付も含まれる。

3 保険・社会保険・社会保障の重層構造

　自助の土壌の上に，保険や各種の共済が生まれ，それを下地に社会保険が，さらには第二次世界大戦後「社会保険から社会保障へ」（**ラロック**論文，1948年）と世界史的形成がなされ，今日，重層的に併存している。

　ILO（国際労働機関）は「社会保障への途」（1942年）において，「社会保険は，社会扶助と営利保険〔私的保険〕との中間に位置する」とした上で，社会保険

▷**収支相等の原則**
一定期間における保険料の総額が，支払われる保険金の総額に一致するという原則。私的保険では加入者（保険集団）だけで収支がはかられている。社会保険においては，企業負担や国庫負担によって原則が修正されている。

▷**給付反対給付均等の原則**
反対給付（掛け金である保険料の支払い）がなければ，給付（保険金の受け取り）は受けられず，保険料の額は保険金を受け取る可能性，つまりリスクの高さによって違ってくる。私的保険では，リスクの高い人は高い保険料を払わなければならない。

▷**ラロック**（Pierre Laroque：1907-97）
フランスの社会保障専門家。第二次世界大戦後の1945～46年，フランス社会保障計画（ラロックプラン）を主導し，国連やILO（国際労働機関）の社会保障にも関わった。イギリスのW.ベヴァリッジ（William Beveridge）と並んで，生存権としての社会保障制度の発展に大きな影響を与えた。

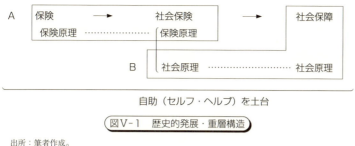

図V-1 歴史的発展・重層構造

出所：筆者作成。

と社会扶助との相互接近と結合を展望していた。

4 保険への逆流

　日本の社会保障の中心は社会保険から成り立っていて，健康保険，年金保険，労災保険，雇用保険のほかに，介護保険もできた。ところが，医療を受けられない無保険者や無年金者が急増している。自立・自助・自己責任を強いる社会保障の保険化政策が加速し，国民皆保険から脱落させられているからだ。

　社会保障の保険化（私的保険化）政策は，①社会保険の中身の空洞化，②社会保険の私的保険への切り替えとして進められてきた。政策に起因する深刻な生活問題が広がり，社会保障への関心は社会保険への注目となっている。ところが，社会保障，社会保険，保険の相互関係はあまり理解されていないし，少なくない誤りもみられる。

5 保険への礼賛と反発

　社会保障の保険化を推進する人たちは，「社会保険だから普遍性・権利・公平が可能」と手ばなしの礼賛をしている。そして，「社会保険も保険だから負担があたりまえ」だと社会保険の所得再分配などの社会原理を無視し，社会保険と私的保険さらには預貯金を同一視したりもしている。他方，反対する人たちのなかには，「社会保険だから不可能」と反発がある。これは，公的介護保険の構想と2000年4月からの実施においてもみられた。どちらの立場からも，社会的介護と保険という仕組みの不整合，要介護認定の問題は実施前には俎上に上らなかった。

　どちらもまちがいである。社会保険の二重性そのものが近代社会の矛盾の産物だからだ。自分たちの都合に合わせて，単なる政策手段（**保険技術**）として使ったり投げ棄てたり，その二重性を勝手に改ざんできるものではない。

　二重性のうちどちらを強めるかによって，社会保険が私的保険に限りなく近づくか，真に社会保障として機能するのか，その違いは大きい。

▷保険技術

伝統的保険学においては社会問題への観点が弱く，社会政策では社会問題や生活不安の「歴史性」を問題にしながら，それにかかわる保険，社会保険については伝統的保険学に依拠して非歴史的な「保険技術」とする分裂的傾向が支配的である。保険の非歴史的理解，「保険技術」論によっては，保険—社会保険—社会保障への歴史的発展と構造を捉えることができない。

▷1 「歴史的範疇としての保険」論：保険の非歴史的理解を批判し，「歴史的範疇としての保険」論を体系的に樹立したのが，小林北一郎（1899-1944）である。小林は，「保険の社会化＝保険の消滅」として，社会保険から社会保障への発展の道すじと保険・社会保険の歴史的役割を捉えていた。世界に社会保障や福祉国家という言葉すらなかった昭和初期のことだが，この貴重な遺産はほとんど知られていない。

参考文献

保険学と社会政策との批判的再検討は，以下の文献を参照。
本間照光・小林北一郎（芝田進午監修）『社会科学としての保険論』汐文社，1983年。
本間照光「社会保険理論の経済学的位置」『北海学園大学経済論集』第37巻第2号，1989年10月。
工藤恒夫『資本制社会保障の一般理論』新日本出版社，2003年。

Ⅴ 社会保障

4 生活保護制度

1 生活保護制度とは

　勤労者は人生の過程で応々にして失業や倒産，疾病，労災，老齢などの社会的事故に遭遇し，労働を継続できなくなることがある。その結果として発生した所得の中断・喪失には，保険原理に基づいて運営される社会保険制度が所得を保障し，貧困への転落を防ぐ「防貧」の役割を果たすことになる。しかし，それらの社会的事故が長期化した場合には社会保険では対応し切れず，最終的に生活そのものを維持できなくなってしまう。このような貧困状態に陥った人々を救済するために，国家の責任において100％税を財源とする公的扶助制度が所得を保障する。わが国の生活保護制度は，こうした「救貧」の役割を果たす公的扶助制度に該当する。

　貧困に陥ってしまった人々を国家が救済する場合，どの水準で救済するか（反対側からみれば，どの水準以下の生活を貧困とみなすか）が問題になる。これを，貧困か貧困でないか線引きするための物差しという意味で，「公的貧困線」と呼ぶ。日本政府は毎年，具体的な金額として「生活保護基準」（または「最低生活費」）を決定し公表しており，これが日本の「公的貧困線」に該当する。日本国憲法は，すべての国民に「健康で文化的な最低限度の生活を営む権利」（「生存権」）を認めている。その役割を担うのが生活保護法であるから，保護基準は「健康で文化的な最低限度の生活」を保障する水準に設定されなければならない。

2 生活保護制度の機能：ナショナル・ミニマム機能

　生活保護制度は，国民に最低生活を保障することを通じて，社会に対して様々な影響を及ぼしている。

　第一に，失業中の求職者に給付される失業手当や定年退職した高齢者に給付される公的年金などの社会保険給付は，税から支給される生活保護費よりもその水準が高く設定されなければならない。保護費の方が高いと，社会保険の加入者は長期にわたって保険料を納める意味を見出だせなくなり，制度の維持が困難になるからである。

　第二に，働く人々の賃金水準を保障するものとして最低賃金制（最賃制）がある。この最賃制で保障される賃金は，生活保護費よりも高く設定されなけれ

▷1　現在，生活保護の財源は，その75％を国が，25％を都道府県と市区町村が負担している。100％国庫負担ではないので，受給者増は自治体の負担増に直結する仕組みになっている。

▷2　保護基準は全国一律ではなく，「級地制」といって6段階に分かれている。

▷3　国民年金の非加入者や保険料滞納者が増大している背景には，保険料を40年間フルに納め続けても最高月額6万4941円しか年金を受給できない問題がある。東京都23区で家賃5万3000円のアパートに住む71歳の高齢者の場合，生活保護費は月額12万7630円になる。国民年金の満額のほうが6万2689円も低い（2018年4月現在）。⇒Ⅴ-11「公的年金の目的としくみ」

▷4　2018年度の最低賃金は，最低額で762円（青森・岩手・秋田・鳥取・高知・熊本・大分・宮崎・沖縄の各県），最高額で985円（東京都），全国平均で874円である。東京都23区で家賃5万3000円のアパートに住み，2人の小学生の子ど

ばならない。保護費の方が高いと，低賃金の人々は働き続ける意味を見出せなくなり，就労意欲を減退させてしまうからである。保護基準はこの他に，内職単価の決定や請負単価の決定等にも大きな影響を与えている。

社会や経済に及ぼす影響の大きさを考えると，生活保護制度は単に貧困者に最低生活を保障することによってセーフティ・ネット（安全網）の役割を果たしているだけでなく，それを基底として社会保険給付や賃金の水準が決められているという意味で，社会全体のナショナル・ミニマム（国民最低限）の役割をも担っているといえる。

3 保護の要件

生活保護法は第2条で「無差別平等保護」の原理を謳っているので，法律上は保護基準以下の所得であれば誰でも保護を受ける権利がある。これを一般扶助主義という。しかし実際には，保護行政の運営面で対象者を絞り込む傾向が強いので，日本の生活保護制度は事実上，制限扶助主義ではないかともいわれる。「**負の所得税**」や「**給付つき税額控除**」のように，貧困に陥ると自動的に現金を給付されるわけではなく，貧困者が福祉事務所に出向いて保護を申請しなければならない。これを申請主義という。申請者に対しては「貧困であることを証明する」ために，「資力調査」（ミーンズ・テスト）と「扶養義務者調査」が課せられる。これを保護の受給要件という。

資力調査の結果，申請者が貯金，保険，不動産，車などの「資産」を保有している場合には，保護に優先してそれらを処分して生活することを求められる。稼働能力がある場合には，少しでも働いて所得を得ることを求められ，それでも所得が保護基準に達しないときに保護が適用される。保護は自助努力を補足するものであるという考え方に立っており，これを「補足性の原理」（第4条）という。

不正受給防止を目的とした「適正化政策」によって，申請時の受給要件のチェックを厳格化し，水際で受給者数の増加をコントロールすることが行われてきた。今も地域によって制度の運用にかなりの差があると指摘されている。これでは居住地によって生存権の保障に差が出ることになり，平等保護の原理が守られているとはいえない。

4 扶助の種類

生活保護制度は8種類の扶助から成っている。中心は生活費を支給する「生活扶助」である。義務教育に就学している子どもがいる場合には，これに「教育扶助」が加わり，借家に住んでいる場合には「住宅扶助」が加わる。通常，これら3種類の扶助の合計額が保護基準となり，申請者の実際の収入額との差額が支給される。この他に，「医療扶助」「介護扶助」「出産扶助」「葬祭扶助」「生業扶助」というニード別の扶助が5種類設けられている。

もをもつ39歳の母親の場合，教育扶助を含む生活保護費は月額22万4580円である。東京都の最低賃金で1日8時間，月に25日働いた場合，月収は19万7000円である。働いたほうが2万7580円も低い。最低賃金の低さがワーキングプアの増大を招き，保護受給者への社会的反発を大きくしている。⇒Ⅰ-8「日本の最低賃金制」

▷5　1874（明治7）年に施行された恤救規則は，救済の対象を身寄りのない70歳以上の高齢者と13歳未満の孤児，障害者，病人に限定し，制限扶助主義に立脚していた。1932（昭和7）年に施行された救護法も労働能力をもつ母子世帯を対象外としており，制限扶助の色彩が強かった。

▷**負の所得税**
負の所得税（Negative Income Tax）とは，所得税を徴収する際に，一定以下の所得しかない世帯には税金を給付する制度のことをいう。

▷**給付つき税額控除**
給付つき税額控除（Tax Credit）とは，日本の配偶者控除のように所得の一部を控除してから税を課す制度ではない。所得に対して一定率の税を課す制度であるが，低所得者に対しては税額を控除（減免）し，課税最低限未満の所得の貧困者には税を給付する仕組みである。現在，アメリカとイギリスで実施されている。

▷6　例えば，旧厚生省が1981年に全国の福祉事務所長宛に出した「123号通知」がこれに該当する。「水際作戦」と呼ばれ，自殺者や餓死者を出すなどの悲劇を招いた。

V 社会保障

5 生活保護の現実と改革

2018年3月現在，日本の被保護世帯数は163万9768世帯，被保護人員数は211万6807人となっている（概数，厚労省『被保護者調査』同年6月）。若干減少傾向にあるものの，依然として人員保護率は1.7％，世帯保護率は3.2％（推計）である。生活保護の受給世帯数の高位平準化は，アベノミクスが貧富の格差を拡大させたことを証明している。この5年余り，自立支援（就労支援）政策が推し進められてきたが，その効果はあまり上がらなかったというべきであろう。

1 稼働世帯の貧困に対応しない生活保護制度

なぜ自立支援政策の効果が乏しかったのか。その理由は，日本の生活保護制度が稼働能力のある世帯の貧困にほとんど対応しないからである。病気，障がい，老齢等で働けない「本当に困った人々」をもっぱら救済の対象に据えてきたのだから，自立支援・就労支援を推進すること自体，政策として自己矛盾なのである。伝統的に長期失業者に代表される稼働能力のある世帯の貧困に対応してきたイギリスに比べて，日本で就労支援政策を実施しても，その効果が限定的であることは当初から明らかであった。

表V-2は，被保護世帯の稼働状況である。直近の2014年をみると，被保護実世帯数の84％が「稼働者が一人もいない世帯」で占められている。「世帯主が稼働している世帯」は13％，「世帯員が稼働している世帯」は3％弱に過ぎない。「失われた20年」が経過する中で，リストラされた人々の多くは失業手当を受給したものの，次の勤め先が見つからない内に受給権を費消してしまった。また，製造業派遣の全面的解禁により低賃金の不安定雇用に喘ぐ人々も非常に増大した。これらの人々が直面させられた「半失業（不安定就業）」という稼働世帯の貧困に，生活保護は積極的にリンクしてこなかった。

2 生活保護だけが担う日本のナショナルミニマム

日本の生活保護制度は生活，医療，住宅，介護，教育，生業，葬祭，出産という8種類の扶助から成り立っている。研究者の間では，このように総合的に最低生活を保障する仕組みを高く評価する傾向がある。その理由は，貧困者の多様なニーズに対して，1つの制度の中で対応できる仕組みが評価されているからであろう。

これに対して，イギリスの所得援助制度は，所得の不足を補う制度であり，

▷1 イギリスでは賃金労働者の貧困に救貧法が対応してきた歴史がある。1970年代半ばの炭鉱ストライキの際，労働党政府はスト資金が尽きた労働者を公的扶助（補足給付制度）で支えた。1980年代のサッチャーリズム新自由主義政策の際も，公共部門の民営化により大量発生した長期失業者に補足給付が支給された。

▷2 イギリスの公的扶助制度は，国民扶助（1948年～），補足給付（1966年～），所得援助（1993年～現在）と3回大きく変更された。1970年には常勤労働者の貧困に対処するために，世帯所得補足が創設された。1993年には，短期失業者を対象とする社会保険の失業手当と長期失業者を対象とする公的扶助の補足手当が求職者給付に合体され，それぞれ保険料ベース給付，所得ベース給付となった。2003年には，所得援助から分離する形で，高齢者の貧困に対応するための年金者税額控除が，児童の貧困に対応するための児童税額控除が設けられた。家族税額控除（世帯所得補足を引き継いだ制度）を加えて，現行公的扶助制度は5つになった。

▷3 実際には薬剤費の定額負担（1回につき6ポン

1つの機能に特化したものである。イギリスの公的扶助には，日本の生活保護制度の生活扶助に当たる部分しかない。その理由は，イギリスでは医療（出産を含む），介護，住宅，教育等のサービス給付の分野において，各分野ごとに最低保障の仕組みが機能しているからである。

一例として医療サービスを挙げると，国民保健サービス（NHS）方式といって，医療サービスの提供を全額税財源で賄っている。日本のような社会保険方式ではなく，保険料を納める必要のない国営の医療事業である。国民という資格だけで医療を受ける権利が与えられる。日本のように，「保険料の滞納で，健康保険証を交付されない」という事態は起きない。またイギリスでは医療サービスを原則無料で受けられるので，お金がないために受診を抑制するという悲惨な問題も起きない。日本の場合は，医療費を支払えない人々は「社会保険適用除外」として生活保護の医療扶助を受けて「医療券」で受診しなければならない。簡単にいえば，健康保険制度に最低保障がないから，貧困者のための医療扶助が必要になったのである。

イギリスでは介護も教育も住宅も，それぞれの制度のなかに最低保障が確立しているので，公的扶助制度は所得保障（生活扶助）に特化できた。

3 これからの課題

表V-3は，生活保護費を8扶助別に構成比として表示したものである。直近の2014年でみると，総額3兆6810億円余の中の47.6％（1兆7535億円余）が医療扶助費に使われている。介護扶助費には2.3％（831億円余）が使われている。住宅扶助費にも15.9％（5852億円余）が使われている。これら三者で総額の約3分の2，65.8％に達する。結果的に，公的扶助制度の本来的役割である生活扶助費（最低生活費の保障）には総額の3分の1，33.2％（1兆2204億円）しか使われていない。8種類もの扶助で貧困者の生活を支えている日本の生活保護を優れていると考えるのは，現状肯定の狭い視野から把握された謬見である。「新しい貧困者」（稼働能力のある半失業者）に向き合う姿勢をもつべきである。

表V-2 稼働状況別にみた被保護世帯数（構成比）

（単位：％）

	2008年	2014年
現に保護を受けた世帯数	99.8	99.5
世帯主が稼働の世帯	10.6	13.1
常　用	7.4	9.6
日　雇	1.5	1.8
内　職	0.6	0.6
その他	1.1	1.2
世帯員が稼働の世帯	2.4	2.5
稼働者がいない世帯	86.8	83.8
保護停止中の世帯	0.2	0.5
計	100.0	100.0
被保護実世帯数	1,148,766	1,612,340

資料：国立社会保障・人口問題研究所『社会保障統計年報』（平成29年版，法研，2017年4月刊）309頁参照。

表V-3 8扶助別にみた生活保護費の構成比

（単位：％）

	2008年	2014年
医療扶助費	49.6	47.6
生活扶助費	33.2	33.2
住宅扶助費	14.1	15.9
介護扶助費	2.1	2.3
教育扶助費	0.4	0.5
生業扶助費	0.3	0.3
葬祭扶助費	0.2	0.2
出産扶助費	0.0	0.0
計	100.0	100.0
総額（億円）	27,005.5	36,810.4

資料：国立社会保障・人口問題研究所『社会保障統計年報』（平成29年版，法研，2017年4月刊）311頁より作成。

▷ド65ペンス，約950円）がある。ただし，15歳未満の児童と60歳以上の高齢者は免除されるので，完全無料である。

▷4 日本には「無料低額診療」という制度がある。これは医療機関が国に申請しなければ開設できず，どの医療機関でも行われているわけではない。比較的大きな都市にある全日本民主医療機関連合会（民医連）加盟病院の取組みが目立っている。

▷5 イギリスでは，1966年に住宅扶助（家賃の実費支給）が公的扶助から独立し，一般低所得世帯も受給できる家賃割戻に改められた。この制度は1988年に現行の住宅給付に移行した。また持ち家の貧困者に対応するために，1966年に地方税割戻が創設された。これは現行の地方税給付に受け継がれている。イギリスには，全高齢者に支給される冬期燃料手当，低所得者に支給される寒冷期手当もある。

V 社会保障

 医療保障と医療保険制度

1 医療保障とは？

我々が生活する中で，病気やけがは身近で不安なものである。治療や手当てが遅れれば，死に至ることすらある。また，治療期間が長引けば，働くこともできず，高額な治療費の負担で，生活が破綻してしまうかもしれない。

誰もが遭遇する，病気やけがといった深刻なリスクに対し，医療の提供や治療費用の補償を行う何らかの仕組み（医療保障）が求められる。

2 医療保険制度の仕組み

わが国の医療保障は，**保険の仕組み**に基づいた**社会保険方式**による医療保険制度の形をとっている。1961年，法に基づきすべての国民をいずれかの公的医療保険へ加入させるという，皆保険制の医療保障が実現された。これにより，**所得に応じた保険料**を支払っておけば，必要なとき，適切な医療を受けることができる仕組みが確立した。

医療保険制度の基本的な仕組み（図V-2）は，次の三者によって構成される。

○被保険者（患者）

あらかじめ就業先や居住地域よって決められる保険者に対し，所得に応じた保険料を納める。疾病の治療を行う場合は，最寄りの医療提供者に対し保険証を提示し，**治療費の一部（自己負担金分）**を窓口で支払い，医療サービスを受ける。

○保険者

保険運営を行う主体であり，公的機関や非営利団体が担う。被保険者から保険料を徴収し，患者（被保険者）が受けた医療サービスの対価（**診療報酬**）を医療提供者の請求にもとづき**審査支払機関**で審査の上，同機関を通じて支払う。それぞれの保険者は，徴収された保険料による独立運営が基本であるが，税等の補助が行われている保険者もある。

○医療提供者（病院・診療所）

患者（被保険者）の求めに応じて，医療サービスを提供する。一部公立機関もあるが，その多くは民間の医療機関や診療所である。医療サービスの対価は，患者の自己負担分を窓口で受け取り，残りは審査支払機関を通じて保険者に請求する。

▷**保険の仕組み**
共通の危険（事故）にさらされている者が1つの集団を構成し，各自があらかじめ将来の事故に備え保険料を負担しておいて，事故が起きたときは保険料の集積から損害の補塡をするための保険給付を受ける仕組み。
⇨ V-3 「保険・社会保険・社会保障」

▷**社会保険方式**
保険の仕組みを基本としながらも，法律による強制加入という手段を用い，個々のリスクの高低によらない保険料を設定し，国や公的機関，非営利団体などが保険の運営にあたる。
⇨ V-3 「保険・社会保険・社会保障」

▷**所得に応じた保険料**
私的な保険における保険料は，個々のリスクの程度により決定されるため，医療が必要な者ほど保険料が高くなり，保険料の負担に耐えられなくなる。それを防ぐため，社会保険では，所得に応じた保険料を設定している。

▷**治療費の一部（自己負担金分）**
義務教育就学前は2割，義務教育就学後から70歳未満は3割，70歳以上75歳未満は2割（現役並み所得者は3割），75歳以上は後期高齢者医療制度（後述）に定められた割合。

わが国における医療保険制度の特徴は，①法による強制加入を前提とした皆保険制，②経済的な負担能力（応能負担）に応じた保険料の設定，③被保険者は保険者を選択することができない，④保険運営は公的機関や非営利法人団体が担っている，⑤医療サービスの価格は公的に定められている，とまとめられる。そして最も大切なことは，保険料の支払いを前提に，必要な時，医療サービスを医療機関より受けることができるということである。

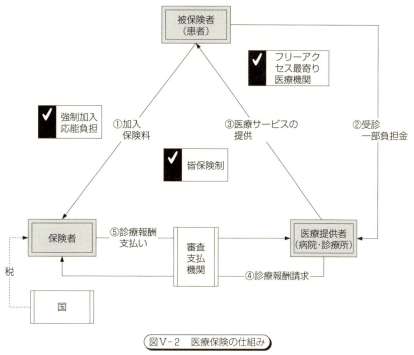

図V-2　医療保険の仕組み

出所：厚生統計協会『保険と年金の動向』を参考に筆者作成。

3　医療保険による給付

医療保険による給付は多岐にわたるが，その中心をなすものとして，疾病に対する治療や療養を補償する医療給付と，治療期間に失われた所得を補償する傷病手当金がある。

①医療給付

医療給付は，治療や療養に必要な医療サービスそのものを提供する，**現物給付**の形がとられる。これは，たとえ一時的であれ，高額な医療費を立て替えるとなると，その経済的な負担に耐えられない者は，受診をしないかまたは受診を遅らせてしまい，また治療の継続を放棄してしまうことが予想されるため，医療保障の目的そのものが達成できなくなってしまうからである。

医療給付では，診察，検査，治療のための材料や投薬，手術や処置，入院といった医療機関で行われる医療行為のほとんどが対象となり，自己負担分を窓口で支払うことで，必要な医療サービスを受けることができる。

②傷病手当金

疾病の治療や療養のため，被保険者が就労することができない状況が発生する。このため，報酬を受け取ることができず，場合によっては生活に支障を来す場合も考えられ，これを補償するのが傷病手当金である。傷病手当金は，従前の所得に対し一定の料率をかけた額が，現金で給付される。

▷診療報酬
医療保険の対象となる診療報酬は，診療報酬点数表によって公的に定められている。

▷審査支払機関
審査支払機関として，社会保険診療報酬支払基金と国民健康保険団体連合会の2つがある。

▷1　厚生労働省は，保険者に対し，健康診断や診療報酬の請求情報等のデータを分析し，加入者の特性に合わせた疾病予防や重症化予防に向けた取り組みを求める，データヘルス計画を2014年から導入した。

▷現物給付
社会保険とは異なり，私的保険では，損失に対しその補塡に要した費用を給付する現金給付が一般的である。

▷2　傷病手当金はすべての医療保険で給付されるわけではなく，各保険者によってその対応は異なっている。

Ⅴ 社会保障

医療保険と保険者間格差

1 医療保険の種類と被保険者

わが国の医療保険は，それぞれの根拠法に基づき各保険者によって運営がなされている。一方，被保険者は，皆保険制のもと就業先や居住地域によって加入する医療保険が決定され，自由に保険者を選ぶことはできない。

医療保険は，健康保険，国民健康保険，その他の3つに大きく分類することができる。健康保険はさらに，主に大企業または同業の企業が集まって**健康保険組合**を設立し運営される"組合管掌健康保険（以下組合健保）"と，中小企業の従業員を対象に公法人である全国健康保険協会が保険者となり運営される"全国健康保険協会管掌健康保険（以下協会けんぽ）"の2つに分けられる。

"市町村国民健康保険（以下国保）"は，市町村が保険者となりその地域に居住する他の医療保険に加入していない人を対象に世帯単位で加入する。国保加入者の内訳をみると，農林水産業従事者や自営業者，健康保険が適用されない事業所に勤めている者，退職者や無職の者等である。また，同種の事業や業務

▷1 健康保険法，国民健康保険法，各種共済法，船員保険法等。

▷健康保険組合
健康保険組合には，700人以上の被保険者を有する事業主が単独で厚生労働大臣の認可を受け設立される"単一組合"と，3000人以上の被保険者を有する複数の事業主によって設立される"総合組合"の2つがある。

▷2 協会けんぽは，2008年9月まで政府管掌健康保険（政管健保）として国（社会保険庁）により運営されていたが，一連の社会保険庁改革の中で，新たに

表Ⅴ-4　各医療保険の概要

制　度 （主な対象者）		保険者	保険者数	加入者数 （千人）	内訳 （千人）本人 　　　　家族	加入割合 （%）
健康保険	全国健康保険協会管掌 （中小企業等の被用者）	全国健康保険協会	1	37,165	21,577 15,587	33.82
	組合管掌 （大企業の被用者）	健康保険組合	1,405	29,136	15,811 13,324	26.51
	日雇特例被保険者	全国健康保険協会	1	19	13 7	0.02
国民健康保険	（他の医療保険に加入していない者：農林水産業従事者，自営業，退職者等）	市町村	1,716	31,822		28.95
	国民健康保険組合 （同種業種・業務に従事する者）	国民健康保険組合	163	2,864		2.61
共済	国家公務員 地方公務員等 私立学校教職員	共済組合 共済組合 事業団	20 64 1	8,774	4,504 4,270	7.98
船員保険	（船員）	全国健康保険協会	1	124	58 66	0.11

（注）1：加入割合は，健康保険・国民健康保険・共済・船員保険の加入者全体に占めるそれぞれの割合。
　　　2：保険者数，加入者数は平成28年3月末現在）。
出所：「保険と年金の動向 2017/18年」より作成。

に従事する者が集まり保険運営を行う"国民健康保険組合"もある。

その他としては，船員を対象にした"船員保険"や，公務員等を対象とした各種"共済"がある。

健康保険や共済，船員保険は，**被用者保険**と呼ばれ，保険料の負担は労使折半で行われるため，被保険者本人の負担は軽減されている。また，被用者の配偶者や家族は，被扶養者という形で保険料の負担なしに当該医療保険に加入する。それぞれの医療保険の詳細は**表Ⅴ-4**のとおりである。わが国の医療保険は，複数の制度体系より構成され，多数の保険者が存在し，独立して保険運営にあたり，財源となる保険料の算定方法や給付内容も異なっている。

❷ 各医療保険における加入者の状況と国保における滞納問題

主な医療保険における加入者状況を表に示す（**表Ⅴ-5**）。

表Ⅴ-5　医療保険制度の比較

	組合健保	協会けんぽ	国保
加入者平均年齢	34.6歳	36.9歳	51.9歳
65歳以上の加入率	3.10%	6.40%	38.90%
総報酬（所得）	5,472,017円	3,783,336円	1,396,000円（世帯平均）
保険料率（平均）	9.04%	10.00%（9.91〜10.21%）（都道府県単位で）	平均10.17%（世帯平均）※逆累進
被保険者負担	4.12%	5.00%	

（注）協会けんぽは，従来全国一律の保険料率を設定してきたが，2009年9月より，都道府県単位の保険料率へと移行している。
出所：厚生労働省『平成27年度健康保険被保険者実態調査』，『平成27年度国民健康保険実態調査』より作成。

加入者の平均年齢は，被用者保険で低く，国保が高くなっている。これは，被用者保険の加入者が，退職に伴い国保に加入するためである。

被保険者の所得が最も高いのは，組合健保で国保加入世帯の約3.9倍にあたる。一方，保険料率は組合健保が最も低く，国保が高くなっている。被用者保険では，保険料を労使折半で負担するため，被保険者の実質的な負担率は，さらに開くことになる。被用者保険における保険料は，月々の報酬に対し一定の保険料率をかけて算定される。しかし国保では，保険料に世帯の所得に関係なく，世帯や加入者で均等に負担する部分が含まれているため，低所得世帯ほど保険料負担が重くなるという逆累進性が認められ，世帯所得500万円未満の世帯では，平均保険料率を上回り，150万円未満では12%以上となっている。

こうした高い保険料負担に耐えられず，滞納世帯数，336万世帯（2015年）に達している。以前よりは減少しているものの，依然として高い水準にある。近年，非正規雇用者の増加に伴い，国保に加入する被用者数も増えてきたこともその一因となっている。こうした滞納者に対し，一定の期間を経て資格証明書の発行が行われる。資格証明書世帯では，医療機関へ受診が著しく抑制されることが指摘されている。皆保険を基本とした国民の医療保障は，実質的な無保険状態の者が存在しており，危機的状態にあるといえる。

設立された。

▷3　これまで各市町村が国保の運営を行ってきたが，2018年度より財政運営や効率的な事業等，国保運営の中心的な役割を都道府県が担うことになった。

▷4　加入者世帯の割合は，農林水産業（2.5%），その他自営業（14.5%），被用者（34.1%），その他職業（4.8%），無職（44.1%）となっている（厚生労働省「平成27年度国民健康保険実態調査」2015年から）。

▷5　医師，歯科医師，土木建築，理容・美容，弁護士等。

▷**被用者保険**
これに対し，国民健康保険は地域保険とも呼ばれる。

▷6　国保加入全世帯の17.3%に相当する。

▷7　当初，非正規労働者は被用者保険の対象とならず国保に加入していたが，2016年10月より一定の基準（年間所得106万円以上，週の所定労働時間が20時間以上）を満たす者は，被用者保険に加入できるよう制度が改められている。⇨Ⅲ-4「非正規雇用と女性労働」も参照。

▷8　滞納者に対し，保険証に代わり発行され，医療機関にかかる際は，一度医療費の全額を立て替え，滞納保険料の支払い後，償還される。

▷9　資格証明書世帯では，子どもも無保険状態となり必要な医療を受けることができない。これを救済するため，国民健康保険法を改正，2009年4月より中学生以下の子ども（翌年5月の改正で高校世代以下に拡大）を一律，給付停止措置から除外することとなった。

V 社会保障

8 高齢者の医療保障

1 高齢者と医療保障

▷生活習慣病
糖尿病，高血圧症，脂質異常症等。

　高齢者では，**生活習慣病**を中心とした一度発病すると生涯にわたり治療が継続する慢性疾患や，筋力の低下に伴う骨折等，介護状態への引き金となるようなものが疾病の中心となり，現役世代とは異なった傾向を示す。また，年齢が高くなるほど，1人あたりの医療費も高くなる傾向がある。高齢者の多くは年金生活者であり，現役世代に比べるとその所得水準も低いため，国民全体でその費用を負担する仕組みが求められる。

▷老人医療の無料化
医療保険の一部負担金（自己負担分）の公費による助成。

　わが国における高齢者の医療制度は，1973年の老人福祉法の改正により創設された老人医療費支給制度（**老人医療の無料化**）に始まり，83年の老人保健法に基づく**老人保健制度**により行われてきた。しかし，少子高齢社会の到来により，高齢者の人口も増え続ける中，国民医療費も増加し続け，2005年には33兆1289億円に達し，うち高齢者の医療費が占める割合は50％に超えるまでになった。増え続ける医療費に対し，保険料率や窓口における自己負担の引き上げ，診療報酬の引き下げ等の施策が繰り返し行われてきたが，医療費の増加に歯止めをかけるには至らず，さらに進行する少子高齢社会への対応として，医療費と国民負担の均衡を図ることを目的に，高齢者の医療保障についても，大幅な見直しが行われることとなった。こうした背景の中，2008年4月より「**高齢者の医療の確保に関する法律**」に基づく"後期高齢者医療制度"が創設された。

▷老人保健制度
老人保健制度は，75歳以上の高齢者と，65歳以上75歳未満の障害者の医療保障を行うことを目的に，その対象者が皆保険制の下，いずれかの医療保険に加入していることを前提に，窓口で決められた負担額（医療費の1割）を支払うことで医療保険と基本的に同様の医療給付が行われていた。

2 後期高齢者医療制度と前期高齢者医療費の財政調整

▷高齢者の医療の確保に関する法律
同法の施行に伴い，75歳以上を"後期高齢者"，65歳以上75歳未満を"前期高齢者"とした。

　後期高齢者医療制度は，75歳以上の高齢者と65歳以上75歳未満の障害者を対象者とし，**医療保険**から独立した社会保険方式のものとした。対象者は，都道府県単位ですべての市町村が加入する広域連合に対し，保険料を収めることが求められるとともに，医療を受ける際には窓口で医療費の1割（現役世代並みの所得者は3割）を負担する。従来の老人保健制度では，加入者本人による保険料の拠出は必須条件ではなかったが，本制度では対象者となった場合，必ず保険料の負担が求められる。

▷医療保険
健康保険や国民健康保険。
⇨ Ⅴ-7「医療保険と保険者間格差」

▷1 健康保険（被用者保険）の被扶養者である場合は，保険料の負担はない。

　後期高齢者医療制度の財源は，加入者からの保険料（10％），各医療保険者からの後期高齢者支援金（40％），公費（50％）によって賄われている。公費の内訳は，国：都道府県：市町村＝4：1：1となっている。後期高齢者支援金

は，各医療保険者の加入者数に応じて割り振られていたが，医療保険者間で加入者の所得水準に差があり，これを是正するため加入者の総報酬に基づいた負担を取り入れている。また，加入者自身が支払う保険料は，都道府県単位の広域連合ごとに医療給付費に基づき設定がなされている（図Ⅴ-3）。

一方，前期高齢者について見ると，ほとんどの被用者は退職後，被用者保険から国民健康保険に移るため，保険者間の加入者における高齢者割合の偏在が生じ，その結果，医療費負担に不均衡が生じていた。これを是正するため退職者医療制度が設けられていたが，対象となる退職者は全体の一部であり，十分な効果を上げるには至らなかった。こうした課題への対応として，後期高齢者医療制度の施行にあわせ，"前期高齢者の医療費に係る財政調整制度"が創設された。これは，前期高齢者の医療費を，被用者保険と国民健康保険の各保険者がそれぞれの75歳未満の加入者数に応じて負担するものである（図Ⅴ-4）。

3 後期高齢者医療制度の課題

少子高齢化が進む中，増え続ける医療費に対し国民負担の均衡を図るという目的に対しては，財源の明確化と負担の平準化の観点では一定の成果を上げているといえる。しかし本制度は社会保険方式を採用しており，保険という仕組みがもつ原則に由来する課題があることを忘れてはならない。

第一に，保険料の拠出が給付の前提となっていることが挙げられる。国民健康保険では保険料を支払うことができず，資格証明書による実質的な無保険状態を生み出し，社会問題となっている。本制度において，運用上資格証明書の発行は行わないこととし，無保険状態に歯止めをかけているが，保険料の引き上げや年金の実質的な切り下げなどにより滞納者が増えた場合，その対応を注視していく必要がある。

第二に，疾病リスクが高く継続的な治療を必要とする疾患を抱えた高齢者を，独立した保険の対象としていることが挙げられる。本来であれば，その保険料は高額となるため，保険料以外の財源の占める割合を高く設定し保険料を抑えるよう，制度設計がなされている。しかし今後，高齢者の増加に伴う医療給付費の増加は確実であり，支援金や公費の引き下げが行われた場合，保険料の高騰や保険給付内容が縮小する可能性を否定できない。すでに，広域連合ごと定められている保険料は，2倍以上の地域間格差を生じている。

本制度の運用にあたり，高齢者の医療保障が損なわれることがないよう，継続的に見守っていく必要性がある。

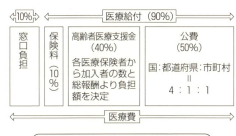

図Ⅴ-3　後期高齢者医療制度の財源構成

出所：「保険と年金の動向　2013/14年」を参考に筆者作成。

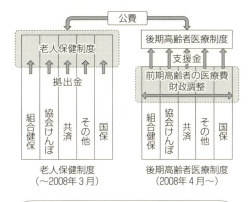

図Ⅴ-4　後期高齢者医療制度（現行）と老人保健制度（旧制度）

出所：「医療制度改革大綱」を参考に筆者作成。

▷2　⇨Ⅴ-7「医療保険と保険者間格差」
▷3　前期高齢者の約8割が国民健康保険へ加入している。
▷4　被用者年金への20年以上の加入が条件とされていた。
▷5　⇨Ⅴ-6「医療保障と医療保険制度」
▷6　⇨Ⅴ-7「医療保険と保険者間格差」

Ⅴ 社会保障

 公的介護保険の仕組み

 社会的介護への要求

1970年代半ば以降に「福祉見直し」，とりわけ80年代以降に自立・自助・自己責任による「日本型福祉社会」（活力ある福祉社会）政策が進められた。この政策では，日本の家族は「福祉の含み資産」であるとして家族介護が推進された。

結果として，「福祉の含み資産」どころか，介護する側も介護される側も共倒れになる，介護地獄が広がることになった。単に高齢化が進行したゆえではなかった。在宅介護で，「主たる介護者になった理由」の7割が「引き受けざるをえなかった」からであり，調査に対して，要介護者への憎しみや虐待があると回答している介護者も少なくない。介護者も社会的に追い詰められていた（日本労働組合総連合会「『要介護者を抱える家族』についての実態調査」1995年）。

介護地獄のもとで，家族介護ではなく，社会的介護を求める声が大きくなってきた。こうして，1997年12月に「介護保険法」が成立し，2000年4月から実施された（図Ⅴ-5）。在宅での介護を可能にする3条件として，経済力，家族関係，住宅事情がある（全日本民医連「2000年介護実態調査」）。また，医療・保健・福祉の連携の欠如が寝たきりのリスクを高める。さらに，**社会保険**の保険原理と社会原理のどちらを強めるかで，まるで違ってくる。介護を細かく切り分けなければ成り立たない保険という形と社会的介護は整合が難しい。そして，「将来的には，財源を主として社会保険料に依存した介護保険制度」（社会保障制度審議会・社会保障将来像委員会第2次報告，1994年9月）として作られた。矛盾は，介護を最も必要としている社会的結びつきが弱い人々に集中する。

2 介護保険の目的・保険者・被保険者

介護保険は，高齢者が寝たきりや認知症その他の介護を必要とする状態になった場合に，社会保険方式によって介護を支える制度である。介護など福祉サービスを公的に提供してきたそれまでの税金による行政の措置制度から，サービスの提供事業者との契約制度になった。

保険を実施・運営する保険者（市町村，東京23区，介護保険広域連合），保険に加入しサービスを受ける権利をもつ被保険者（65歳以上の第一号被保険者，40〜64歳の第二号被保険者），保険料，介護サービス利用時の利用者負担（1割〜3割

▷**社会保険**
⇨ Ⅴ-3 「保険・社会保険・社会保障」

▷1 要介護認定の区分：要介護認定によって，自立（非該当）と判定された場合は介護保険の給付はない。要支援1，要支援2，要介護1，要介護2，要介護3，要介護4，要介護5と要介護度が高くなる程度に応じて，介護給付も高くなる。2015年度から要支援1および要支援2が市区町村の「総合事業」に移され，介護保険給付の対象から外された。利用料は従来1割だったが，第一号被保険者間での上位所得者は，2割，3割と引き上げられている。

▷2 第二号被保険者の「特定疾患」：第二号被保険者が介護保険を利用できるのは，次の「特定疾患」に起因する場合に限られている。

V-9 公的介護保険の仕組み

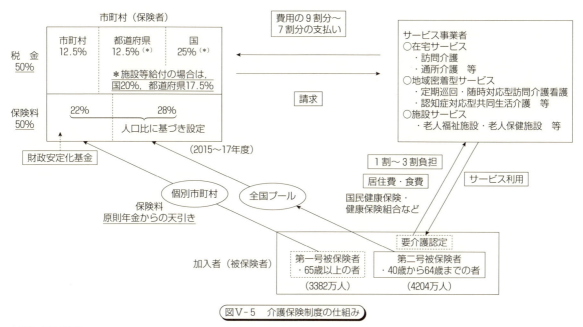

図V-5 介護保険制度の仕組み

資料：厚生労働省
出所：厚生労働統計協会『厚生の指標 増刊 保険と年金の動向 2017/2018』，一部，筆者により補筆．

負担），介護サービスの対象となる保険事故，申請に基づいてどのような介護が必要かを決める要介護認定（1次判定，2次判定）などが定められている。

3 申請・認定・給付

被保険者が介護保険の給付を受けるためには，市区町村に申請する必要がある。申請を受けた市区町村は，被保険者の心身の状況に関する訪問調査（基本調査，特記事項）をし，1次判定は，基本調査について樹形モデルを使って介護にかかる時間をコンピュータで推計して判定する。1次判定の結果を受けて，特記事項および主治医意見書を参考にして，最終的に市区町村に置かれる介護認定審査会による判定（2次判定）が行われる。公的介護保険で受けられるサービスには，施設サービス，居宅（在宅）サービス，地域密着型サービスがある。施設サービスの中心の特別養護老人ホーム（介護老人福祉施設）は，2015年度から原則，要介護3以上の重度者に制限された。

4 介護保険財政

介護保険の財政は，1～3割の介護サービスの利用料を除いて，50％が公費（税金）負担で，残りの50％が被保険者の保険料負担となる。公費50％のうち国25％，都道府県12.5％，市区町村12.5％となっている。国25％の負担分のうち5％相当分は，市区町村間の高齢者の所得分布などに応じて，調整交付金として市区町村に交付される。社会保障の財源のうち法人税や所得税などによっていた部分が減らされ，消費税に切り替えられている。

①筋萎縮性側索硬化症，②後縦靱帯骨化症，③骨折を伴う骨粗しょう症，④多系統萎縮症，⑤初老期における認知症，⑥脊髄小脳変性症，⑦脊柱管狭窄症，⑧早老症，⑨糖尿病性神経障害，糖尿病性腎症および糖尿病性網膜症，⑩脳血管疾患，⑪進行性核上性麻痺，大脳皮質基底核変性症およびパーキンソン病，⑫閉塞性動脈硬化症，⑬関節リウマチ，⑭慢性閉塞性肺疾患，⑮両側の膝関節または股関節に著しい変形を伴う変形性関節症，⑯末期がん

▷3 介護保険料と徴収：第一号被保険者の介護保険料（全国平均の基準月額）は，2000～02年度の2911円が18年度から5869円に引き上げられている。年金から天引きされる「特別徴収」の対象者が約9割で，無年金や年18万円未満の年金で自分で納める「普通徴収」が約2割である。

Ⅴ 社会保障

10 公的介護保険の問題点と将来

1 続いている介護地獄

　介護地獄のもとで、社会的介護を求める世論が高まった。その社会的介護の方法としては、保険方式の他に税方式による福祉的対応もあるが、構想の初めから税方式は外されていた。「社会保険ならば権利も選択もできる」「介護は保険になじむ」として介護保険制度がつくられたのだが、実施後、様々な問題が起こっている。介護保険の現実が、社会的介護への期待に沿っていないことをあらわしているといえよう。高齢者の孤独死は後をたたず、虐待、心中など、介護保険実施後も、介護地獄は依然として続いている。厚生労働省の全国調査が把握しただけでも、家庭内での介護者による虐待と思われる相談・通報件数が2万7940件、そのうち虐待と判断されたケースが1万6384件に上っている（2016年度）。

2 多くの特養入所待機者

　特別養護老人ホームへの入居待機者は2016年3月末現在で36万6000人にのぼる（厚生労働省調査）。2014年3月末の52万4000人に比べて3割減だが、2015年4月から入所条件を原則要介護3以上の重度者に制限したためである。実質的な待機者は増え続け、施設から家庭介護へと戻す政策も打ち出されている。

3 保険料の滞納・未納と給付制限

　介護保険で権利も選択もできるということにもなっていない。利用料の自己負担ができない低所得者ほど、利用をがまんしている。介護保険では、保険料を滞納・未納した場合には、介護給付の引き下げ・差し止め、保険給付からの滞納保険料差し引きなどの制裁措置がある。納期限から1年間保険料を滞納している場合は、被保険者証に「支払方法の変更」が記載され、保険給付の支払方法が「償還払い化」とされる。償還払いに変更されると、被保険者はサービス提供者にいったん費用の全額を払った上で、市町村に手続きし、後日、払い戻しを受けなければならない。そして1年6カ月を超えて滞納すると介護給付を差し止められ、介護を受けられなくなるとともに、差し止められた保険給付額から滞納保険料を相殺されることになる。また、介護保険料は医療保険料と一括して納付することになっているため、滞納により、介護ばかりか医療も受

▷1　介護はクジを引くようなものか：1994年に介護保険の構想が公表された当初から、「介護は保険になじむ」「クジを引くようなものだ」「社会保険方式で介護地獄が解消される」と強調された。マスコミも介護保険証1枚でいつでもサービスが受けられると、要介護認定を度外視して報道した。介護にとって、医療・保健・福祉の連携は大切で、家族関係、住宅や生活状態にも左右される。これらの関係から介護だけを切り離して取り出すことはできないし、結果的に介護の重度化を進めかねない。厚生労働省が推進する「地域包括ケアシステム」「地域共生社会」についても、社会的介護の要請と保険という仕組みとの整合性に立ち返って再検討する必要がある。広く負担を課すだけでは、私的保険と変わらなくなる。

▷2　介護地獄下の介護離職：家族の介護・看護を理由にした離転職者は9万9000人にのぼる（総務省「就業構造基本調査」2017年）。なお、7割近くが勤務継続を望みながら、介護のために離転職をよぎなくされている（厚生労働省「仕事と介護の両立に関する実態把握のための調査研究」2009年）。老老介護、

けられないことになりかねない。▷3

④ 営利政策とコムスン問題

　介護など福祉を，金銭上の契約関係に切り替えていく営利化政策の矛盾が噴出したのが，コムスン問題である。

　それまで福祉や介護に全く関わりがなかった親会社であるグッドウィル・グループは，既存のコムスンを買収して，介護事業に乗り出した。2000年4月の介護保険実施に合わせた見込みが外れ，「全国1万2000か所でスタートした拠点を約6000か所に半減する大規模なリストラで4400人中1600人の人員削減」を行った（『第11回自治労連社会保障集会報告・資料集』2001年9月）。

　そして，2006年4月以降，全国8カ所で勤務実態のない従業員名を記載した虚偽の書類を提出していたことが発覚した。コムスン全体への介護事業指定取り消しを逃れるために，当該事業所の廃止届けとグループ内の譲渡で乗り切ろうとした。厚生労働省の行政指導によって，それが不可能となり，コムスンを含め全介護事業を売却し，2007年12月に撤退したものである。

⑤ 劣悪な労働条件

　介護に従事する人の労働条件や待遇は，介護の質に大きく影響する。介護施設の約9割が，通常の2日分の労働に相当する2交替夜勤で，そのうち16時間以上が約7割である。介護施設の正規職員の2013年10月の平均賃金は月額20万7795円で，全産業労働者平均29万7700円（厚生労働省，2013年度『賃金構造基本統計調査』）に対して9万円も下回る。また，ホームヘルパーのうち正規ヘルパーは2割で平均月収が18万円，8割を占める非正規ヘルパーでは10万円に満たない（全国労働組合総連合『2014年度版「介護施設で働く労働者のアンケート」と「ヘルパーアンケート」報告集』2014年7月）。介護事業所の7割が「運営が難しい」とし，各種事業サービスの年間離職率20～25％前後，うち大都市では30～40％前後に達している（『朝日新聞』2008年1月17日付）。情熱をもって福祉の仕事に就きながら，仕事と生活を支えることができない状況に追い詰められているのである。▷4

⑥ 求められる社会的介護

　介護が「保険になじむ」かどうかの検証を省略した結果，現在，省略したはずの振り出しにもどされているといえよう。公的介護保険のサービスの不足に対し，民間介護保険が普及している。障害者が65歳になると，障害者サービスから介護保険に移されサービスが抑制され，自己負担も求められる。社会的介護を実現するためには何が必要なのか，財源についても税方式を含めて，再検討することが求められている。

▷ 認認介護，遠距離介護も増えている。介護者自身の老後問題もある。

▷3　滞納と差し押え：介護保険料を滞納し資産を差し押えられた人が，65歳以上で1万6000人超に上る（2016年度，厚生労働省調査）。2009年1月20日付で厚生労働省から，国民健康保険の保険料を納付できない「特別な事情に準ずる状況にある」場合は，市町村の判断で「短期被保険者証を交付することができる」との事務連絡が出された。

▷4　外国人介護労働者：世界貿易機関（WTO）を補完し，国や地域を限定して貿易障壁をなくしていく自由貿易協定（FTA），それに加えて一層の人的交流などを進める経済連携協定（EPA）がある。日本はフィリピンとインドネシア，ベトナムとの間でEPAを結び，外国人看護師・介護福祉士候補者として，2015年度までに，3カ国あわせて約3000人（厚生労働省）の入国があった。言葉，習慣，文化，宗教，制度などの違いが，介護に与える影響は大きい。2017年に，技能実習生受け入れ職種として介護が追加された。技能実習生への人権侵害の多発と，介護労働者の劣悪な労働条件をそのままにした外国人の受け入れは，介護の質と現場をさらに劣悪にする恐れがある。2018年12月改定の「出入国管理法」で，外国人労働者への新たな在留資格（特定技能）が設けられた。5年間で約34万5000人の見込みのうち，介護分野が最も多く6万人だ。

V 社会保障

 公的年金の目的としくみ

1 公的年金の基本的しくみ

日本の公的年金は社会保険方式で運営されており、そのしくみは拠出（保険料の納付）、受給権の発生、給付（年金の受け取り）のプロセスから成る。まず、法律に定められた年齢や就業状態に合致する人は強制加入により被保険者となり、毎月の保険料拠出が義務づけられる。被保険者が高齢者や障害者となったとき、扶養者が死亡し遺族となったときに年金受給権が発生する。ただし、保険料拠出が年金給付の要件であるので、義務づけられた保険料を十分に納付していないと年金額が減額されたり、年金受給権のない「無年金者」となる場合もある。受給者となって以降、死亡する、障害が回復する、遺族が再婚するなど年金が不要な状態となるまで給付は継続する。

2 基礎年金と厚生年金

日本の公的年金の中心は基礎年金（**国民年金**）と厚生年金の2つの制度である。どちらの年金にも老齢年金、**障害年金**、**遺族年金**があり、要件を満たした被保険者に支給される。老齢と障害といった2種別以上の受給権がある場合、併給は認められず、どちらか金額の高い方のみの支給となる。

基礎年金の被保険者は20歳から60歳までの外国人を含む日本のすべての住民である。厚生年金の被保険者は企業や国、自治体などに雇われる70歳未満の労働者である。ただし、小規模事業所の労働者や、**短時間労働者**は加入対象ではない。厚生年金には基礎年金の被保険者のまま二重に加入する。給付を受ける際、過去に一度でも厚生年金に加入した期間があれば、基礎年金に上乗せして厚生年金が支給される。

基礎年金の被保険者は3種類に区別される。厚生年金にも加入している者は第二号被保険者、第二号被保険者に扶養される配偶者は第三号被保険者、それ以外の者は第一号被保険者となる。第一号被保険者には定額（2018年度現在、月額1万6340円）の国民年金保険料が課される。低所得者は**保険料免除制度**が利用可能である。

第二号被保険者には賃金に18.3%の厚生年金保険料が課されるが、その半分を雇い主（使用者）が負担する労使折半となっている。この厚生年金保険料には被保険者自身と扶養する第三号被保険者の基礎年金分の保険料が含まれる。

▷**国民年金**
基礎年金制度は、1985年にそれまで実施されていた国民年金制度を大幅に改めたものである。そのため、現在でも国民年金という呼称は一般に広く使われており、特に第一号被保険者の支払う保険料は国民年金保険料と呼ばれる。

▷**障害年金**
65歳未満の被保険者が障害者となったときに支給される。年金額は障害等級により異なり、最も重度の1級は老齢年金の1.25倍、2級と3級は老齢年金と同額となる。3級では障害基礎年金は支給されず、厚生年金加入期間のある被保険者に障害厚生年金のみが支給される。

▷**遺族年金**
被保険者が死亡したときに被保険者の配偶者や子に支給される。遺族基礎年金は子のいる配偶者、または子（ひとり親等の場合）に支給される。遺族厚生年金は、子の有無に関わらず配偶者や父母などの遺族にも支給される。ただし、遺族が妻、子、孫以外の場合、55歳以上でなければ支給されない。遺族基礎年金の金額は老齢基礎年金の金額に子の人数に応じた加算がされる。遺族厚生年金の金額は老齢厚生年金の金額の4分の3の額となる。

そのため，第二号と第三号被保険者は国民年金保険料を納付する必要がない。

老齢基礎年金は65歳から支給されるが，その要件は標準の被保険者期間40年のうち10年分の保険料拠出である。基礎年金の年金額は40年間欠かさず保険料を納付した場合，満額で月額6万4940円（2018年度現在）である。保険料が未納や免除となっていた期間があると，その長さに応じて年金額は減額される。老齢厚生年金の受給要件は，基礎年金の受給要件を満たしていることである。厚生年金の年金額は，厚生年金に加入していた期間の賃金総額に比例する。40年間加入し平均的な賃金であった場合，月額9万円程度である。基礎年金，厚生年金の年金額は毎年**賃金・物価スライド**による改定が行われる。

3 公的年金はなぜ必要か

事前に保険料拠出が必要なしくみから，貯金や民間保険会社が販売する個人年金と公的年金の役割を混同し，公的年金は不要と考える人もいる。しかし公的年金には，貯金や民間の年金保険では置き換えることができない役割がある。

貯金で老後の生活費をすべて賄うことを想像してみよう。自身が何歳まで生きるのかはわからないのだから，いくらの貯金額が必要かもわからないだろう。さらに長生きしているうちに食費や医療費などが値上がりし，出費が想像以上に増えてしまう事態も想像しなければならない。十分な蓄えを用意したつもりでも，貯金額の残りを気にしながら出費を切り詰めた生活を余儀なくされる。

公的年金による老齢給付は受給者の死亡まで継続するので「残額」を心配する必要がない。また物価上昇率に応じて支給額も改定される。一方，個人年金のほとんどは給付が一定期間で終了する確定型である。死亡まで給付が継続する終身型は商品が限られており保険料も高額である。さらに物価上昇による改定は行われない。社会保障の一部である公的年金の役割は，人々に安定した生活を保障することであり，それは貯金や個人年金で替えることはできない。

4 公的年金の所得再分配

終身型個人年金の保険料が高額であるように，十分な保障のためには多額の費用が必要となる。被保険者からの均一の保険料で賄おうしても保険料は高額となり，支払えない人が頻出してしまう。

そのため基礎年金の財源は保険料だけでなく，その半分は**国庫負担**により賄われている。また厚生年金の保険料も半分は使用者が負担する。国庫負担や使用者負担を通した所得再分配がされることで，すべての人を対象とした公的年金が成立する。一方，この所得再分配機能により，公的年金には個人年金のような**給付反対給付均等の原則**は成立せず，個人単位でみれば支払う保険料と受け取る年金額が一致せず，「損をする」ケースも生じる。しかし所得再分配は，すべての人々に安心をもたらすという社会保障の目的のため必要な機能である。

▷1 厚生年金はすべての法人事業所と一部のサービス業（飲食，理美容清掃など）や農業，漁業を除く従業員5人以上の個人事業所が強制適用となる。

▷**短時間労働者**
⇒V-13「低年金・無年金者対策」

▷2 国民年金の保険料額は名目賃金変動率に応じて毎年度改定される。

▷**保険料免除制度**
経済的理由による保険料納付が困難な被保険者に対して，保険料支払いを免除する制度。全額免除制度と保険料額が4分の1，2分の1，4分の3になる一部免除制度がある。それぞれに免除が認められるための所得基準が設定されている。大学，専門学校等に通う20歳以上の被保険者には，保険料の納付を猶予する学生納付特例が適用される。

▷**賃金・物価スライド**
毎年度，新たに受給が開始される年金（新規裁定年金）の金額が名目手取り賃金変動率に応じて改定される。一度受給が開始された後の受給者個別の年金（既裁定年金）の金額は，毎年度物価変動率に応じて改定される。

▷**基礎年金の国庫負担**
従来，基礎年金給付費の3分の1が政府一般財源からの繰入による国庫負担とされていたが，2004年度の改正で段階的に国庫負担が引き上げられることなり，2009年度から2分の1が国庫負担とされた。

▷**給付反対給付均等の原則**
⇒V-3「保険・社会保険・社会保障」

V 社会保障

  年金財政と給付水準調整

公的年金は財政破綻するか

　近年，日本の公的年金の財政運営が厳しく，将来的に財政破綻するという言説が目立つ。その要因とされるのは，財政方式として人口高齢化の影響を受ける賦課方式を採用していることや，国民年金保険料の納付率が低いことなどである。これらの見解が正しいのか考えてみよう。

　公的年金制度を運営するための財政方式は，一般に積立方式と賦課方式に分類される。積立方式とは制度が発足した当初は納められた保険料を積立金として蓄積し，特定の期間が経過した後，積立金の運用収入と保険料収入によって年金を給付するしくみである。

　賦課方式とは納められた保険料をそのまま年金として給付するしくみである。賦課方式を採用すると，制度を運営開始してすぐに年金を給付することができるが，年金受給者が増加するにつれて保険料負担が重くなる。少子化により保険料を負担する若い世代の減少が起こると，1人あたりの保険料負担はさらに重くなっていく。

　公的年金の財政破綻とは，年金を給付する費用を保険料，国庫負担，積立金の運用収入や元本の取り崩しなど，あらゆる収入を合わせても賄うことができなくなった状態である。賦課方式では，その年ごとに必要な費用を必要なだけ保険料等で確保する。保険料拠出が義務化され必要な収入が確保されている限り，原理的に財政破綻は生じない。したがって「賦課方式であるため公的年金が財政破綻する」は誤った理解である。

2 日本の財政方式

　日本の公的年金が賦課方式で運営されているという見方にも問題がある。日本の公的年金は，厚生年金も国民年金も，創設時に積立方式が採用されている。積立方式では，あらかじめ決められた保険料を徴収し，計画的に蓄積した積立金の運用収入や元本の取り崩しで給付費を賄う。そのため，積立ての計画がうまくいかず積立金が減少していく事態が生じると，最終的には給付費を賄うことができなくなる。財政破綻とは積立方式において生じる事態なのである。

　積立金が計画より不足する場合，保険料を予定より引き上げることで財政破綻を回避できる。その場合，積立方式で始まった年金制度が賦課方式に近づく

▷1　⇨Ⅵ-2「日本の高齢化の特徴」，Ⅵ-3「高齢化社会の課題と社会政策」
▷年金積立金
　公的年金の積立金の大部分は年金積立金管理運用独立行政法人（GPIF）に管理と運用が委託されている。GPIFはさらに複数の民間の信託銀行，金融商品取引業者に運用委託し，市場を通じて運用している。2017年度末時点の資産構成は，国内債券27.50％，財投債0.55％，国内株式25.14％，外国債券14.77％，外国株式23.88％，短期資産8.70％となっている。
▷国民年金保険料の納付率
　国民年金保険料の納付率は1990年代中盤より低下し，問題視されるようになった。2010年度には追納なども含めた最終納付率が64.5％となった。こうした問題を受けて保険料徴収事務が強化され，低所得な未納者に保

ことになる。日本の公的年金の財政方式は，まさにこの経緯をたどっている。計画通りに積立てが行われなかった主な理由は，戦後の混乱期やオイルショックにより生じたインフレに対応するため給付水準を引き上げたことや，長寿化により年金給付費が予想以上に増加したことなどである。

　厚生労働省は現在の日本の財政方式について，賦課方式を基本としつつ一定の積立金を保有する方式としている。2016年度末現在，厚生年金は144.4兆円，国民年金は9.0兆円と多額の**積立金**を保有し，長期的な計画に基づき管理されている。計画性という点において，日本の公的年金は積立方式としての性格も失っていないことを見落としてはならない。

　日本の公的年金が完全な賦課方式であったならば，**国民年金保険料の納付率**が低下することは大きな問題である。しかし，積立方式としての性格ももつ日本の公的年金にとって，納付率低下は，年金財政が改善する要因となる。保険料を納付しなかった人には年金が給付されず，積立金の運用収入は，保険料を納付した人への給付費に充てられるからである。

3　世代間格差と新たな課題

　日本の公的年金について，財政破綻は憂慮すべき事態ではない。しかし，賦課方式を基本とする財政方式に移行したことで，少子高齢化に伴い若い世代ほど給付に対して重い負担が課される世代間格差が生じるようになった。公的年金の目的は，所得再分配を通して人々に安定した生活を保障することであり，負担と給付が一致しない場合が生じるのは避けられない。しかし，あまりにも重い保険料負担は，それ自体が人々の生活を圧迫してしまう。

　このような問題に対応するため行われたのが，2004年の改正である。新たに導入された保険料水準固定方式により，保険料の引き上げを一定水準で停止することとなった。保険料の引き上げを止めてしまえば，給付のための費用が将来不足する。そこで収入不足が解消されるまでの期間，給付水準を段階的に引き下げる**マクロ経済スライド**が同時に導入された。

　保険料水準固定方式とマクロ経済スライドにより世代間格差は抑制されることとなったが，新たな問題も生じた。給付水準が段階的に引き下げられることで，安定生活を保障する機能が低下してしまうことである。2014年に公表された**財政検証**では，現役世代の収入に対する年金給付額の比率を示す**所得代替率**は，推計時点の62.7%から2043年までに50.6%へと低下する見通しとなった。特に，基礎年金部分は36.8%から26.0%へと大幅に低下する。給付水準を引き下げても，所得代替率50%の水準は最低でも確保することが法律上定められている。だが，元々年金額が少なかった人にとって，現在以上の給付水準の低下は死活問題となる。いかに給付水準を保ちつつ，公的年金の財政運営を続けていくかが今後の課題である。

険料免除の適用を進めつつ，2014年度から資産差し押さえも含めた強制徴収も行われた。さらに，納付率の低い非正規雇用労働者への厚生年金適用が進められ，第一号被保険者が減少したこともあり，2015年度には73.1%まで改善している。

▷**マクロ経済スライド**
少子高齢化の進展に応じて，年金給付水準を引き下げるしくみ。マクロ経済スライドが実施される期間，通常の賃金・物価スライド改定率から平均寿命の伸び率を勘案した一定率と公的年金全体の被保険者数の減少率が差し引かれることで，年金給付の実質的な水準が段階的に引き下げられる。

▷**財政検証**
厚生労働省は最低5年に1度，財政検証を行い厚生年金と国民年金の財政に関する将来見通しを作成する。将来見通しとは財政均衡期間にわたる，人口や労働力率，実質賃金上昇率，積立金の運用利回りや物価変動等の予測値をもとに，年金財政収支がどのように推移するのかを推計したものである。財政検証の結果を踏まえ，マクロ経済スライドによる給付水準調整をいつまで続けるべきかが決定される。

▷**所得代替率**
「厚生年金の標準的な年金額（65歳時点）」の「現役世代（男子）の平均手取り収入（ボーナス含む）」に対する割合。厚生年金の標準的な年金額とは，夫が平均賃金で40年間働いたサラリーマン，妻が40年間専業主婦である世帯が受け取る年金額であり，モデル年金と呼ばれる。

V 社会保障

13 低年金・無年金者対策

1 低年金・無年金者の実態

日本の公的年金給付は，受給者間で年金額に大きな差が生じる仕組みとなっている。その結果，年金額の少ない低年金者を多数生じさせている。厚生労働省「国民生活基礎調査」（2016年）によると65歳以上の年金受給者のうち，男性の19.5％，女性の57.5％は年金額が年100万円を下回る。また，全く年金を受給できない**無年金者**も多く存在している。

OECD "Pensions at a Glance 2017" によれば，日本の高齢者の**相対的貧困率**は19.0％で，OECD平均の12.5％を上回る。国際的にみても，日本は高齢者が貧困に陥りやすい国である。今後，年金給付水準が引き下げられることで，高齢者の貧困はさらに悪化すると予想される。民主党連立政権下で実現した年金機能強化法による改正は，そうした問題への対策を狙ったものであった。

2 年金受給要件の短縮と年金生活者支援給付金

多数の無年金者が生じる要因は，老齢基礎年金の受給要件が25年分以上の保険料納付とされていたためである。他の先進国が納付期間の最低要件をおおむね10年程度としていることと比べ，日本の要件は著しく厳しいものであった。

年金機能強化法により要件が引き下げられ，2017年8月より最低10年の保険料納付で基礎年金が受給できることとなった。この改正により，42万人の無年金者に年金が支給されると推計されている。しかし，改正により受給できるようになる年金は，短い保険料納付期間に応じた低額となってしまう。無年金者だけでなく，低年金者への対応も必要である。

2012年の改正では，年金生活者支援給付金も創設されることとなった。これは低所得の年金受給者を対象に，①保険料納付期間に応じて月額5000円を上限とする額，②免除期間に応じて老齢基礎年金満額の6分の1に相当する額を税財源により給付する制度である。①と②は保険料未納期間に対しては給付されないため，低年金問題への影響は限定的と予想される。

年金生活者支援給付金の財源は，年金機能強化法の成立と同時期に決定された消費税率の引上げ分が充てられる。消費税の10％への引き上げが延期されたことを理由に，年金生活者支援給付金の施行開始も当初の予定の2015年10月から2019年10月へと遅れた。

▷**無年金者**
年金受給年齢に達しているにもかかわらず年金受給権をもたない高齢者や，障害認定を受けていても年金を受給できない障害者。65歳以上で，被保険者（国民年金保険料は最長70歳まで納付することができるため，65歳以上の被保険者が存在する）でも年金受給者でもない人が，無年金の高齢者である。厚生労働省「公的年金加入状況等調査」（2016年）によると，65歳以上の高齢者のうち96万人が無年金者となっている。また，第三号被保険者に該当する人は1986年まで，20歳以上の学生は1991年まで基礎年金（国民年金）への加入義務がなかった。その期間に障害を負った人や，障害を負う以前に保険料が未納となっていた人は障害年金を受給する権利がない。この無年金障害者のうち，加入義務のない期間に障害を負った人に対しては，2004年から特別障害給付金が支給されることとなり，基礎年金の6割程度の額ではあるが，一応の所得保障がなされることとなった。

▷**相対的貧困率**
その国内での一般的な所得水準からみて相対的に貧しい状態にある人の割合を示す指標である。OECDでは各世帯で異なる世帯人員

3 厚生年金の適用拡大

低年金者が生じる大きな要因は，基礎年金の給付水準が低く，厚生年金も加入期間の長さや賃金により給付額が変動するためである。労働時間が週30時間以下の労働者には，厚生年金の適用が強制されてこなかった。そのため現役時に正規雇用で働いていなかった場合，引退後の年金は低額となってしまう。

表V-6は現役時の経歴別に年金受給者の構成比と平均年金額（年額）を示している。男女とも最も平均年金額が高いのは現役時に正社員中心であった受給者であるが，**男女の賃金格差**を反映し年金額にも大きな開きがある。正社員以外の経歴であった場合，平均年金額は大きく下がる。年金額が100万円未満である割合は，男性ではアルバイト中心，自営業中心の経歴で多いが，女性では正社員中心以外のすべての経歴で50％を越えている。

年金機能強化法により2016年10月以降，週の所定労働時間が20～30時間の労働者も厚生年金が強制適用されることとなった。ただし被保険者となるには，賃金，雇用期間などに条件が付けられる。2018年4月末現在で短時間被保険者は42.4万人であり，厚生年金被保険者全体の1％に満たない。今後，短時間被保険者の条件を緩和し適用対象を広げていくことが課題である。

厚生年金の適用拡大は将来の無年金・低年金問題を抑制させるだけでなく，保険料収入を増加させ年金財政を改善する効果も期待できる。厚生年金は保険料が労使折半となるため，労働者にとっては比較的少ない保険料負担で基礎年金より多くの年金を受給することができる。それでも厚生年金給付は賃金に比例するので，低賃金労働者への年金額は十分な額とはならないだろう。厚生年金適用拡大と並行し，**最低賃金**による賃金の底上げが求められる。

数を平準化した等価世帯所得の中央値の50％を貧困線とし，これを下回る世帯に属する人数を国内の人口で割って求める。

▷1　年金給付水準の調整
⇒ V-12「年金財政と給付水準調整」

▷**男女の賃金格差**
⇒ VII-4「正規労働者の男女間格差問題」，VII-6「女性非正規労働者が抱える問題」

▷2　賃金月額8.8万円以上，勤務期間1年以上，学生を除く，厚生年金の被保険者数が常時501人以上の企業であることが，短時間労働者に厚生年金が適用される条件となっている。2017年4月より，被保険者数が常時500人以下の事業所のうち，労働者の2分の1以上と使用者との合意に基づき申請する事業所，地方公共団体に属する事業所が新たに適用対象となった。厚生年金の適用範囲については2019年9月までに検討を加え，見直しを行うこととなっている。

▷**最低賃金**
⇒ I-8「日本の最低賃金制」

表V-6　現役時の経歴別，年金受給者の構成比と平均年金額（年額，65歳以上）

現役時代の経歴	男性 構成比（％）	男性 平均年金額（万円）	男性 100万円未満の割合（％）	女性 構成比（％）	女性 平均年金額（万円）	女性 100万円未満の割合（％）
全体	100.0	195.3	17.0	100.0	115.5	52.9
正社員中心	68.5	223.0	4.7	21.0	151.3	18.9
常勤パート中心	1.5	139.1	26.3	13.9	106.2	55.1
アルバイト中心	1.4	105.4	53.6	2.9	97.8	64.2
自営業中心	14.8	114.0	61.9	15.5	92.2	73.5
収入を伴う仕事をしていない期間中心	0.2	154.8	25.0	15.3	112.7	64.5
中間的な経歴	2.9	142.5	33.3	12.2	108.4	59.9
不詳	10.7	165.0	22.9	19.3	111.5	56.1

出所：厚生労働省「老齢年金受給者実態調査」2016年より筆者作成。

V 社会保障

障害の概念と定義

1 障害・障害者とは

障害者を対象とした社会政策を学ぼうとするとき，まず初めに考えなければならないのは「障害」とは，「障害者」とは何を指すのかということである。私たちは日常的にこれらの言葉を使用する。しかし，その言葉の意味するところは使用する人や場面で異なることが多い。障害者に関する法律上の定義においても，不一致や矛盾が生じているのが現状である。

障害の定義の曖昧さは，各国が把握する障害者人口比の違いにも端的に表れている。Eurostatによると，代表的なEU加盟国における障害者人口の総人口に占める比率（それぞれ15歳以上）は，2012年時点でイギリス19.7％，スウェーデン14.7％，フランス13.6％，ドイツ21.0％，EU全体（クロアチア加入以前）で17.6％となっている。一方，内閣府『平成30年版 障害者白書』では，日本の障害者人口比（障害児を含む）を7.4％としている。

これほど大きな障害者人口比の差は，人種や年齢構成，健康状態の差異だけで説明できるものではない。そこには，政府が障害を認定し把握する方法や基準の違いが隠れている。障害認定基準は，その国が障害・障害者をどう理解しているかという概念に基づいている。そこから，障害者が社会の中で，どのような存在として捉えられているかの一端を知ることができるだろう。

ICF（国際生活機能分類）

WHO（World Health Organization：世界保健機関）は障害の概念を国際的に統一する目的で，2001年にICF（国際生活機能分類）を提起した。ICFは障害に関する最新の分類法であるが，障害の定義を示すにとどまらず，人が生きることの全体像を評価するツールでもある。

従来から障害の理解のしかたは，大まかに医学モデルと社会モデルの2つに分類され，その間で意見の対立がみられた。医学モデルとは病気や身体機能など医学的な視点で障害を理解するのに対して，社会モデルはその人が生活する上で何に困り，何を必要としているかというニーズから理解する。

この違いは，障害に対するアプローチにも表れる。医学モデルでは障害の原因は個人にあるとされ，治療や医学的リハビリテーションなど個人へ働きかけるアプローチが中心となる。社会モデルでは，障害の原因は社会（環境）に求

▷ICF（International Classification of Functioning, Disability and Health：国際生活機能分類）
1980年のICIDH（International Classification of Impairments, Disabilities and Handicaps：国際障害分類）に置き換える形で2001年にWHOにより定義された障害の概念である。ICIDHは疾患・変調を要因とし，機能・形態障害，能力障害を経て社会的不利に至るという一方通行型のモデルであった。ICFは生活機能と背景因子が，相互に作用し合う関係として理解される。さらに，生活機能をマイナス（障害）の側面だけでなくプラスの側面にも評価することで，障害の有無に関わらずすべての人がもつ潜在能力を引き出して生活機能を向上させることができることを示している。

▷リハビリテーション
WHOはリハビリテーションを「社会的統合を達成する手段」と定義している。リハビリテーションの実践は，医学的リハビリテーションだけではなく，社会的（社会参加の支援），教育的（心身の発達保障），職業的（就労支援）を含む4つの分野にわたる。リハビリテーションの主体は専門家ではなく利用者であり，目標

められ，社会が変化することをめざすアプローチが重視される。

ICFの構造は**図Ⅴ-6**で説明される。中心に置かれた生活機能を構成する心身機能・身体構造，活動，参加を評価し，それらが機能・形態障害，活動制限，参加制約としてマイナスとなる側面が障害と位置づけられる。また生活機能と相互に作用し合う因子として，健康状態，環境因子，個人因子が示されている。

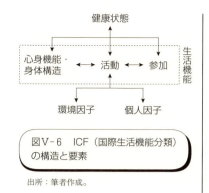

図Ⅴ-6　ICF（国際生活機能分類）の構造と要素

出所：筆者作成。

を定め期間を限定して行われる活動である。

ICFは，従来から対立のみられた医学モデルと社会モデルの両方を包含した統合モデルであるとされる。ICFは立場の異なる専門職や対象者，家族が相互に理解し合うための「共通言語」として用いられることをめざしたものである。

3 日本の障害者の定義と認定基準

日本における障害者の定義は，障害者基本法に示されている。同法は2011年に改正され，第2条において障害者を「障害及び社会的障壁により継続的に日常生活又は社会生活に相当な制限を受ける状態にあるもの」とした。「社会的障壁」の表現が用いられ，障害には心身状態だけでなく，その人を取り巻く社会環境が介在することを認め，統合モデルに準拠した定義となっている。

しかし障害者を認定し**障害者手帳**の発行方法を定める諸実定法には，この定義との乖離がみられる。身体障害者福祉法，精神保健福祉法では，身体障害，精神障害（**発達障害**を含む）の有無や程度を医師の診断結果に基づき認定しており，医学モデルに相当する認定基準を採用している。知的障害者福祉法は，条文内に知的障害の定義や認定方法を示していない。実際の基準設定は手帳の発行主体である都道府県・指定都市に委ねられ，地域間で認定基準の差が生じている。

日本の政府が把握する障害者人口比の少なさは，こうした障害者の認定基準の狭さが一因であると考えられる。さらに障害者に対する差別や偏見が障害認定を受けることへの障壁となっている。一方，近年では軽度の知的障害や精神障害の認定者が増加し，発達障害への社会的関心も高まっている。その背景として，地域や家族，就労現場など社会環境の変化から生活困難となり，政策による支援を受けるため障害認定を必要とする人が増えていることが考えられる。このように「障害者」は，その国の制度や人々の認識，社会環境を反映し変化する存在なのである。

▷**障害者手帳**
都道府県知事，指定都市長・一部の市町村長が障害認定をした人に対して交付する手帳。身体障害者には身体障害者手帳，知的障害者には療育手帳（発行自治体により名称が異なる），精神障害者には精神障害者保健福祉手帳が交付される。

▷**発達障害**
主に自閉症スペクトラム障害（Autism Spectrum Disorder：ASD），注意欠陥・多動性障害（Attention-deficit hyperactivity disorder：ADHD），学習障害（Learning Disability：LD）など脳機能の障害である。障害の特性は個人により大きく異なり，また2つ以上の症状を併せもつ人も少なくないため，明確に障害の種別を診断することは困難である。

Ⅴ 社会保障

15 障害者政策

1 障害者政策の目的と広がり

2006年に国連が採択した障害者権利条約は、障害者に「全ての人権及び基本的自由を差別なしに完全に享有することを保障する」ことを宣言した。これは障害者を単に医療や介護などケアの対象とみるのではなく、障害者が自由を享有する自立した主体であることを意味している。すべての障害者に、自己実現と社会参加を可能とする自由が保障されなければならない。そのために個人と社会の双方に働きかけることが、障害者政策の目的である。

障害者政策の対象範囲は広範であるが、その前提となるのが差別の撤廃である。差別は人が基本的な権利、自由を行使する上で最大の妨げとなる。障害者権利条約では差別を「障害に基づくあらゆる区別、排除又は制限」とし、**合理的配慮**の否定を含むものとしている。これを受けて障害者差別解消法ではあらゆる公共団体、民間事業者に合理的配慮の提供を義務づけている。

2 障害者総合支援法

2013年より施行されている障害者総合支援法は、その名の通り障害者の地域における日常生活、社会生活を総合的に支援する制度であり、自立支援給付と**地域生活支援事業**で構成される。

自立支援給付は障害者とその家族を直接支援する事業である。介護給付、就労のための支援を含む訓練等給付、補装具の購入、自立支援医療などにかかる費用を給付し、自立生活に向けた相談援助を提供する。就労のための支援には、一般企業等での雇用をめざす**就労移行支援**と、**福祉的就労**に相当する就労継続支援（A・B型）がある。自立支援給付は基本的に費用の9割であり、1割は利用者の自己負担となる。ただし、世帯の経済状況に応じて自己負担の上限額が設定されており、低所得者は無料となる。成人の障害者の9割以上は、自己負担が無料となっている。

障害者総合支援法は、2005年に成立した障害者自立支援法を前身とする。自立支援法は利用者の1割自己負担を徹底した。サービスの利用量が多い重度障害者ほど自己負担額も高額化することに強い批判があり、障害者自立支援法違憲訴訟も提起された。その和解内容を踏まえて上限額設定による自己負担の軽減が図られたが、総合支援法においても完全撤廃には至っていない。

▷**合理的配慮**
様々な場面において障害者が障害のない人と平等に権利を行使できるようにするために、無理のない範囲で行われる個別の調整や変更である。具体的には車いすでの移動を可能とするために段差をなくす、意思を伝えあうために文字だけでなく写真や絵を使うなど、障害者が様々な施設やサービスを利用可能とするための対応である。合理的配慮を提供しないことは障害者への差別であり人権侵害である。

▷**地域生活支援事業**
主に社会に働きかけ環境を改善する事業である。市民の障害理解を促進する啓発事業や、障害者を支援する専門職の育成、連携などのための事業であり、都道府県、市町村それぞれに必須事業と任意事業が設定されている。

▷**就労移行支援**
一般就労を希望する人に、必要な知識および技能の習得、就労先の紹介などの支援であり、主に民間事業者により提供される。このほか、ハローワーク、地域障害者職業センターにおいても、一般就労に向けた様々な支援が行われている。

▷**福祉的就労**
一般企業で雇用されにくい中程度以上の知的障害者や

3 障害者の就労を支える政策

障害者が働くことは，対価として賃金を得ると同時に，自己実現や社会参加の重要な機会でもある。働く上で制約や採用時の差別を受けやすい障害者に，就労機会を保障するためには様々な政策による支援が必要である。

障害者雇用促進法は，民間企業，国・地方公共団体等の事業主に従業員の一定割合（法定雇用率）に相当する障害者の雇用を義務づける法律である。法定雇用率は逐次引上げられてきており，2018年4月から民間企業で2.2％，国・地方公共団体・特殊法人で2.5％となっている。しかし，民間企業従業員に占める障害者の割合（実雇用率）は2017年時点で1.97％であり，法定雇用率を達成できている企業も全体の50.0％に留まっている。

就労継続支援B型事業所では利用者の障害特性に合わせて，企業・公共団体等からの委託業務や，独自商品の生産・販売などの生産活動が行われている。B型事業所は非雇用型とされ，生産活動による利益は利用者に「工賃」として還元される。工賃の平均額は2016年の全国平均で月額1万5295円，時間額199円と極めて低額である。事業所運営費用は，利用者の人数と時間に応じて国・自治体から支給される訓練費により支えられる。

就労継続支援A型事業は，主に民間企業等による障害者の就労訓練事業であり，一般企業等による雇用とB型事業所の中間を埋める存在である。A型事業所は雇用型であり，利用する障害者に支払われる賃金には**最低賃金**も適用される。2016年の全国平均賃金は月額7万720円，時間額795円であった。A型事業所は事業所数が少なく，また近年は賃金月額が低下傾向にある。

4 自立の概念

障害者総合支援法と障害者雇用促進法を中心として，障害者の自立に向けた支援が行われている。しかし，厚生労働省「生活のしづらさなどに関する調査」(2016年) によると，65歳未満の障害者の35.9％，65歳以上で42.8％が生活のしづらさを毎日感じると答えている。また，障害者には親が死亡や要介護に至るまで同居を続ける人が少なくない。障害者への政策は就労支援に力点が置かれ，その就労も十分機会が開かれているとはいえない。

ここで重要なことは，「自立」概念を正しく理解することである。自立とは，自身の労働により得た賃金で生活を維持する経済的自立のみを意味するのではない。日常生活動作を向上させる身辺自立や，一人暮らしをすることを含めた自分のことは自分で決定するという社会的自立，様々な活動を通して他者との関わりをもつ社会参加などを含め，幅広い概念として理解されるべきである。多様な「自立」の中から，障害者が自己決定により目標をみつけめざしていくことができる社会を実現するため，障害者政策の課題は多く残されている。

精神障害者の就労機会を積極的に創出する取組みである。従来から「作業所」「福祉工場」などと呼ばれる施設が，障害者とその家族を中心に組織される各地の民間団体により多数設立されてきた。現在その多くは，障害者総合支援法の就労継続支援B型事業として運営されている。

▷最低賃金
⇨ I-8「日本の最低賃金制」

V 社会保障

16 保育・子育て支援

▷1 ⇨Ⅶ-10「少子高齢化が女性にもたらす影響」，Ⅶ-11「家庭生活と女性」
▷2 ⇨Ⅶ-3「男女平等政策の歴史的変遷(2)」
▷3 0～6歳の未就学児の預け先がなく就労できない待機児童問題が都市部を中心に発生している。政府は「待機児童解消加速化プラン」等の取組みを進めるものの、道のりは遠い。
▷4 0～2歳対象の「地域型保育」として既存の家庭的保育（保育ママ），小規模保育，事業所内保育，居宅訪問型保育の4つが同制度内に組み込まれ保育の「量」に加え「質」の確保が進む。2016年創設の「仕事・子育て両立支援」により事業主拠出金を財源とした企業主導型保育事業が新設され，従業員が働き続けられる環境づくりという観点からの保育の受け皿整備も進む。「量」の確保に向けた一連の規制緩和は功罪がある。2000年に認可保育所の設置主体制限が撤廃され営利企業・NPO等が参入可能となった。2013年以降，認可外保育施設への民間参入も可能となった結果，保育士不足による保育士の低賃金・長時間労働問題，倒産トラブルなど本来の社会保障としてあるべき保育の「質」の低下に影響して社会問題化している。

1 社会保障としての保育

　一家の「大黒柱」という表現が死語になりつつある。「就業構造基本調査」（2017年）によれば，いまや共働き率は48.8%，未就学児を抱えて働く女性の就業率は64.2%にのぼる（いずれも全国平均）。先行き不透明な経済情勢と社会進出の時流によって女性の就労形態が多様性を増す中で，子育て世代の男女労働者が働き続ける上で欠かせない社会保障の仕組みが保育制度である。

2 保育制度改革：子ども・子育て支援新制度

　日本の少子化対策・子育て支援策の転換を受け，2015年4月，「子ども・子育て支援新制度」が導入された。喫緊の課題である①待機児童対策から拡大し，②すべての親子への子育て支援，③男女ともに働き方改革を，そして④若者の自立支援をセットで取り組むべきとの考えに基づく。この保育制度改革は①に加え，地方で一足先に進む少子化の影響に対応すべく②という就学前児童への保育・教育を包含する。既存制度との大きな変更点は，(1)認定こども園，幼稚園，保育所を通じた共通の給付（「施設型給付」）および小規模保育等への給付（「地域型保育給付」）の創設，(2)認定こども園制度の改善，(3)地域の実情に応じた各種子育て支援（利用者支援，地域子育て支援拠点，放課後児童クラブなどの「地域子ども・子育て支援事業」）の拡充，である（図V-7）。

3 安定した財源による無償化の動き

　一連の子ども・子育て支援策は，消費税率の10%への引き上げにより確保する0.7兆円程度を含め追加の恒久財源を確保することで大きく動き出そうとしている。政府は2019年10月から，3～5歳児は原則全世帯，0～2歳児は住民税非課税の低所得世帯を対象に，幼児教育・高等教育の無償化をスタートすることを正式に決定した（2018年12月28日の関係閣僚会合で，高等教育無償化について大学や専門学校などに通う低所得世帯の学生を対象とした給付型奨学金の支給や授業料の減免等を決定した）。認可保育所などは完全無料，私立幼稚園の一部や認可外保育所は一定の上限を設けて利用料を補助する。とはいえ，本来最も必要とされる0歳児・1歳児にかんしては全世帯が対象とならず，また給食費等諸費は実費負担が求められる等，課題も多い。

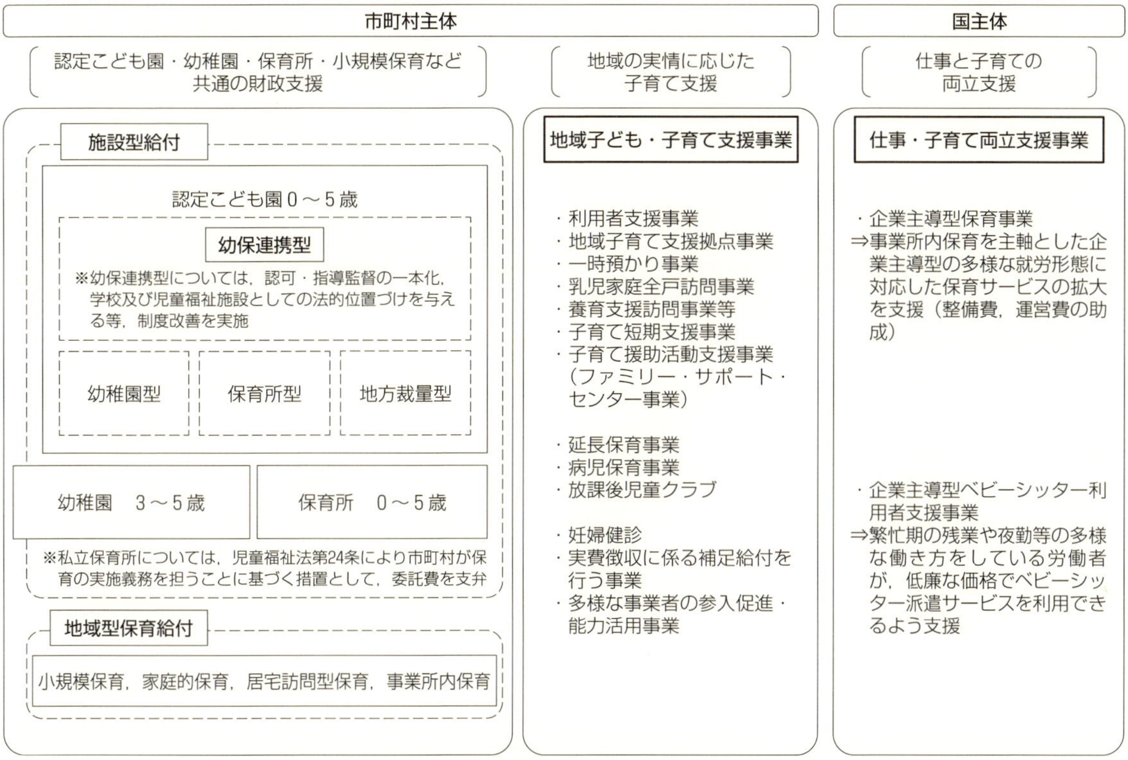

図V-7 子ども・子育て支援新制度の概要

市町村主体

【認定こども園・幼稚園・保育所・小規模保育など共通の財政支援】

施設型給付
- 認定こども園 0〜5歳
  - **幼保連携型**
    ※幼保連携型については、認可・指導監督の一本化、学校及び児童福祉施設としての法的位置づけを与える等、制度改善を実施
  - 幼稚園型
  - 保育所型
  - 地方裁量型
- 幼稚園 3〜5歳
- 保育所 0〜5歳

※私立保育所については、児童福祉法第24条により市町村が保育の実施義務を担うことに基づく措置として、委託費を支弁

地域型保育給付
- 小規模保育、家庭的保育、居宅訪問型保育、事業所内保育

【地域の実情に応じた子育て支援】

地域子ども・子育て支援事業
- 利用者支援事業
- 地域子育て支援拠点事業
- 一時預かり事業
- 乳児家庭全戸訪問事業
- 養育支援訪問事業等
- 子育て短期支援事業
- 子育て援助活動支援事業（ファミリー・サポート・センター事業）
- 延長保育事業
- 病児保育事業
- 放課後児童クラブ
- 妊婦健診
- 実費徴収に係る補足給付を行う事業
- 多様な事業者の参入促進・能力活用事業

国主体

【仕事と子育ての両立支援】

仕事・子育て両立支援事業
- 企業主導型保育事業
  ⇒事業所内保育を主軸とした企業主導型の多様な就労形態に対応した保育サービスの拡大を支援（整備費、運営費の助成）
- 企業主導型ベビーシッター利用者支援事業
  ⇒繁忙期の残業や夜勤等の多様な働き方をしている労働者が、低廉な価格でベビーシッター派遣サービスを利用できるよう支援

出所：内閣府子ども・子育て本部「すくすくジャパン！ 子ども・子育て支援新制度について」2018年，6頁。（https://www8.cao.go.jp/shoushi/shinseido/outline/pdf/setsumei.pdf 2019年1月14日閲覧）

❹ 保育制度改革だけでなく働き方改革の必要性

　朝日新聞の世論調査（2018年11月実施）によると「今の日本は子どもを生み育てにくい社会」との回答が7割を超えた。その理由として「子育てや教育にお金がかかり過ぎること」（47％）「仕事と子育ての両立が難しいこと」（37％）が挙げられている。また、「子育てのあり方について」考えを問う設問では「家族の責任でするべきだ」（34％）を「社会全体でもっと支えていくべきだ」（62％）という回答が倍近く上回る結果となった。

　社会全体で子どもを育てるには、就学前児童への保育施策にとどまらず、就学後の「小一の壁」や放課後児童クラブ（学童保育）の不足による小学校低学年・高学年に対する包括的な取組みの充実が望まれる。同時に、男女労働者がやりがいをもって働き続けられる職場環境の整備も継続的に拡充していく必要があるだろう。内閣府は、2020年までに配偶者が出産した男性労働者の育児休暇取得率80％を目標に掲げるが、利用できる休暇制度の周知・理解、職場環境づくり（「育児・介護休業法」に定められた以外の企業独自の特別休暇制度の整備、上司の理解、職場内でのワークライフバランス機運の定着）など課題が山積している。

▷5　「認定こども園」の創設は、これまで長らく「縦割り行政」として批判が大きかった文部科学省（幼稚園）と厚生労働省（保育所）を一元的に内閣府（子ども・子育て本部）所管とした実質的な「幼保一元化」である。これらの施設の利用にあたっては市町村による認定を受ける（1号、2号、3号認定）。なお、幼稚園側にとって認定こども園への転換は、少子化で子どもが減り、単独経営が苦しい状況を改善し、預かる児童数を確保できるという利点がある。特に地方ではその傾向が顕著である。

コラム-5

労災と職業病

　皆さんの中には，アルバイト中の怪我で医者に行ったのに，治療費を自己負担させられたという人もいるのではないだろうか。アルバイトでは立場が弱く，労災扱いにしないことをおかしいと思っても口に出せないだろう。働いているときの怪我は労災である。労働保険には労災保険と雇用保険の2つがあり，たとえ1人であってもアルバイトを雇用する場合，雇用主は労災保険に入ることが義務づけられている。アルバイトに健康保険を使わせて治療させた場合には労災隠しとなり，雇用主は労働安全衛生法違反で50万円以下の罰金となる。アルバイトであっても労災は適用されるのだ。

　労災や職業病は働く人にとっては身近なものだ。例えば，通勤時に怪我をしても労災であるし，仕事で腰痛になっても労災である。

　現在，労災・職業病といえば，多くの人が過労死や鬱病，ストレスなど心因性のものを思い浮かべるだろう。三次産業が主流になったからといっても，一次産業や二次産業で労災・職業病はなくなったわけではない。有害労働環境がある製造業や建設業などの現業では，まだまだ多くの労災や職業病が発生している。

　厚生労働省の2017年の統計では，労災死亡者数は3年ぶりに増加し978人に，死亡・休業4日以上の死傷災害者数は2年連続増加の12万460人となった。派遣社員や外国人労働者の増加に伴って，派遣社員や外国人労働者の死傷災害数も増加している。

　明治以降，日本では鉱山開発がさかんになりこの頃から多発しはじめた鉱害では，労働者はじん肺や珪肺などの職業病に罹患し亡くなる者も多かった。例えば，慢性砒素中毒として公害認定されている宮崎県の土呂久（とろく）鉱害では，1920年から亜砒焼きがはじまり，亜砒酸を製造する過程で発生する亜硫酸ガスや，環境中に放出された砒素によって，50年ほどで56世帯の集落約100人が内蔵疾患や呼吸器系疾患で亡くなっている。

　高度経済成長期には二次産業が主流になり，この頃最も多くの労災・職

業病が発生した。1961年の死傷者数は48万人に上ったほどである。労基法が改正され，振動障害（白ろう病），頚肩腕症候群，アスベスト，塩化ビニール，六価クロムなどによる「職業がん」が「新職業病」になった。とりわけ，アスベストは有害物質として有名であるため，聞いたことがある人もいるだろう。アスベストには茶石綿，青石綿，白石綿の3種類があり，有毒な茶石綿，青石綿は1995年に使用を禁止したが，白石綿の輸入・製造・販売の原則禁止は2004年まで行わなかった。その間に，労働者や環境中にもれだしたアスベストで，肺がんや中皮腫等の病気に罹患した人が増加していった。2040年までには労働者や住民を合わせて，中皮腫の死亡者が約10万人に達するという推計がある。アスベストによる労災給付は2017年で請求件数が1083件，支給決定件数が986件となっている。

近年，いくつかの化学物質による「職業がん」発生も社会問題化している。2012年には，印刷会社で働き，「胆管がん」になった人や遺族が労災請求行ったことが大きく報道されたが，これも「1，2ジクロロプロパン」という化学物質が原因である。この物質に長時間，高濃度で曝露されたことで，通常は高齢者が罹る胆管がんに若い人が罹患した。2018年10月25日には，防水剤に使われるMOCAという化学物質が原因で膀胱がんに罹患した人が17名いることが報道されている。職場で扱う化学物質に起因する職業病は21世紀になっても続々と発生しているのである。

働く人の立場は，請負や契約など雇用形態の多様化からしても弱い立場に置かれている。弱い立場の人たちは，労災・職業病の被害を訴えにくいという特徴がある。おかしいと思ったら，全国労働安全衛生センターや，労働基準監督署といった専門家に相談することで解決できることがあることを忘れないでいてほしい。誰もが健康で働きやすい職場を形成するためには，まだまだ努力が必要であり，労災隠しを許さない社会的風潮を私たち自身が作ることも重要である。

（藤川［堀畑］まなみ）

VI 高齢社会

1 日本の人口の状態

1 人口の概況

1920年の**第1回国勢調査**によれば，日本の人口は5600万人弱に過ぎなかったが，第二次世界大戦以降急増し，**高度経済成長**期に初めて1億人を超えた。その後も増え続け，2010年には1億2806万人となり，日本の人口は，90年間で倍以上の規模になった。

人口の急激な増加は，わが国の経済成長と密接に関係している。高度成長が始まる以前の1950年の人口が8400万人であったが，高度成長に入ると増加に転じ，1960年が9430万人，1970年が1億460万人，1980年が1億1700万人となり，それぞれ10年ごとに1000万人増加し，30年間に3000万人強の増加となった。バブル景気真っ只中の1990年には1億2360万人強となり，増加のスピードは減退こそしたが，日本経済の拡大とともに人口の増加があった。

しかし，2008年が日本の人口増加のピーク（1億2808万人）であり，それ以降は減少を続ける。2015年の国勢調査による総人口は1億2709万人であった。国立社会保障・人口問題研究所は，日本の人口が今後一貫して減少し続け，2049年には1億人を割り込むと推計している（2017年推計〔出生低位〕）（図VI-1）。

2 人口の3区分把握

通常，各国の人口は年齢別に3区分して把握されることが多い。今日では，0～14歳層，15～64歳層，65歳以上層に区分して把握することが一般的である。

▷**第1回国勢調査**
1920（大正9）年に第1回の国勢調査が行われ，人口の把握がなされた。それ以降，ほぼ5年に一度，10月1日実施の調査が続けられてきた。

▷**高度経済成長**
1955（昭和30）年から，65（昭和40）年の構造不況をはさんで，1973年のオイルショック（石油危機）まで続いたわが国の経済成長を指す。例えば，1955年から20年近くの間，国内総生産（GDP）は年率にして概ね15％（名目）を超す高い伸びを記録した。構造不況以前の前期高度成長期は耐久消費財を起爆剤とした内需主導型であり，後期は輸出依存度を高めた外需主導型の成長であった。

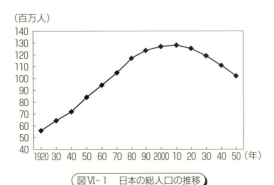

図VI-1 日本の総人口の推移

出所：2020～2050年は国立社会保障・人口問題研究所『日本の将来推計人口』（平成29年推計）2017年。
1920～2010年は国立社会保障・人口問題研究所『人口の動向』（人口統計資料集2013）。

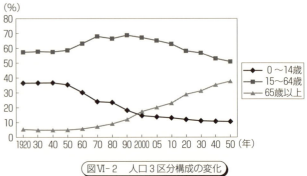

図VI-2 人口3区分構成の変化

出所：図VI-1に同じ。

それぞれを，年少人口，生産年齢人口，老年人口と呼んでいる（図Ⅵ-2）。

しかしながら，時代の移り変わりとともに，人口を3区分して把握するという方法は変化する。例えば，高齢化の著しい今日の日本では，65歳以上層の人々をさらに細分化して，65〜74歳層を前期高齢者，75歳以上層を後期高齢者と呼ぶことが普通になっている。

③ 高齢化社会と高齢社会

65歳以上の人々を高齢者と呼ぶことが一般的であるが，**国連での定義**によれば，高齢者人口の割合が7％以上になると「高齢化しつつある社会（aging society）」と呼ぶ。また，高齢者人口が14％を超えると「高齢化してしまった社会（aged society）」と呼ぶ。つまり，高齢者人口が7〜14％の段階が高齢化社会であり，14％を超えた段階が高齢社会だということができる。

わが国は，高度成長期末期の1970年に老年人口比率が7％に達し，24年後の1994年に14％を超えた。先の定義に従えば，日本は，1970年から94年まで，高齢化が進みつつあった社会だったのであり，現在はすでに高齢化してしまった高齢社会ということができる。

④ 少子化

高齢社会は高齢者の人口増加のみによって到来するのではない。他の区分の人口が増加すれば，必ずしも高齢者比率が高まることにはならないからである。例えば，生産年齢人口が高齢者人口とともに増加すれば，高齢者の比率が高まることはなく，直ちには高齢社会といえなくなる。

人類のこれまでの経験に照らせば，年少人口と老年人口とが一緒に増加するのは決して一般的な姿ではない。また，生産年齢人口と高齢者の人口とが並んで増加するような例も一般的ではない。むしろ，高齢者の増加と反比例的に年少人口が減少するのが高齢社会の一般的な姿，つまり少子高齢社会である。

高度成長期初期の1960年の日本の年少人口比率は30.2％であったが，人口が減少に転じた2010年には13.1％となり，半分以下の水準にまで低下している。これに対して，老年人口比率は，1960年がわずかに5.7％に過ぎなかったが，2013年には25％を超え，国民の4人に1人が65歳以上の高齢者となっている。

年少者100人に対する高齢者の割合を示す老年化指数は，1960年には19であり，子ども100人に対してお年寄りがわずか19人に過ぎなかったものが，2010年には175.6となり，高齢者は年少者の1.7倍以上の数に達している。推計値によれば，老年化指数は今後急上昇し，2020年には240，2050年には357となる。つまり，2050年は，子ども1人に対して，3.5人以上の高齢者がいるという社会である（国立社会保障・人口問題研究所『日本の将来推計人口（平成29年推計）』2017年）。

▶国連での定義
1956年の国連による『人口の高齢化とその社会経済的意味』の定義に従って，65歳以上層を高齢者と呼ぶのが普通である。しかしながら平均寿命の伸長や出生率の低下などの変化により，この定義にも変化が加えられることになる。

▶1 少子化対策：少子高齢化とともに少子化社会対策が講じられてきた。直近でも「少子化社会対策大綱」（2010年1月閣議決定）により総合的な子育て支援が推し進められているが，例えば依然として保育所に入所できない待機児童が都市部を中心として2万5000人弱（2012年4月現在，厚生労働省『厚生労働白書』2013年）であった。厚生労働省の調査によると，2018年10月1日現在の待機児童の数は5万5433人にまで増加している。だが，子育てのための社会環境の整備だけが課題というわけではない。他方では結婚できない，しないという社会問題ものび寄ってきている。2020年の生涯未婚率（50歳時点で一度も結婚したことのない人の割合）は男26.6％，女17.8％と推計されているからである（国立社会保障・人口問題研究所「人口の動向」『人口統計資料集2013』2013年）。

VI 高齢社会

日本の高齢化の特徴

1 高齢化の速さ

日本の人口の高齢化には際立った特徴が2つある。1つが速さである。もう1つが程度である。

図VI-3にあるように，主要国の中にあって，日本の高齢化のスピードがきわめて速い。老年人口比率7％から14％に達する時間で比較すると，最もゆっくりと高齢化が進んだフランスが115年の時間を要したのに対して，日本はわずかに24年であった。

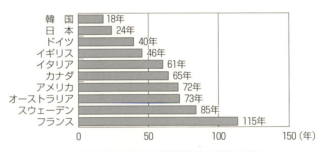

図VI-3 65歳以上人口の倍加年数：国別比較

出所：国立社会保障・人口問題研究所『人口の動向』（人口統計資料集2018）。

主要先進国の集まりであるG7の国々と比較しても，14％に達するまでの日本の倍加年数がきわめて短い。フランスの115年を筆頭に，アメリカの72年，カナダの65年，イタリアの61年，イギリスの46年，ドイツの40年など，7％から14％に達するまでに要した時間が日本に比べてはるかに長い。

主要国の中でも，2000年に7％に達した韓国や中国は，18〜24年で14％に達すると予想されているが，これまでの経験でいえば，日本は人類史上例のないスピードで高齢化が進んだことになる。これが第一の特徴である。

2 平均寿命の推移

高齢化を速いスピードで推し進めている1つの大きな要因が，**平均寿命**の伸長である。1947年の平均寿命は，男性が50.06歳，女性が53.96歳であり，第二次世界大戦直後の平均寿命には戦争の影響がはっきりと現れていた。しかしその後，急速に伸張し，2016年の平均寿命は男性が80.98歳，女性が87.14歳となり，男女とも「人生80年」の時代となっている。今後も平均寿命は伸び続け，

▷ G7（ジーセブン）
主要経済先進7ヵ国のことである。そもそもは，アメリカ・イギリス・西ドイツ・日本・フランスの5ヵ国がG5（ジーファイブ）と呼ばれ，各国の財務大臣・中央銀行総裁による国際会議を指す言葉として用いられていた。その後，1986年にイタリアとカナダが参加してG7となり，1998年からロシアが参加して，G8と呼ばれていた。その後2014年のロシアによるクリミア併合を機にロシアが外され，現在はG7となっている。

▷平均寿命
0歳児の平均余命（へいきんよみょう）のことである。平均余命とは，ある年齢の人が平均的にみて今後何年生きられるかという期待値である。したがって，平均寿命は，生まれたばかりの赤ちゃんが平均して何年生きられるかを表している。

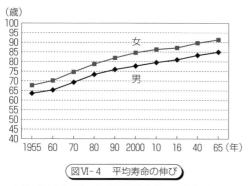

図Ⅵ-4　平均寿命の伸び

出所：国立社会保障・人口問題研究所『人口の動向』（人口統計資料集2018）。

表Ⅵ-1　主要先進諸国の性別平均寿命（2015～2020年）

国	男性（順位）	女性（順位）
日　　本	80.73（9）	87.18（1）
ス　イ　ス	81.61（1）	85.41（5）
オーストラリア	81.28（2）	85.04（9）
シンガポール	81.25（3）	85.26（8）
イ タ リ ア	81.05（5）	85.37（6）
スウェーデン	81.02（7）	84.38（11）
カ ナ ダ	80.74（8）	84.44（10）
イ ギ リ ス	80.01（14）	80.01
フ ラ ン ス	79.90（15）	85.68（4）
ド イ ツ	78.96	83.57
ア メ リ カ	77.34	81.88

（注）　順位とは『人口の動向』で挙げられている40カ国の平均寿命の長さの順である。

出所：国立社会保障・人口問題研究所『人口の動向』（人口統計資料集2018）。

2065年の女性の平均寿命は91.35歳になると推計されている（図Ⅵ-4）。

その結果，今日の日本人の平均寿命は国際的にみてきわめて高い水準にある。表Ⅵ-1にあるように，人口の多い主要国の中にあって，男女とも平均寿命が最も長い。世界最長寿国といって過言ではない。その意味で，日本は，長寿を望む人類の長年の夢をかなえた最初の社会ともいえる。

③ 老年人口比率の国際比較

一方での平均寿命の伸長，そして他方での**合計特殊出生率**の低下により，高齢者の総人口に占める割合が増加する一途である。日本の65歳以上人口が占める割合が2000年では17.36％であったが，2010年には23.02％となり，2020年には28.88％になると予想されている（2017年の推計値）。日本社会は，2013年に国民の4人に1人以上を高齢者が占める社会に突入したのである。

2017年の推計によれば，2050年の老年人口比率は37.7％（出生中位死亡中位）となり，今後も高い水準を維持し続ける。つまり，高齢化の程度が世界の中で最も高いというのが，日本の高齢化の第二の特徴である（図Ⅵ-5）。

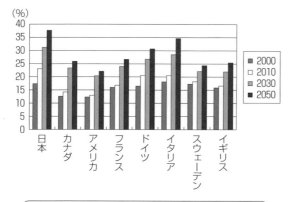

図Ⅵ-5　主要国の65歳以上人口の割合と推移：国連推計

出所：国立社会保障・人口問題研究所『人口の動向』（人口統計資料集2018）。

▷合計特殊出生率

1人の女性が一生涯に産む子どもの数のことである。1人の女性が2.07人の子どもを産めば人口の水準が維持されると考えられている。高齢化が進むのは，高齢者が増加するからだというのは早計である。すでに示しているように，通常は，高齢者人口の増加と反比例するかのように，年少人口の減少が付随している。年少人口の減少があるから，生産年齢人口も傾向的に減少することになる。年少人口の減少は，出生率の低下と密接な関係にある。2015年のわが国の合計特殊出生率は1.45と低く，主要国のなかにあって，ドイツ，イタリアと並んで最も低い水準にある。これに対して，アメリカが1.84，フランスが1.92，イギリスが1.80と高く，両者の間には大きな開きがあった。

VI 高齢社会

高齢社会の課題と社会政策

1 「高齢社会＝危機」説

　日本の高齢化の特徴はそのスピードの速さと程度の大きさにある。しかし、この2つの特徴こそが日本社会に2つの困難をもたらす可能性が高い。

　第一が、高齢化のスピードに社会保障制度の整備が追いつかないであろうという点である。第二が、高齢者が多すぎるため生産年齢人口の負担が過重になる可能性が高いという点である。

　この2つの可能性により、人口が著しく高齢化する日本社会には危機が訪れるであろうという指摘がなされている。高齢化は日本社会にとって危機であるとする「高齢社会＝危機」説である。人類の夢であったはずの長寿社会の訪れがなにゆえに危機であるのか。

　主たる理由は2つある。1つが国民経済の活力低下である。すなわち、高齢者扶養のための**国民負担率**が高まるにつれ、働く人々の**可処分所得**が減少するため、人々の勤労意欲を殺ぐことになる。その結果、やがては国民全体のモラールの減退を招き、活力を低下させてしまうかもしれないからである。

　もう1つの理由は、**大きな政府**誕生の可能性である。国民負担率の上昇が行財政と同時に官僚機構をも肥大化させ大きな政府をつくることになるが、大きな政府は**官僚制度の逆機能化**を引き起こすだけでなく、市場への規制強化をも招くことによって、経済の効率を悪化させ、やがては国際競争力を低下させてしまうかもしれないからである。

2 高齢者の扶養負担

　高齢化は日本社会を危機に陥れるという考えには短絡に過ぎる点がある。第一が、高齢者の扶養負担の問題である。たしかに、高齢者人口の増大によって、生産年齢人口への負担が増す。しかし、生産年齢人口の扶養負担は高齢者だけではない。年少人口も扶養の対象である。高齢者の扶養については、従属人口（老年人口＋年少人口）の扶養負担という観点で考える必要がある。

　図Ⅵ-6は高齢者扶養負担と従属人口扶養負担の推移をみたものである。老年人口扶養負担とは、1人の高齢者を何人の生産年齢人口によって支えたかを表す指数である。また従属人口扶養負担とは、高齢人口と年少人口との合計を何人の生産年齢人口によって支えたかを示す指数である。

▷**国民負担率**
国民と企業が負担する税金と社会保険料の合計の国民所得に対する割合のことである。日本が40％であるのに対して、デンマークの国民負担率は70％ほどである。また、税と社会保険料とが社会保障給付として国民に還元される割合をみると、わが国は主要先進国の中で最低レベルにある。負担も還元も少ないのが日本の社会保障の特徴である。

▷**可処分所得**
労働の対価として得た所得（給料やボーナス）から税金や社会保険料を差し引いた手取り収入のことであり、自由に使うことができる所得のことである。

▷**大きな政府**
福祉国家実現のために生じた政府組織と財政規模の肥大化のことである。金融財政政策を通じて持続的な経済成長を図り完全雇用を実現するのが、福祉国家政府の目的となる。そのため財政規模と政府組織が膨らむ。また、自由競争による弊害から国民を保護するために様々な規制を行うが、その実施母体としても政府組織が拡大する。しかしながら、1970年代以降、肥大化した政府の非効率性が批判されるようになった。⇨序-2「『新自由主義』と社会政策」も参照。

▷**官僚制度の逆機能化**

たしかに高齢者の扶養負担は大幅に変化している。日本が高齢化社会に突入した1970年では，9.8人の生産年齢人口が1人の高齢者を支えていた。だが，高齢社会となった1994年には半分の5.0人となり，2010年には2.8人にまで減少し，2020年には2.0人になると予想されている。そして2050年には生産年齢人口1.4人で1人の高齢者を支えなければならなくなる。

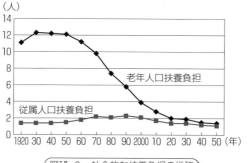

図Ⅵ-6　社会的な扶養負担の推移

出所：1920年から1994年までは総務庁『人口推計年報（人口推計資料 No. 70）』1997年，2000年は国立社会保障・人口問題研究所『日本の将来推計人口（平成18年12月推計）』2006年，2010〜2050年は同上『日本の将来推計人口（平成29年推計）』2018年。作図は筆者。

しかしながら，従属人口扶養負担割合の推移をみるならば，事態はかなり異なってくる。1970年の従属人口扶養負担は2.2人の生産年齢人口によって支えられていた。その後も大きな変化はなく，2000年の指数は2.1人である。1970年から2000年までの30年間はたしかに，生産年齢人口2人以上で1人の従属人口を支えていたが，長い目でみれば，この30年間はむしろ例外である。1960年以前は長い間2人未満であり，また2000年以降も2人未満が長く続くのである。この点を考慮に入れない議論は拙速である。

③ 高齢者対策の課題

他方，第二の問題として，高齢化のスピードが速すぎ，**社会保障**の整備等，高齢者対策が追いつかないという問題についても検討しておく必要がある。

すでにみたように主要欧米諸国では老年人口比率が7％から14％に倍加する年数が長かったのに対し，わが国がわずか24年であったのは事実である。しかしながら，高齢化がゆっくりであったから，欧米諸国では高齢化対策に時間的ゆとりがあったとする主張には注意が必要である。

欧米諸国では，第二次世界大戦後に建設が進められてきた**福祉国家**の下で社会保障制度の整備がなされたのであり，第二次世界大戦以前から長い時間をかけて徐々に高齢者対策が採られてきたのではない。したがって，高齢化のスピードが速く，対策に時間的余裕がないから，日本の高齢者対策が立ち遅れざるをえないとする言い分は，言い逃れといわれてもいたしかたない。

しかしながら，高齢化が日本社会に危機をもたらすという議論が乱暴であるとはいえ，高齢社会には，年金をはじめとする所得保障の整備や高齢者福祉サービスの充実などの様々な課題があるのも事実である。高齢者が老後を過ごすにあたって望ましい社会のありようが描かれる必要がある。

官僚制組織が陥る機能障害や非効率性のことである。M. ウェーバーは近代官僚制の合理的機能を強調したが，官僚制組織の肥大化とともに，自己保身や責任回避，規則万能主義，文書主義などにより非効率を生み出す傾向が強い。通常，官僚主義と呼ばれている。

▷社会保障

高齢社会に対処するためには，様々な高齢者対策が必要となる。高齢者の扶養を国民が相互に負担しあう社会保険と，要介護高齢者への福祉サービスとが高齢者に対する社会保障の中心となる。社会保障とは別に，自立支援の1つとして高齢者雇用が社会的な課題となる。高齢社会での社会政策は社会保障と雇用政策とが中心的課題であり，本章では主に福祉サービスと雇用政策を取り上げる。社会保険については『よくわかる社会保障　第2版』ミネルヴァ書房，2007年を参照。

▷福祉国家

社会保障の充実と完全雇用を実現することにより，健康的で文化的な生活を国民に保障しようとする国家のこと。しかし，大きな政府の金融財政政策による持続的経済成長が福祉国家建設の暗黙の前提となっているという問題がある。G. エスピン・アンデルセンによれば，福祉国家にも自由主義的レジーム，保守主義的レジーム，社会民主主義的レジームの3類型がある(G. エスピン・アンデルセン／宮本太郎監訳『福祉資本主義の3つの世界』ミネルヴァ書房，2001年)。⇨序-4「『福祉国家』体制の原理と社会政策」も参照。

Ⅵ　高齢社会

 日本型福祉社会論

▷**オイルショック（石油危機）**
1973年に勃発した第4次中東戦争（イスラエルとアラブ諸国との戦争）を契機に起こった石油供給量の削減と大幅な価格引き上げのことである。中東戦争を有利に導く手段の1つとして石油が使われた。原産国で組織する石油輸出国機構（OPEC）が石油価格を3.5倍に値上げしたために石油価格が急騰し，それに伴って世界経済が大きく混乱した。これを第1次石油危機と呼ぶ。第2次石油危機は，1979年のイラン革命をきっかけに起こった。

▷**財政金融政策**
経済の安定的成長を図るために，政府が経済に介入する政策のことである。いずれも民間投資をはじめとする国全体の需要量を操作して，経済活動や生産量の調整を行うことである。全体の需要が増えれば供給量，すなわち生産量が増加し，好景気となる。景気が過熱しすぎる場合は，逆に需要量を減らす操作をして経済活動を縮小させるのである。財政政策の代表的な方法が公共投資であり，金融政策の典型が公定歩合の操作である。

▷**春闘**
毎年春に（2月頃から），労働組合が一斉に賃金引き

1　福祉国家建設の挫折

　日本は，高度経済成長最後の年，1973年に，福祉国家の仲間入りをめざして制度整備に乗り出した。70歳以上の高齢者の医療費を公費で負担する老人医療費支給制度の新設など，一連の制度改革によって，社会保障，社会福祉の向上をめざしたのである。当時の『厚生白書』はこれを福祉元年と名づけている。

　福祉元年に行われたのは，給付水準の大幅な引き上げなどの年金改革，生活保護扶助の引き上げなどにみられる社会的弱者救済策の改善，そして被扶養者に対する給付の引き上げなどの医療保険制度の改正などであった。

　しかしながら，福祉元年の秋に**オイルショック**が発生したことにより福祉国家建設の夢が頓挫してしまった。オイルショックによる世界同時不況が経済成長を止め，福祉国家建設を否定してしまったからである。

2　先進国病発症の危惧

　福祉国家否定の理由は次のように考えられる。持続的な経済成長により実現される福祉国家の維持には**財政金融政策**が必要であり，その操作のために政府の機能と組織が肥大化する。大きな政府による需要操作がデマンド・プル・インフレーションを引き起こすだけではない。大きな政府は，官僚制の逆機能を招き，経済効率の悪化を引き起こす。他方，福祉国家に不可欠の条件である完全雇用のもとでは，労働市場が売り手市場となり，賃金引き上げ圧力が高まる。その結果，コスト・プッシュ・インフレーションの発生する可能性が高まる。

　この2つのタイプのインフレーションと経済効率の悪化が一国の物価水準を押し上げ，国際的な価格競争力を失わせることになる。やがては国民経済の競争力を奪い，一国の経済停滞をもたらすことになる。このようにして福祉国家の下で生じてくる国民経済の疲弊を先進国病と呼んでいる。

　実際，オイルショック直後の1974年の**春闘**では33％という名目賃金の大幅な引き上げがなされたのであり，賃金の引き上げと物価の騰貴との悪循環に陥りかねない状態が生じた。オイルショックを機に物価の急激な上昇と景気の後退とが同時に発生し，日本も先進国病の仲間入りをする可能性が急激に高まったのである。

③ 日本型福祉社会論

オイルショック後の**スタグフレーション**の下で、福祉国家が見直しの対象となり、肥大化した政府と完全雇用の下で強大化した労働組合とが批判の矢面に立たされることになった。日本では福祉国家に代わって福祉社会論が提唱された。その必要を説いたのが「新経済社会7カ年計画」（1979年）であった。

この計画は、公的セクターの肥大化による非効率を避け、先進国病を予防し安定成長に移行すべきことを提起した。そのためには、自助と社会連帯の上に立って適正な公的福祉を形成する必要と、「日本型とも言うべき新しい福祉社会の実現を目指す」ことが謳われたのである。

日本型福祉社会論を是とし、1980年以降の日本社会のあり方を決定する上で重要な役割を担ったのが**第2次臨時行政調査会**（以下臨調と略す）であった。臨調設置の背景には、1970年から1980年までの10年間に、政府支出がGNP比20％から35％へと急増したという事情があり、放置するならば、日本も深刻な先進国病に陥りかねないとの危惧があった。

臨調答申は、財政再建の基本理念を「活力ある福祉社会」に求めた。そして、その社会を実現するためには、個人の自立・自助の精神に基づき、家庭や職場、地域社会での連帯を基礎として、「効率の良い政府が適正な負担の下に福祉の充実を図ることが望ましい」とした。言い換えれば、1980年代初頭に臨調によって提唱され、21世紀の今日まで続く日本型福祉社会論は、自助を前提とした共助、公助の3段重ねの仕組みであり、政府の対応や社会保障制度はあくまでも自助の補完とされている点に大きな特徴がある。

④ 社会保障制度の改革

臨調答申では、財政政策の主軸である公共事業費と並んで、社会保障費の急増が財政赤字の主犯とみなされていた。とりわけ、社会保障給付の中で大きな比重を占める医療と年金の改革が緊急課題とされた。

1973年の制度改革で無料化された70歳以上高齢者の医療費を一部自己負担とする老人保健法が1982年に成立したが、この法律は高齢者医療費の70％を他の健康保険組合等に共同拠出させ、国の負担を20％に押しとどめることを狙っていた。国庫負担を軽減するという目的は達成されたが、日常生活において介護を必要とする高齢者への対策は全く手付かずのままであった。

他方、年金制度の見直しも進められた。具体的には、国民年金や厚生年金などの多様な年金制度の一元化を目的とした基礎年金の導入と支給開始年齢の65歳への繰り下げが中心であった。その後の制度見直しにより年金支給開始年齢の65歳繰り下げは2013年が完成年度（ただし、報酬比例部分については2025年度）となり、同年度中に65歳までの継続雇用が完全義務化された。

上げなどの労働条件改善を行う取組みであり、日本特有の労使交渉方式である。春季（賃金・生活）闘争の略である。はじめに、鉄鋼や自動車、電機などの大手製造業の労使交渉によって賃金引き上げの相場づくりがなされる。次いで、大手私鉄や電力などの非製造業での労使交渉が行われ、大手での春闘が終わる。その後に、中小企業および公務員の春闘が取り組まれ、労働条件の改善が進められる。1955（昭和30）年から続く方式である。⇒Ⅰ-9「賃金闘争」も参照。

▷**スタグフレーション**
経済停滞を意味するスタグネーション（stagnation）とインフレーションとの合成語である。1973年のオイルショックによって発生した。それまでは、経済停滞とインフレーションが同時に発生するとは考えられていなかった。石油価格の急騰を契機に発生した新たな経済現象であった。

▷**第2次臨時行政調査会**
肥大化し硬直化した行財政の再建を直接の目的として、1981年に設置された。土光敏夫会長のもとで、増税なき財政再建を目的とした行財政改革について審議した。1983年3月の最終答申までに5回の中間答申を出している。その中で、規制緩和の一環として、3公社（国鉄・郵政公社・電電公社）の民営化が提案された。その後登場してくる中曽根政権がこの民営化を実現した。

VI 高齢社会

5 高齢者福祉政策

1 長寿社会対策大綱

　高齢者の問題は年金や医療によって解決されるほど単純ではない。一般的には，加齢とともに心身機能が衰え，個人の自助努力によっては解決できない問題が多くなる。高齢者の自助努力には限界があり，高齢化が進むほど衣食住全般にわたる総合的な対策が必要となる。

　高齢社会に対応すべく長寿社会対策大綱が1986年に閣議決定されたことは画期的であった。急速な高齢化への対応を目的として長寿社会対策閣僚会議を設置し，ほぼすべての省庁をその構成員としたあり方は，高齢社会対策の総合化を意図していたといえるからである。

　この大綱は「人生80年時代」にふさわしい社会経済システムに転換するために，活力と包容力のある豊かな長寿社会をつくることを基本方針とした。しかし，ここで展開される長寿社会論は，総じて，長寿を全うするまで高齢者が健康で自立していることを前提にして社会像を描くという弱点をもっていた。

2 ゴールドプラン

　前述のように，長寿社会対策大綱は，加齢に伴う心身機能の全般的な衰えを重要視しなかった。大綱が決定された1986年ですら，要介護の高齢者が60万人，**デイサービス**等の福祉サービスを必要する高齢者が35万人と推計されていた。だが，**ショートステイ**3万7000床，**ホームヘルパー**2万3000人にみられるように（1992年），この時期の高齢者福祉はきわめて限られていた。このように，大綱が動き出した当時は，実際のニーズと貧弱な施策とのギャップがあまりにも大きく，放置することが許されない状態であった。

　この要請に応えるために策定されたのが「高齢者保健福祉推進10カ年戦略」，いわゆるゴールドプランであった。1989年からの10年間で福祉サービスの充実を図ろうとした計画であった。表VI-2にみるように，在宅サービスと施設サービスの拡充を通じて，総合的に高齢者福祉対策を講じようとしたのである。

3 ゴールドプラン21

　しかしながら，ゴールドプランで見積もられたニーズはあまりにも小さく，直ちに見直しが求められた。都道府県および市町村が地方老人保健福祉計画を

▷**デイサービス**
要介護または要支援の高齢者に対して，施設への通所を前提に，入浴・食事・機能訓練・レクリエーションなどを提供するサービスのことである。老人福祉法に基づき，自治体や社会福祉法人が行う。これに対し，デイケアとは要介護者が施設に通所し専門的なリハビリを受けるサービスである。デイケアは，老人保健施設や病院で行われる。

▷**ショートステイ**
そもそも高齢者の病状や心身の状態が芳しくなく介護が一時的に困難な場合や，家族の病気，冠婚葬祭，出張等により高齢者の介護が一時的にできなかった場合に，短期間施設に入所して介護を受けるサービスのことである。また，家族の精神的，肉体的な負担を軽減するために利用することもできる。高齢者に限らず，児童や障がいをもつ人も，その対象となる。

▷**ホームヘルパー**
訪問介護を行う人々のことである。訪問介護サービスを提供するためには資格が必要であり，都道府県知事が指定する研修課程を終了しなければならない。特に2級以上の資格取得者の供

表Ⅵ-2　高齢者福祉サービス目標の変遷

項目	計画（目標年）	ゴールドプラン (1989～1994年)	新ゴールドプラン (1994～1999年)	ゴールドプラン21 (1999～2004年)
在宅サービス	ホームヘルパー	10万人	17万人	35万人
	ショートステイ	5万床	6万人分	9.6万人分
	デイサービス・デイケア	1万ヶ所	1.7ヶ所	2.6ヶ所
	在宅介護支援センター	1万ヶ所	1万ヶ所	市町村に1ヶ所
	老人訪問介護ステーション	──	5千ヶ所	9.9千ヶ所
施設サービス	特別養護老人ホーム	24万床	29万人分	36万人分
	老人保健施設	28万床	28万人分	29.7万人
	高齢者生活福祉センター	400ヶ所	400ヶ所	1.8千ヶ所
	ケアハウス	10万人分	10万人分	10.5万人分

出所：筆者作成。

作成したところ，国のゴールドプランの見積もりを大幅に上回るニーズの存在が明らかとなり，プラン実施途中で全面的な見直しを余儀なくされたのである。

このようにして，10カ年計画の中間地点の1994年に，新たな計画がつくられ，新ゴールドプランと名づけられた。新計画には在宅サービスの拡充に重点を置くという特徴があったが，増え続けるニーズへの対応は困難であった。そのため，5年後の1999年に，新たにゴールドプラン21が作成された。ゴールドプランからゴールドプラン21までのわずか10年間でニーズ量が2倍から3.5倍に増えた計算となる。

④ 高齢社会対策基本法

今日の高齢社会対策の枠組みは，1995年の高齢社会対策基本法によって与えられている。この法律により，①政府が基本的，総合的な高齢社会対策大綱を定めること，②内閣府に関係閣僚を委員とする高齢社会対策会議を設置すること，③国会に年次報告書（『高齢社会白書』）を提出することが定められた。

高齢社会対策大綱は1996年に閣議決定されたが，その後，**定年**による団塊世代の大量退職などの社会の変化に対応するために2001年に見直されたのに続き，2018年には4度目の見直しがなされ新大綱が閣議決定されている。

新大綱では，就業・所得，健康・福祉，学習・社会参加，生活環境，研究開発・国際社会への貢献，すべての世代の活躍推進という6分野についての中期的指針が示されている。就業・雇用の分野では「エイジレスに働ける社会の実現に向けた環境整備」が唱えられ，健康・福祉では持続可能な**介護保険**制度の運営が謳われている。また，**全ての世代の活躍推進**では「全ての世代の人々が高齢社会での役割を担い積極的に参画する社会」の構築が主張されている。

高齢社会対策の基本理念は，「公正で活力ある，地域社会が自立と連帯の精神に立脚して形成される，豊かな社会の構築」であり，当初から変わっていない。つまり，対策の考え方は臨調以降の日本型福祉社会論を踏襲し続けている。

給が不足している。これと似た資格に介護福祉士があるが，こちらは国家資格であり，精神的，肉体的障がいのため日常生活に支障のある人々の介護，支援を行う。

▷**定年制度**

ある年齢になったら（役員を除く）誰もが離職しなければならない強制退職の仕組みである。現在の日本企業が定める定年年齢はほとんどが60歳である。いわゆる高齢者雇用安定法により60歳以上定年が義務化されたことによる。しかしながら，急速な高齢化に伴って，2013年に新たに65歳までの継続雇用が義務化された。アメリカには40歳以上に対する年齢差別禁止法があり，日本の定年制度はそれに逆行している。

▷**介護保険**

2000年度から実施された新たな社会保険で，要介護状態にある人が介護サービスを利用する際に給付される保険である。費用は利用者本人，被保険者，地方自治体および国が負担する仕組みである。サービス利用に先立って要介護認定が必要である。詳しくはⅤ-9「公的介護保険のしくみ」を参照。

▷**全ての世代の活躍推進**

少子高齢化の流れに歯止めをかけることを目的として，ニッポン一億総活躍プラン（2016年閣議決定）や少子化社会対策基本法（2003年）に基づく少子化社会対策大綱（2015年閣議決定），あるいはいわゆる「女性活躍推進法」（2015年）や第4次男女共同参画基本計画（2015年閣議決定）などが整備されてきている。

Ⅵ 高齢社会

高齢者雇用政策

1 高齢者就業の実態

主要先進国の中にあってわが国の**高齢者の就業率**の高さが目立っている。男性でみた場合，わが国の60～64歳層では80％以上の人々がまだ現役である。これに対してアメリカでは62.4％，イギリス61.5％，ドイツ66.6％，フランスが30.8％となっている。日本の男性の就業率の高さが際立っている。

しかし65歳以上層でみた場合，傾向はさらにはっきりしている。65～69歳層では日本の56.5％に対して，アメリカ37.3％，イギリス25.9％，フランス8.1％となっている（図Ⅵ-7）。

▷高齢者の就業率
高齢社会対策基本法に基づき国会に提出する年次報告書（『高齢社会白書』）にまとめられるデータが便利である。ここではOECDの統計データ（就業率2017）を利用した（[http://stats.oecd.org/] 2018年10月現在]）。
▷1 日本では65歳を過ぎてもなお男性の半数以上が働き続けているのに対して，ヨーロッパ大陸の国々では80～90％が引退している。米英加豪を別とすれば，主要先進国では65歳が事実上の引退年齢だと考えることができる（2017年）。

なお，スウェーデンは60～64歳層の就業率がきわだって高く，男性74.9％，女性69.4％となっている。G.エスピン・アンデルセンによれば，ベヴァリッジ型の平等主義的な均一給付の年金制度の上に，所得比例型の社会保険を上乗せして，豊かになった新中間層を市場原理の外側に統合した国の1つが，スウェーデンである。男女の雇用を極大化することによってその目的を達成しようとしているために，年金支給開始年齢まで男女とも働き続けるのが一般的な姿である。

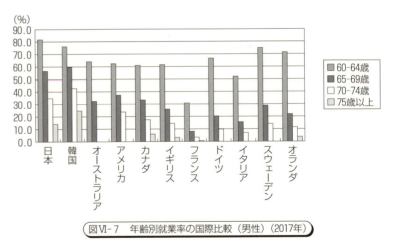

図Ⅵ-7 年齢別就業率の国際比較（男性）（2017年）
出所：OECDホームページ（http://stats.oecd.org/ 2018年10月現在），作図は筆者。

2 高齢者の就労意識

内閣府の調査（「高齢者の日常生活に関する意識調査」2014年）によれば，何歳まで収入を伴う仕事をしたいかとの質問に対して，「働けるうちはいつまでも」との回答は42％にも達していた。「70歳くらいまで」21.9％，「75歳くらいまで」11.4％を加えると，高齢者の実に4人に3人が70歳もしくはそれ以上まで働き続けて収入を得たいとしている。

しかしながら，高齢者の就労意識についての国際比較をみると，日本の興味深い姿が浮かんでくる。内閣府の調査（2010年「第7回高齢者の生活と意識に関する国際比較調査」）によると，仕事が面白いから続けたいとする割合が他国に比

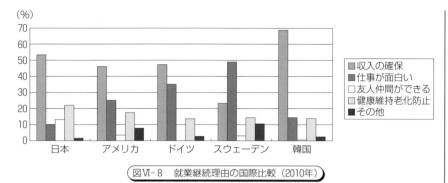

図Ⅵ-8　就業継続理由の国際比較（2010年）

出所：内閣府「高齢者の生活と意識に関する国際比較調査」2010年。作図は筆者。

べきわめて低く，仲間づくりや健康維持のために働くことを理由とする割合が高いのが日本の特徴である（**図Ⅵ-8**）。5年後の2015年の同調査によっても同じことが確認でき，ドイツやスウェーデンでは働く高齢者のほぼ半数が「仕事が面白く自分の活力になるから」を理由としている。

③ 継続雇用の義務化

高齢化の進展に伴い，わが国では，2013年に65歳にならないと年金が支給されないことになった（報酬比例年金を除く）。当時日本の企業で主流となっていたのは60歳定年であった。このままでは60歳から65歳までの間に無収入期間が生じてしまうことになる。そのため，年金支給開始年齢の引き上げに合わせて，65歳まで雇用し続けることを法律によって義務化したのである。

2004年の**高齢者雇用安定法**の改正によって60歳定年以降の**継続雇用**が義務化された。その後段階的に年齢が引き上げられ，2013年には65歳までの継続雇用の実施が完全義務化された。

④ 企業人事制度のきびしさ

「就労条件総合調査」（厚生労働省2017年）によれば，30人以上を雇用する企業の97.8％が定年制度をもっている。定年制度のある企業の79.3％が60歳を定年としている（1000人以上企業では90.6％）。65歳以上を定年としている企業は17.8％にすぎない（同6.7％）。他方，定年制度がある企業のうち勤務延長だけを採用している企業は9.0％だけである（1000人以上企業ではわずかに1.6％）。これに対して，再雇用制度のみの企業は72.2％にものぼる（同89.6％）。毎年雇用契約を結び直す再雇用が圧倒的に多いのが実態である。

継続雇用があるのは定年制度をもつ企業の92.9％（1000人以上企業97.5％）にものぼるが，希望者全員が継続雇用の対象ではなく，当然ともいえるが基準が設けられている。勤務延長制度では51.7％（同60.7％），再雇用制度では54.6％（同69.5％）の企業で基準を満たす必要がある（2013年同調査が最新）。高齢社会での**企業の社会的責任**からみて問題なしとはいえない。

▷**高齢者雇用安定法**
人口の高齢化を前提として「高齢者の雇用の安定等に関する法律」（いわゆる高齢者雇用安定法）が1971年に制定された。その後，急速な高齢化の進展に伴い，法の改正が繰り返された。1986年の60歳定年制度導入の努力義務化に続いて，1994年の改正で60歳定年が義務化された。今日60歳定年が主流であるのはこの法律による。さらに2000年には65歳までの継続雇用の努力義務化が謳われ，そして2004年には65歳までの継続雇用（①定年年齢引上げ，②継続雇用制度の導入，③定年年齢の定めの廃止のいずれか）が義務化された。

▷**継続雇用**
継続雇用には主に2つのタイプがある。1つが再雇用制度である。定年でいったん退社し，その後，再雇用され，1年契約で最長5年間働き続ける方式が一般的である。もう1つが勤務延長制度である。これは雇用関係を断絶することなく，定年後も引き続き正社員のまま働き続ける方式である。

▷**企業の社会的責任**
（CSR：Corporate Social Responsibility）
⇨ Ⅲ-11「ルールある雇用と働き方への改革」

VI 高齢社会

サードセクターの重視

1 政府の失敗

　福祉国家とは，完全雇用を実現し社会保障を充実することにより，国民に健康的で文化的な生活を保障しようとする国家体制のことである。第二次世界大戦後主要先進国において福祉国家建設がほぼ共通の課題となっていた。

　しかし，持続的な経済成長が福祉国家成立の暗黙の前提となっているため，大きな政府を必然的に生み出してしまうというリスクがある。政府主導の経済政策が成長に有効に作用したことは事実であったが，総需要を操作する経済政策が石油危機後の長期のスタグフレーションのもとで機能せず，逆に国家財政の重荷となってしまい，経済全体の非効率化を招くことになった。いわゆる**政府の失敗**である。

　政府の失敗を痛烈に批判したのが新自由主義である。1980年代以降今日まで，世界の政治経済の舞台で猛威を振るってきた新自由主義の下で，福祉国家が大きく否定され続けてきたのである。もちろん，たとえ政府の失敗があったにせよ，社会保障に対する人々のニーズが消え去ったわけではない。むしろ逆に，高齢化とともにそのニーズが膨らんでいるのが実状である。しかしながら，どのような社会経済システムによって社会保障サービスを提供するかのモデルが失われているところに今日の困難がある。

2 社会的協同組合

　高齢者福祉サービスは一般に労働集約型とならざるをえない。そのため，サービス供給事業を営んでも労働コストがかさみ，営利目的の企業には必ずしもなじまない。ニーズが存在するにもかかわらず，資源配分がうまく機能せず，サービスの質の問題や供給の停滞などの市場の失敗が起こる可能性が高い。

　政府の失敗のみならず市場の失敗，言い換えると公助と自助の困難から，高齢者福祉の充足に困難を伴うのが今日の状況である。だが，社会的ニーズがある以上，むずかしいからといって放置することが許されるはずもない。

　日本では1980年代末以降，多くの人々がやむにやまれず自発的に高齢者対策に取り組み始めた。その担い手の多くが，非営利を運営原則とする**協同組合**に集う人々であった。他方，わが国に先んじて欧州では，高齢者など，**社会的排除**にあっている人々のための協同組合が組織され始めた。その嚆矢がイタリア

▶政府の失敗
政府主導の財政金融政策が思うような成果をあげず，逆に経済効率を下げてしまう事態をいう。先進国病の併発が代表的な例である。これに対して，市場の失敗とは，市場メカニズムが有効に機能せず，人々のニーズを満たせないことをいう。

▶協同組合
組合員となる人々が共同で少額を出資し合って，自ら必要とする財やサービスを確保するための事業を営む組織であり，利益追求が第一目的ではない。消費生活協同組合（生協），農業協同組合（農協），漁業協同組合（漁協），労働者協同組合（労協），信用協同組合などの種類がある。ヨーロッパでは一般に営利を目的としない組織 not-for-profit organization とみなされている。1844年にイギリス中部で結成されたロッチデール先駆者組合が近代の協同組合の発祥とされている。1895年に国際協同組合同盟（ICA: International Co-operative Alliance）が設立され今日に至っている。94カ国の10億人が加入する世界最大のNGOでもある。

であり，1991年に社会的協同組合法が制定された。この法律では，「市民の，人間としての発達および社会参加についての，地域の普遍的な利益を追求することを目的」として組織されるのが社会的協同組合だと定義している。

同法によれば，社会福祉，保健，教育等のサービスの運営を担うA型と，社会的不利益を被る人々の就労を目的として農業，製造業，商業およびサービス業等の多様な活動を行うB型とがある。

また，急速な高齢化や格差の拡大に遭遇している韓国では，イタリア等の経験に学び，2011年に協同組合基本法が制定され，同法の中で社会的協同組合に関する規定が盛り込まれた。それによると，社会的協同組合の1つの領域が，社会的排除にあっている人々を意味する「脆弱階層」に福祉・医療・環境等の分野で社会サービスまたは仕事を提供する事業だとしている。

3 サードセクター

人々の自発的な助け合いの仕組みを社会の中に埋め込み，高齢化や貧困などの社会問題に対応しようとする動きが，1990年代以降世界中に広がり始めている。こうした市民の自発的な相互扶助の高まりに呼応して，21世紀に入ってから国連が協同組合を重視する姿勢を明確にしていることがその証でもある。

今日では，協同組合に代表される営利を目的としない事業体やアソシエーション（フランスの1901年アソシエーション法によれば非営利組織と理解されている）などから構成される領域を，公的セクター，私的（市場）セクターと区別して，**サードセクター**と呼んでいる（図Ⅵ-9）。

これに対してアメリカでは20世紀末に非営利セクターという用語が生まれ，世界でも一時流行語となっていたが，欧州では同じ頃サードセクターに関する研究が積み重ねられ，アメリカ流の非営利セクターとは異なる理解が進んでいた。欧州でいわれる非営利は利益を追求しない（営利を目的としない；not-for-profit）こととして理解されている。このセクターを構成するのは協同組合や共済組合，アソシエーション，社会的企業，慈善団体，ボランタリー組織などであり，いずれにも共通するのは利益の確保と分配を直接の目的としない組織だという点である。サードセクターの活用によって，公的セクターや私的セクターだけでは埋めきれない高齢者福祉サービスなどの様々な社会サービスを賄おうとするのが，世界の1つの潮流となっている。

▷**社会的排除**
個人または集団が社会的に不利な立場に置かれ，社会から排除されている状態をいう。少数民族，障がい，薬物依存，元受刑者など，多様な理由があるが，1990年代以降，社会から隔離された人々の存在が社会問題化したヨーロッパで広まった概念である。わが国で一般的に使われる社会的弱者よりは広い概念である。イタリアに続き，ヨーロッパ諸国では社会的経済を支援する法律が次々と制定されている。

▷**サードセクター**
第3セクターとはいわずサードセクターというのには理由がある。かつてわが国の政府官僚により第3セクターと訳されたが，その意味が半官半民と理解されてきただけでなく，失敗した公営事業の救済など，否定的な響きをもつ言葉として使われてもいる。しかし今日サードセクターという場合，世界的には非営利民間セクターとして理解されているだけでなく，その有用性に注目が集まっている。

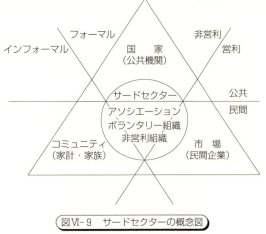

図Ⅵ-9 サードセクターの概念図

出所：Evers, A. and J. L. Laville (eds.), *The Third Sector in Europe*, Edward Elgar Publishing, 2004.

VI 高齢社会

8 高齢社会の持続可能性

1 社会的企業

社会的協同組合と並ぶもう1つの重要な動きが社会的企業の発見である。21世紀初頭にEU15カ国で社会的企業に関して実施された調査の結果が公表された。「社会的企業の登場」と名づけられた4年にわたる研究成果である。調査にあたって、このチームが社会的企業（Social Enterprise）の定義をしている。それによれば、社会的企業と分類される事業組織には社会的指標と経済的指標とが設けられている。

社会的指標は次の5項目である。①コミュニティへの貢献、②市民による設立、③資本所有に依存しない意思決定、④影響を受ける人々（ステークホルダーや地域住民）の参加、⑤利益分配の制限、である。経済的指標は4つである。すなわち、①財・サービス供給の継続性、②高度の自律性、③経済的リスクの引き受け、④有償労働の活用、である。

これらの指標にはいくつかのキーワードがある。コミュニティ、市民参加、民主的意思決定、経済的リスクの引き受け、**社会関係資本**の動員などである。過去20年ほどの間に、世界の注目を集める事業体となっている。

この指標をもとに描くことができる社会的企業とは次のような姿である。コミュニティへの貢献を第一の目的として、市民が設立し、行政等から自立して1人1票による民主的な意思決定を尊重する組織である。同時に、経済的なリスクを引き受けて事業展開を図り、社会的に有用な財やサービスを提供し続けることをもう1つの重要課題としている。そのためにはボランティアなどの社会関係資本の動員のみならず有償労働も積極的に活用する事業組織である。

調査の結果、EU15カ国では、社会福祉や保育・教育の分野でサービスを提供している社会的企業が数多く活動し、コミュニティに不可欠の存在となっていることが判明した。つまり、サードセクターを構成するアソシエーション、協同組合、共済組織の他に、もう1つの重要な要素として社会的企業の存在が浮かび上がってきたのである。

2 社会的連帯経済

社会的企業や社会的協同組合など20世紀末から世界で注目されるようになった新たな動きを**社会的連帯経済**と呼んでいる。高齢化をはじめとする様々な社

▷「社会的企業の登場」
この研究計画は正しくは「社会的企業の登場、ヨーロッパにおける社会的排除との闘いの道具」と名づけられている。広く一般にEMES（L'Émergence des Enterprises Sociales en Europe）と呼ばれている。1996年夏から1999年末までの研究の成果（2001年公表）である。詳しくは、柳沢敏勝他訳『社会的企業』（日本経済評論社、2004年）を参照。

▷社会関係資本（Social Capital）
従来用いられてきた社会資本とは意味が異なる。1970年代以降散見されるようになった概念であるが、1993年のR.パットナムの議論（『哲学する民主主義』NTT出版、2001年）以降広く使われるようになった。彼の定義によれば、人々の協調関係を活発にすることによって社会の効率を高めることができるのであり、具体的には人々の間に形成される信頼関係やネットワークである。また、それらを前提とする社会集団（地域コミュニティやボランティア組織）も社会関係資本と理解されている（坪郷實『ソーシャル・キャピタル』ミネルヴァ書房、2015年）。

会問題に市民が自発的に取り組み，問題解決を図ろうとするあり方である。公的セクターでも私的セクターでも対応できないため人々がやむを得ず取り組まざるをえなくなった側面もあるが，現在では，この社会的連帯経済が新たな可能性をもつとみなされるようになっている。

2050年には老年比率が40％に迫ろうとする日本において，あるいは多くの先進諸国において25％を上回ることが予想されているもとでは，国民負担率を高め公的サービスの維持を図るという従来型の高齢者福祉のあり方にはおのずと限界がある。また，高齢者にいつまでも働き続けてもらうことにも限界がある。必然的に補完策あるいは代替策が求められることになるが，ここに社会的連帯経済組織による助け合い（互酬ともいう）が必要とされてくる素地がある。

地球規模で急速に高齢化が進む21世紀前半においては，市場での交換と国家による所得再分配，そして社会的連帯経済での互酬の最適な組み合わせによって問題解決に臨まないと困難を克服できないとの考えが強くなってきている。その代表的な例が「持続可能な開発目標（SDGs）」の提唱である。

❸ 高齢化と持続可能な社会

国連は2015年9月の総会で「私たちの世界を変える」（副題：「持続可能な開発のための2030アジェンダ」）と題する意欲的，挑戦的な決議を採択した。この決議は，人々が暮らす世界そして地球環境の持続可能性が損なわれている今日，先進国・発展途上国が共に手を携えて，2030年までに地球規模で17の課題を解決すべきことを訴えている。この課題こそがSDGsである。

貧困の解消や弱い立場に立つ人々を守ってこそ持続可能な社会でありうることを謳う国連決議の背景には，SDGsの生みの親となった国連社会的連帯経済タスクフォースTFSSEでの議論がある。そこでは，従来型の「通常のビジネス」での対応の限界を説き，協同組合をはじめとする社会的連帯経済に新たな担い手としての期待を寄せている。

タスクフォースは，社会的連帯経済とは社会的に有用な目的や環境保護目的を持つ組織や事業体でのことであり，協働，連帯，倫理，民主的自主管理の原則によって導かれていると説明している。SDGsは，格差の拡大や女性の権利侵害など，社会の持続可能性を否定するかのような現象への対策として社会的連帯経済に大きな意義を見出し，協同組合や社会的企業，コミュニティ・ビジネスや連帯金融を重視する視点を前面に押し出しているのである。

ただしこの国連決議は，高齢社会への対応に直接言及してはいるわけではない。だが，SDGs第3の「健康的な生活の確保」やSDGs第16の「平和で包摂的な社会の促進」をみれば，社会的排除に遭遇する人々への配慮が求められてくるのであり，その可能性の高い高齢者も対象となってくる。つまり，社会や環境の持続可能性を問うSDGsそのものが高齢社会への警鐘となっている。

▷**社会的連帯経済**

社会的連帯経済は社会的経済と連帯経済からの造語である。社会的経済の定義はフランスの「社会的経済の特定活動の発展に関する1983年7月法」に従うのが一般的である。法によると社会的経済は協同組合，共済組合，アソシエーション（1901年法）から構成される。1980年代以降社会的経済では対応できない問題が生まれ，市民が自発的に繋がり対応しようとの動きが現れた。社会的協同組合や社会的企業などである。これを連帯経済と呼んでいる。21世紀に入り，この2つの概念を1つにして社会的連帯経済と呼んでいる。

▷**互酬**

カール・ポランニーによって提唱された概念であり，贈与の関係あるいは相互扶助の関係を指す。人々の関係には交換，再分配，互酬という3つのパターンがあり，近代市民社会における市場での交換関係は歴史的に見れば限定的だとしている（K. ポランニー／野口他訳『大転換：市場社会の形成と崩壊』東洋経済新報社，2009年）。

▷**SDGs（Sustainable Development Goals；持続可能な開発目標）**

「2030アジェンダ」では，世界共通の課題として，2030年までに解決すべき目標SDGsを掲げ，前文において「だれ一人取り残さない」ことを宣言している。最大の課題が貧困の撲滅である。以下，食料の安全保障や持続可能な農業など，17のSDGs（および169の具体的課題）が列挙されている。

VI 高齢社会

9 オランダにみる新しい社会政策(1)：均等待遇

1 オランダ病による早期退職制度の確立

▷オランダ病

オランダは，オイルショック期に，北海油田での天然ガス開発に成功したが，逆に石油価格の高騰に伴い，自国の通貨レートが上昇したため国内輸出産業が衰退した。その結果，失業者の急増によって社会保障財政が圧迫され，財政赤字が慢性化した。1970年代，オランダは，高失業，財政赤字の状況に陥った。

▷ワークシェアリング

ワークシェアリング（Work-sharing）とは，労働（Work）の分かち合い（Share）のことである。ワークシェアリングには，フルタイム労働者同士で時短を行い，雇用を維持する雇用維持型や，フルタイム労働者を時短させ，その分の雇用量を失業者に割り当て雇用機会を作る雇用創出型などがある。オランダは雇用創出型であったが，失業者はフルタイム労働ではなく，パートタイム労働によって労働市場に参入したことが特徴である。現在，オランダのパートタイム労働の比率は世界最大である。⇒ II-10「労働時間制度の改善に向けた課題」

▷障害給付

その当時，オランダでは，高齢失業者は，働けるにもかかわらず，失業給付では

1970年代に発生した**オランダ病**によって，オランダの労働市場には多くの余剰高齢労働者が存在する一方で，大量の若年失業者が発生した。そこで失業を改善するために，高齢労働者を労働市場から早期退職させ，その代わりに若年失業労働者を労働市場に参入させる世代間の**ワークシェアリング**を1980年代初頭からオランダは始めたのである。

企業がリストラを行う場合は高齢者を優先させてよいという「高齢者ガイドライン」や，57.5歳以上の者はそれまで義務化されていた求職活動をしなくても即座に失業給付を受給できるという「57.5歳ルール」を政府規則として実施した。このため，それまで国民年金が受給できる65歳まで働いていた高齢者は，早期退職し失業給付や**障害給付**を65歳まで受給し，その後は年金を受給するという早期退職制度が，社会的にオランダでは確立したのである。

この結果，45〜55歳の就業率は70％あるにもかかわらず，55〜64歳の就業率は29％まで落ち込み，55歳以上の就業率は EU 諸国で最低のレベルとなった。

2 オランダにおける高齢者政策の転換

1990年代中頃になるとこれまでの早期引退政策から一転して退職を延期する政策への転換を図るようになった。この背景には，第一に高齢化の進展と財政負担の軽減の問題があった。失業給付，障害給付，年金の受給者の急増と高齢化の進行によって，社会保障費が増加し慢性的な財政赤字にオランダは陥るようになった。そこで，財政負担の軽減のため，退職をできるだけ延長させ，その分の社会保障受給の期間を遅らせることが急務となったのである。第二に，労働需要の増大があった。この当時，オランダの労働市場は逼迫し，慢性的な人手不足が起きるようになった。そこで，高齢労働者の引退延期および高齢社会保障受給者の労働市場への復帰によって人手不足を解消しようと図ったのである。

まず，1994年には「高齢者ガイドライン」を，2001年には「57.5歳ルール」を廃止し，高齢者に対する年齢差別を禁止する政策が採られた。また，1996年には「年金取り扱い法」を導入し，年金受給開始を従来の一律65歳から60〜70歳までとし，フレキシブルな受給時期にすることで個人のライフスタイルに応じた柔軟な労働市場からの引退制度に転換したのである。さらに，年金受給者

の就業禁止を解禁し年金受給者の就労を可能にした。このほかに，早期退職優遇税制を2006年に廃止し早期引退を誘引するインセンティブを抑制し，高齢労働者の就労を延長，促進させる政策に転じた。

またこれに遡ること2002年には**ワンストップサービス**を実施した。これにより，年金受給前に働けるにもかかわらず長期にわたって過度に依存する社会保障受給者に対し，職業訓練や職業斡旋を行い，労働市場へ復帰させる積極的な労働市場政策に転換し，社会保障制度による財政圧迫の問題解消を図った。こうした社会保障に長期に依存する問題はEUの多くの国々に共通した悩みであったが，高齢化に伴う財政問題が進展するなかオランダは改革に着手し，EUでは社会政策改革のモデルの1つとされた。積極的な就労による社会参加によって，活力のある高齢化を目指す政策にオランダは取り組んでいる。

3 オランダにおける均等待遇

また先述した高齢労働者と若年失業者とのワークシェアリングは，その後，パートタイム労働の**均等待遇**という新たな社会政策の流れを生み出した。

ワークシェアリングの組み合わせとして，フルタイム労働ではなく，パートタイム労働が選ばれ，若年者に加え特に女性のパートタイム労働者が急増した。急増するパートタイム労働者の要求に応えるため，フルタイム労働とパートタイム労働の処遇・待遇格差を是正する均等待遇が図られた。そのため，オランダではパートタイム労働はフルタイム労働と同等の権利が保障されており，フルタイム労働とパートタイム労働の違いは，労働時間の長短だけである。日本においては非正規労働とされるパートタイム労働も，オランダでは均等待遇によって正規労働化され，安定した働き方の1つとなっている。このため高齢者も，年齢を経るに従ってパートタイム労働に切り替え，徐々に労働時間を減らしながら労働市場からの退出も図られている。

そして，オランダのパートタイム労働は，現在，**ワークライフバランス**政策の要となっている。ライフステージに合わせた働き方，例えば，育児や介護といった場合には，フルタイム労働からパートタイム労働へ切り替え，逆にそれらが一段落するとフルタイム労働に切り替えることが可能となっている。その結果，オランダでは夫婦・カップル間で，**1.5稼ぎ（コンビネーション・モデル）**という新しい家計モデルが誕生している。

このように，余剰高齢者問題に端を発し，高齢化の進展と社会保障財源の再建を転機としたオランダの高齢者政策は，ワークシェアリングを活用した労働時間の短縮によって高齢者を労働市場から柔軟に引退させる政策から，老若男女問わず，均等待遇化されたパートタイム労働を積極的に活用したワークライフバランス政策へと現在では変化を遂げている。パートタイム労働の活用による働き方を模索しながらオランダ型の**福祉国家**を構築しようとしている。

なく，偽装して障害給付を受給することが制度的に可能であった。

▷**ワンストップサービス**
これまで別々の行政組織で行われていた各種の社会保障制度の申請，受給などの機能と職業斡旋・訓練の機能を統合させ，1ヵ所（ワンストップ）でサービスを提供できるようにした。

▷**均等待遇**
オランダは，1996年から同一価値労働同一賃金の原則の実現が図られている。またボーナス，各種の社会保障，休暇などに関わる待遇の均等化，いわゆる均等待遇も非正規労働に法的に保障されるようになった。このため，オランダではパートタイム労働は正規労働であり，短時間正規労働とされている。⇨Ⅰ-6「同一価値労働同一賃金の原則」

▷**ワークライフバランス**
⇨Ⅱ-10「労働時間制度の改善に向けた課題」，Ⅲ-11「ルールある雇用と働き方への改革」，Ⅶ-7「ワークライフバランスの現状と課題」

▷**1.5稼ぎ（コンビネーション・モデル）**
フルタイム労働者の所得を1.0とすると，夫婦・カップルともにフルタイムで働いた場合の家計所得は2.0となる。1.5稼ぎとは，夫婦・カップル間でフルタイム（1.0）とパートタイム（0.5），もしくは夫婦・カップルともにパートタイム（0.75×2）を組み合わせ（Combination），夫婦・カップルでの所得を1.5にするモデルのことを意味する。

▷**福祉国家**
⇨序-4「『福祉国家』体制の原理と社会政策」

Ⅵ 高齢社会

10 オランダにみる新しい社会政策(2)：働き方の多様化

▷**高齢者雇用安定法**
⇨Ⅵ-6「高齢者雇用政策」
▷**均等待遇**
⇨Ⅲ-5「パートタイマー」、Ⅵ-9「オランダにみる新しい社会政策(1)：均等待遇」

▷**労働時間の多様化**
オランダでは、2000年の労働時間調整法によって、時間あたりの賃金を維持したまま、労働時間の増減、調整を、労働者自らが行うことが可能となっている。同じ企業に1年間以上勤めている者で、労働時間の調整を開始する少なくとも4カ月前までに申請すること、10人未満の企業への適用除外、また代替要員の確保や予算上の問題等が生じる場合は、使用者が拒否できることなどが定められている。

▷**就業形態の多様化**
オランダでは、2000年の「柔軟と保障」法によって、派遣労働や有期雇用など非正規労働の雇用契約の改善が行われた。概略すれば、例えば、派遣労働の場合、雇用期間が26週を経過した場合は、派遣元企業の常用雇用への転換が義務づけられるようになった。また、有期雇用の場合は、雇用の通算期間が3年を超える場合、または契約更新が3回以上の場合は、常用労働への転換が義務づけられるようになった。雇用期間の延長や雇用契約の更新の繰り

1 労働時間，就業形態，勤務場所の多様化

日本では、2013年の**高齢者雇用安定法**によって、65歳までの継続雇用が義務化されたが、有期雇用による再雇用制度での働き方が多いため、現役世代との処遇・待遇に差が生じている。また高齢者の就労意識は高いものの、現役世代のようにフルタイムではなく短時間勤務でのニーズが高まっている。こうした非正規労働に関わる処遇・待遇格差を是正しつつ、正規労働でありながらも短時間勤務による柔軟な働き方として、日本の高齢社会において示唆的な社会政策が、先の**均等待遇**以外にも、オランダでは展開されている。

その第一が、**労働時間の多様化**を図るための社会政策である。具体的には、労働時間の調整を労働者自らが行うことが可能な政策を採っていることである。これまで使用者が管理していた労働時間を労働者自らが決定できるようになり、どれだけの時間働くのか、労働者自らが労働時間を柔軟に編成する権利を有することができるようになっている。労働時間の増減、調整に関する権利が労働者に付与され、そしてこれまで画一的であった労働時間を多様化させることになっているのである。

第二の特徴が、**就業形態の多様化**を図るための政策である。具体的には、日本では**不安定就業**とされる**派遣労働**や**有期雇用**など非正規労働の不安定化の主な要素である契約期間や契約更新回数に制限を設け、その期間や回数を超える場合、常用労働へ転換をさせるための政策を採っていることである。オランダでは、派遣労働、有期雇用など非正規労働の雇用契約を厳格化し、非正規労働の法的保護を図っている。つまり、パートタイム労働には均等待遇、派遣労働、有期雇用などには常用労働への転換の道をつけ、安定した雇用契約を結ぶことができるようになっている。結果として、オランダでは、パートタイム労働でも派遣労働でも有期雇用でも、安定した雇用契約のもと、不安のない働き方ができ、フルタイム労働だけにこだわらない多様な働き方、就業形態の多様化が図られている。

第三の特徴が、**勤務場所の多様化**を図るための政策である。具体的には、勤務場所の選択を労働者自らが選択できる政策を採っていることである。ICTの活用によって、場所や時間にとらわれない働き方が可能となっている。オランダでは、**在宅勤務**とICTを活用した**テレワーク**が2000年代に入り急速に拡

Ⅵ-10 オランダにみる新しい社会政策(2)：働き方の多様化

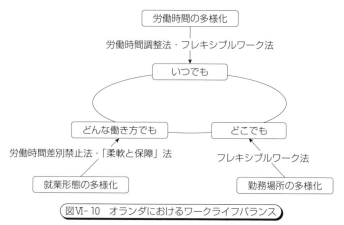

図Ⅵ-10 オランダにおけるワークライフバランス

出所：久保隆光「働き方の自己決定を目指すオランダ社会とパートタイム労働の現状」『明大商学論叢』第99巻第3・4号，明治大学商学研究所，64頁。一部加筆修正。

大している。労働者個人の都合に合わせて，勤務場所の選択の自由度を高めている。

2 オランダにおけるフレキシブルワーク

オランダにおける労働時間，就業形態，勤務場所の3つの多様化は，**ワークライフバランス**を推進させる要素となっている。つまり，第一の労働時間の多様化は，「いつでも」働くことが可能な労働時間の柔軟な調整を意味している。また第二の就業形態の多様化は，フルタイム労働にかかわらず，「どんな」働き方でも安定した働き方が可能な働き方の多様性を意味している。そして第三の勤務場所の多様化は，「どこでも」働くことが可能な勤務場所の自由な選択を意味している（図Ⅵ-10）。

これら3つの要素から集約されることは，安定した雇用契約と均等待遇のもと，自分の都合に合わせ労働時間，就業形態，勤務場所を労働者自らが選択できる働き方である**フレキシブルワーク**をオランダは推進しているということである。つまり，労働時間，就業形態，勤務場所の自由度を高め，「いつでも」「どこでも」「どんな」働き方でもできる社会政策をオランダは展開している。それは，これまでのように，雇用が保障されたフルタイム労働だけの働き方や，画一化された労働時間，固定化された勤務場所といった働き方ではない。労働者それぞれのライフステージや生き方に合わせた働き方ができるように，多様な選択肢を設け，働き方を自らが決定し自律的な働き方を進める新たな社会政策の展開を図っている。こうしたオランダの取組みは，柔軟で多様な働き方の選択肢を設けることで，高齢になっても継続して働くことができ，また短時間勤務ながらも処遇・待遇の格差なく，高齢者の能力を発揮できる社会の仕組みとして，日本の高齢社会の働き方の参考となるであろう。

返しを防止させ，雇用期間や更新回数を超える場合は常用雇用への転換を義務づけている。
▷**不安定就業**
⇨Ⅲ-3「雇用形態の多様化と不安定就業」
▷**派遣労働**
⇨Ⅲ-3「雇用形態の多様化と不安定就業」，Ⅲ-6「派遣労働と業務請負」
▷**有期雇用**
⇨Ⅲ-3「雇用形態の多様化と不安定就業」
▷**勤務場所の多様化**
オランダでは，2016年のフレキシブルワーク法によって，労働者が勤務場所を選択できることが法的に明記されるようになった。
▷**在宅勤務**
⇨Ⅲ-7「個人事業主とテレワーク」
▷**テレワーク**
⇨Ⅲ-7「個人事業主とテレワーク」
▷**ワークライフバランス**
⇨Ⅱ-10「労働時間制度の改善に向けた課題」，Ⅲ-11「ルールある雇用と働き方への改革」，Ⅵ-4「正規労働者の男女格差問題」，Ⅶ-7「ワークライフバランスの現状と課題」，Ⅶ-11「家庭生活と女性」
▷**フレキシブルワーク**
フレキシブルワークは，日本では，不安定な働き方とされる非正規労働のことを指す場合が多いが，欧米では，労働時間，勤務場所などを労働者が選択できる柔軟な働き方のことを意味することとしても広がりつつある。

（参考文献）
中谷文美『オランダ流ワーク・ライフ・バランス』世界思想社，2015年，参照。

Ⅶ　男女平等

男女平等をめぐる視点

1　女性差別とは

人間は生まれながらにして自由であり，性別の違いによってあらゆる差別を受けることなく，尊厳および権利について平等である。これまで，日本は，男女間の不平等を是正・解消する目的で，両性が平等に経済的・社会的・文化的・市民的および政治的権利を享有できるよう，様々な策を講じてきた。本章では，雇用・労働分野における男女平等の実現に向けた取組みの現状と今後の課題を概説する。

2　日本における女性の社会参画の現状

日本における女性の社会参画は，他の先進国と比較して進んでいるとはいえない。国連開発計画（UNDP）「ジェンダー開発報告書」（2020年）によれば，基本的な人間の能力の伸びを測るGDI（人間開発指数：Gender Development Index）の日本の順位は，測定可能な167の国と地域中で55位であった。また，国家の人間開発の達成が男女の不平等によってどの程度妨げられているかを測るGII（ジェンダー不平等指数：Gender Inequality Index）は，測定可能な162カ国中で24位となっている。しかし，世界経済フォーラムが各国内の男女間の格差を数値化しランク付けしたGGI（ジェンダー・ギャップ指数：Gender Gap Index）は，測定可能な156カ国中120位にとどまっている（2021年発表）。日本の女性は，国際的にみて，充実した保健医療や人間らしい生活水準を保持しながら教育を受けているものの，培われた高い能力を政治・経済分野における意思決定の分野で十分に発揮できていない。これは，大きな社会的損失につながっている可能性がある。

日本の場合，男女共同参画に関する法制度の整備は進んでいるものの，**図Ⅶ－1**からわかるように，政治・労働・生活いずれの場でも「**指導的地位**」に女性が占める割合はいまだ低位にとどまっている。社会や家庭における性別役割分業意識に起因する様々な慣行が，女性を差別したり，女性の能力発揮やスキルアップを難しくしている面があるためである。現在も，女性に対する就職差別や**セクハラ・パワハラ**や昇格・昇進の遅れ等，働く場における差別が完全になくなったわけではない。

さらに，転居を伴う転勤や，突発的な残業を含めた恒常的な長時間労働が，

▷1　⇨Ⅶ-2「男女平等政策の歴史的変遷(1)」
▷指導的地位
『男女共同参画白書 平成30年版』（103頁）によれば，「指導的地位」の定義は，「男女共同参画会議決定」（平成19年2月14日）において，「①議会議員，②法人・団体等における課長相当職以上の者，③専門的・技術的な職業のうち特に専門性が高い職業に従事する者とするのが適当」とされている。なお，当該決定において「指導的地位」の定義に該当する者として掲げられた分野・項目は，代表例・例示という位置づけであって，それに含まれないことをもって指導的地位ではないということを意味するものではない。
▷セクハラ・パワハラ
⇨Ⅶ-8「ハラスメントと女性」

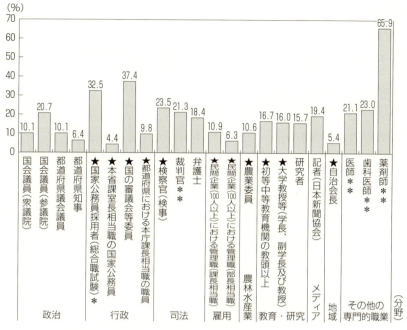

図Ⅶ-1 各分野における主な「指導的地位」に女性が占める割合

(注) 1：内閣府「女性の政策・方針決定参画状況調べ」(2017年12月) より一部情報を更新。
2：原則として2017年値。ただし、＊は2018年値、＊＊は2016年値。
なお、★印は、第4次男女共同参画基本計画において当該項目が成果目標として掲げられているもの。

出所：内閣府男女共同参画局編『男女共同参画白書 平成30年版』103頁。

女性の働き方に及ぼす影響も深刻である。特に、過労死・過労自殺に至る**長時間・過密労働**は深刻な問題である。このような働き方が、男女いずれの労働者にとっても心身の健康を損なうリスクを高めることはいうまでもない。のみならず、男性の家事・育児に費やす時間を減少させ、性別役割分業意識とあいまって、女性に就業を断念させ、家事・育児の負担が集中することにつながりがちである。

3 男女間の格差是正における今後の課題

少子高齢化の進行によって、女性の社会進出を後押しする流れは強まってきている。だが、政治・労働・生活の各分野における女性参画の立ち遅れは、しばしば女性の経済的・精神的・物理的自立を妨げ、貧困につながる場合もある。現状を変えるために、女性の社会進出に関する様々な選択肢を提示するだけでなく、実際に提示された選択肢を自由に選択できる実効性を担保すること、さらにどの選択肢を選んでも女性に対する不利益が生じないように充分な注意を払う必要がある。日本で暮らすすべての男女が、自己実現を可能にする社会の実現に向けて、取組みを続けなければならない。

▷長時間・過密労働
⇨Ⅱ-8「時間外労働の濫用」、Ⅱ-9「過労死・過労自殺の実態」

▷2 ⇨Ⅲ-4「非正規雇用と女性労働」

▷3 ⇨Ⅶ-9「貧困と女性」

Ⅶ　男女平等

男女平等政策の歴史的変遷(1)：国内法整備の時代

1　婦人参政権運動に端を発する男女平等政策

戦後の男女平等政策には2つの大きな潮流が存在する。**GHQ占領下の民主化政策**の一環であった男女平等原則の制度化の流れと，1975年の国際婦人年に始まり1999年の**男女共同参画**社会基本法の制定に至るまでの国際的な動向に沿った，国内法整備の流れである。

男女平等政策を求める声は，大正時代の女性の権利運動（1919年～市川房枝らによる婦選運動など）にさかのぼることができる。戦後における男女平等の政策と法制度は，敗戦直後から再開された婦人参政権運動にも支えられ，日本国憲法の誕生となってあらわれた。憲法13条は個人の尊重，14条は性別による差別の禁止を含む法の下の平等，24条は家族生活における個人の尊厳と両性の平等を規定している。ここに，最高法規である憲法によって男女平等の理念が明確に宣言されたことになる。

2　「国連婦人の十年」と国内法整備の時代

1956年の国際連合加盟により，国内の男女平等政策は国際的な世論や動向に後押しされる形で漸次導入される。1975年に国連の**第1回世界女性会議**が開催され，1985年までには各国が男女平等社会を築く上でのガイドラインとなる「世界行動計画」等が採択され，会議参加国に達成義務として提示された。1985年に日本も批准した**国連女子差別撤廃条約**では女性差別の定義が示され，あらゆる形態の差別を撤廃するための措置を講ずることが求められた。

1985年に制定された男女雇用機会均等法は雇用・就労面での差別的採用を禁じる，初の包括的な法律となった。しかし募集・採用・配置・昇進等における均等待遇は努力義務にとどまり，大企業は「**コース別雇用管理制度**」を設けるなど，男女間の雇用格差をいわば正当化する動きに乗り出した。また，事業主に課された努力義務では不況時の女子学生に対する採用差別の解決にならないことが明らかになった。そのため，1997年の同法改正では法的拘束力をもつ禁止規定となったが，違反しても罰則規定がない点などが弱点として指摘された。同法改正に伴う労働基準法改正では，産前産後休暇の延長等の母性保護策が拡充された反面，女性の時間外労働・休日労働・深夜業や危険業務における規制の廃止など女性労働者に対する保護措置は撤廃・緩和という形式的な平等が追

▷**婦人参政権運動**
男子普通選挙制施行に20年遅れて，1945年12月の衆議院議員選挙法改正で女性に選挙権・被選挙権が与えられた。1946年の地方制度改正で地方議会，翌年の参議院設置により参議院でも女性参政権が認められたことで戦前の婦人参政権運動が求めてきた市民としての男女同権は制度上，すべて達成された。

▷**GHQ占領下の民主化政策**
マッカーサーが幣原首相との会談中に表明した「五大改革指令」は次のとおり。「参政権の付与による婦人解放」，「労働者の団結権」，「教育の自由主義化」，「専制政治の廃止」，「経済の民主化」。

▷**男女共同参画**
1990年代以降「男女共同参画」という用語が公式に使われだす。より主体的な社会の構成員としての女性の参加，つまり政策・方針決定（意思決定）過程への積極的な女性の「参画」を意図する一方，「男女平等」「性差別禁止」よりも社会的受容度が高い文言の採用といえる。女性全般を指す「婦人」が現在の「女性」に統一され始めたのも同時期である。

▷**第1回世界女性会議**
この年を「国際婦人年」と

170

求された。これにより事実上，女性の就労スタイルの「多様化」が進むこととなる。

③ 21世紀の社会を左右する最重要課題

女性の就労が常態化する一方で，1989年の「**1.57ショック**」により少子化が顕在化したこともあって，1991年に育児休業法が制定された。1995年には介護休業制度が創設されたことで**育児・介護休業法**が制定され，男女を問わず家庭責任を負担する労働者の「仕事と家庭の両立」を支援する法制度として法改正を重ねている。

1999年6月23日，「**男女共同参画社会基本法**」が制定され，これに基づき新たに「**男女共同参画基本計画**」といった国内行動計画が策定され，男女共同参画社会を形成・促進する上での実質的な「機会の平等」を目標に「**積極的改善措置（ポジティブ・アクション）**」が奨励された。しかし，国がめざすべき方向性を示す基本法という大枠はできたものの，「結果の平等」についてが明文化されていない，平等侵害に対する制裁措置等を伴わない，ライフスタイルの変容や急激な**少子高齢化**という現状に政策面が追いついていないなど，残された課題も少なくない。

④ 進む関連法整備と進まない状況改善

男女共同参画社会基本法は「社会の対等な構成員」（2条）である「男女の個人としての尊厳が重んぜられること，男女が性別による差別的取扱いを受けないこと，男女が個人として能力を発揮する機会が確保されること」（3条）を基本理念とする（傍点筆者）。これは，憲法にも謳われる個人の尊重を，性別間ではなく，（女性である個人，男性である個人という）個人間の平等を追求することをあるべき姿として改めて位置づけた。同法の制定により，社会や家庭などあらゆる場面で女性が男性と対等な立場で物事を決定し，参画していけることを支援する男女平等政策が進められるようになる。

しかし，現実に目を転じると世紀末に至っても結婚，出産・育児，配偶者の転勤等を理由に退職する女性労働者の割合は依然として高く，管理職における女性比率も伸び悩んでいる。その理由の1つとして，従来の政策によって目指された男女平等が，男女労働者が仕事と生活との調和を実現できるような働き方を基準にしたというよりは，男性正規労働者が受容してきた無限定な働き方を女性労働者にも単に適用するという面が強かったことが挙げられる。男女共同参画社会の形成，言い換えると男女共同参画の視点に立った，現行社会制度や慣行の見直しがもはや急務となるゆえんである。

して，これに続く1976年から1985年の10年間は「国連婦人の十年」と定められた。

▷**国連女子差別撤廃条約**
1979年の第34回国連総会で採択された包括的・体系的な性差別禁止の国際条約。これをきっかけに，条約違反となる国内法改正等が行われる。国籍法・戸籍法改正では，従来の父系血統主義から父母両系血統主義に変更された。家庭科の男女共修科目化は，男女の性別役割に踏み込むとの反発が根強く，文部省は学習指導要領を段階的に改めている。

▷**コース別雇用管理制度**
⇨Ⅶ-4「正規労働者の男女間格差問題」

▷**1.57ショック**
⇨Ⅶ-10「少子高齢化が女性にもたらす影響」

▷**育児・介護休業法**
⇨Ⅶ-11「家庭生活と女性」

▷**男女共同参画社会基本法**
基本理念は次の通り。①男女の人権の尊重，②社会における制度又は慣行についての配慮，③政策等の立案及び決定への共同参画，④家庭生活における活動と他の活動の両立，⑤国際的協調。

▷**男女共同参画基本計画**
具体的な取組みについてまとめられた国のアクションプラン（2000年に第1次基本計画，2015年の第4次が最新）。これに基づき，地方自治体も都道府県男女共同参画基本計画等を策定する（市町村は努力義務）。

▷**積極的改善措置（ポジティブ・アクション）**
⇨Ⅶ-4「正規労働者の男女間格差問題」

▷**少子高齢化**
⇨Ⅶ-10「少子高齢化が女性にもたらす影響」

Ⅶ 男女平等

 男女平等政策の歴史的変遷(2)：男女ともに輝く社会に向けて

1 男女平等政策をめぐる進展

　2001年の省庁再編により，内閣の重要政策の立案・企画，総合調整を担う機関として内閣府が誕生して以来，男女平等政策を包括的に扱う男女共同参画局が同府に設置され，いわゆる「縦割り行政」の弊害からの脱却が試みられた。同年，配偶者からの暴力を禁止するDV防止法の制定など，人権侵害という観点からの取組みも前進した。2007年の改正男女雇用機会均等法では，新たに間接差別規定が設けられた。性別以外の事由に基づいた要件・措置が結果的に一方の性に不利益に働くケースを合理的な理由がない場合，明文化して禁止したのは大きい。2014年7月にはコース別雇用管理制度上の総合職の採用時に限らず，すべての労働者の募集・採用・昇進・職種の変更等へ間接差別の対象範囲が拡大適用された。一連の働き方改革関連法案（2018年可決・成立）によって正規・非正規の雇用労働者間の不合理な待遇差が禁止されるなど，女性を取り巻く状況は好転した一面もある。

　2000年代に入り，少子化への歯止めや深刻化する人手不足への有力な労働力供給の面から女性の社会に対する寄与に期待が一段と高まった。その結果，女性にかかる政策や施策が数多く策定・実施された。しかし，次第に女性にとどまらず，男女の働き方全般の変革を求める施策へとシフトしている。これは「女性が輝く社会」の実現には「男性は仕事，女性は家庭」という前提（固定概念）を改め，家庭責任が重い女性に配慮するというスタンスではなく，誰もが「仕事も，子育ても，介護も，地域社会への参画も」できる生き方・働き方こそが必要だと明らかになったためである。

2 男性の働き方改革

　最近の「働き方改革」は，長時間労働の是正に向けた働きかけ，雇用形態による格差是正に向けた取組み，ダイバーシティの推進，柔軟な働き方がしやすい環境整備，職場におけるパワーハラスメント防止対策など，まさに多種多様なバックグランドをもち，それぞれに事情を抱えながら働かざるをえない男女労働者に応じる向きがある。多様な働き方選択ができる社会をめざし，一人ひとりがより良い将来展望をもてるためである。特に父親の育児休業取得や育児参加を促す目的で「パパ休暇」「パパ・ママ育休プラス」を導入したり，各種

▷1　2019年4月（中小企業は2020年）より働き方改革関連法が順次施行される。(1)時間外労働の上限規制導入，(2)年次有給休暇の確実な取得，(3)正規・非正規労働者間の不合理な待遇差の禁止等が主なポイント。首相官邸「働き方改革の実現」HP（2019年1月22日閲覧）。

▷2　2014年，「我が国最大の潜在力」を活かすとして「すべての女性が輝く社会づくり本部」が内閣府に設置された。関連施策の詳細は内閣府男女共同参画局，同「子ども・子育て本部」，同「仕事と生活の調和」推進サイトなどHP上で確認できる。

▷3　⇨Ⅶ-7「ワークライフバランスの現状と課題」

▷4　前2制度は育児・介護休業法に定める特例であり，両親による同時育休取得も可能。「少子化社会対策大綱」（2015年）で掲げ

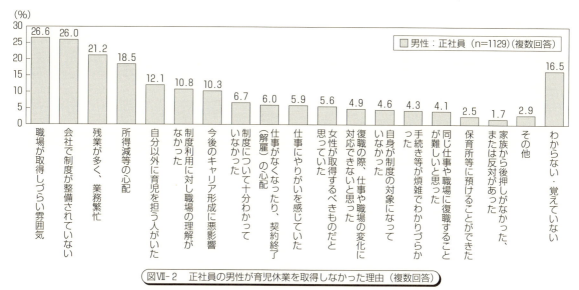

図Ⅶ-2　正社員の男性が育児休業を取得しなかった理由（複数回答）

（注）　男性・正社員（末子が3歳未満の正社員・職員1500名）を対象とした調査。
出所：内閣府編『平成29年版／少子化社会対策白書』2017年を基に作成。

助成金やアワード（表彰制度）を創設したりするなど制度整備が重ねられている。男女ともに労働者が介護離職することを防ぐため，育児・介護休業法に定められた介護休業制度等の周知徹底や事例集の作成等も同時に進む。

一方，育児休業取得率の実際をみると，女性が81.8％であるのに対して，男性の取得率は3.16％にとどまる（平成28年度雇用均等基本調査）。取得日数も，男性取得者中56.9％が「5日未満」であり（平成27年度調査），育児休業を取得した男性の8割は1カ月未満の取得にとどまる。正社員の男性が育児休業を取得しなかった理由として，職場環境に関する理由が多く挙げられている（図Ⅶ-2）。また，日本労働組合総連合会（連合）が2013年に実施した「パタニティ・ハラスメント（パタハラ）に関する調査」からは，子育てに積極的にかかわろうとする男性労働者の中に，「子育てのための制度利用を認めてもらえなかった」，「子育てのために制度利用を申請したら，上司に"育児は母親の役割""育休をとればキャリアに傷がつく"などと言われた」，「子育てのための制度利用をしたら，嫌がらせをされた」といった経験がある者の存在が明らかになった。

3　すべての女性と男性が輝く社会の実現のために

そもそも，現代社会はすべての〈男性〉が輝く社会なのだろうか。輝きを見出だせない男性の働き方を主流にしたまま，そこに合流する形では真に女性が輝く社会の実現は困難である。誰もが健康で豊かな生活を送るためにも，社会経済状況の変化に応じた働き方が可能となるよう，制度面のみならずそれを支える私たちの意識や慣行等をしなやかに変えていく必要がある。

た2020年目標値は「配偶者出産直後の休暇取得率80％」である（2016年度実績値：55.9％）。ゆえに「イクメン企業アワード」，「イクボスアワード」の表彰制度や，地方自治体レベルでも「みえの育児男子プロジェクト」（三重県）等の啓発活動が行政主導で積極的に推進されている。

▷5　男性国家公務員の場合，5.5％，平均2.6カ月取得（一般職〔行政執行法人は除く〕および防衛省特別職・常勤職員。2015年度）。

▷6　育児目的で男性労働者が残業せずに定時退社したり，育休や短時間勤務制度等を活用しようとしたりする際，会社や上司・同僚がそれを妨げるような行為・言動（嫌がらせ）を行うこと全般を指す（パタニティ：paternityは「父性」を意味する英語）。

参考文献

内閣府「さんきゅうパパ準備BOOK改訂版」2017年。

Ⅶ　男女平等

正規労働者の男女間格差問題

1　女性の採用をめぐって

　国勢調査によれば，2015年の女性の**就業者**数は約2584万人，労働力率は50.0％である。女性の労働力率を年齢階級別にみると，20代後半から30代半ばまでにM字の谷を形成するように労働力率が下がる**M字カーブ**を描く（**図Ⅶ-3**）。これは，出産・子育てを機に会社を辞め，子育てが一段落してから，多くの場合非正規労働者として再び働き始める女性が多いためである。

　男女を問わず，充実した職業生活をおくるためには，まず，入り口である募集や採用の段階から差別を受けないことが重要だ。だが，女性は，男性と比較して，就職時に不利な状況に置かれることが多かった。そこで，**男女雇用機会均等法**では，募集・採用について性別による差別を行うことを禁止している。しかし，現在でも，就職差別が完全になくなったわけではないため，一層の改善努力が必要である。

2　基幹的業務に従事するか，定型的業務に従事するか

　女性が働く際に，基幹的業務に従事するか，あるいは定型的・補助的業務に従事するかの選択を迫られることがある。基幹的業務を選択すれば，やりがいもあるものの，仕事はハードで残業も多い上に，転居を伴う転勤もあり得る。一方，多くの女性は，転勤を伴わず，労働時間や職務内容等も仕事と家庭生活の両立が比較的はかりやすいような一定の配慮がなされることが多い定型的・補助的業務を選択する。しかし，一般職は昇進できる上限が限定されがちであったり，やりがいのある仕事が与えられづらかったりする。

　企業によっては，男女両性の意欲・能力・適性等による処遇をめざして「**コース別雇用管理**」を導入しているが，厚生労働省「令和元年度雇用均等基本調査」（2020年）によれば，総合職に占める女性の割合は，男性79.9％に対して20.1％にとどまる。「コース別雇用管理制度」は運用次第で女性の能力開発・発揮を妨げることもあることが指摘されており，性別による差別をなくし，女性の能力発揮を促進するという観点から，制度の点検が求められている。

3　男女間の配置，教育訓練における格差

　また，男女労働者間には，配置や教育訓練の受講状況にも違いがみられる。

▷**就業者**
調査週間中，賃金，給料，諸手当，営業収益，手数料，内職収入など収入（現物収入を含む）を伴う仕事を少しでもした者。

▷**M字カーブ**
M字カーブの推移をみると，そのカーブの底は徐々に浅くなってきている。また，M字の底となる年齢階級も，1970年代後半には25〜29歳であったが，近年は35〜39歳へと上昇している。とはいえ，他の先進諸国のほとんどではM字カーブがみられなくなっていることと比較して，日本と韓国ではいまだにM字カーブを解消できていないのが現状である。　⇨Ⅱ-10「労働時間制度の改善に向けた課題」，Ⅶ-4「正規労働者の男女間格差問題」も参照。

▷**男女雇用機会均等法**
⇨Ⅶ-2「男女平等政策の歴史的変遷(1)」
▷1　⇨Ⅲ-4「非正規雇用と女性労働」

▷**コース別雇用管理**
一般的に，総合職は「基幹的業務又は企画立案，対外折衝等総合的な判断を要する業務」，一般職は「主に定型的業務」を，それぞれ担当する。厚生労働省「平成29年度雇用均等基本調査（確報）」（2018年）によれ

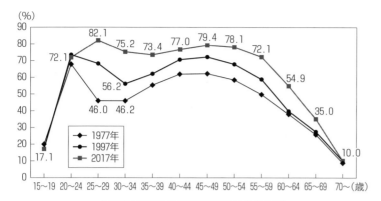

図Ⅶ-3　女性の年齢階級別労働力率の推移

（注）1：総務省「労働力調査（基本集計）」より作成。
　　　2：労働力率は，「労働力人口（就業者＋完全失業者）」／「15歳以上人口」×100。
出所：内閣府男女共同参画局編『男女共同参画白書 平成30年版』2018年，108頁。

JILPT「採用・配置・昇進とポジティブ・アクションに関する調査」（2014年）で部門・配置状況別企業割合をみると，人事・総務・経理部門の32.8％，販売・サービス部門の30.1％で，「女性が9割以上の職場がある」一方，営業部門の65.3％，生産部門の66.9％，「研究・開発・設計」部門の57.8％で，「男性が9割以上の職場がある」と回答している。さらに，同調査によれば，配置において性別による偏りがみられた職場の「5年前に比べた増減」について，「変わらない」と回答した企業が90.8％にのぼっている。

　また，女性労働者の**社内教育訓練**が，男性労働者の場合と比べて立ち遅れる傾向にある企業も少なくないため，女性の職域拡大や管理的業務へのキャリア展開を見据えながら，必要な知識・経験を身につけられるような育成施策の一層の充実が必要である。

❹ 男女間の昇給・昇格・昇進格差

　女性に対する昇給・昇格・昇進格差も解消したわけではない。2019年の賃金構造基本統計調査によれば，女性の平均勤続年数（9.8年）は男性（13.8年）と比較して短い。また，女性総合職の採用数が少ないために管理職候補層が薄かったり，昇進・昇格に必要な教育訓練や業務経験を積み重ねる機会を得づらかったり，ハードな働き方を期待されることから管理職になることを躊躇する者もいたりする。このため，女性正規労働者が社内で昇格・昇進する機会は男性正規労働者と比較して少ない。このような勤続年数の違いや昇進・昇給格差が，男女間賃金格差の一因となっている。賃金構造基本統計調査（各年版）で男女間賃金格差の推移をみると，男性正規労働者の賃金を100としたときに，女性は1997年時点で63.1，2019年時点で74.3と，10ポイント改善するのに約20年かかっている。

ば，コース別雇用管理制度が「あり」と回答した企業割合は企業規模計で6.5％だが，5000人以上では52.8％，1000～4999人では43.5％，300～999人では32.6％，100～299人では12.2％，10～29人では3.8％と，企業規模が大きくなるほど導入率が高いことがわかる。なお，現在は，合理的な理由がない限り，総合職の募集・採用の際に全国転勤を要件とすることも，転勤経験を昇進の条件とすることも，均等法で禁止されている。

▷**社内教育訓練**
厚労省「平成28年パートタイム労働者総合実態調査の概況」をみると，「日常的な業務を通じた，計画的な教育訓練（OJT）」は正社員に実施が69.1％に対してパートに実施が54.1％，「職務の遂行に必要な能力を付与する教育訓練（Off-JT）」は正社員に実施が56.5％に対してパートに実施が27.7％，「入職時のガイダンス（Off-JT）」は正社員に実施が52.2％に対してパートに実施が36.2％，「将来のためのキャリアアップのための教育訓練（Off-JT）」は正社員に実施が40.8％に対してパートに実施が9.5％，と，軒並み非正規労働者に対して実施する割合が低くなっている。
▷2　⇒Ⅶ-1「男女平等をめぐる視点」図Ⅶ-1を参照。
▷3　同上。
▷4　女性であるために管理職をはじめとする上級職に昇進できない状況を指して「グラスシーリング（ガラスの天井）」と表現することがある。

VII 男女平等

女性労働者の「働きやすさ」と「働きがい」

1 女性の継続就業の難しさ

　女性が働き続けていくために，国は育児・介護休業法の制定，育児休業期間中の公的所得保障や保育所の充実といった策を推し進めているし，法定基準を上回る育児休業制度の導入や，勤務時間の繰り上げ・繰り下げ，残業の免除，短時間勤務等の育児支援策を打ち出す企業も増えてきている。だが，制度があっても，その存在が周知されていなかったり，使いにくい雰囲気が社内にあったりすることも少なくない。基幹的な働き方を選択した女性が，急な残業への対応を含めた恒常的な長時間労働や転居を伴う転勤に応じ難いために，継続就業を断念することもある。さらに，子育て期の男性の多くは仕事がハードな上に，急な残業や転勤等への対応を求められる働き方をしているため，家事や育児への参加が難しいことも，女性の継続就業を難しくする一因とされている。

2 女性が仕事を辞める理由

　国立社会保障・人口問題研究所「第15回出生動向基本調査（夫婦調査）」によれば，2010年から14年に第1子出産前後に女性が就業を継続する割合は，「正規の職員」で69.1％，「パート・派遣」で25.2％である。なぜ，女性が仕事を辞めるのかについては，多くの要因が挙げられる。もちろん，家事・育児に専念するために自発的意思で退職を選択することは，完全に個々人の自由な判断に委ねられることである。実際に，厚生労働省「平成30年度仕事と家庭の両立支援に関する実態把握のための調査研究事業報告書労働者アンケート調査結果」によれば，正規労働者の女性が「末子妊娠判明当時の仕事を辞めた理由」（複数回答）で最も多かったのは「仕事を続けたかったが，仕事と育児の両立の難しさでやめた」（30.2％），次いで「勤務地や転勤の問題で仕事を続けるのが難しかった」（24.4％）である。また，「妊娠・出産を期に不利益な取扱いを受けた」（18.6％）といった理由も挙げられている。このように，女性が仕事を辞める理由の中には，人事管理やマネジメントのあり方といった要因も含まれていることが少なくない。

　さらに，「女性は結婚・出産・子育てを機に離職するものである」，「女性は昇進・昇格意欲が男性と比較して低い」，といった考え方が，女性労働者の育成や仕事の割り当てといった面でチャンスを与えられづらくしてしまうために，

▷1　⇨Ⅲ-4「非正規雇用と女性労働」

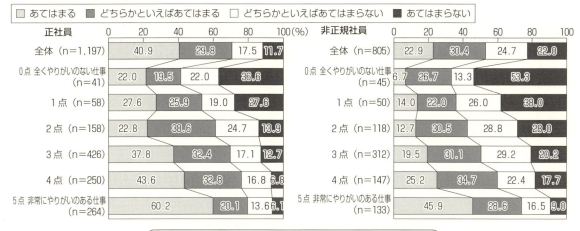

図Ⅶ-4　仕事のやりがい別にみた就業継続意向［個人調査］（女性）

(注) 1：内閣府「ワーク・ライフ・バランスに関する意識調査」（平成25年度）の速報より作成。
　　 2：6歳未満の子（第1子）と同居中で，妊娠判明時，従業員数が30人以上の企業（業種は不問）に雇用されていた20歳以上の女性（当時，正社員及び週の労働時間が30時間以上の非正規社員）が調査対象。
出所：仕事と生活の調和連携推進・評価部会，仕事と生活の調和関係省庁連携推進会議編［2013］「仕事と生活の調和（ワーク・ライフ・バランス）レポート2013～その残業，本当に必要？上司と部下で進める働き方改革～」112頁。

女性労働者自身が仕事への意欲を失って退職を選択すると，「やはり女性はすぐに仕事を辞める」と受け止められて，さらに女性労働者にチャンスを与えなくなるという悪循環を生む，いわゆる**予言の自己成就**に陥っている面もある。女性労働者の継続就業の意向は，企業が彼女たちにどのように期待をかけ，どのような仕事を割り当てるかによって変化し得る面もあるからだ。実際に，**図Ⅶ-4**から読み取れるように，雇用形態を問わず，やりがいのある仕事に就いている女性ほど高い継続就業意欲をもつ傾向にある。

3　女性が働き続けるために求められること

恒常的な長時間労働，職種変更を伴う配置転換，転居を伴う就業場所を受容できる者でなければ基幹的業務に就けないような雇用システムのあり方が，多くの女性労働者の就業意欲や継続就業意識を削ぎ，継続就業を妨げ，職業能力の開発・発展の可能性の道筋をいたずらに狭くしている可能性がある。女性が働き続けるために求められることは，雇用・労働の場で，女性という属性でひとくくりにするのではなく，個人の働き方の希望に基づきながら，「働きやすさ」と「働きがい」の双方の充実をはかることである。出産や育児といったライフ・イベントを迎える前の初期キャリアを考える際に，従来の雇用システムを根本的に見直し，女性労働者に仕事のやりがいや自らのキャリア・パスの展望を積極的に描き得るようなマネジメントや処遇制度の設計・運用に努めることが重要となろう。

▷予言の自己成就
社会学者のマートンは，「自己成就的予言（self-fulfiling prophecy）とは，最初の誤った状況の規定が新しい行動を呼び起こし，その行動が当初の誤った考えを真実なものとすること」と定義している。

▷2　厚労省「ワーク・ライフ・バランスに関する意識調査」報告書（2014年，23頁）で「第一子1歳～現在就業継続別　第一子1歳時点の仕事のやりがい度」をみると，やりがいのない仕事をしていた者より，やりがいのある仕事をしていたと回答した者の方が，第1子出産後に継続就業する割合が比較的高くなっている。

Ⅶ 男女平等

 女性非正規労働者が抱える問題

1 女性非正規労働者の雇用の不安定さ

労働力調査（基本集計，2017年平均速報）によれば，日本の非正規の職員・従業員は2036万人，うち，女性は1389万人にのぼる。非正規の職員・従業員の7割弱を女性が占めていることから，雇用形態間格差の問題は，かなりの部分で女性労働問題と重なっているといえよう。

女性に限った話ではないが，多くの非正規労働者は，**雇止め**の不安を抱えながら働いている。現行法下では正規労働者の解雇のハードルが高いために，景気変動や業務の繁閑に対する雇用の調整弁として非正規労働者を位置づけている場合が少なくないからである。同じ人物を雇い続けると解雇しにくくなるため，同一の非正規労働者を長期間雇い続けない措置を取る企業も存在する。さらに，女性非正規労働者の中には，妊娠を報告した途端に契約が打ち切られる等の**マタニティ・ハラスメント**に遭ったり，会社に労働条件や賃金に関する交渉を行おうとして雇止めに遭ったりするケースもある。いつ期間満了を理由に雇い止めされるかわからない不安定な立場のまま，実質的には恒常的な働き手として有期雇用契約を繰り返し更新している者も3割程度存在している。

そこで，2018年4月から，**無期転換ルール**に基づき，無期転換申込権が本格的に発生するようになった。さらに2018年10月からは派遣労働者に対する**派遣期間3年ルール**の運用も始まっている。これらのルールが定められたのは非正規社員の雇用安定化のためであるが，実際には権利の発生を防ぐために雇止めをするケースがみられるので注意する必要がある。

2 低い労働条件

雇用が不安定であることだけでなく，ほとんどの非正規労働者の労働条件は正規労働者と比較して低い。厚労省「賃金構造基本統計調査結果」によれば，女性パートタイム労働者の1時間あたり平均所定内給与額は，女性同士で比較した場合でも雇用形態間格差が存在している。女性正規労働者は，男性正規労働者程ではないにしろ，定期的な昇給を通じて所定内給与額が上昇していくことが多いが，非正規労働者は勤続を重ねても所定内給与額の上昇が見込みづらいためだ（図Ⅶ-5）。そもそも，パートタイム労働者の賃金決定の際に考慮される要素として，（地域別・産業別）最低賃金や地域での賃金相場や同業種の他

▷ 1 ⇨ Ⅲ-4 「非正規雇用と女性労働」

▷雇止め
通常，契約期間満了時点で雇用関係はなくなるが，期間の定めのある雇用契約を反復更新後に使用者側から契約期間満了を理由として更新を拒否し，契約期間満了で雇用を終了させることを指す。

▷マタニティ・ハラスメント
連合非正規労働センターが2015年に実施した「第3回マタニティハラスメント（マタハラ）に関する意識調査」では，マタニティハラスメント被害に遭ったと回答した正規労働者は34.9％，非正規労働者は24.4％であった。⇨ Ⅶ-8 「ハラスメントと女性」

▷無期転換ルール
非正規労働者の多くは，半年や2カ月といった有期契約を企業と結んで働いている。改正労働契約法による無期労働契約への転換ルールの導入で，有期の契約が繰り返し更新されて通算5年を超えると，非正規労働者から企業に無期契約を申し込めるようになった。

▷派遣期間3年ルール
2015年9月の労働者派遣法改正によって，専門26業務については派遣期間に制限を設けないという仕組みが見直された。改正後は，専

複数回答（単位：％）2016年

実施状況	正社員とパートの両方を雇用している事業所[1][2]	定期的な昇給	人事評価・考課	通勤手当	精勤手当	役職手当	家族手当	住宅手当
正社員に実施	[64.0]	100.0	71.8	61.0	90.4	20.7	70.6	49.2	38.4
パートに実施		100.0	32.3	38.8	76.4	5.8	7.3	2.3	1.5

実施状況[1]	賞与	退職金	企業年金	人間ドックの補助	社外活動（スポーツクラブの利用など）の補助	慶弔休暇	給食施設（食堂）の利用	休憩室の利用	更衣室の利用
正社員に実施	84.6	71.7	21.6	43.8	18.9	80.7	22.5	62.4	64.0
パートに実施	33.7	8.7	2.2	18.0	8.6	40.8	20.0	56.9	58.4

図Ⅶ-5　労働者の種類，手当等，各種制度の実施状況および福利厚生施設の利用状況別事業所割合

（注）1）正社員とパートの両方を雇用している事業所には実施状況不明の事業所が含まれる。
　　　2）［　］は，全事業所のうち，正社員とパートの両方を雇用している事業所の割合である。
出所：厚労省「平成28年パートタイム労働者総合実態調査の概況」。

企業の賃金相場といったものがしばしば挙げられることからもわかるように，賃金水準の低さは，企業が非正規労働者を活用する主な理由の1つとなっている。加えて，厚労省「平成28年パートタイム労働者総合実態調査の概況」によれば，雇用保険や賞与といった各種制度の適用状況にも，雇用形態間格差が存在している（図Ⅶ-4）。

厚労省「平成28年パートタイム労働者総合実態調査の概況」で，現在の会社や仕事について「不満・不安がある」と回答した女性パートの割合は54.3％となっていることからわかるように，自らの処遇に納得していない女性非正規労働者も少なくない。同調査で彼女達の不満・不安の内容（複数回答）をみると，「業務量が多い」（24.4％），「通勤・退職手当等がない又は正社員と比較して安い」（22.5％），「業務内容や仕事の責任は正社員と同じなのに正社員と比較して賃金が安い」（22.4％）となっている。

③ 女性非正規労働者の「働きやすさ」・「生きやすさ」のために

非正規労働者として働く女性の中には，仕事と生活の両立のために正規労働者としての働き方を諦めざるを得なかったものも少なくないが，非正規労働者に対するワークライフバランスへの配慮は，正規労働者に対するものと比較して見劣りする場合がほとんどである。また，非正規労働者として働いて得た収入で，自分と家族の生活を支えている女性非正規労働者もいるが，仕事と家庭責任との調和を図りつつ，安心して長期的な仕事および生活を展望できる状況になっているとは言い難い。しかし，2019年4月1日から順次施行される「働き方改革関連法」では，2020年（中小企業は2021年）4月1日より正規・非正規雇用労働者間の不合理な待遇差の禁止が謳われている。具体的には，同一企業内において，基本給や賞与等について個々の待遇ごとに不合理な待遇差が禁止される，といった内容となっており，雇用形態間格差是正への効果が期待される。今後は，雇用形態を問わず，普通に働けば普通に暮らして将来を展望できるようなあり方をめざしていかねばならないだろう。

門26業務を含めたすべての業務で働く派遣労働者について，同一派遣労働者が同一派遣先企業の同一組織（例えば，課・グループ等）で働くことができるのは最大3年までに制限されることとなった。派遣会社は，同一派遣労働者が同一派遣先企業の同一組織で3年以上就業することが見込まれる時点で，派遣労働者の雇用を継続するための措置を取ることになっている。2020年4月から施行された派遣法改正は，雇用形態に関わらない公正な待遇確保を目的としたものである。今回の改正によって，派遣労働者の「同一労働同一賃金」を実現するために，派遣先均等・均衡方式または労使協定方式のいずれかを確保することや，派遣労働者に対して待遇に関する説明をすることが義務付けられる，等が新たに規定された。⇨Ⅲ-6「派遣労働と業務請負」

▷2　⇨Ⅲ-3「雇用形態の多様化と不安定就業」
▷3　⇨Ⅲ-5「パートタイマー」

Ⅶ　男女平等

ワークライフバランスの現状と課題

1　ワークライフバランスとは

　21世紀に入って,「ワークライフバランス（仕事と生活の調和：Work Life Balance 以下 WLB と記す）」という言葉を頻繁に耳にするようになった。2007年12月に内閣府が発表した「仕事と生活の調和（ワーク・ライフ・バランス）憲章」および「仕事と生活の調和推進のための行動指針」では, WLB が実現した社会を,「国民一人ひとりがやりがいや充実感を感じながら働き, 仕事上の責任を果たすとともに, 家庭や地域生活などにおいても, 子育て期, 中高年期といった人生の各段階に応じて多様な生き方が選択・実現できる社会」と定め, 実現に向けた行動指針の策定や国民運動を通じた気運の醸成, 制度的枠組みの構築や環境整備などの促進・支援策に取り組んでいる▷1（図Ⅶ-6）。近年では, 国として女性の「活躍」推進を打ち出しているが▷2, これは国際社会からの要請に伴って国として男女平等を推進する責務に加えて, 労働力人口の減少に伴ってこれまで働くことをためらっていた女性を新たな労働力層として確保しつつ, 社会の活力低下や少子化・人口減少に歯止めをかけようとするものであると受

▷1　内閣府は, 2008年1月8日に「仕事と生活の調和」推進室を立ち上げ, 各主体の協働のネットワークを支える中核的組織として,「『仕事と生活の調和（ワーク・ライフ・バランス）憲章』及び『仕事と生活の調和のための行動指針』に基づく, 仕事と生活の調和の実現のために必要となる企画, 立案及び総合調整に関する事務」を行うとしている。詳細は, http://wwwa.cao.go.jp/wlb/index.html（2018年11月1日閲覧）を参照のこと。

▷2　⇒Ⅶ-3「男女平等政策の歴史的変遷(2)」

▷3　2016（平成28）年6月2日に閣議決定された「ニッポン一億総活躍プラン（概要）」は, 少子高齢化を経済成長の隘路と捉え, このような状況に立ち向か

〔関係者が果たすべき役割〕	
①企業とそこで働く者	協調して生産性の向上に努めつつ, 職場の意識や職場風土の改革とあわせ働き方の改革に自主的に取り組む。
②国民	一人ひとりが自らの仕事と生活の調和の在り方を考え, 家庭や地域のなかで積極的な役割を果たす。また, 消費者として, 求めようとするサービスの背後にある働き方に配慮する。
③国	国民全体の仕事と生活の調和の実現は, 我が国社会を持続可能で確かなものとするうえで不可欠であることから, 国は, 国民運動を通じた気運の醸成, 制度的枠組みの構築や環境整備などの促進・支援策に積極的に取り組む。
④地方公共団体	仕事と生活の調和の現状や必要性は地域によって異なることから, その推進に際しては, 地方公共団体が自らの創意工夫のもとに, 地域の実情に応じた展開を図る。

↓

進捗状況の点検・評価

↓

「仕事と生活の調和」が実現した社会
①就労による経済的自立が可能な社会
②健康で豊かな生活のための時間が確保できる社会
③多様な働き方・生き方が選択できる社会

図Ⅶ-6　「仕事と生活の調和」が実現した社会の創出に向けて

出所：内閣府「仕事と生活の調和（ワーク・ライフ・バランス）憲章」及び「仕事と生活の調和推進のための行動指針（平成19年12月18日）」2007年より筆者作成（http://www8.cao.go.jp/shoushi/w-l-b/k_2/pdf/s1.pdf　2008年1月閲覧）。

けとめられよう。[43]

2 企業におけるワークライフバランスの取り組み

　企業レベルでは、経営のグローバル化の要請が強まる中で、女性や外国人等といった多様な個性を尊重し、属性にとらわれずに優れた人材に活躍の場を提供することが、企業が生き残り、発展していくために欠かせないという認識が広がりつつある。[44]実際に、個別の企業で、いわゆる短時間正社員・時差出退勤の対象拡大といった働く時間への配慮、勤務地の限定・転居を伴う転勤の免除といった働く場所への配慮、各種休業の充実・職場復帰促進の取組みといった継続就業への配慮等、多方面にわたるWLB施策の取組みが進められている。[45]もちろん、制度が整っていなくとも、非正規労働者を含めて「同じ職場で働く仲間」に柔軟な対応をしている企業も数多い。掛け声倒れにならないように、企業のトップを筆頭に、すべての人が本気でWLB施策の充実と積極的な運用に取り組む必要がある。

3 「真」のワークライフバランスの実現に向けて

　現在日本で進められているWLBの取組みは、どちらかといえば女性正規労働者の「働きやすさ」を念頭において展開されている。確かに、女性の「活躍」推進は、企業の経済的合理性と整合性をもつ側面もある。しかし、これらの施策が、自己の判断によって働き方を選択することで本当に不利益を被らない社会の実現につながるものとなっているか、女性が本当に自らにとって望ましい働き方を選び取れるようになっているか、という点からの点検を行い続けることが大切である。例えば、高い能力をもちながら、育児や介護を中心的に担うため、労働サービスの提供に何らかの制約がある人材（多くの場合女性）が、特定の働き方（多くの場合は基幹的業務以外での活用）を選択せざるを得なくなるような制度設計・運用に陥らないよう、注意しなければならない。

　本来のWLBは、男女双方の働き方の根本的な見直し、すなわち労働・転居を伴う転勤・職種変換を伴う配置転換を受容する「拘束性」の高い働き方を「標準」として、そのような労働サービスの提供に何らかの制約がある労働者をあらかじめ周辺的労働者と位置づける、とすること自体の見直しを視野に入れて考えるべき問題である。拙速に雇用の多様化を推し進める前に、現在の性別役割分業が根強く残った閉鎖的な労働市場のあり方の下で、一方の性（多くの場合女性）がより多くの家庭責任を負担することを前提とした制度設計・運用を行いながら、女性労働者の「自己責任」として働き方を選択させることにならないよう、慎重に検討すべきであろう。

う経済政策として、子育て支援や社会保障の基盤を強化し、それが経済を強くするといった新たな経済社会システムを創るという「成長と分配の好循環メカニズム」の実現を目指すというものである。

▷4　「ダイバーシティ・マネジメント」は、人種・性別・年齢・信仰といった個人や集団間に存在する様々な違いを多様性と捉え、これを競争優位の源泉として活用していこうとする経営の取り組みとして、近年注目されている。

▷5　各企業が実施しているWLB施策については、中央省庁のみならず地方自治体レベルでも、各種の認証・表彰制度が設けられたり、好事例集がまとめられたりしており、具体的な取り組みを進める上でのヒントを得ることができる。また、仕事と生活との両立を図りやすくすることを目的に、最近、勤務地・労働時間・職種等に限定をもたせる「限定正社員」の導入を進める企業が増えてきている。「限定正社員」は、非正規労働者と比較して雇用が保護されている一方で、基幹的業務に従事する正規労働者よりはWLBを実現しやすい働き方と位置づけられている。一方で、そのキャリア形成には一定の制約があり、勤務地や業務の改廃に伴って、解雇の可能性があることに留意すべきである。⇨Ⅲ-2「日本型雇用と正社員」

Ⅶ　男女平等

8 ハラスメントと女性

▷ハラスメント

ハラスメントが社会的に認知され，モラルハラスメント，ジェンダーハラスメント，パワーハラスメントといった様々なハラスメントが論じられるようになった。モラルハラスメントは相手に精神的な苦痛を与える嫌がらせのことを，ジェンダーハラスメントは社会的・文化的な性差による嫌がらせのことを，パワーハラスメントは企業内での権力を利用して，言葉や態度によって働く人の人格や尊厳を傷つける嫌がらせのことをいう。2017年1月からは妊娠・出産等に関するハラスメント（マタニティーハラスメント，通称マタハラ）の防止措置が事業者に対し義務化された。

▷差別

性別や，年齢，社会階層，職業といった何らかの可視的指標を用い，主要な集団から，ある集団あるいは個人が忌避・排除され，不平等や不利益な取り扱いを受けること。差別は社会が作り上げるため，個人の価値・判断指標に影響する。意識的・無意識的な差別をなくすには社会全体の取り組みが必要である。

▷セクシュアルハラスメント

歓迎されない性的言動また

1 ハラスメントって何？

　ハラスメントは，嫌がらせと訳され，個人あるいは集団が，相手の意思に反する行為や発言により，ある個人に屈辱や精神的な苦痛を与えることや，不快な思いをさせることをいう。主要な集団が別の集団に対して行う差別と異なり，ハラスメントは個人，あるいは集団が人格尊重の気持ちをもたずに，個人に対して行う。日本では比較的，私人間の問題とされる。女性に対しては，セクシュアルハラスメント（以下，セクハラと表記）が問題になる。セクハラは，男性が女性に，女性が男性にという異性間以外に，女性同士，男性同士の同性間でも成立する。セクハラにあたるかどうかは，相手が「セクハラと思えばセクハラ」になるため，判断をするのは被害者である。差別と同様に，加害者は加害を意識していないため，被害者の人権がふみにじられていることを理解しない。主なハラスメントと差別の概念的な違いは図Ⅶ-7に示しておく。

2 セクハラの現状と事業主の配慮義務

　セクハラは，長い間，職場の私人間のこととされ，弱者側に責任をとらせる形で隠され，社会問題化するまで時間がかかった。1997年，男女雇用機会均等法改正で女性労働者を対象としたセクハラ防止義務が事業主に課せられ，その後，2006年（事業主にセクハラに配慮する義務化。是正指導に応じない場合，企業名公表），2013年（同性間のハラスメント明記），2016年（LGBTへの配慮）と改正が進んでいる。それでも，2017年度の都道府県労働局雇用環境・均等部（室）が受けたセクハラ（第11条関係）に関する相談件数は6808件（35.5％）と性差別（第5～8条），マタハラ（第11条の2関係）よりも多いままである。雇用形態が複雑化する中で，派遣先の社員からのパワハラと一体型のセクハラを受けても，派遣切りなど不適切な対応で弱者に責任を押しつけ問題解決をはかるケースも後を絶たない。

3 弱者にしわ寄せされるハラスメント

　ハラスメントの被害者は，社会的弱者とされる集団に所属していることが多い。加害者には①事業主や上司など，もともと権力をもっている，②同僚や後輩でも，性別などの同一の指標を用いて集団になることで力をもつ，2つのタ

イプがある。セクハラには，女性を不当に見下す社会的・文化的に作られた価値観が背景にある。セクハラの種類を表VII-1に挙げておく。

立場が弱い非正規労働者の場合，より深刻な状況に置かれる。東京都労働相談情報センターの相談例には，派遣先で上司からセクハラを受けた事例や，正社員からのいじめの事例が挙がっている。解雇や降格，減給をちらつかせ被害者を意のままにしようとする対価型セクハラでは，弱者の立場から声をあげることは難しく，自ら職場を去る消極的解決を選択せざるをえないことも多い。

周囲の態度も加害を助長させる。加害者が上司の場合，査定などに関係するとして，立場の強い加害者に味方して周囲が一緒になって圧力や嫌がらせを行い，また，周囲が問題を隠し，被害者が抗議できない状況を作り上げる。意を決し訴えても，訴えた人は「和を乱す人」として評価される二次被害がある。

ハラスメントは，女性や派遣社員，契約社員，パートといった，逆らえば職を失うかもしれない，立場の弱い人たちが受けやすい。ハラスメントをなくすために我々にできることは，背景にある差別を意識し，セクハラやパワハラを許さない職場を作り上げることである。

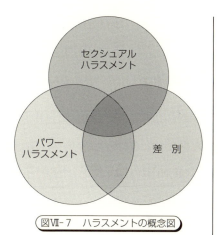

図VII-7　ハラスメントの概念図

は行為により，相手に屈辱や精神的苦痛を感じさせたり，不快な思いをさせたりすることをいう。男性から女性に対して行われることが多いが，女性から男性に，女性から女性に，男性から男性に対して行われることも含める。セクハラは日本でも職場で意識され，裁判も増加している。

表VII-1　セクシュアルハラスメントの種類

種類	意味	典型例
対価型	職場において行われる労働者の意に反する性的な言動に対する労働者の対応（拒否や抵抗等）により，当該労働者が解雇，降格，減給等（その他，労働契約の更新拒否，昇進・昇格の対象からの除外，客観的に見て不利益な配置転換等）の不利益を受けること。	・事務所内において事業主が労働者に対して性的な関係を要求したが，拒否されたため，当該労働者を解雇すること ・出張中の車中において上司が労働者の腰，胸等に触ったが，抵抗されたため，当該労働者に不利益な配置転換をすること ・営業所内において事業主が日頃から労働者に係る性的な事柄について公然と発言していたが，抗議されたため，当該労働者を降格すること
環境型	職場において行われる労働者の意に反する性的な言動により労働者の就業環境が不快なものとなったため，能力の発揮に重大な悪影響が生じる等，当該労働者が就業する上で看過できない程度の支障が生じること（就業環境が害されたとする一定の客観的要件が必要）。	・事務所内において上司が労働者の腰，胸等に度々触ったため，当該労働者が苦痛に感じてその就業意欲が低下していること ・同僚が取引先において労働者に係る性的な内容の情報を意図的かつ継続的に流布したため，当該労働者が苦痛に感じて仕事が手につかなくなること ・労働者が抗議をしているにもかかわらず，事務所内にヌードポスターを掲示しているため，当該労働者が苦痛に感じて業務に専念できないこと

出所：厚生労働省「事業主の皆さん職場のセクシュアルハラスメント対策はあなたの義務です‼」（平成25年リーフレット No.20）より抜粋して筆者が作成（http://www.mhlw.go.jp/general/seido/koyou/danjokintou/kigyou01.html　2014年1月4日現在）。

Ⅶ 男女平等

貧困と女性

1 貧困に陥りやすいシングルマザーと高齢単身女性

貧困が社会問題化しているが，女性では以前から**母子世帯**と高齢単身世帯が貧困に陥りやすい。非正規雇用が増加し，女性の多くが非正規労働者として働く中，子育てのハンディを背負うシングルマザーは安定した条件で働きにくく，就労していても**生活保護受給者**よりも所得が低いことも少なくない。また，女性の方が男性よりも平均寿命が長いため，夫に先立たれた後，単身となる高齢の女性が増加している。高齢単身女性の中には，子育てのため就労を中断した人も多く，就業年数が少ないため**年金受給額**も少なくなる。

日本には貧困救済策の1つとして**生活保護制度**がある。2018年7月現在の被保護世帯数163万7745世帯（受給者数209万8973人）で，そのうち高齢者世帯は88万791世帯（高齢単身世帯80万3182世帯，2人以上の世帯7万7609世帯）となっている。**図Ⅶ-8**にみられるように2016年の受給世帯別においては，母子世帯と高齢単身女性の世帯で3割となっており，高齢単身女性世帯は39万7902世帯と，高齢単身男性世帯の36万931世帯と比べて3万7000世帯ほど上回っている。

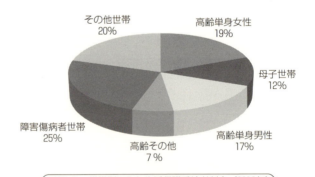

図Ⅶ-8 世帯別にみた生活保護受給者割合（2016年）

出所：厚生労働省「平成28年度被保護者調査」より筆者作成。

2 母子世帯の現状

母子世帯は母親が比較的若いため就労支援が前提となり，生活保護を受けることが難しい。2016年の「国民生活基礎調査」（厚生労働省）では母子世帯のうち37.6％が平均所得額200万円未満であった。同年の「全国ひとり親世帯等調査」（厚生労働省）では，母子世帯は123万2000世帯で，独立した生計を立てる

▷母子世帯
離別，死別，生死不明及び未婚等により，配偶者がいない65歳未満の女性（2004年度までは18歳から60歳未満）と18歳未満の子（養子を含む）のみで構成される世帯をいう。離別により増加しているが，多くは経済的に困窮している。

▷生活保護受給者
厚労省「平成28年被保護者調査」では，65歳以上の生活保護受給者のうち，4割以上を高齢単身女性が占めている。

▷年金受給額
男性と女性とでは差がある。2016年度の年額は，国民年金では男性で約70万6000円，女性で約63万2500円，厚生年金では男性で約200万2500円，女性で約123万2500円である。

▷生活保護制度
⇨Ⅴ-4「生活保護制度」

▷児童扶養手当
受給者の所得と扶養親族等の数を勘案し決定される。2018年8月から所得制限の引き上げがなされ，それまで母1人子1人だと全額支給は所得ベースで57万円未満であったが，87万円未満

ことが難しいため27.7％が親と同居し，公的年金未加入世帯は10.9％（2011年調査16.1％），健康保険未加入世帯は4.1％（2011年度調査5.9％）と改善しているものの，経済的困窮がわかる。母親の就業率は81.8％（正規の職員・従業員44.2％，パート・アルバイト等43.8％）であった。2015年の平均年収384万円，平均年間就労収入は200万円であった。同年の児童のいる世帯の平均年間収入（707.8万円）を100とした場合，49％と半分に満たない。

経済的支援として**児童扶養手当**があり，2016年度の受給家庭は100万6332世帯でそのうち母子世帯は91万6589世帯であった。子どもの就学のための資金貸付などの支援もあるが，親を気遣い学業を中断する子どももおり，低学歴のまま十分な技能を身につけられず就労自立ができない**貧困の再生産**がなされることもあり，世代を超えて経済的困窮状況に置かれる家庭もある。

③ 福祉から就労へ

政府は2002年から**母子世帯への自立支援**を，2005年からは生活保護世帯への自立支援を掲げ，経済的支援を打ち切った。生活保護の**老齢加算**を廃止し，いったん廃止し復活させた**母子加算**も2018年10月より再び減額を決めた。老齢加算は代わりの支援がないまま廃止となった。政府は，就労自立給付金を用意するなど意欲的に取り組んでいるが，2015年度の支給件数は1万1868件（2016年被保護者調査）と非常に小さい。母子世帯の中にはDVによる離別など精神的なつらさを抱える人や病気で就労できない人もおり，さらなる充実が必要である。自立支援という言葉は，聞こえはいいが，貧困は一度陥ると容易に抜け出せない。現在の**就労支援**は十分ではないため，男女を含め生活保護を3年以上継続して受けている世帯は74％となっている。また，若いシングルマザーは就労意欲があっても子育てまで支援してくれる企業は少なく，就労経験の乏しさからパートにしかつけないことも多いため，課題は山積みである。

高齢者は働く意欲をもっていても，雇用先そのものが乏しい。また，高齢者には，体力がないことや病気のために就職できない人も多くいる。2008年6月になって「高齢者の自立した生活に対する支援に関する監視・影響調査報告書」（内閣府）が出され，経済的支援策としては，高齢者が働きやすい柔軟かつ多様な働き方の環境整備の形成が挙げられた。これには，「高齢女性を対象とした就業相談・能力開発等の充実をさせ，生活に困難を抱える層については，福祉事務所と必要に応じて連携して，生活全般における相談から就労に関する相談等についてワンステップで提供する取り組みを推進する」とある。しかし，就労先の開拓などは一般に高齢になる程，難しいため，すぐに効果がでる支援策ではない。明日への希望がもてずに，今，困窮している人への早急な対策こそ必要である。

となった。また，所得の算定にあたって控除の適用もされた。なお，2010年8月から父子家庭においても支給されるようになっている。

▷**貧困の再生産**
親が低収入のため子どもが低学歴となり，十分に技能を身につけられずに子どもも貧困層に固定化されることをいう。結婚においても，出会いの場は限られるため，低所得者層同士で結婚することも多い。

▷**母子世帯への自立支援**
母子世帯の支援は2002年に母子及び寡婦福祉法，児童扶養手当法を改正して「児童扶養手当中心の支援」から「就業・自立に向けた総合的な支援」へと転換した。具体的には，子育てと生活支援，就業支援，養育費の確保，経済的支援の4本柱となっている。

▷**老齢加算**
70歳以上の生活保護受給者が給付対象者で月額1万6000円前後加算していた。2004年から毎年減額，2006年に廃止された。

▷**母子加算**
2007年から段階的に廃止したが，2009年12月から復活させた。生活保護を受けるひとり親世帯に子どもが18歳になるまで月額平均2万1000円の母子加算をしている。2018年10月より平均1万7000円に引き下げる。

▷**就労支援**
障害者や若年者，母子世帯などに対して実施されている。生活保護受給者への就労支援は，本人に能力と意欲があると認められた者に対し，福祉事務所とハローワークが連携し職業訓練や試験雇用を通じて就職先を紹介する。

コラム-6

貧困って「連鎖」するの？

　「貧困の連鎖」という言葉で何を思い浮かべただろうか。「うーん、海外の、途上国のスラムとか？」否、これは私たちが暮らす日本の話でもある。
　わが国において、生活保護受給率は過去最多記録を更新した（2017年）。受給対象約164万世帯のうち、その過半数を占める高齢者世帯の増加が止まらない。「なるほど、超高齢化社会の到来か……」と、そこで判断停止してもらっては困る。生活保護を受ける約1割に「ひとり親世帯[*1]」がある。ここに「ミライの貧困」の種がすでに植えられているとすれば、あなたはどう思うだろう。
　現実に、わが国の子ども約7人に1人が「貧困」状態に置かれている。ここでいう貧困とは、「相対的貧困[*2]」のことである。相対的貧困率はその人が暮らす国や地域で比べた場合の貧困の程度を表す。より正確には「世帯所得が全世帯の中央値の半分未満である人の比率」を指す。2016年現在、世帯所得122万円以下で暮らす相対的貧困率は15.7％である。子ども（17歳以下）の貧困率は13.9％、7人に1人が貧困であるという計算[*3]だ。このように、日本における子どもの相対的貧困率はOECD加盟先進35カ国中9番目と高い水準で推移している。経済大国のはずの日本で、なぜこのような「貧困」が続くのだろうか。
　そもそも親の代の貧困のはずが、子の貧困へと繋がる「連鎖」の構造が社会にあるからではないか。家庭の所得差によって、子どもの教育や健康に格差が生じる。その子が成人後、親元を離れても、本人が貧困状態に陥る可能性が高い。ここに、貧困が繰り返される萌芽がみられる[*4]。
　このような負の連鎖を断ち切るべく、全国各地で「こども食堂」など民間を主体とした食事提供による支援の動きが出てきた。これは働く親が不在の子どもたちを「孤食」にしない、居場所づくりのためでもある。また、各家庭の経済格差が、そのまま教育格差に現れているという指摘も見過ごせない。生活保護世帯の高校進学率（93.6％）が日本全体の99.0％よりも依然として低くとどまることから、教育支援による「貧困の連鎖」を食い止めようとする試みも進む。それでも、大学・短大の進学率を全世帯平均

52.0％と比較すると，ひとり親世帯41.9％，生活保護世帯では19.0％と大きな差が生じている。少子化に伴い，大学「全入」時代になったことで，これまで高卒が担ってきた仕事を大卒が担当するようになった。高等教育を受けられないという教育の機会の不平等は，格差社会をますます強化する。

　「子は親を選んで生まれてくることはできない」以上，親から子への「貧困の連鎖」を断ち切る政策が各方面で求められる。超党派の議員立法で2013年6月に成立した「子どもの貧困対策推進法」は，まさに国による総合的な対策の第一歩であった。翌年1月の同法施行以降，子どもの貧困をなくすための対策は地方自治体のみならず，国が責任もって取り組む喫緊の課題として位置づけられた。内閣府は毎年，子どもの貧困状況や貧困対策の実施状況を数値で公表している。

　2030年を到達目標に，国連が提唱するSDGs（Sustainable Development Goals：持続可能な開発目標）という世界共通17のゴールがある。その1番目に掲げられる，「目標1：あらゆる場所のあらゆる形態の貧困を終わらせる」ことは，海を越えたはるか遠い国のための改善目標では決してないのだ。

- ＊1　「ひとり親世帯」（約144万世帯）とは，18歳未満の未成年の子がいる母子世帯または父子世帯等を指し，前者が約9割を占める。2015年現在，母子世帯における母親の就業率は81.8％と高いにもかかわらず，母子世帯の50.8％が相対的貧困の状態にある。
- ＊2　貧困は「絶対的貧困」と「相対的貧困」に分けられる。世界銀行は絶対的貧困を一日あたり1.90ドル以下の生活と定義している。⇒ V-13 「低年金・無年金者対策」
- ＊3　厚生労働省「国民生活基礎調査」（2016年）。
- ＊4　道中隆は貧困の世代間連鎖率（二世代）を25％と試算する（内閣府「子どもの貧困対策に関する検討会」2014年）。
- ＊5　「子どもの貧困対策は，子ども等に対する教育の支援，生活の支援，就労の支援，経済的支援等の施策を，子どもの将来がその生まれ育った環境によって左右されることのない社会を実現することを旨として講ずることにより，推進されなければならない（2条）」（傍点筆者）

（神長　唯）

Ⅶ 男女平等

少子高齢化が女性にもたらす影響

1 少子高齢化社会の現状

日本の**合計特殊出生率**は，1975年以降継続して2.0を下回る**少子化**の状態が続いている。1989年の**1.57ショック**以降，少子化は社会問題として大きく意識されるようになった。日本では，夫婦間に生まれる子どもが多いので，未婚者の増加や結婚年齢が遅くなることは子どもの出生数に影響する。2016年のデータでは日本人の平均初婚年齢は，男性31.1歳，女性29.4歳，母親の平均出産年齢は第一子が30.7歳であり，未婚化・晩婚化・晩産化傾向が続いている。

一方で，日本は長寿国となり，人口比率に占める高齢者が増加している。厚生労働省によれば，平均寿命は2017年で男性81.09歳，女性で87.26歳，自立して健康に生活できる健康寿命は2016年で男性72.14歳，女性で74.79歳である。このことから，何らかの介護が必要になって男性で約9年，女性で約12.5年程度生活することになる。

2 育児負担の軽減と介護負担の増加

子どもを少なく産み，育てるということは，子ども1人あたりにかける愛情や資本を集中させることができることを意味し，親子関係も密度の濃いものに変化する。複数子どもがいる家庭であれば，子ども全員が義務教育を終えるまで20年以上かかることもあるが，子ども1人なら15年間ですむ。時間的な負担は軽減されるが，経済的に豊かな社会は高学歴化を促すため，子ども1人あたりにかける教育費は増加する。また，自立まで時間がかかるようになっていることから，子どもにかかる経済的精神的負担は増加している。

介護については，兄弟姉妹がいれば分散される負担が1人に集中することを意味する。ひとりっ子同士が結婚した場合，2人で4人の親の面倒をみることになる。負担は精神的，物理的，経済的と多岐にわたる。図Ⅶ-9からわかるように，介護を理由に離職した人の約6割は女性であり，**性別役割分業**の意識が残っている日本では，介護のために女性が仕事をやめざるをえない。

3 労働力政策との関係

マクロな視点からの少子高齢化の女性への影響は，労働力政策と関係する。生産年齢人口の減少を穴埋めするために女性の積極的な就業促進政策がとられ

▷合計特殊出生率
⇨Ⅵ-2「日本の高齢化の特徴」
▷少子化
⇨Ⅵ-1「日本の人口の状態」
▷1.57ショック
丙午（ひのえうま）の年に生まれた女児は男勝りになるといわれ，出産が控えられる傾向がある。1966年はこの丙午にあたる年で，合計特殊出生率はそれまでの2.1から急激に落ち込んで，1.58となった。翌年には2.1台に回復するものの，1975年以降は2.0を切り，緩やかに下降線をたどっていたが1989年には丙午年の1.58をも下回る1.57を記録し，この事態は「1.57ショック」と呼ばれるようになった。なお，人口の維持には，2.1以上必要である。

▷性別役割分業
⇨Ⅶ-11「家庭生活と女性」

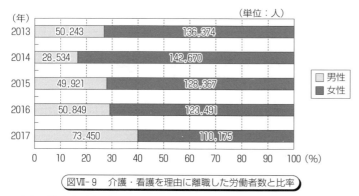

図Ⅶ-9 介護・看護を理由に離職した労働者数と比率

出所：厚労省雇用動向調査より。筆者作成。

るようになってきた。しかし，それでも多くの人にとって希望どおりの就労は難しい。

育児により離職した女性については，年齢が比較的若くても常勤の職は少なく，パートをはじめとした非正規での復職に比較的限定されるという問題があり，介護で離職した女性は，年齢が比較的高いので条件がよくない就労口しかないことも多い。例えば，介護経験を活かそうという気持ちから，地域の訪問介護ステーションで，時給で働くヘルパー職に就いても，低賃金重労働要ボランティア精神という過酷な労働条件で働くことになる。

4 女性の過労とその改善のために

経済的な事情や自己実現のためなどで，女性が働くことが当たり前の社会となれば，家庭責任以外にも職場責任も引き受けることになる。働いて家庭に帰れば家事・育児・介護なども引き受けるため，過労状態に陥りやすい。2016年の「社会生活基本調査」（総務省統計局）では，末子が中学生，高校生の子育て期の妻の睡眠時間は，それぞれ6時間40分，6時間34分であり，夫の7時間16分，7時間11分より30分程度少なくなっている。また，妻の1週間あたりの家事時間は末子が15歳以上だと4時間45分（夫は41分）になるものの，末子が就学前だと7時間34分，（夫は1時間26分）と，女性の方が睡眠時間が少なく，家事の多くを担っている現状がある。

これまで，社会が仕事を優先し，家庭責任を軽視しすぎていた。改善のためには女性だけに家庭責任を任せず，男性も引き受けるようにする必要がある。そのためには，家庭環境と職場環境の改善が必要になろう。男性も女性も，育児や介護など家庭のために休みをとっても差別しない・差別されない**家庭責任を果たせる職場づくり**が重要である。また，ストレスは，地域とかかわることでも生まれる。家庭にいる女性を前提として作られているPTAなど地域に密着した活動にも男性が参加しやすいように考慮していく必要がある。

▷1　女性の就業促進政策：⇨Ⅶ-7「ワークライフバランスの現状と課題」

▷家庭責任を果たせる職場づくり

1965年，「家庭責任を持つ婦人の雇用に関する勧告」にて，ILOは家庭責任を有する女性で，家庭以外で働くときに差別待遇を受けることなく労働する権利を行使できるよう政策を追求することを定めた。1981年に男性・女性とも労働者に適用する「家族的責任を有する労働者条約」に代えて，1995年6月に日本も批准している。

Ⅶ 男女平等

家庭生活と女性：結婚・妊娠・子育て・介護

1 就労以外でも様々なハードル

「働きたい」あるいは「働かざるをえない」という就労の常態化により，女性のライフスタイルは「多様化」した。その結果，生涯を通して様々なハードルを越えなければならなくなった。これは**性別役割分業**を前提として構築されてきた社会の影響が大きい。男女ともに働き方の多様性や柔軟性を求める「ワークライフバランス」が提唱されているにもかかわらず，現実には「男は仕事，女は家庭も仕事も」と女性だけに負担増となる歪みが生じている。

2 ライフコースにおけるハードル：結婚，妊娠

女性のほとんどは結婚することで家事全般に加え育児・介護等の「家庭責任」を負う。一連の構造改革・規制緩和がもたらした格差社会により，経済的自立が困難な若年層が男女ともに増加し，未婚化・晩婚化・非婚化とその延長線上の晩産化，少子化という**負のスパイラル**に陥ることとなった。

地域医療の充実が図られる一方，全国的に産科や小児科の医師不足・偏在という状況もあり，緊急時に県外出産を余儀なくされる「出産難民」問題も深刻である。安心して出産に臨めないという要因に加えて経済的困難があり，産みたくても産めない「未妊・未産」問題に出産適齢期の女性は直面している。

▷**性別役割分業**
「男は仕事，女は家庭」のように性別によって役割を規定すること。近年の「新しい性別役割分業」論は，女性に家庭だけでなく仕事も求めるため，女性が責任感や社会通念に縛られて，燃え尽き症候群やうつ症状に陥るケースが増加している。

▷**負のスパイラル**
マイナス面の事象が，互いに影響し合うスパイラル（らせん状）になっていわゆる悪循環を生み出すこと。非正規雇用の女性の場合，低賃金のため家族を十分に養うことができない，さらに正規労働者には適用される育休制度や保育所の利用ができない，そのためキャリアアップや転職などがしにくいなど，低賃金に陥ったまま抜け出せなくなる問題となって現れる。

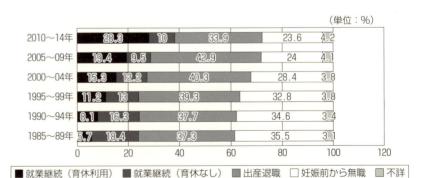

図Ⅶ-10　第1子出産前後の女性の就業継続

（注）　第1子の出生年による比較。
出所：国立社会保障・人口問題研究所「第15回出生動向基本調査（結婚と出産に関する全国調査）」を基に筆者作成

③ ライフコースにおけるハードル：子育て

　出産に続く子育て期でも，女性は仕事を続けるか否かの選択に直面する。第1子妊娠・出産を期に約5割が離職する。その理由として，共働き夫婦間の家事・育児分担の偏在がある。欧米に比べて日本は「働きながら子育てしにくい国」とされるが，それは育児休業の取り方からも明らかである。2016年度の育児休業取得率は女性81.8％，男性3.16％である。企業はフルタイム・長時間労働を前提としているので，男性が育児休業をとるような風土はほとんどない。

　男女間の育児休業取得率の著しい差に加え，賃金格差も改善されない以上，(専門職など比較的賃金の高い一部の女性を除き) 女性側が育休取得・離職することがあたかも合理的選択であるかのようにみえる状況が出現する。結果として，子育て期の女性の離職率は他の年代と比べ上昇し，労働力率のM字カーブの谷間に位置する。男性の日常的な育児参加も依然として低調である。

　子育てにより失われるコスト（機会費用）は生涯賃金で2億円近い差になるという試算もある。その間の賃金が得られなくなり，職場復帰しても昇進や賃金上昇が抑えられることが明白以上，築いたキャリアを中断してまで子どもを産むべきかという悩みが生じる。育児休業制度を利用できたとしても，復職後に希望する保育所に入れないという待機児童問題や延長保育確保の困難，子どもの急病等でも残業を断りにくい，休暇をとりにくい職場内にハードルがある。「専業主夫」という選択は夫婦間に賃金格差等がある限り現実味は薄い。

④ ライフコースにおけるハードル：介護

　介護保険法は「介護を国民皆で支え合う」という新しいコンセプトに基づいて2000年に施行された。家庭内の問題だとして，他の家族に負担を強いていた高齢者介護をいわば社会的責任として位置づけた。「介護の外部化」として介護保険制度が確立した反面，4度の法改正を経て，2018年度からはサービス利用者の自己負担額が最大3割になるなど介護離職をまねきうる制度上の問題点が指摘される。結局，家庭内介護は依然として多くの女性に担われる。

⑤ なくすべきはジェンダーバイアス

　少子高齢・人口減少社会に転じた現在日本社会においては，もはや個人の努力や「仕事か家庭か」という単純な選択の問題に還元できない。個人が尊重され，**人間らしく暮らせる社会**を構築するには，社会における慣習・制度，性差についての固定観念（ステレオタイプ）や偏見（**ジェンダーバイアス**），性別役割分業に由来する不合理な差別を排除しなければならない。そのためには司法による救済・是正といった事後対策だけでなく，国・自治体などの行政や企業による社会政策としての総合的な事前対策の強化が不可欠である。

▷1　出産を期に離職する女性は，「妊娠前から無職」を除くと約半数近くとなる（図Ⅶ-10）。

▷2　⇒Ⅶ-10「少子高齢化が女性にもたらす影響」

▷**人間らしく暮らせる社会**

働き過ぎで家族や家庭を顧みる以前に，自分の余暇時間すら十分にもてない男性モデルをベースにした働き方の根本的な見直しが不可欠である。にもかかわらず，女性だけに「家庭と仕事の両立」を求める傾向が否めない。両立支援策は非常に重要ではあるが，女性だけに求められるべきものではない。

▷**ジェンダーバイアス**

社会的・文化的性差別あるいは性的偏見と訳される。男女共同参画社会基本法の検討段階で用いられた「ジェンダー・フリー（ジェンダーからの解放，男女の性差そのものを撤廃するイメージが強かった）」の用語が一部の地方議会で混同・誤解されて問題となったが，本来目指すべきは，性別役割分業や先入観・偏見を取り払った「ジェンダーバイアス・フリー」な男女平等社会である。

(参考文献)

岩下真珠『ライフコースとジェンダーで読む家族』有斐閣，2013年。
西村純子『子育てと仕事の社会学』弘文堂，2014年。
厚生労働省「平成28年度雇用均等基本調査（確報版）」2017年（https://www.mhlw.go.jp/toukei/list/71-28r.html　2018年10月30日閲覧）。

コラム-7

シューカツ，婚活，妊活，保活：
まだ走り続けないといけないの？

　学生生活も後半にさしかかった頃，しかも学業の集大成をする前に訪れる「最大の山場」が「シューカツ（就活）」だ。周囲にあわせて企業からの内定獲得レースにエントリー。悪戦苦闘しつつも，めでたく就職先をゲットするまで闘いは続く。

　入社後，あっという間に後輩も入ってくる。仕事にも慣れ，後輩を指導する身となり，「あれ，これってもう一人前の社会人？」と思ったときには，年齢も20代後半に突入している。見渡すと，世の中は結婚相手を探す「婚活」まっさかり。不安定な景気動向からすると，共働きが無難そうだし，いつかは結婚したい。でも，その出会いも頑張らないと手に入らないのかと愕然とする。気を取り直しさらに新しいレースにエントリーする。

　結婚にこぎつけたと思ったら，30歳前後の「アラサー」の身，次は「妊活[*1]」というステージもある。運良く「マタハラ」を回避し，産休入りし，子どもが生まれ，育児休業が始まり新しい家族との生活の理想と現実に振り回されるうちに，長いようで短い育休もそろそろ終わりに近づく。働きながら子育てするには，高齢で遠方に暮らす親に頼れない以上，日中は子どもを保育園に預けなくてはならない。ところが，保育園は「全入」ではない。母親の就業形態に左右されない「認定こども園」が増えているらしいが，いずれにせよ4月の復職期限までに確実に預け先を確保しないと仕事には戻れない（⇨ V-16「保育・子育て支援」）。万が一，戻れなかったら職場に迷惑をかけてしまうかもしれない。このご時世，戻れなかったら，もはや自分のポストは残っていないかもしれない。焦りがつのる。自治体への入園申請前にやらなければならないことが山積みだと先輩が教えてくれたのはこういうことだったのか。妊娠中から自宅近くの保育園をいくつも見学して，自治体窓口に相談に通うのが大変だったと嘆いていたっけ。これが「保活」か……。いつまで「活動」ばかり続けなくてはならないのだ

ろう（ため息）。

　女子学生だけでなく，男子学生を待ちかまえる，先行き不透明な，出口の見えない「エンドレス・レース」の連続が現代社会である。かつての「バブル」，「就職氷河期」，「リーマンショック」のように時の景気に左右される内定獲得レースでは，就職先を求め積極的に活動しないと内々定もとれないのが常識となった。誰もが心の中で不満を抱えつつ，それでも遅れてはならないと目の前のコースをひた走ることとなった。

　男女ともに晩婚化や非婚化がとまらない。厚生労働省『人口動態調査』によれば，平均初婚年齢は男性31.1歳，女性29.4歳（2017年）である。晩婚化に伴い，男女の結婚観も変わりつつある。心理学者の小倉千加子によると，いまや男女ともに「生存婚」*2の時代に入った。結婚が男女問わず不安定な社会を生きぬくための方策になっているのだ。

　1985年の男女雇用機会均等法導入後，働く女性をめぐる諸制度の整備は少しずつ進んできたといえるだろう。一方，不況による人員削減・賃金の減少等のあおりを受け，職場では労働者一人ひとりへの負担が増えている状況もある。その上で，私生活では結婚，出産，育児，介護と色々な問題や局面に直面するダブルバインド（二重拘束）の状況にあるのが今の20代から40代だろう。社会人女性は「仕事も家庭も」求められる。

　格差社会は人々の生活から「安定」の2文字を奪った。誰もが「人間らしく暮らせる社会」の実現に向け，私たち一人ひとりもまた考えるときがきている。

　＊1　初産年齢も連動するため，子どもを授かるために男女ともに健康に留意したり不妊治療等に通ったりするなどの積極的な妊娠に向けての行動全般を指す。
　＊2　小倉千加子『結婚の条件』朝日新聞出版，2007年。

（神長　唯）

Ⅷ 外国人労働者

外国人労働者問題とは何か

1 外国人労働者と社会政策

外国人労働者とは，受け入れ国の国籍を有していない労働者のことである。したがって，外国籍であっても留学生のように就労を目的としていない者や観光客のような一時滞在者は含まれない。ただし，留学生であっても就労が認められる場合があり，観光客のように一時的な滞在しか認められていない者が受け入れ国の許可なく就労する場合もある。さらに，労働者といっても，被雇用だけでなく企業の経営者や自営業者なども含まれる。また，受け入れ国の国籍を取得した移民第1世代を「外国人労働者」に含む場合もある。つまり，問題となるのは国籍だけでなく，国境を越えた人の移動である。この点に注目し，外国人労働者を「**(国際)移住労働者**」と呼ぶこともある。

外国人労働者に対する社会政策が求められるのは，外国人労働者の増加が受け入れ国の経済に影響を与える上，受け入れ国の住民または社会との文化的な摩擦が生じる可能性があるためである。はじめに，経済学および社会学的なアプローチが外国人労働者問題をどのように捉えているのかを概観してみよう。

2 外国人労働者問題への経済学的アプローチ

経済学では，外国人労働者の増加が受け入れ国の労働市場にどのような影響を与えるかが主要な論点となる。**図Ⅷ-1**のように縦軸を時間あたり賃金，横軸を雇用量とし，一般的な右下がりの労働需要曲線（LD）と右上がりの労働供給曲線（LS1）によって労働市場が表されるとしよう。外国人労働者の増加は，労働供給曲線の右方向へのシフト（LS1→LS2）として表される。他の要因に変化がなければ，これによって労働需要と労働供給が一致する**均衡点**は変化し（E1→E2），受け入れ国の賃金水準は下落する（W1→W2）。

しかし，労働市場は単一の市場ではなく，必要とされる知識・熟練や労働条件が異なる複数の市場により階層的に編成されており，労働市場の階層によって外国人労働者が増加する原因もその影響も異なると考えられる。特に問題とされるのは，労働条件が劣悪な下層労働者への影響である。

制度派経済学では，外国人労働者の増加は労働者の主体的な行動

▶**国際移住労働者**（international migrant worker）
移住労働者という用語には，「外国人」という語がもつ差別的な意味合いを避けるという意図も含まれている。

▶**労働市場の均衡**（図Ⅷ-1の説明）
他の要因が一定であれば，賃金が下落すれば企業の収益性が改善され，既存企業の生産規模拡大か新規参入企業の増加などにより労働需要は増加する。それゆえ，賃金と労働需要の関係は一般に右下がりの曲線で表される。労働供給については，賃金が上昇すると労働者がより長時間働こうとするか，それまで働いていなかった人が新たに働き始めると考えられ，労働供給曲線は右

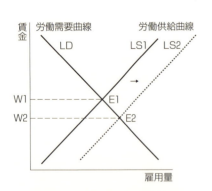

図Ⅷ-1　外国人労働者参加の影響
出所：筆者作成。

の結果というよりは，労働力不足を解消しようとする企業の採用行動やその意向を受けた政府の政策といった需要側の要因によって引き起こされると考える。経済発展に伴い，国内の労働者は労働市場の上層へと移動する結果，下層で供給不足が生じ（労働供給曲線の左方向のシフト），ここに国外から労働力が呼び込まれる（労働供給曲線の右方向へのシフト）。いわば，欠員補充型の国際労働力移動といえよう。この場合は，下層労働者の賃金は低下しない可能性がある。

③ 外国人労働者問題への社会学的アプローチ

社会学では様々な視点から移民研究が行われているが，主として移住決定要因と移住過程および移住先への定着のプロセスに注目する。経済学では低賃金国の労働者（またはその家族）が高賃金を求めて移動すると想定されているが，現実の国際労働力移動は賃金の最も低い国から最も高い国に向けて行われているわけではなく，特定の国から特定の国に向けて行われている。また，低賃金国の最も賃金の低い労働者が国外に移動するわけでもない。したがって，経済学のように国家間の賃金格差だけで国際労働力移動の動きを説明することはできない。移住決定要因の中で特に重要なのは，**文化的，政治的ならびに経済的な紐帯**である。例えば，旧植民地と旧宗主国との結びつきは従来の国際移民の主要な経路であったし，現在では多国籍企業の直接投資が作り出す経済的紐帯が労働力移動の流れを作り出しているといわれている。

移民およびその家族の意思決定に影響を及ぼす要因として，国家間の政治経済的関係のようなマクロ要因の他に，家族や**エスニック・コミュニティ**に形成されるインフォーマルな社会的ネットワークというミクロ要因がある。こうしたネットワークを通じて移住することで移住の連鎖（chain migration）が作り出される。

カースルズとミラーによれば，移住および定住化の過程は4つの段階に整理できる。第1段階は労働者の一時的滞在が中心で，収入の多くを本国に送金し，当初の目的を達成または断念して帰国する。第2段階には移住先で一定の生活基盤が確保されるか，目的を達成できずに滞在が長期化する。エスニック・グループ内の相互扶助ネットワークが形成されると住居や雇用の確保，行政的手続きに際して支援が得られやすくなり，移住は安全でより確実なものとなる。この結果，新たな移住者が呼び込まれる。第3段階になると家族呼び寄せや結婚・出産などにより定住意識が高まるとともに，エスニック・レストランや商店ができ，専門サービスなどが提供され，エスニック・コミュニティが形成される。第4段階には移住先で生まれ出身国を知らない移民第2世代が増加し，永住段階を迎える。移住先でどのように受け入れられるかは，移住先国の政治・社会構造に依存する。

上がりとされている（この考え方の問題点については第Ⅱ章で論じているが，本章では一般的な労働市場のモデルに基づいて説明する）。賃金水準が変わらずに，人口増加などの外的要因で労働供給が増加（減少）した場合は，労働供給曲線の右方向（左方向）のシフトで表すことができる。

▷**文化的，政治的ならびに経済的な紐帯**

インド・パキスタン・バングラデシュからイギリスへの移民は，イギリスによるインドへの植民地支配の結果として説明でき，韓国やベトナムからアメリカへの移民はアメリカの長期にわたる軍事的関与の結果とみることができる（サッセン，1992）。

▷**エスニック・コミュニティ**

言語や宗教，服装など独自の文化的習慣や身体的特徴を持つ集団に属していることをエスニシティ（ethnicity）という。多民族国家において，エスニシティで結ばれた集団をエスニック・グループといい，その中で支配的勢力を持たないエスニック・グループをエスニック・マイノリティという。が，エスニック・マイノリティが形成する共同体をエスニック・コミュニティである。

参考文献

サスキア・サッセン『労働と資本の国際移動——世界都市と移民労働者』岩波書店，1992年。

S.カースルズ，M.J.ミラー『国際移民の時代［第4版］』名古屋大学出版会，2011年。

Ⅷ 外国人労働者

2 国際労働力移動の動向

1 1945年以降の先進国における外国人労働者の受け入れ

　1945年から73年にかけて先進工業諸国は高度成長を実現したが，増大する労働力需要に対応するために国際移民の受け入れが活発化した。この時期の移民は西ヨーロッパへ向けたヨーロッパ周辺国からの移動，旧植民地労働者の旧宗主国への移動，北アメリカやオセアニアへの移民の流れが典型的であった。

　イギリス，フランス，スイス，オランダなどの西ヨーロッパの工業国は，急速な経済発展に対応するため短期的な外国人労働者雇用制度を導入した。なかでも西ドイツのガストアルバイター（ゲストワーカー）制度を通じた外国人労働者の導入が典型的であった。雇用主はドイツ人労働者を募集しても人材が集まらなかった場合に外国人労働者を募集できることになっていた（自国民優遇政策）。連邦労働省は地中海諸国に募集事務所を設置し，出稼ぎを希望する労働者の熟練水準を審査し，健康診断を行った上で雇用主に紹介した。仕事の内容はあらかじめ決められており，定住化を避けるために雇用期間は制限され，期限が来ると本国へ送り返される「環流政策」が取られた。しかし，自国労働者は「移民職」を忌避するようになり，その結果，雇用主は外国人労働者への依存を強めていった。

　イギリス，フランス，オランダでは，**旧植民地からの移民**を受け入れた。そのほとんどは労働力需要に応えるものであった。アメリカはこの時期に積極的な移民受入れを行うことはなかったが，移民法および国籍法を改定し，**差別的な出身国別移民割当制度**を廃止したため，ラテンアメリカやアジアからの非ヨーロッパ系の移民が増加した。カナダ，オーストラリアは経済発展に必要な大量の移民の受け入れを行った。当初はヨーロッパ系の移民が中心であったが，徐々に対象が広げられていった。

2 グローバル化の進展と移民の多様化

　1973年以降の先進国は経済の長期停滞に悩まされ，各国は外国人労働者の新規募集を停止した。しかし，すでに入国した外国人労働者の多くは移住先に残り，家族を呼び寄せ定住化していったため，移民の男性比率が低下し，女性と子どもの比率が高まった。移民女性の多くは高度な熟練を要さない衣服や電子機器工場の組み立て作業，家事労働や性風俗業に従事し，移民男性が経営する

▷旧植民地からの移民受け入れ
イギリスはカリブ海諸国，インド，アフリカから，フランスはアルジェリア，モロッコ，チュニジアから，オランダは旧オランダ領東インド（現在のインドネシア），カリブ海地域から移民を受け入れた。

▷差別的な移民規制
アメリカでは，南欧や東欧からの移民は「同化不可能」であり公共の秩序やアメリカ的価値観に脅威を及ぼすとして，1920年代に西欧以外からの移民の入国を制限し，出身国別の移民割当制度を導入した結果，1960年代までは大量の移民受け入れは行わなかった。

　オーストラリアでは当初，イギリスからの移民を重視していたが，十分な数の移民が確保できず，「人種的に許容できる」として北欧，その後は南欧の白人に受入れ先を広げた。このような「白豪主義」は1960年代末まで続けられたが，70年代にはユーゴスラヴィアや南米での採用を強化した。

▷1 カースルズとミラーによれば，旧植民地出身者とゲストワーカーの状況を比較すると，前者の多くは旧宗主国の市民権を与えられ，他の移民に比べて優先権を与えられており，後者は短期滞在を前提として市民権や入国および就労を制

エスニック・ビジネスで低賃金労働を担うこともある。

1990年代に入ると，南欧が労働力の送り出し国から受け入れ国に転じ，ベルリンの壁崩壊後はロシア・東欧圏からヨーロッパや北米に向けた労働力移動が増加している。さらに，EUやNAFTAのような地域統合では，域内の国際移動が自由化されている。先進諸国では高度な専門知識や技術を要する産業の拡大にともない，各国政府はこうした人材の受け入れを積極化し，専門職の国際移動が活発化した。第3世界では内戦や暴力が増大し，**庇護希望者**が増加した。こうして，移民の地理的，民族的，文化的背景はますます多様化している。

❸ アジア地域における国際労働力移動

近代以前から現代に至るまで，アジアは主要な移民の供給源であった。19世紀には中国と日本が北米とオーストラリアに大量の移民を送り出した。高度成長期には，旧植民地から旧宗主国に向けて労働力移動が生じていたが，1960年代半ば以降はアメリカ，カナダ，オーストラリアなどで差別的な移民規制が撤廃されたため，アジア諸国からの移民が増加した。石油危機後にはオイルマネーで潤った中東諸国に向けたアジア各国からの国際出稼ぎ労働者が増加した。このような，周辺国における国際労働力移動の広がりは，80年代半ば以降に日本に向けた外国人労働者が増加する背景となった。

アジアにおける労働力の送り出し国は，中国，インド，パキスタン，スリランカ，フィリピン，インドネシア，ベトナム，カンボジア，ラオス，ビルマ（ミャンマー）などで，アジア内だけでなく，世界中に労働力を送り出している。なかには政府が専門の機関を設置して，**労働力の「輸出」**を積極的に行っている国もある。

1990年代以降，かつて労働力送り出し国であった韓国，タイ，マレーシアなどは，経済発展に伴い労働力の受け入れ国になった。また，韓国，台湾は以前，IT技術者がアメリカを中心とした先進国に流出したが，経済発展により多くの労働者が帰国し，その後の国内の経済発展に貢献している。

❹ 保守主義の台頭と移民排斥の動き

国連によれば，世界全体の移民数は1990年には約1億5200万人であったが2015年には2億4300万人へと増加した。国際移住者が増加する一方で，受け入れ国における排外主義が広がり社会問題となっている。アメリカやドイツ，フランス，イギリスなどのヨーロッパ諸国では極右政党の勢力が伸張し，反移民や反イスラム，エスニック・マイノリティ排除が深刻化している。さらに，移民に寛容であった北欧諸国でも極右政党が台頭しており，福祉国家を支持する立場から移民排斥の必要性が主張されている。国際移住者の管理は困難で，各国が政策対応に苦慮している。

限されていたが，両者の経済的・社会的状況は類似していた。どちらも製造業や建設業などで低い技能しか要求されない非熟練肉体労働に集中し，居住環境や社会生活，教育上の不利益を被っていた。また，次第に旧植民地出身者の特権が失われていき，他方でゲストワーカーにも家族呼び寄せや社会的権利が認められるようになった。両者はともに受け入れ国における周辺的な地位に追いやられ，エスニック・マイノリティを形成するようになった。

▷ **庇護希望者**（asylum seekers）
人種，宗教，国籍もしくは特定の社会的集団の構成員であることまたは政治的意見を理由に迫害を受けるおそれがあるために，国籍国の外にいてその保護を受けられない者または保護を受けることを望まない者を「難民」という。難民として認められれば，本国への送還から保護されるとともに，滞在国で様々な権利，支援，保護措置が与えられる。保護を希望しながら難民と認められていない者を庇護希望者という。

▷ **労働力の「輸出」政策**
フィリピンでは1970年代に労働力の輸出が公式の経済政策となり，82年に関連機関を統合して海外雇用庁を設置した。バングラデシュ，インドも同様の機関を設置している。

参考文献

S. カースルズ，M. J. ミラー『国際移民の時代［第4版］』名古屋大学出版会，2011年。

Ⅷ 外国人労働者

3 現代日本の外国人労働者

1 戦前の強制連行と在日韓国・朝鮮人問題

　戦前の日本では，多くの朝鮮人労働者が働き，働かされていた。特に1910年の「韓国併合」後は日本に渡航する朝鮮人が増加し，低賃金の肉体労働を担った。31年以降のいわゆる「15年戦争期」には日本国内の労働力不足が深刻化する中，当初は業者を通じた現地募集により，その後は政府による斡旋，「国民徴用令」に基づく強制連行により強制労働を余儀なくされた。この結果，在日朝鮮人は30年の約30万人から終戦直前の44年には約194万人まで増加した。

　1945年に日本の植民地支配が終結すると，多くの朝鮮人は帰国したが，日本で生活の基盤を築いており，帰国しても生活の目処が立たない3分の1ほどの人々は日本に残留した。これらの人々は，植民地下で「帝国臣民」として有していた日本国籍を喪失し，「外国人登録」が義務づけられた。こうして生み出された「在日外国人」は，**就職差別**のため一般企業では採用されず，卸・小売業やサービス業などの特定の職業や産業での就職を余儀なくされた。

2 高度成長期および安定成長期の外国人労働者

　日本に入国する外国人は，「出入国管理及び難民認定法」（入管法）に基づき，従事できる活動に応じた「在留資格」に区分して管理される。高度成長期の日本では，就労可能な在留資格は大学教授や報道関係者，外資系企業の経営者・管理職などの専門的な職種に限定し，欧米先進国のように外国人労働者を本格的に導入しなかった。これは，1960年代半ばまでは農村の労働力を工業部門に吸収し，その後は技術革新による省力化で対応し，70年代は石油危機後の「安定成長期」に労働力需要が停滞したためである。

　1980年代初頭にはフィリピンやタイ出身の女性労働者が増加した。彼女たちは「**興行**」の在留資格で入国するか「**超過滞在**」という形で「性風俗産業」で働いていた。ただし，深刻な人権問題を含んでいたこと，一般的な労働者のイメージとかけ離れていたため，外国人労働者問題として認識されなかった。

3 外国人労働者の増加と入管法「改正」

　1980年代半ば以降，開発援助や日本製品の普及を通じて周辺アジア諸国における日本の存在感が高まる一方，円高の進行によりドル建ての賃金が上昇した

▷1　**国籍選択制**：ヨーロッパ諸国では，植民地の独立時に旧植民地出身者に対して国籍の選択権を保障するのが一般的である。しかし，日本は旧植民地出身の朝鮮人および台湾人が日本の国籍を取得するには，一般の外国人と同様の帰化手続きを必要とした。帰化制度は国籍を認めるかどうかを国家が決めるのに対し，国籍選択制は本人が国籍を決める制度であり，両者の意味はまったく異なる。

▷**就職差別**
当時の日本では在日韓国・朝鮮人が日本の大企業に就職することはほとんどなかった。差別撤廃への転機となったのが日立就職差別事件である。1970年，高校を卒業して間もない18歳の在日韓国人男性は，「日本名」を名乗り日立製作所の採用試験に合格したが，合格後に韓国籍であることを伝えると採用を取り消された。そこで，男性は解雇（採用取り消し）は国籍や社会的身分に基づく差別であり無

ことを背景に，バブル経済の下で増大した労働力需要を充たすべく，超過滞在の男性労働者が増加していった。彼らの多くは，日本人労働者が忌避する建設現場や小零細工場の「3K労働」（キツイ・キタナイ・キケン）で働いていた。また，南米出身の日系人が「不法就労」で摘発され社会問題となった。

1988年，政府は「外国人労働者受入の基本方針」を発表し，「専門的，技術的分野の外国人労働者」は積極的に受け入れ，「いわゆる単純労働者」の受け入れは国内労働者への影響に配慮して慎重に対応すると表明した。翌89年には入管法が「改正」され，90年6月から施行された。これにより就労可能な在留資格が整備される一方で，「不法就労」の取り締まりを強化して「いわゆる単純労働者」の「受け入れ」に慎重に対応するという姿勢が示された。ただし，日系人に「いわゆる単純労働」で働く道を開き，中小企業が外国人研修制度という名の下で事実上，外国人労働者を雇用できるような枠組みが作られた。

図Ⅷ-2の通り，入管法「改正」後は政府の「基本方針」とは異なり，「単純労働」を担う日系人や超過滞在者が増加した。非公式に「不法就労者」を受け入れる「バックドア政策」，制度の主旨とは異なる形で労働者を受け入れる「サイドドア政策」により外国人労働者が導入されていったのである。

「単純労働者」は90年代初頭から2010年代初頭まで60万人程度で微増傾向が続いていたが，2013年以降に急増した。人材不足が深刻化するなか，政府は人材確保が困難な産業において，一定の日本語能力を有することを前提に，「相当程度の知識又は経験を要する技能を要する業務に従事する外国人材」を受け入れる方針を打ち出している。

効であるとして横浜地裁に提訴した。3年半の裁判の結果，74年に解雇無効，未払い賃金と慰謝料の支払いを求める判決が下された。
▷ **興行**（エンターテイナー）
⇒ Ⅷ-6「『不法就労』外国人労働者」
▷ **超過滞在外国人**（オーバー・ステイ）
⇒ Ⅷ-6「『不法就労』外国人労働者」
▷ 2　改正入管法：在留資格の整備については，「法律・会計業務」「医療」「教育」「人文知識・国際業務」「企業内転勤」が新設され，その他の在留資格も活動の範囲が拡大された。さらに，日系人に対しては活動に制限のない「定住者」の在留資格が付与されることになり，事実上「単純労働」に従事することが認められた。「不法就労外国人」対策としては，「不法就労助長罪」が設けられ，「不法就労者」を雇用した者，または斡旋した者などを処罰の対象とした（現在は3年以下の懲役または300万円以下の罰金）。
▷ 3　外国人登録法から住民基本台帳法へ：外国人を管理する法律には「入管法」の他に「外国人登録法」があった。これは，日本に在留する外国人に登録を義務づけることによって外国人の居住関係および身分関係を明確にし，在留外国人の公正な管理を行うことを目的としていた。しかし，2009年に「入管法」が改定されたのを契機に廃止され（施行は2012年から），外国人が住民基本台帳法の適用対象となった。

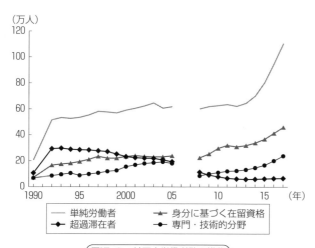

図Ⅷ-2　外国人労働者数の推移

（注）　1991年，2006〜07年は厚生労働省による「就労する外国人（推計）」が公表されていない。
「超過滞在者」は翌年1月1日現在の「不法残留者数」。「身分に基づく在留資格」は2005年までは「日系人等」。
「単純労働者」は研修，技能実習，特定活動，資格外活動，身分に基づく在留資格，超過滞在者の合計。
出所：2005年までは厚生労働省による推計「就労する外国人（推計）」，2008年以降は「外国人雇用状況の届出状況」より筆者作成。

VIII 外国人労働者

日系人労働者

1 日系人労働者数の推移

1990年の「改正入管法」施行以降に増加した「合法的」外国人労働者のうち，最も多いのがブラジルやペルーなど南米出身の**日系人**労働者である。なかでも日系ブラジル人労働者が多数を占める。法務省入国管理局によれば，2007年12月末現在の外国人登録者数は215万2973人，そのうちブラジル人は31万6967人（14.7％）で，韓国・朝鮮人，中国人に次ぐ3番目の多さであった。また，ペルー人は5万9696人（2.8％）であった。

日系人労働者は80年代末のバブル期の労働力不足を契機に増加した。1980年から87年までのブラジル人の外国人登録者数は2000人程度，ペルー人は500人前後で，この時期に日本国籍をもつ日系一世の日本への「出稼ぎ」が増加した。その後，就労斡旋経路が形成され，88年にはブラジル人が4159人，ペルー人が864人，89年にはそれぞれ1万4528人，4121人へと増加した。

さらに，90年の「改正入管法」を契機にこの流れが加速していく。厚生労働省推計の「日系人等」の労働者数は，90年には7万2000人，92年には16万6000人であった。その後，日本経済は長期的に低迷を続けるが，日系人労働者の数は97年の23万4000人まで増加し続け，それ以降は不況の悪化にもかかわらず23万人前後で推移した。

2 日系人の就労状況

日系人労働者の多くは，大手自動車メーカーや電機メーカーの下請企業で，組立工程などを担う「単純労働者」として雇用されている。従来，これらの企業は地方出身の労働者を期間工や臨時工として採用していたが，しだいに若年労働者の供給が減少し，80年代半ば以降は労働力不足が顕著であった。そこで，日系人労働者を積極的に雇用していった。

日系人労働者は当初，企業に直接雇用されていたが，徐々に請負または派遣などの間接雇用に転換していった。これは，間接雇用であれば雇用調整をしやすいという理由に加え，日系人労働者の多くは日本語が話せなかったり，働き方や生活習慣が違ったりするため，雇用契約や生活全般の面倒までみてくれる派遣・請負業者を介した方が，企業にとって都合がいいからである。

90年代半ば以降，日本経済が停滞するなかで，日本人の若年労働者が請負・

▷**日系人**
外国で国籍または永住権を取得して生活している日本人およびその子孫を，一般に日系人という。海外日系人協会によれば，2004年の日系人数は260万人で，その53.8％がブラジルで生活している。次に多いのがアメリカ38.5％，第3位のペルーは3.1％である。「入管法」上の日系人はこれとは異なり，「定住者」にあたる日系2世，3世である。なお，2006年からは「定住者」のうち「素行が善良であるもの」という規定が加わった。

▷1 日系人の雇用状況：日系人の雇用状況について，2006年までは「外国人雇用状況報告」で把握することができたが，2008年以降の「外国人雇用状況の届出状況」では「日系人」という分類がなくなったため，それ以降の実態は把握できない。

▷**日系人帰国支援事業**
「派遣切り」等により職を失い生活に困窮する日系人が増加したのに伴い，政府は失業した日系人を対象に

派遣形態で就労するようになり，職場において日系人労働者と競合するようになった。また，日系人労働者の滞在が長期化し，ブラジル人を対象とした飲食店や小売店，あるいは教育サービスなど，いわゆるエスニック・ビジネスも増加した。その結果，日系人労働者の就労する業種も多様化してきている。

③ 日系人の就業地域

2006年度の「外国人雇用状況報告」によれば，最も多く日系人が雇用されているのは愛知県で全体の25.7％，次は静岡県の19.6％で，日系人の約半数（45.4％）がこの2県で雇用されている。地域別にみると，最も多いのが「東海」で57.9％，次に「北関東」の16.3％，「南関東」の11.4％と続く。

これを1995年と比較すると，愛知県は21.0％，静岡県は16.7％で，両県をあわせて37.7％，地域別には「東海」が46.5％，「北関東」が19.2％，「南関東」が16.0％であったから，日系人が東海地域へ集中していったことがわかる。

日系人がこれらの地域に集中しているのは，自動車メーカーや電機メーカーおよびその下請工場が集積しているからである。また，群馬県大泉町周辺の東毛地域のように，中小企業がバブル期の労働力不足対策として受け入れ組織を設立し，日系人労働者を雇用していった地域もある。

④ 日系人の就労をめぐる諸問題

日系人労働者は，「入管法」上は活動に制限のない在留資格を得ているため，他の外国人労働者とは異なり，法的地位という点ではあまり問題がない。にもかかわらず，彼ら・彼女らは様々な問題に直面している。

日系人雇用サービスセンターやハローワークの外国人窓口などでは，日系人労働者から賃金や残業代の不払い，解雇や雇い止め，労災などの相談が持ち込まれている。こうした問題は，契約や制度に対する日系人労働者の理解が不十分なために生じる場合もあるが，雇用主側の差別によるものも少なくない。また，日系人の契約期間は概して短く，半年～1年程度の短期契約の繰り返しで雇用を続けており，身分は不安定である。

リーマンショック直後の大量の「派遣切り」では，9割が製造業で，派遣・請負などの間接雇用が6割を占めていたが，これは日系人労働者が集中していた職場と一致している。派遣切りの結果，日本全体の失業率は3.8％から5.6％と上昇したが，日系人が集住している自治体では，日系人の失業率は40％に達したとの指摘もあり，日系人労働者の雇用の不安定さがあらためて浮き彫りとなり，政府は**帰国支援事業**により帰国を促すとともに，国内に残った日系人に対しては**就労準備研修**として日本語学習支援や就職支援を実施した。

2018年から日系4世に最長5年の在留を認める受入れ制度が導入された。

「帰国支援事業」を実施した。同事業は，再就職を断念し帰国を決意した日系人に対して，身分に基づく在留資格（日本人の配偶者または定住者）による再度の入国を行わないことを条件に，本人1人あたり30万円，扶養家族については1人あたり20万円の帰国支援金を支給するというもの。これに対して，再入国ができるまでの期限が明記されていないことから，「手切れ金制度」ではないかとの批判が相次いでいた。事業は2010年3月末で終了した。

なお，同制度により帰国した者は「当分の間再入国を認めない」としていたが，経済・雇用環境が改善したため，2013年10月15日よりビザ申請の際，1年以上の雇用期間のある雇用契約書の写しの提出を条件に再入国を認めることとなった。

▶**日系人就労準備研修**
厚生労働省は2009年から，日系人が集住する地域を中心に，日本語コミュニケーション能力の向上，労働法令，雇用慣行，労働・社会保険制度等に関する知識等の習得を内容とした日系人就労準備研修を開始した。2012年度には14県72都市で実施し，開講コース227，受講者数は3576人であった。

参考文献

梶田孝道・丹野清人・樋口直人『顔の見えない定住化』名古屋大学出版会，2005年。
森廣正『国際労働力移動のグローバル化』法政大学出版局，2000年。

VIII 外国人労働者

外国人技能実習生

1 外国人技能実習制度の概要

技能実習制度は，諸外国の労働者を一定期間日本企業等に受け入れ，産業上の技能，技術または知識の修得を通じて開発途上国等の経済発展を担う「人づくり」に協力することを目的としている。**技能実習生**は，最長5年間，実習実施機関と雇用契約を交わして実務経験を積み，技能等の修得・習熟をめざす。

受け入れ方式には「企業単独型」と「団体監理型」がある。企業単独型は，日本企業が海外の現地法人，合弁企業や取引先企業の正規従業員を受け入れて実習を実施する方式である。団体監理型は，商工会や中小企業団体等（監理団体）が受け入れ機関となり，その会員企業が実習を実施する方式である。

1年目は技能等の修得期間として位置づけられ，在留資格は「技能実習1号」となる。「技能実習1号」で**受け入れ可能な人数**は，実習実施機関の常勤職員数に応じて上限が定められている。技能修得期間の終了時に技能検定に合格した者は「技能実習2号」への変更が認められ，引き続き同一機関で同一の技能等を習熟するための活動が認められる。監理団体と実習実施機関が外国人技能実習機構から優良認定を受けており，技能実習生が所定の技能評価試験に合格すると，「技能等に熟達させる」ためさらに2年間の実習が認められる。

受け入れ機関は事前に技能実習計画の認定を受け，技能実習生の入国直後に**非実務講習**を行い，技能実習生には同じ仕事をする日本人と同等額以上の報酬を支払わなければならない。また，技能実習指導員および生活指導員を配置して技能実習日誌を作成し，実習終了後1年以上保存しなければならない。

2 外国人研修・技能実習制度から技能実習制度へ

技能実習制度は，1990年代に整備された外国人研修・技能実習制度をもとに2009年および2016年に見直されたものである。「研修」という在留資格は81年の入管法改正によって新設されたが，当初から低賃金労働力の輸入手段であるとの批判があった。そこで，90年の入管法改正時に研修生と受け入れ企業に関する要件が規定されたのが企業単独型受け入れである。その2カ月後に要件を緩和し，中小企業でも「受け入れ」られるようにしたのが団体監理型である。93年には，研修を終了し一定の要件を満たした研修生に，実践的な技術・技能の習熟という名目でさらに1年間の就労を認める技能実習制度が創設された。

▷技能実習生の要件
技能実習生が修得しようとする技能等が単純作業ではなく，自国では修得が困難であること，日本で受ける技能実習と同種の業務の経験を持ち，帰国後に修得できた技能等を生かせる業務に就く予定があること，自国の国や地方公共団体等から推薦を受けていること，送り出し機関，監理団体，実習実施機関等から保証金などを徴収されておらず，労働契約の不履行時に違約金等を支払う契約を交わしていないことである。

▷受け入れ可能な人数
「技能実習1号」で受け入れ可能な技能実習生の人数は，企業単独型の場合，常勤職員総数の5％であるが，団体監理型の場合は大幅に緩和される。「技能実習2号」の場合は上限がない。

▷非実務講習
非実務講習は，原則として「技能実習1号」の活動予定期間の6分の1以上，日本語，日本での生活一般に関する知識，入管法，労働基準法等技能実習生の法的保護に必要な情報，円滑な技能等の修得に資する知識について，座学を中心に，団体監理型は監理団体，企業単独型は実習実施企業がおこなう。

▷研修生・実習生の失踪
実習生の多くは，技能の修

97年からは2年に延長され,「受け入れ」期間は最長3年となった。

この結果,団体監理型による「受け入れ」が急増した。1992年には国際研修協力機構（JITCO）を通じて受け入れた研修生の68.6％は企業単独型であったが,97年以降は団体監理型の比率が高まり,2009年時点では研修生の91.4％,技能実習生の96.3％が団体監理型となった。産業別には製造業の中でも低賃産業である衣服製造や食品製造が多く,出身国別には中国が8割を占め,研修生の半数が女性であった。「研修」の内容は単純作業が多く,「受け入れ」とは名ばかりで,事実上の低賃金労働力の輸入制度としての側面はますます強くなっていった。

また,研修生・技能実習生が「失踪」するケース,受け入れ企業の経営者や団体の役員から暴力を受けるケース,最低賃金以下で働かされているケースなどが後を絶たず,技能実習生が受け入れ団体の役員を殺害するという痛ましい事件も起きている。このような問題に対処するため,外国人研修・技能実習制度が大幅に見直された（2017年には技能実習法が施行された）。

3 制度の改正と残された課題

2009年の改正では,在留資格が「研修」から新設の「技能実習」に変更され,技能実習生は実習実施機関と雇用契約を交わし,「労働者」として労働法上の保護の対象となった。従来は生活の実費として「研修手当」が支払われていたが,日本人と同等の賃金を支払うこととされた。また,技能実習生の法的保護に必要な情報提供の義務づけ,実習実施機関の不正行為があっても新たな受け入れ先が見つかれば移動できるなど,実習生保護策が強化された。

団体監理型では,監理団体の役割が明確化され,実習計画に基づき訪問指導などにより実習実施団体を監理することが義務づけられた。さらに,不正行為があった場合の受け入れ停止期間が3年から5年に引き上げられた。幹旋業者を排除するため,技能実習生を幹旋する際は収益を得ることが禁じられた。

2018年には「技能実習法」が施行された。人権侵害に対する禁止規定や罰則を設け,本人による申告を可能とするなど技能実習生の保護が図られ,監理団体が許可制となり,外国人技能実習機構を新設して監理団体や受け入れ企業への監督が強化された。一方,優良な監理団体や企業には実習の受け入れ期間を最長3年から5年に延長し,受け入れ人数枠を増やすとともに,「介護」をはじめとする対象職種が拡大されるなど,制度の拡充も図られた。

以上のように,技能実習制度は不正行為を防止し,技能実習生を保護するために様々な対策が取られてきたが,研修制度から変わらない「開発途上国等の経済発展を担う人づくりに協力する」という目的を達成するための対策は不十分であり,労働力輸入手段という側面は変わっていない。

得というよりは所得を得る事を目的としているが,彼・彼女らの所得は非常に低いため,よりよい稼得機会を求めて「失踪」し,「不法就労者」となる者もいる。JITCOの統計では,例年,技能実習生のほぼ2〜3％が「失踪」している。

▷1 木更津事件：中国人男性の崔さんは,兄と弟の学費を稼ぐため,私財を売って保証金を払い,2006年に研修生として来日した。第1次受け入れ機関は千葉県農業協会,実習実施機関は木更津市の養豚業者であった。当初,無遅刻,無欠勤で残業も行うなど一生懸命働いたが,「研修手当」は6万5000円,残業手当は時給450円,預金通帳や印鑑は経営者が管理し,月々支給されたのは5000円であった。そこで,中国人通訳に抗議し,仕事を休みがちになった。これに対して協会は強制帰国させるため崔さんを迎えに行くと,事情を覚った崔さんは逆上して包丁を持ち出し,もみ合いの末に協会常務理事を刺殺し,他の2人も負傷させてしまった。自らも農薬を飲んで自殺を図ったが命をとりとめ,逮捕された。2007年,崔さんには懲役17年が言い渡された。

参考文献

外国人研修生権利ネットワーク編『外国人研修生 時給300円の労働者2――使い捨てを許さない社会へ』明石書店,2009年。
村上英吾「入管法改定および外国人研修制度見直しの意義と限界」『経済志林』第77巻第4号,法政大学経済学部学会,2010年。

Ⅷ　外国人労働者

6　「不法就労」外国人労働者

1　「不法就労」外国人の推移

　90年の「入管法」改正で真っ先に増加したのは，「専門的・技術的労働者」でも日系人労働者でもなく，「不法就労」外国人であった。「不法就労」外国人とは，就労が認められない在留資格や**超過滞在**などで働く外国人のことである。そのほとんどが就労しているので，統計上は超過滞在者の「相当数」が「不法就労」労働者とみなされている。

　1988年の超過滞在者は5万7000人，89年は10万1000人であったが，93年には29万8646人へと急増した。超過滞在労働者は，不況や日系人労働者増加の影響で減少していくが，2000年時点でも23万2121人であり，日系人労働者とほぼ同数が働いていたことになる。

　2004年からいわゆる「不法滞在者半減5カ年計画」を実施し，「入管法違反外国人」の集中摘発をはじめとする取り組みによって，2017年1月1日現在までに超過滞在者は6万5270人に減少した。

2　入国の経路

　国籍別にみると，2017年で最も多いのが韓国1万3265人（20.3％）だが，99年以降は急速に減少している。次に中国8846人（13.6％），タイ6507人（10.0％），ベトナム5137人（7.9％），フィリピン5082人（7.8％）と続く。そのほとんどが周辺アジア諸国出身である。

　入国時の在留資格で最も多いのが「短期滞在」で，2017年では4万4167人（67.7％），次に「留学」3807人（5.8％），「技能実習2号ロ」3748人（5.7％），「日本人の配偶者等」3287人（5.0％），「技能実習1号ロ」2741人（4.2％）と続く（図Ⅷ-3）。「短期滞在」は95年以降，減少していたが2014年以降は増加している。

3　「不法就労」外国人の就労実態

　「不法就労」外国人の就労実態については，退去強制手続を取った「入管法」違反者の統計でその概要を把握することができる。2016年の「入管法」違反者1万3361人のうち，「不法就労」者は9003人で，67.4％を占めていた。

　男女別には男性が67.7％，女性が32.3％となっている。男女比は国によって

▷1　不法就労助長罪：90年の「入管法」改正で「不法就労外国人」に対する取締り強化の一環として，外国人に「不法就労活動」をさせたり，それをあっせんしたりした者等を罰する「不法就労助長罪」が導入された。罰則として，3年以下の懲役または300万円以下の罰金（当初は200万円だったが，2004年の法改正により変更）が科されることになる。

▷超過滞在者
在留期限を過ぎても滞在し続ける外国人のこと。政府はこれと「不法入国者」を合わせて「不法滞在者」としているが，他の先進国や国際機関では「非正規滞在外国人」という語を用いる。

▷興行
「興行」は「演劇，演芸，演奏，スポーツ等の興行に係る活動又はその他の芸能活動」をするための在留資格であるが，1980年代初頭から2000年代半ば頃までは性風俗産業で働く女性が多数を占めていた。例えば，2000年の「興行」の在留資格による外国人登録者数は5万3847人で，うちフィリピンが4万3790人で8割（81.3％）を占めていた。その後，「興行」の上陸許可基準が見直されたために

大きく異なっており，ほとんどの国では男性の割合が高いが，フィリピン，韓国は女性が男性を上回り，スリランカ，インドネシアといったイスラム教徒が多い国ではほとんどが男性である。

就労内容をみると，男性は「建設作業者」27.9％，「農業従事者」23.6％が多く，「工員」16.5％であった。女性は「農業従事者」が26.7％，「ホステス等接客業」15.6％，「工員」13.8％であった。

超過滞在労働者の中には，1カ月30万円を上回る高収入を得ている者もいるが，多くは雇用が不安定であったり，劣悪な労働条件で労災の危険にさらされていたり，雇用主からの差別や賃金未払いの被害に遭うこともも少なくない。

減少し，2011年には総数が6265人，うちフィリピンは4188人（66.8％）となった。

4 「不法就労者」対策に求められること

世界中のどのような国でも，「不法就労者」の対策に苦慮している。というのは，第一に，就労可能な在留資格をもたない外国人の入国や滞在を完全に取り締まることはできないからである。第二に，「不法就労者」の多くは，在留資格は「不法」であっても，それ以外の諸法規は遵守し，税金も納めており，一般の外国人と変わらない生活を送っているが，在留資格が「不法」のために，彼ら・彼女らは劣悪な労働条件の下で働かされていることが少なくないからである。それゆえ，現在の国際的な人権規範からすると強権的な退去強制は難しく，多くの先進国では，在留資格以外の点で合法的な生活が長期的に持続した「不法滞在者」に対して，アムネスティ（在留資格の正規化）を実施してきた。第三に，とはいえ，アムネスティの実施は，将来「不法滞在者」を正規化するというメッセージとなり，移住圧力を高める可能性があるからである。

「不法就労」外国人対策は，こうした人権への配慮と適正な入国管理という異なる要請に応える必要がある。日本政府はこれまで，「不法滞在者」へのアムネスティを実施していないが，例外的に**在留特別許可**を与えてきた。2009年には，運用の透明性を高めて「不法滞在者」の出頭を促し，許可申請の迅速な判断・解決を図るため，許否判断のガイドラインを見直し，不許可事例を公表することとした。しかし，「不法入国」に対する評価が厳しくなったため，支援者から状況は以前より悪化しているとの声が上がっている。

▷在留特別許可
「入管法」において在留が認められない場合でも，人道的な見地から，法務大臣の裁量によって特別に在留が認められる。例えば，日本人と超過滞在外国人との間に生まれた子どもで在留資格を取得しないまま両親が別居してしまった事例。就学の在留資格で入国したまま超過滞在になったが，日本人と結婚し安定した生活をしており，他に法令違反が認められなかった事例などがある。これらは，諸外国のような大規模で無差別な合法化措置とは異なるが，アムネスティの1つとみなすこともできる。

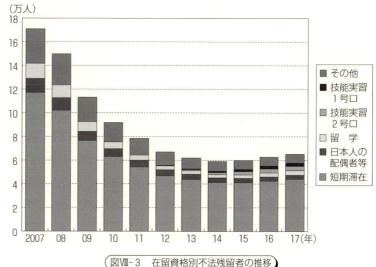

図Ⅷ-3　在留資格別不法残留者の推移

Ⅷ 外国人労働者

外国人看護師・介護福祉士

▷経済連携協定（Economic Partnership Agreement）
物品の関税やサービス貿易の障壁等を削減・撤廃して貿易の自由化を図るとともに，投資，人の移動，知的財産の保護や競争政策におけるルール作り，様々な分野での協力の要素等を含む，幅広い経済関係の強化を目的として，特定の国や地域の間で結ばれる協定。

▷試験実施方法の見直し
政府は「候補者」の国家試験合格率が低いため，試験問題の難解な漢字にはルビをふり，「メチシリン耐性黄色ブドウ球菌」などの専門用語には国際的に認定されている略語「MRSA」を併記するなどの配慮をした。さらに，国家試験不合格者のうち一定の点数に達した者につき，在留資格を延長し次年度も受験できるようにした。また，試験に合格できずに帰国した候補者に対しても，在外公館で模擬試験，通信添削指導を実施するとともに，国家試験の試験時間の延長などの対応をしている。

▷1 看護方針の違い：合格率が低いもう1つの要因として，日本と「候補者」の出身国との看護方針の違いがあるとの指摘もある。ある研究では，フィリピン人看護師候補者を対象に英

1 高齢化の進展とケア労働者の不足

近年，世界的な規模でケア労働者の国際移動が注目されている。第一に，働く女性が増えたため，これまで女性が担っていた家事や育児，介護などの家庭内のケア労働の担い手が必要になったためである。第二に，先進各国で高齢化が進み，高齢者介護を中心にケア労働に対するニーズが増大しているためである。第三に，ケア労働は専門的な能力や資格を必要とし，精神的・肉体的に負担の大きな労働であるが，それに見合う十分な報酬が得られず，ケアの担い手が不足する「ケアの隙間」（ケア・ギャップ）が生じやすいからである。そこで，ケアの担い手として国外から労働者が呼び寄せられるのである。

2 経済連携協定を通じた看護師・介護福祉士の受け入れ

日本では，2008年にインドネシアから，2009年にフィリピンからの看護師・介護福祉士「候補者」の受け入れが開始された。

日本は他の先進国を上回る速度で高齢化が進行しており，政府や財界は中長期的な人口減少を踏まえ，外国人ケア労働者の受け入れの必要性についてくり返し言及してきた。その後，2003年に開始されたフィリピンとの間で行われた**経済連携協定**（EPA）交渉において，フィリピン人看護師および介護福祉士受け入れが盛り込まれた。同協定は2006年に両国首脳が署名し，2008年12月に発効した。その後，インドネシア，ベトナムとも同様の内容を含むEPAが締結された。

それまでの日本では外国人看護師および介護福祉士の就労は原則として認められていなかったが，EPAでは2国間協定に基づき，人数枠を設けて就労が認められる。制度の詳細は国ごとに異なるが，入国前後に日本語研修を受けたうえで（一定以上の日本語能力を有している場合は免除される），日本の国家資格を取得するまでの間（看護3年間，介護4年間），看護師または介護福祉士の「候補者」として就労が認められる。ただし，国家試験を受験する機会は，看護師は3回，介護福祉士は1回に限られる。期限内に日本の国家資格を取得した者は，期限終了後も看護師・介護福祉士としての滞在・就労が認められる。

「候補者」受け入れは，期限付きで一定の範囲内で就労が認められるという点では技能実習制度と類似しているが，国家資格取得という明確な目的があり，

国家資格取得後は就労可能な在留資格が得られるという点で，単なる「単純労働者」の輸入手段とはなりにくく，技能実習制度とは大きく異なっている。

3 受け入れに伴う問題点

2008年に看護師・介護福祉士候補者の受け入れが開始されて以来，2017年現在の入国者総数は看護師1203人，介護福祉士3529人で，2017年の受験者に対する合格率はそれぞれ17.7％，50.7％にとどまった。

合格率が低い最も大きな要因は日本語能力，特に漢字の読み書き能力の問題である。「候補者」は入国前後に日本語研修を受講しているが，それだけで看護や介護の現場に必要な会話力や国家試験に必要な読み書き能力を身につけるのは困難である。「候補者」の中には日本語の難しさに国家試験の受験をあきらめてしまう者もいる。そこで，政府はこれまで試験問題の難解な漢字へのふりがな付記，疾病名への英語付記，国際的に認定されている略語等の併記など，**試験方法の見直し**を行ってきた。その結果，介護福祉士の合格率は次第に高まってきたが，看護師の合格率は依然として低水準にとどまっている。

「候補者」の多くは出身国の看護師資格を有しているが，日本で国家試験に合格するまでは看護補助業務にしか従事できないため，看護師としてのスキルの低下が危惧される。さらに，看護師としての実務経験に空白期間ができてしまい，帰国してから看護師として就職できるかどうかも定かではない。

受け入れ機関である病院や福祉施設には，「候補者」の国家試験合格に向けた環境整備が求められるが，熱心に受験指導をしている機関がある一方で，コストがかかるため十分な支援を行っていない機関もある。医療や福祉はもともと多忙な職場であり，一部財政的な支援があるものの，政府が謳っているような「国際貢献・国際交流のため」，「職場活性化のため」といった理由だけで受け入れを続けるのは困難である。

以上のように，外国人看護師・介護福祉士受け入れ制度には様々な問題がある。経済連携協定の一環として相手国からの求めに応じて導入した制度とはいえ，実態に即していない制度を試験方法の見直しのような部分的修正だけで続けていくべきかどうか精査する必要があるだろう。なお，「候補者」受け入れの状況を踏まえ，2017年から「介護」の在留資格が創設され，日本の大学等を卒業し国家資格を取得した留学生の介護福祉士としての就労が認められた。こうした検討の際には，ケア労働者自身の問題や日本国内の産業および国民生活への影響にとどまらず，**グローバルなケアの連鎖**がもたらす影響をも視野に入れる必要がある。

語による模擬試験を行ったところ，正答率がとりわけ低い問題は日本・フィリピン間の看護方針の違いや看護教育カリキュラムの違いを反映した問題であったという（川口ほか，2010）。この点は，両国間の違いを把握し，学習支援に反映させることが求められる。

▷グローバルなケアの連鎖
看護師の国際移動は，送り出し国における看護師不足を引き起こす可能性がある。また，ケア労働者の多くは女性であり，出身国でも家事・育児などのケア労働を担ってきたため，彼女らの国外移動は家族や送り出し国で「ケアの隙間」を生みだす。そこで，年長の子どもが幼い子どものケアをするために学校教育から離脱することもある。家族の離散が子どもに与える精神的ストレスは，送金等を通じた経済的利益によって補うことはできないとの指摘もある。さらに，家庭の外または外国にケアの担い手が求められると，「ケアの隙間」は周辺部へと転嫁されていく。この過程のどこかでケア労働時間が削減される「ケアの圧迫」が生じる可能性もある。

参考文献

川口貞親他「外国人看護師候補者の教育と研修の課題：フィリピン人候補者を対象とした国家試験模擬試験調査を通して」『九州大学アジア総合政策センター』第5号，2010年。
安里和晃「EPAによる看護師・介護士受け入れ制度について」安里和晃編著『労働鎖国ニッポンの崩壊』ダイヤモンド社，2011年。

Ⅷ 外国人労働者

8 専門・知識労働者受け入れの動向

1 専門職労働者の国際移動

外国人労働者というと低技能ないしは一般的な技能の労働者を指すことが多いが、近年では、専門職、技術職、管理職などに従事する労働者の国際移動も注目されている。

送り出し国側からみると、1960年代以降、途上国で高等教育を受けた人々が職を得るため、あるいは定住するために先進国に移動した。従来はこれを「頭脳流出」と呼び、途上国の発展を阻害する要因とみなす傾向が強かったが、近年は途上国の経済発展に与える影響を肯定的に評価する研究が増加しつつある。

受け入れ国側では、1990年代以降、IT技術者をはじめとする高度な技術や知識を有する労働者（高度技術者）に対する需要が高まり、多くの政府が入国を容易にする基準を導入するなどして、積極的な受け入れを図っている。

アメリカでは1990年代にIT技術者の需要が急増したため、H1-Bと呼ばれる短期滞在ビザによるIT技術者の受け入れ枠が拡大され、多くの企業が外国人技術者を大量に雇用した。イギリスでは、70年代に移民受け入れを原則停止したが、幅広い分野での専門技術者不足を背景に、99年に医師・看護師・教員・IT関連職種に関する受け入れを緩和し、2002年にはポイント制に基づく「高度技術移民プログラム」が導入された。ドイツは2000年にグリーンカード制度を導入してIT技術者を中心とする欧州経済領域外からの外国人材の受け入れを図った。2004年の新移民法では、高度技術者は入国後すぐに定住許可が取得できるようになり、将来の高度技術者である留学生には求職活動のための在留許可を認めるなど、高度技術者の受け入れを積極的に行った。

2 「専門的・技術的労働者」受け入れの動向

日本政府は、「基本方針」で「専門的・技術分野の労働者」を積極的に受け入れるとしたが、「いわゆる単純労働者」ほどには増加せず（図Ⅷ-2）、1990年の6万7983人から99年の12万5726人へと約2倍にとどまっていた。2000年代に入り、「興行」については取り締まりを強化したため大幅に減少した一方で、一般企業で就労する外国人社員の「技術」「人文知識・国際業務」と外国料理の調理人が多くを占める「技能」の増加が著しい（図Ⅷ-4）。

このような外国人労働者増加の一部は、政府が発表した「IT基本戦略」

▷頭脳流出の肯定的影響
専門職の国際移動が途上国の経済発展に積極的な影響を与える経路には様々なものが考えられる。例えば、移民による出身国への送金が購買力を拡大して投資を誘発し経済発展を促す可能性や、出身国の企業が先進国の市場を開拓する際に移住した専門職労働者が大きな役割を果たす可能性もある。また、専門職労働者の一時的ないし長期的帰国、あるいは国家間を往復する「循環移民」が本国への知識や技術の移転を促す可能性もある。近年の国際労働力移動研究では、「頭脳流出」の消極的な影響を抑え、「頭脳環流」を促進するための政策が焦点の1つとなっている。

▷1 アメリカにおける外国人技術者大量導入とその影響：1990年代以降のアメリカで導入されたIT技術者の半数がインド人技術者であり、6割がコンピューター関連分野で雇用された。大量の外国人技術者の受け

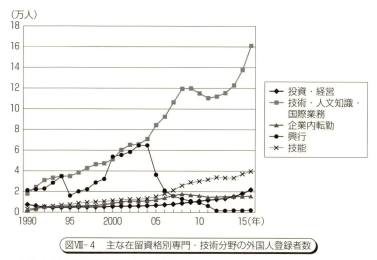

図Ⅷ-4　主な在留資格別専門・技術分野の外国人登録者数

出所：法務省入国管理局統計を元に筆者作成。

入れは，IT部門主導の成長を促進したとの評価がある一方で，H-1Bにより技術者を大量雇用している企業では賃金の目立った上昇がなく，技術者の労働条件を抑制し，低賃金に甘んじてきた女性や黒人労働者の新たな雇用機会を奪うことになったとの批判もある。

（2000年11月）で2005年までに3万人の優秀な外国人を受け入れるという方針を反映したものである。2001年からは，アジア諸国との間で**情報処理技術者資格の相互認証**が開始された。しかし，法務省公表の資料によれば，その月額報酬は決して高額とはいえず，「戦略」に謳っていた「米国水準を上回る高度なIT技術者・研究者を確保する」にはほど遠い状況といえるだろう。

3　ポイント制導入とその課題

法務省入国管理局は2012年3月，「経済成長や新たな需要と雇用の創造に資することが期待される高度な能力や資質を有する外国人（高度人材）の入国を促進するため」，高度人材ポイント制に関する告示が制定された。

ポイント制とは，現行の受け入れ範囲内で，「学歴」，「職歴」，「年収」，「研究実績」などの項目ごとに設定されたポイントの合計が一定点数に達した場合，「高度人材外国人」と認定して，入管法上の優遇措置を付与する制度である。

ポイント制度による高度人材の受け入れは，ポイント要件が厳しいため，「専門的・技術的労働者」の中でも一部の限られた人材の利用にとどまっていた。そこで，2013年，2017年には認定要件や優遇措置の見直しが行われた。この制度が「高度人材」の受け入れおよび定着促進に役立つのかどうかは引き続き検討が必要であるが，利用者が増えないからといって要件緩和により「高度人材」概念を安易に拡大しないよう注意が必要である。

政府は「未来投資戦略2017」で2022年末までに2万人の高度外国人材認定をめざすとしているが，2018年6月時点の認定数は1万2945人であった。地域別には中国が最も多く5.3％，アメリカ5.2％，インド4.8％と続く（2016年末現在）。

▷**情報処理技術者資格の相互認証**

情報処理技術者資格について，各国の合格者のレベルと日本の合格者のレベルを同等とみなす試験制度の相互認証が行われている。2001年にインドとの間で相互認証が開始されて以来，2013年現在ではアジアの11カ国（地域）と協定が結ばれている。相互認証している相手国の資格取得者は，特例として在留資格に関する入国ビザの発給要件（関連する科目を専攻して大学を卒業した，または10年以上の実務経験がある）を充たしていると見なされる。

参考文献

小井土彰宏編著『移民政策の国際比較』明石書店，2003年。

独立行政法人労働政策研究・研修機構「諸外国における高度人材を中心とした外国人労働者受入れ政策」『JILPT資料シリーズ』No. 114，2013年3月。

VIII 外国人労働者

「定住化」と外国人住民問題

1 日系人の滞在長期化と家族の呼び寄せ

諸外国の経験によれば，当初は一時的な労働力不足に対応するために外国人労働者を導入したとしても，滞在期間は次第に長期化し，一部は定住するようになっていった。

定住化が進むと，外国人労働者をめぐる問題は労働問題から生活問題へと進展する。これに対して，受け入れ国側でも一定の政策対応を迫られ，追加的支出も必要となる。こうした問題を回避するため，「受け入れ」国では，外国人を労働者として活用しつつ還流させる政策がとられることがある。[41] 日本の外国人技能実習制度は，そのような政策とみなすことができる。

これに対して日系人の場合は，「日系」という身分によって活動に制限のない在留資格を得られるため強制的に還流させることはできず，本人の意思で滞在，帰国，反復デカセギのいずれかを選択できる。当初，日系人の多くは貯蓄目的で日本にデカセギに来ていたが，「入管法」改正後は日系3世の割合が高まるとともに，男性単身型から家族の呼び寄せ・帯同へと変化していった。

バブル崩壊後は，景気後退による日系人労働者の労働時間短縮や収入減少の結果，目標貯蓄額が貯まらなくなっていった。他方で日系人の増加に伴い，日系人を対象とした店舗やサービスが増加していき，彼ら・彼女らが暮らしやすい環境が整っていった。こうして，意図せざる結果として，反復デカセギや滞在長期化が進展していった。

2 滞在長期化に伴う問題

滞在が長期化するに従い，外国人労働者の生活をめぐる諸問題が顕在化する。自治体では外国語を話せる職員の配置，生活相談窓口の設置，複数の言語による手続き資料や広報資料等の作成といった，きめの細かい対応が求められるようになる。なかでも重要なのが，住宅，医療および教育問題である。

○住宅問題

日本で外国人が住宅を借りようとすると，保証人が確保できなかったり，家賃不払いの危険，言葉の問題，生活習慣の違いなどを理由に民間アパート等への入居を拒否されたりすることが多い。これに対して，外国人が集住する自治体等でも，窓口で相談を受ける程度で，具体的な取り組みはほとんどない。

▷1 ⇒-2「国際労働力移動の動向」

日系人の場合は斡旋業者が用意した住居に住むことが多いが，失業などで業者との関係が断たれれば出て行かなければならない。そこで，貸し手による差別がなく，賃貸関係も安定しており，家賃も安い公営住宅を希望する者が多い。浜松市や豊田市など，日系人集住地域では，公営住宅への集住が進んでいる。

川崎市では，2000年に外国人等への入居差別禁止条項を含む「住宅基本条例」と「居住支援制度」を制定した。同制度では，保証会社を活用した家賃保証制度，地元の協力不動産店の紹介，入居後のトラブルへの対応体制を整備した点で注目される。また，神奈川県では行政・業界団体・民間団体の協力で「外国人すまいサポートセンター」が設立され，9言語で居住支援を行っている。

○医療と社会保険

日系人のように合法的な在留資格をもっていたとしても，社会保険に対する理解が不十分，定住意識がない，健康保険は厚生年金とセットで加入しなければならず，受け取る予定のない年金への加入を希望しない，などにより，日系人の公的医療保険加入率は3割程度といわれている。超過滞在者については，公的医療保険への加入が認められない。

医療保険に加入していない場合，医療費を全額負担することになるため，受診抑制によりかえって症状を悪化させることにつながる。また，高額な医療費が払えないために医療費の未払いが増加すれば，医療機関からの受診拒否を引き起こしてしまう。しかし，外国人は結核をはじめとする感染症への罹患率が高いことなどから，こうした状況を放置することは，単に人権上の問題にとどまらず，日本人の医療保障という点からも好ましくない。

そこで，一部の医療機関や労働組合が超過滞在者向けの**互助的な医療保険制度**を作ったり，事業協同組合などが年金加入の必要がない医療共済制度を作ったりして，この問題に対処している。

○教育問題

さらに，外国人の子どもたちの教育問題が顕在化している。外国人の子どもには日本の義務教育への就学義務はないが，公立の義務教育校への就学を希望する場合は日本人と同様に無償で入学できる。しかし，日常会話のような生活言語能力が身に付いても，学習言語能力が不十分なために学業成績が上がらず，学校に通わなくなったり，高校への進学を希望しても実現できないことも多い。

言葉の問題に加え，一時的帰国や転居の多さ，文化的慣習の違いなどから就学上の困難が生じることもある。その結果，**外国人不就学児童**が約3割に達しており，社会問題となっている。不就学の理由は様々であるが，就学は親子の選択の問題とされ，行政が問題化することは難しい面もある。

こうした状況に対して，外国人学校への就学支援，不就学児童への生活サポート，滞在形態の実情に対応した教育環境の整備など，外国人の滞在形態や子どもたちの生活実態に即した施策が求められている。

▷互助的な医療保険制度
外国人を対象とした互助的な医療保険制度としてよく知られているのが横浜市の港町診療所が行っている「港町健康互助会」（MF-MASH：Minatomachi Foreign Migrant Worker's Mutual Aid Scheme for Health）である。同制度は，主として超過滞在などで一般の健康保険に加入できない外国人などを対象に，毎月2000円の会費を払うことで，30％の医療費負担で診察を受けることができる制度である。

▷外国人不就学児童
2002年の外国人集住都市会議の報告で，外国人の不就学率は最も低いのが豊田市の9.1％，最も高いのが鈴鹿市の56.3％，平均28.9％であった。また，文科省が2006年に実施した「外国人の子どもの不就学実態調査」によれば，不就学の理由は「お金がない」（15.5％），「日本語がわからない」（12.6％），「すぐに帰国する」（10.4％）などが上位を占め，今後の希望は「学校に行きたい」（32.1％），「わからない」（29.5％），「仕事がしたい」（19.2％），「母国へ帰りたい」（17.9％）であった。

参考文献
梶田孝道・宮島喬『外国人労働者から市民へ』有斐閣，1996年。

Ⅷ 外国人労働者

10 外国人労働者と多文化共生

▷出入国管理基本計画

1990年の入管法改正以降,法務大臣が外国人の入国および在留の管理に関する施策の基本計画を「出入国管理基本計画」として定めている。92年の第1次基本計画は90年の改正入管法に沿ったものであったが,2000年の第2次計画では介護分野の人材受け入れを示唆する内容であった。その後は5年ごとに策定されており,2005年の第3次計画では高度人材の積極的な受け入れを表明した。すでにみてきたように,これまでのところこれらの基本計画を反映する形で政策が展開している。

▷上陸基準

「短期滞在」(旅行など)以外の在留資格で日本に上陸しようとする場合,在留資格該当性および上陸基準適合性が審査される。例えば,「技術」に該当する活動は「本邦の公私の機関との契約に基づいて行う理学,工学その他の自然科学の分野に属する技術又は知識を要する業務に従事する活動」と規定されている。また,上陸許可基準は,従事しようとしている業務に必要な技術または知識を得ていること(関連科目を専攻した大学を卒業／関連技術を専攻した日本の専修学校を修

1 第4次出入国管理基本計画の特徴

日本では,外国人の入国および在留の管理に関する基本計画を「**出入国管理基本計画**」として定めている。2000年の第2次計画以降は5年おきに策定され,2010年に第4次基本計画が策定された。その特徴は「本格的な人口減少時代が到来する中,我が国の社会が活力を維持しつつ,持続的に発展するとともに,アジア地域の活力を取り込んでいくとの観点から,積極的な外国人の受入れ施策を推進していく」と,これまで以上に積極的な姿勢を表明した点にある。

積極的な受け入れ施策としては,ポイント制による高度人材への優遇措置,専門・技術分野の新たなニーズに対応した在留資格や**上陸基準**の見直し,外国人社員の在留資格上の措置の検討,日本の国家資格所持または資格の相互認証等を通じた上陸基準の要件緩和,商用での短期滞在者に対する出入国手続簡素化などが含まれる。加えて「人口減少時代への対応について」で触れられている点が注目される。人口減少に対して,出生率向上への取り組み,潜在的労働力の活用などで対応できない場合,外国人受け入れのあり方について「国民的な議論を活性化」させるとしている。このような外国人の受け入れは国連が「補充移民」と呼ぶもので,これまで政府が慎重に対応するとしてきた「いわゆる単純労働者の受入れ」に踏み切るとの姿勢を示したものとみることができる。

2 国連の補充移民論

2001年,国連人口部は「補充移民(Replacement Migration)」に関する研究結果を公表した。補充移民とは,出生率および死亡率の低下によってもたらされる人口減少を補い,高齢化を回避するために必要とされる国際人口移動を指す。多くの先進国では,低出生率と長寿化により人口減少と高齢化が進むと予想されているが,この研究では人口高齢化の影響を回避するためにはどの程度の補充移民が必要かを推計している。

国連人口部の推計(中位推計値)によれば,1995年から2050年の間に研究対象となった8カ国(フランス,ドイツ,イタリア,日本,韓国,ロシア,イギリス,アメリカ)のうちほとんどの国で人口が減少し,高齢化が進展するため,人口を維持するためには補充移民が必要となる。

日本については,1995年以降移民ゼロと仮定すると,2000年から2050年の間

に人口は1億2700万人から1億500万人へと約2200万人減少する。98年の「国連人口予測」で2005年にピークを迎える人口（1億2750万人）を維持するシナリオでは，2050年までに1700万人，毎年38万1000人の補充移民が必要となる。その結果，2050年には移民とその子孫は2250万人に達し，人口の17.7%を占めることになるという。2011年現在の外国人登録者数は207万8508人，人口に占める割合は1.63%に過ぎないから，この約10倍を受け入れる必要がある。この割合は，2005年のアメリカの全人口に占めるアフリカ系およびアジア・太平洋系人口が占める割合に相当する。人口減少を補充移民で補おうとすれば，相当な数の外国人を受け入れなければならないのである。

③ 「多文化共生社会」に向けた取り組み

「外国人労働者受け入れ」の本格化は，単に少子・高齢化に対して補充移民で対応しようという先進国側の都合だけによるものではない。経済活動のグローバル化や国際労働力移動の活発化が進展する中で，もはや止めることのできない潮流であるとの認識が，多くの国の政府関係者や研究者などに共通のものとなりつつある。受け入れ国側には，外国人の人権保障，内外人平等待遇の原則，文化的多様性の尊重と差別禁止といった移民政策に関する国際的な規範を前提とした対策が求められる。

第4次基本計画では，さらに「安全・安心な社会」の実現として非正規外国人対策の強化と正規外国人の「適正な在留管理」が強調されているが，これには人権保障との両立が求められる。また，「外国人との共生社会」の実現という視点から入管行政に取り組むと述べられている。ただし，「共生社会」のために入管行政ができることは限られている。むしろ，地方自治体レベルでの行政や様々な市民団体の役割が重要となるであろう。

国の取り組みとしては，総務省が2006年，地方自治体の多文化共生施策に関する指針・計画の策定に資するため「地域における多文化共生推進プラン」を公表した。この中で，外国人住民の人権保障を前提としながら，情報提供の多言語化や相談窓口の設置，住居・教育・労働などに関わる「生活支援」，地域社会への啓発と外国人住民の地域社会への参画促進などを求めている。

多数の外国人が居住している自治体では，これに先立ち様々な取り組みを始めている。2001年には「**外国人集住都市会議**」が設立され，その後，毎年会議を開催し，関係省庁への提言申し入れ，共同宣言，アピールなどを行い，外国人市民との地域共生の確立をめざして活動している。民間レベルでは，外国人住民の生活や子どもたちの教育支援に取り組むNGO，労災や賃金不払い問題などの解決に取り組む労働組合，非正規外国人の支援活動を行う人権擁護団体などが活動を行っている。多文化共生社会は，行政とこのような様々な組織が協力しながら実現していかなければならない。

了した／10年以上の実務経験があるのいずれか）と日本人と同等以上の報酬を得ることが要件となる。

▷1 補充移民（その他のシナリオ）：国連の報告書では全部で6つのシナリオを想定している。このうち，1995年の生産年齢人口（15～64歳）を維持するというシナリオIVでは，95年から2050年までに3350万人，毎年60万9000人の補充移民が必要となる。65歳以上の高齢人口に対する生産年齢人口の割合を潜在扶養率（potential support ratio）とすると，この値を3に維持するためには（シナリオV）2005年から2050年までに9480万人，毎年210万人の補充移民が必要となる。

▷2 ⇒コラム8「国際社会における移住労働者政策」参照。

▷**外国人集住都市会議**
2001年5月，外国人が集住する13の都市が「外国人市民に係わる施策や活動状況に関する情報交換を行うなかで，地域で顕在化しつつある様々な問題の解決に積極的に取り組んでいく」ことを目的として設立した。2013年4月1日現在の会員都市は27都市である。

参考文献

国連経済社会局人口部「補充移民：人口の減少・高齢化を救えるか？」2001年（Population Division, Department of Economic and Social Affairs, United Nations Secretariat, "Replacement Migration: Is It a Solution to Declining and Aging Populations?," 2001.）

コラム-8

国際社会における移住労働者政策

　現在のようにグローバル化した世界では，国内の外国人労働者問題を考える上で，移住労働者に関する国際的な規範（行動したり判断したりする際の基準）を無視することはできない。ここでは国連および国際労働機関（ILO）の移住労働者に関する国際条約等を紹介する（migrant workerの訳語は「移住労働者」とする，条約名については定訳を使用）。

　国連の専門機関であるILOは，第97号「移民労働者に関する条約」（1939年採択，49年改正）および第143号「劣悪な条件の下にある移住並びに移民労働者の機会及び待遇の均等の促進に関する条約（移民労働者（補足規定）条約）」（1975年），さらに付随するいくつかの勧告で，雇用を目的とした移住に関して条約批准国の政府が果たすべき義務を規定している。

　第97号条約では，労働条件・収容設備・社会保障等に関する内外人平等原則や移住労働者による送金の許可，移住労働者が入国後に疾病や傷害のため職業を遂行できなくなった場合の強制送還の禁止など，主として移住労働者を保護するための取り組みが規定されている。一方，第143号条約では，不正かつ秘密裡の労働力取引を防止し，除去するために必要な取り組みについて規定している。2018年時点で条約を批准しているのはそれぞれ49カ国，23カ国である。

　国連は1990年に「すべての移住労働者とその家族の権利保護に関する条約」（移住労働者の権利条約）を採択した。その背景として，国際的な移住が多くの国家に重大な影響を与えている一方，移住労働者とその家族が移住先で十分な権利を認められず，しばしば深刻な人道上の問題に直面していることを踏まえて，人権に関する国連の基本的な合意文書等の原則を考慮し，適切な行動が取られるべきとの認識がある。この協定によりすべての移住労働者の基本的な人権が広範囲に認められれば，雇用主は非正規な地位にある移住労働者の就労に依存しなくなり，正規の移住労働者とその家族に追加的な権利を認めれば，すべての移住者と雇用主がその国の法律と手続きを尊重し遵守することを促進できるとしている。2018年時点で批准しているのは54ヵ国であるが，そのほとんどは東南アジア，北アフリカ，

中南米の途上国であり，先進国は含まれていない。

　2004年には，ILOが総会で移住労働者に関する一般討議を行い，「グローバル経済における移住労働者の公正な処遇に関する決議」が採択されるとともに，労働力移動に関するILO行動計画の策定を求めた。これを受けて2005年に「労働力移動に関する多国間枠組み——労働力移動に対する人権を基本とした取り組みのための非拘束的な原則とガイドライン」(「多国間枠組み」)を採択した。

　「多国間枠組み」では，移住労働者を含むすべての人にディーセント・ワークを得る機会と適切な水準の社会的保護へのアクセスを保障するために，労働条件や社会保障等に関する内外人平等を原則とし，各国の労働市場のニーズと人口動態を考慮しつつ正規の移動経路を拡大させることを求めている。さらに，移民に対する虐待的行為を防止し，文化的多様性を尊重して移民に対する差別を防止するとともに社会的統合を推進すべきとしている。また，国際的および地域的レベルで整合性の取れた政策を実現するため対話と協力に基づく協調的アプローチを発展させるべきとしている。

　2016年の「難民と移民に関する国連サミット」では，難民や移民に対する否定的な認識や態度を緩和し，受け入れ国・コミュニティーと難民，移民との社会契約強化を目指すキャンペーンを実施し，難民および移民に関するグローバル・コンパクトを採択することとした。このうち「安全で秩序ある正規の移民に関するグローバル・コンパクト」は，移民の基本的人権を守るための基本的な原則と具体的な取り組みが盛り込まれている。

　2018年時点で，日本政府はいずれの条約も批准していない。また，「多国間枠組み」は法的拘束力を持つものではないため，日本がこれに縛られることはない。しかし，すべて国際的な人権規範にもとづいたものであり，日本も「外国人労働者受け入れ」に際して，このような考え方を無視することはできないであろう。グローバリゼーションは，各国の政策を国際的な規範と調和させていく過程でもある。

（村上英吾）

さくいん

あ行

ILO（国際労働機関） 10, 14, 38, 108, 117, 118, 214
ILO第1号条約 52
ICF（国際生活機能分類） 140
アベノミクス 24
アムネスティ 205
アルバイト 78
イェリネック, G. 20
育児休業 59
育児休業取得率 173
いざなぎ超え 17
移住の連鎖 195
移住労働者 214
一億総活躍社会 91
1.57ショック 171, 188
移民 194
移民規制 197
インフォーマル経済 90
請負（契約） 82, 200
失われた10年 17
AI（人工知能） 70, 91
SDGs（持続可能な開発目標） 163, 187
エスニック・コミュニティ 195
エスニック・マイノリティ 95, 197
エスピン＝アンデルセン, G. 13
M字カーブ（M字型就業構造） 67, 174, 191
エンゲルス, F. 114
オイルショック（石油危機） 154
OECD（経済協力開発機構） 186
大きな政府 152
大河内一男 3
OJT 72
オランダ病 164

か行

階級闘争 4
解雇規制 87
外国人介護福祉士 206
外国人看護師 206
外国人技能実習生 90, 202
外国人技能実習制度 202
外国人ケア労働者 206
外国人集住都市会議 213
外国人住民問題 210
外国人の技能実習の適正な実施及び技能実習生の保護に関する法律（技能実習法） 203
外国人不就学児童 211
外国人労働者 23, 89, 194
介護地獄 130, 132
解雇の金銭解決制度 91
介護保険（法） 119, 130, 132, 157
介護離職 173
学生アルバイト 85
家計補助型賃金水準 76
過剰生産恐慌 9
家事労働 196
家庭責任 189
稼働能力のある世帯の貧困 122
家内労働法 82
過労死・過労自殺（自死） 47, 65, 94
過労死認定基準 65
過労死予備軍 90
過労死ライン 65, 69
間接雇用 74, 80, 200
間接差別 172
間接賃金 30
完全失業者 71
完全失業率 71
管理監督者 62
管理春闘 31, 45
機械打ち壊し運動（ラダイツ運動） 86
機会費用 191
機関委任事務 20
期間工 200
企業内労働組合 33
企業の社会的責任（CSR） 90, 159
企業別労働組合 32, 99, 101, 103-105, 112
規制緩和 24, 66, 75
偽装請負 81
基礎年金 134
技能実習法 →外国人の技能実習の適正な実施及び技能実習生の保護に関する法律
基本的人権 24
休暇 58
休日・休憩 58
求職者給付 122
救貧 120
教育訓練 175
教育訓練給付金 93
行政改革 89
協同組合 160
業務請負 80, 81
緊急失業対策法 88
均等待遇 79, 91, 165
金の卵 29
勤務間インターバル制度 58
勤務場所の多様化 166
勤労の権利 24
苦汁労働 9
組合管掌健康保険 126
クラウドソーシング 82
グローバルなケアの連鎖 207
ケア労働 206
経営労働政策委員会報告 34
経済安定9原則 88
経済連携協定（EPA） 206
刑事免責 10
契約社員 73
健康保険組合 126
原生的労働関係 9, 10
限定正社員 73
現物給付 125
広域職業紹介 88
後期高齢者医療制度 128
興行 198
公共職業安定所 88
合計特殊出生率 151, 188
公契約条例 21
工場法 9, 10, 52
厚生年金 134
構造改革 25, 72, 89
公的就労事業 87

さくいん

公的貧困線　120
高度経済成長　148
高度人材外国人　209
高度人材ポイント制　209
高度プロフェッショナル制度　15, 46, 53, 63
合理的配慮　142
高齢社会（高齢化）　149, 156, 206
高齢者介護　206
高齢者雇用安定法　159
高齢者の医療の確保に関する法律　128
ゴーイングコンサーン　37
コース別雇用管理　170, 172, 174
ゴールドプラン　156
国際移住労働者　194
国際的な人権規範　215
国際連合（国連）　214
国際労働力移動　195, 196
国勢調査　16
国鉄分割民営化　89
国内総生産（GDP）　12
国民年金　134
国民負担率　152
国民保健サービス（NHS）　123
国民保険法（イギリス）　87
個人加盟ユニオン　113
個人事業主（個人請負）　82
個的社会の社会政策　5
子ども・子育て支援新制度　144
個別管理　33
個別労使紛争　111
雇用安定事業　93
雇用型テレワーク　83
雇用関係によらない働き方　83, 91
雇用形態　74
雇用形態間格差　178
雇用者　74
雇用制度改革　73, 89, 91
雇用対策法　88
雇用調整給付金　89
雇用調整助成金　89, 93
雇用の弾力化・流動化　72, 75, 89, 91
雇用保険（制度）　92
雇用保険二事業　92
雇用保険法　89

さ行

サーカディアン・リズム　48
サードセクター　161
サービス残業　62-64, 112
在宅就業　83
在宅ワーク（テレワーク）　82, 83
最低賃金　9, 34, 40, 42, 91, 117, 178
最低賃金審議会　43
在日外国人　198
在留資格　198, 204
在留特別許可　205
裁量労働　55, 63
36（サブロク）協定　60, 61
差別的な出身国別移民割当制度　196
産業別労働組合　98
産業民主主義　109
三者構成原則　108
産前・産後休業　59
シェアリングエコノミー　83
自営業主　82
ジェンダー　6
ジェンダー・ギャップ指数　168
ジェンダーバイアス　191
ジェンダー不平等指数　168
時間外手当　61
時間外労働　51, 53, 61, 62, 67
市場の失敗　13
市町村国民健康保険　126
失業　70
失業手当　86, 87
失業等給付　92
失業保険　86
失業保険法　87, 88
実質的正規雇用　75
実質的非正規雇用　75, 77
実労働時間　56
指定管理者制度　21
児童労働の廃止　90
資本主義　41, 97, 98
社会関係資本　162
社会主義　41
社会政策学会　6
社会政策の概念規定　2
社会政策の経済理論　3
社会政策の政策体系　11

社会政策の生産関係説　4
社会政策の生産力説　3
社会政策の道義論　3
社会政策本質論争　4, 5
社会的介護　130, 132, 133
社会的企業　162
社会的協同組合　161
社会的総資本　3
社会的排除　116, 160
社会的連帯経済　162
社会保険（制度）　9, 11, 118
社会保険方式　124, 132
社会保障　24, 117, 118, 153
社会保障制度改革推進法　25
社会保障制度審議会　130
ジャスト・イン・タイム（JIT）　105
就活　85
週休2日制　58
就業構造基本調査　74
自由競争　40
就職差別　198
就職氷河期世代　84
終身雇用（長期雇用慣行）　32, 72, 102
住宅給付　123
集団管理　33
出入国管理及び難民認定法（出入国管理法・入管法）　89, 133, 198
出入国管理基本計画　212
出生動向基本調査（夫婦調査）　176
春闘　33, 44, 104, 154
小一の壁　145
障害者権利条約　142
障害者雇用促進法　143
障害者総合支援法　142
少子化　144, 149, 172
少子・高齢社会　6
情報処理技術者資格の相互認証　209
常用雇用型派遣　80
上陸基準　212
職業安定法　80, 88
職業がん　147
職業紹介　86
職業紹介事業　86
職業別労働組合　86, 98

217

職能給　31, 33, 36
職務遂行能力　37
所定外労働時間　54
所定内労働時間　54, 56, 57
所定労働時間　54, 56
所得の垂直的再分配　115
所得の水平的再分配　115
ジョブカフェ　93
自立・自助原則　114
資力調査　121
シングルマザー　77
人事院勧告　32, 34
新時代の「日本的経営」　34, 74
新自由主義　7
新卒一括採用　72
診療報酬　125
新歴史学派　2
スタグフレーション　155
ストライキ　97, 101
ストレス　65
頭脳流出　208
スピッカー，P.　16
成果主義　31, 33, 36, 90
生活時間　48
生活費　28
生活保護（制度）　43, 184
生活保護基準　120
正規雇用　47, 72, 74
生計費原則　100
制限扶助主義　121
生産関係　4
生産性基準原理　35
制度派経済学　194
政府の失敗　160
性別役割分業　49, 76, 169, 188, 190
整理解雇の4要件　87
セーフティネット　92, 121
石油危機　→オイルショック
セクシュアルハラスメント（セクハラ）　168, 182
積極的改善措置（ポジティブ・アクション）　171
積極的労働市場政策　87
絶対主義　8
絶対的貧困　18
セン，A.　16
前期高齢者の医療に係る財政調整制度　129

た行

全国健康保険協会管掌健康保険　126
先進国病　154
専門的・技術的労働者　209
全労連（全国労働組合総連合）　45
総額人件費管理　35
総実労働時間　57
相対的貧困（率）　18, 138, 186

待機児童　144
第三号被保険者制度　76, 89
大正デモクラシー　11
ダイバーシティ　172
ダイバーシティ・マネジメント　181
タイムカード　66
第4次産業革命　91
脱年功　32
ダブルワーク　77
多文化共生社会　213
短期被保険者証　133
炭鉱離職者臨時措置法　88
短時間制社員制度　66
短時間労働者　77
短時間労働者及び有期雇用労働者の雇用管理の改善等に関する法律（パートタイム・有期雇用労働法）　78, 79
男女間賃金格差　175
男女共同参画　170
男女共同参画社会基本法　171
男女雇用機会均等法　38, 170, 174
男女平等政策　170, 172
単身女性　77
男性稼ぎ主型モデル　76
地域別最低賃金　43
小さな政府　7
チープレーバー　30, 42
地方税給付　123
地方分権一括法　20
中間搾取の排除　88
中間層　115
超過滞在（外国人）　198, 199, 204
長時間労働　64, 68
直接雇用　74
賃金　28

賃金決定の法則　28
積立方式　136
ディーセントワーク　15, 90, 117, 215
定期昇給制度　72
定年　157
適用除外　62, 66
電通過労自殺事件　84, 85, 94
ドイツの時短運動　56
ドイツのための選択肢（AfD）　22
同一価値労働同一賃金　38, 76, 165
同一労働同一賃金　39, 47, 98
登録型派遣　80
独占資本　40
特定最低賃金　43
特養入所待機者　132
年越し派遣村　107
ドッジ・ライン　103
富の再分配　30
トヨタ生産方式　105
トライアル雇用　93
土呂久（とろく）鉱害　146

な行

内職　82
ナショナルセンター（労働組合の全国組織）　45
ナショナル・ミニマム　7
名ばかり管理職　62
名ばかり正規雇用（正社員）　74, 84
難民と移民に関する国連サミット　215
ニート　84
日系人帰国支援事業　200
日系人就労準備研修　201
日系人労働者　200
ニッポン一億総活躍プラン　180
日本型雇用システム　72, 89
日本型福祉社会　5, 130, 155
日本経営者団体連盟（日経連）　34, 74, 103
日本国憲法　24
日本国憲法25条　12
日本生産性本部　51
日本的経営　31, 36
日本の人口　148
人間開発指数　168

さくいん

人間発達（人間開発）　117
人間らしく暮らせる社会　191
ネットカフェ難民　19
年休の比例配分　58
年金　155
年金機能強化法　138
年金生活者支援給付金　138
年功序列　31
年功賃金　32, 36, 72, 100, 107
年次有給休暇制度　59
脳・心臓疾患と精神障害　65

は行

パートタイマー　68, 78
パートタイム労働に関する条約　79
パート労働法　→短時間労働者及び有期雇用労働者の雇用管理の改善等に関する法律
排外主義　197
配偶者控除　76
派遣切り　80, 201
派遣先企業　80
派遣対象業務　80
派遣元企業　80
派遣労働（者）　74, 80, 200
パタニティ・ハラスメント（パタハラ）　173
働きがい　177
働き方改革　55, 63, 89, 91, 145, 172
働き方改革関連法（案）　15, 46, 53, 79, 83
働き方の未来2035　91
働きやすさ　177, 181
8時間労働日制　52
ハラスメント　182
パワーハラスメント（パワハラ）　168
半失業（者）　75
東日本大震災　26
庇護希望者　197
非雇用型テレワーカー　82
非実務講習　202
非正規雇用　72, 74, 76
非正規比率　74
日立製作所武蔵工場事件　72, 73
必要労働時間　50
日雇い派遣（労働者）　75, 80
標準労働日　50, 52

非労働力人口　71
貧困線　18
貧困の世代間連鎖率　187
貧困の連鎖（再生産）　116, 185, 186
フィラデルフィア宣言　117
賦課方式　136
副業・兼業　83
福祉国家　13, 153
福島第一原発事故　26
福祉見直し論　4
負のスパイラル　190
不払い残業　64
部分就労者　75
不法就労　199, 204
プラザ合意　89
ブラック企業　2, 84, 85, 94
ブラックバイト　85
プラットフォーマー　83
フリーター　84, 112
フルタイムパート　78
フレキシブルワーク　167
ブレグジット　22
フレックスタイム制　55
プロレタリアート　114
文化的、政治的ならびに経済的な紐帯　195
平均寿命　150
ベヴァリッジ報告　12
ベーシック・インカム構想　5
ベースアップ　33, 35
変形労働時間制　53, 55
法定最低賃金　32
法定労働時間　53, 54, 56
防貧　120
保険　118
保険技術　119
保険原理　118
補充移民　212
募集人　86
補足給付　122
ホワイトカラー・エグゼンプション（WE）　46, 53, 63

ま行

マクロ経済スライド　137
マタニティ・ハラスメント　178
丸子警報器事件判決　78, 79
慢性砒素中毒　146
みなし裁量労働時間制　53, 55

民事免責　10
無限定正社員　73
無償労働　49
無年金者　138
無料職業紹介所　86
無料低額診療　123
メルケル政権　22
メンタルヘルス　48

や行

雇止め　178
有期契約労働者　73
有期雇用　74
有料職業紹介事業　86
要介護認定　119, 130
幼保一元化　145
予言の自己成就　177

ら行

ライドシェア　83
ラロック, P.　118
リハビリテーション　140
リベラル・リフォーム　9
臨時工　200
労災補償請求　65
労使一体　35
労使協調　31
労使協定　60
労使自治（ボランタリズム）　96, 108
労働委員会　95, 101, 110
労働移動支援助成金　93
労働改革　73
労働基準監督官　64
労働基準法　53, 54, 88
労働協約　41
労働組合政策　9, 10
労働契約　73
労働契約法　73, 77, 87
労働災害・職業病　92
労働時間制度の弾力化　53, 54
労働時間の国際比較　68
労働時間の多様化　166
労働市場　29, 194
労働者供給事業　80, 88
労働者災害補償保険（労災保険）　92
労働者派遣法　80
労働者保護　40
労働生産性　50
労働投入量　50

219

労働と生活　*116*
労働の民主化　*88*
労働分配率　*51*
労働保険　*92*
労働力　*28*
労働力人口　*71*
労働力調査　*74*
労働力の輸出　*197*
労働力不足　*29*
労働力流動化政策　*88*

わ行

ワーキングプア　*16, 19, 23, 75, 90, 116*
ワークシェアリング　*15, 66, 164*
ワークライフバランス（WLB）　*15, 67, 145, 165, 167, 171, 179, 180, 190*
若者雇用促進法　*85*
割引賃金　*61*
割増賃金　*53*

執筆者紹介（氏名／よみがな／執筆担当／現職／主著／社会政策を学ぶ読者へのメッセージ／＊は編者）　　50音順

＊石畑良太郎（いしはた　りょうたろう）序章1，3節
青山学院大学名誉教授
『階層化する労働と生活』（共著，日本経済評論社）
一見難しく縁遠い感じかもしれませんが，社会政策はわれわれとかけはなれた存在ではなく，日常的に身近な国家による政策体系であることを認識してほしいと思います。

＊牧野富夫（まきの　とみお）序章9節・Ⅰ章
日本大学名誉教授
『構造改革は国民をどこへ導くか』（新日本出版社）
「市場任せ」の社会では，貧富の格差を拡大させるなど，決してうまくいかない。「構造改革」の破綻がそれを証明している。社会政策など国の介入が不可欠なのだ。

＊伍賀一道（ごか　かずみち）Ⅲ章
金沢大学名誉教授
『「非正規大国」日本の雇用と労働』（新日本出版社）
「自己責任」や「自助努力」だけで問題を解決することはできない。社会政策なくして国民経済や社会の持続的発展はありえないことを学んでほしい。

伊藤大一（いとう　たいち）Ⅳ章
大阪経済大学経済学部准教授
『非正規雇用と労働運動』（法律文化社）
『資本主義の現在』（共著，文理閣）
社会政策を学ぶと，労働者に保障されている権利と義務が理解できます。間違ったことを間違っていると判断し，それをただす方法を理解することができます。

鬼丸朋子（おにまる　ともこ）Ⅶ章1，4-7節
中央大学経済学部教授
『賃金・人事制度改革の軌跡』（共著，ミネルヴァ書房）
社会政策を学ぶと，日本で暮らす人々の幸せな生活のために，政府がどんな手立てを講じているかを体系的に理解できます。本書で基本的知識を身につけてください。

神長　唯（かみなが　ゆい）Ⅴ章-16，Ⅶ章-2，3，11節
都留文科大学教養学部教授
『持続可能な地域と学校のための学習社会文化論』（共著，学文社）
子育て世代代表として三重県男女共同参画審議会部会長を2期4年務めました。女性の活躍を模索していたら社会政策全般が絡んでいました。本書を手に取った皆さんも，他人事ではなく自分事として社会政策を捉えられたら嬉しいです。

唐鎌直義（からかま　なおよし）Ⅴ章1，4，5節
佐久大学人間福祉学部教授
『脱貧国の社会保障』（旬報社）
働く者の権利を知ることは非常に重要です。W.H.ベヴァリッジの言葉どおり，民主主義の発展は「無知」の克服にかかっているからです。

久保隆光（くぼ　たかみつ）Ⅵ章9，10節
明治大学商学部講師
『キャリア開発入門』（共著，オーエム）
身近な問題を解決するヒントがここにたくさん詰まっています。「想像」を「創造」にかえる力を!!

木暮雅夫（こぐれ　まさお）Ⅱ章
元日本大学経済学部教授
『日本カメラ産業の変貌とダイナミズム』（編著，日本経済評論社）
社会政策を学ぶ者にとって大切なことは，国家の労働政策に関する労働者の目線と科学的な洞察力です。本書は，その両方を養うのに役立つでしょう。

鳴海清人（なるみ　きよと）Ⅴ章6-8節
一般財団法人苫小牧保健センター事務局主幹
『現代の社会と統計』（共著，産業統計研究社）
皆さんの健康を守る医療制度は，今，大きく変わろうとしています。基本的な理解を深め，今後の医療のあり方について考えていただければ幸いです。

執筆者紹介（氏名／よみがな／執筆担当／現職／主著／社会政策を学ぶ読者へのメッセージ／＊は編者）　50音順

畠中　亨（はたなか　とおる）Ⅴ章11-15節
帝京平成大学健康医療スポーツ学部助教
『地方都市から子どもの貧困をなくす』（共著，旬報社）
社会政策について学び始めたみなさんは，きわめて多くの社会問題がみなさんの暮らしを取り巻いていることに気付かれたことでしょう。ぜひ身近な感覚で社会問題と社会政策について考え，学んでください。

藤川(堀畑)まなみ（ふじかわ〔ほりはた〕まなみ）Ⅶ章 8 -10節
桜美林大学リベラルアーツ学群教授
『東京に働く人々』（共著，法政大学出版会）
社会政策を知ることは，生活をしていく上であなたやあなたの大切な人を守る力になると思います。皆さんがんばって勉強してください。

本間照光（ほんま　てるみつ）Ⅴ章2, 3, 9, 10節
青山学院大学名誉教授
『保険の社会学』（勁草書房）
問題を問題として発見し，解決していく姿勢こそが大切です。今この国では，偏差値や肩書きに縛られるあまり，じかに物事を見る目を失っていませんか。

松丸和夫（まつまる　かずお）序章2, 4-8節
中央大学経済学部教授
『グローバル化のなかの中小企業問題』（監修，新日本出版社）
社会は，人々の仕事と生活の安定を基礎に，発展するものです。「社会政策」は，身近な問題から社会全体のあり方までを考える実践的な学問です。

村上英吾（むらかみ　えいご）Ⅷ章
日本大学経済学部教授
『格差社会』（共著，ミネルヴァ書房）
社会政策の主な目的は，市場の失敗の予防や市場の失敗に伴う社会問題の解決ですが，資本蓄積基盤整備や社会集団間の利害対立調整などの機能がある点も留意してください。

柳沢敏勝（やなぎさわ　としかつ）Ⅵ章1-8節
明治大学商学部教授
『イギリス非営利セクターの挑戦』（共著，ミネルヴァ書房）
16～24歳層の失業者と非正規社員の割合が約50％の世の中で，今こそ社会政策が求められている。

やわらかアカデミズム・〈わかる〉シリーズ
よくわかる社会政策［第3版］
雇用と社会保障

2009年5月15日　初　版第1刷発行	〈検印省略〉
2012年1月25日　初　版第4刷発行	
2014年4月15日　第2版第1刷発行	
2018年5月10日　第2版第4刷発行	
2019年5月30日　第3版第1刷発行	
2021年11月20日　第3版第4刷発行	

定価はカバーに
表示しています

編著者　石　畑　良太郎
　　　　牧　野　富　夫
　　　　伍　賀　一　道

発行者　杉　田　啓　三

印刷者　江　戸　孝　典

発行所　株式会社　ミネルヴァ書房
607-8494 京都市山科区日ノ岡堤谷町1
電話代表（075）581-5191
振替口座 01020-0-8076

Ⓒ石畑・牧野・伍賀ほか，2019　共同印刷工業・新生製本
ISBN978-4-623-08562-0
Printed in Japan

やわらかアカデミズム・〈わかる〉シリーズ

よくわかる公的扶助	杉村 宏・岡部 卓・布川日佐史編	本体 2200円
よくわかる産業社会学	上林千恵子編著	本体 2600円
よくわかる地域包括ケア	隅田好美・藤井博志・黒田研二編著	本体 2400円
よくわかる権利擁護と成年後見制度(改訂版)	永田祐ほか編著	本体 2600円
よくわかる現代家族(第2版)	神原文子ほか編著	本体 2500円
よくわかる子育て支援・家庭支援論	大豆生田啓友ほか編	本体 2400円
よくわかる障害学	小川喜道・杉野昭博編著	本体 2400円
よくわかる女性と福祉	森田明美編著	本体 2600円
よくわかるジェンダー・スタディーズ	木村涼子ほか編著	本体 2600円
よくわかる労働法(第3版)	小畑史子著	本体 2800円
よくわかる社会保障(第5版)	坂口正之・岡田忠克編	本体 2600円
よくわかる社会福祉(第11版)	山縣文治・岡田忠克編	本体 2600円
新版 よくわかる子ども家庭福祉	吉田幸恵・山縣文治編著	本体 2400円
よくわかる障害者福祉(第7版)	小澤 温編	本体 2500円
よくわかる家族福祉(第2版)	畠中宗一編	本体 2200円
よくわかる精神保健福祉(第2版)	藤本豊ほか編	本体 2400円
よくわかる社会的養護(第2版)	山縣文治・林 浩康編	本体 2500円
新版 よくわかる地域福祉	上野谷加代子・松端克文・山縣文治編著	本体 2400円
よくわかる現代経営(第5版)	「よくわかる現代経営」編集委員会編	本体 2700円
よくわかる現代の労務管理	伊藤健市著	本体 2600円
よくわかる経営管理	高橋伸夫編著	本体 2800円

― ミネルヴァ書房 ―
https://www.minervashobo.co.jp/